知識を深め 考える力を育む

完全理解 小学国語

西川和人 編著

文英堂

この本の構成と使い方

この本は、中学入試に必要な国語の内容を、学習しやすいよう五つの編にまとめています。くわしい解説と豊富な入試問題で、合格への実力をつけることができます。

1 「国語知識チェック」で学力チェック

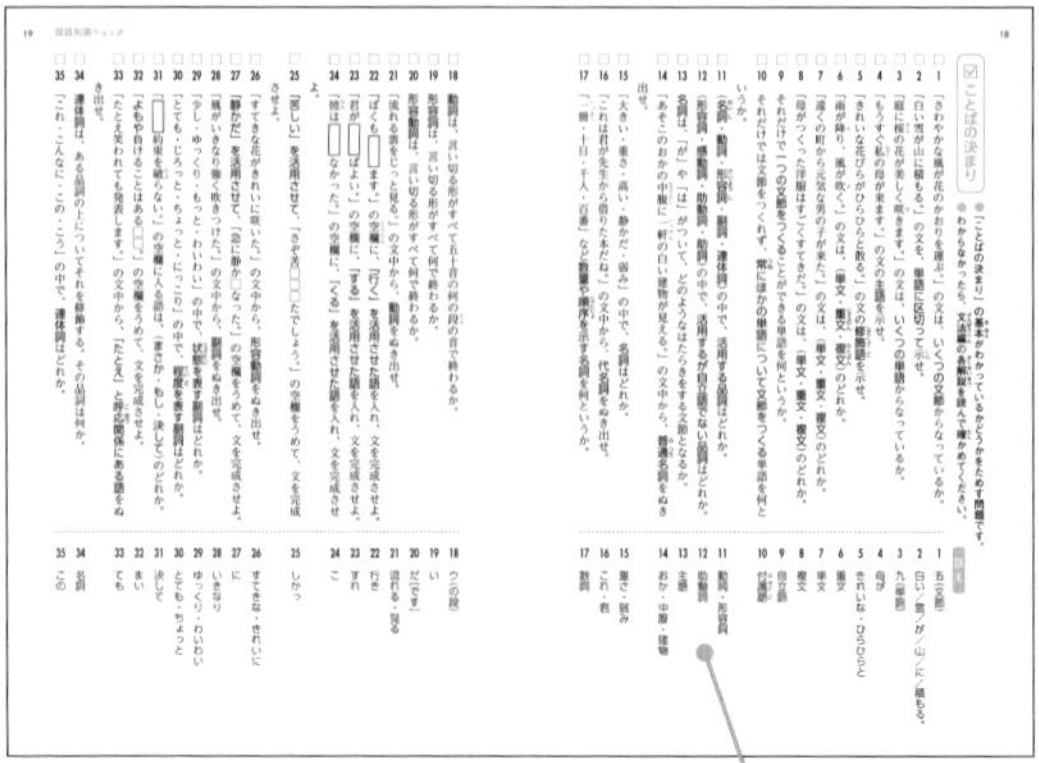

基礎的な知識をチェックする一問一答式の問題です。本文の学習に入る前に、自分の学力を確認しておきましょう。

総復習チェックとしても使えます。すべての学習がすんだ後で、どれだけ実力がついたか、確かめてみましょう。

2 本文解説で理解を深める

上段には、国語の問題を解くうえでの大切な知識や考え方、中学入試に出るポイントを、わかりやすくまとめています。

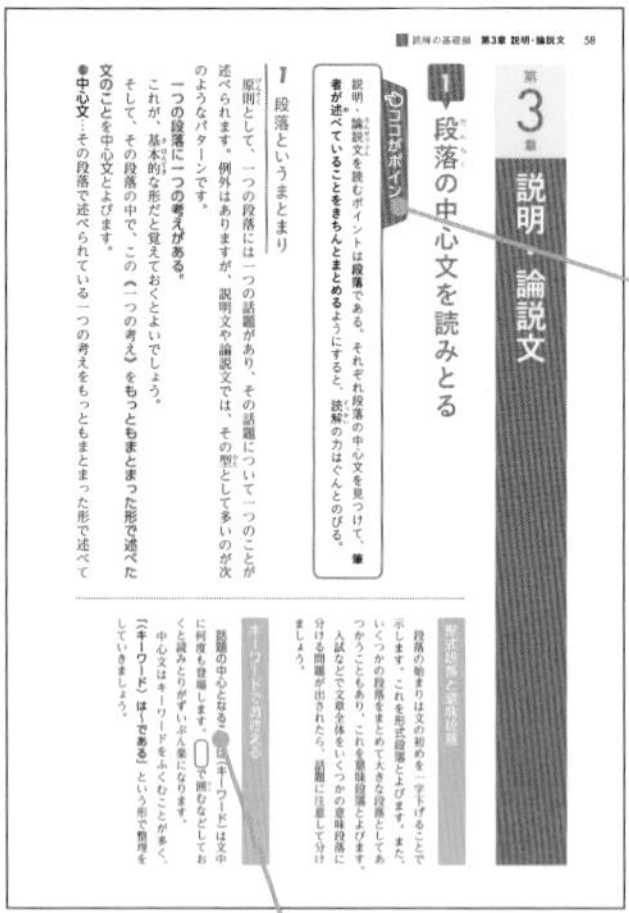

下段には、上段の解説を補足する、さまざまなポイントを載せています。

覚えておきたい慣用句、ことわざ、カタカナ語などをまとめています。

3 問題で入試への実力をつける

力だめしの問題

標準レベルの入試問題です。学んだ知識で、実際に問題をどうやって解くのかを試してみましょう。読みとりのポイントやヒントを載せていますので、わからないときや行きづまったときには参考にしてください。

チャレンジ問題

文章問題には、ハイレベルな入試問題をとりあげた「チャレンジ問題」も載せました。「テーマ読解編」では、入試によく出るテーマを扱った長文問題を解くことができます。

4 巻末のテストで最終仕上げ

中学入試 総仕上げテスト

本の終わりには、模擬テスト形式の問題を三回分載せてあります。決められた時間を守り、実際に中学の入学試験を受けているつもりで、合格点を目指してとり組んでください。

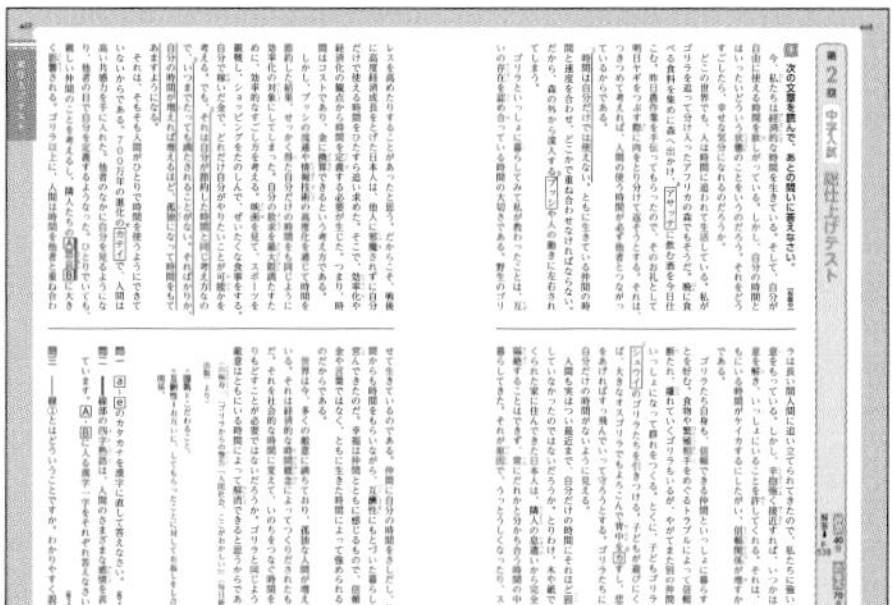

もくじ

テーマ読解編

第3章 慣用句《かんようく》

第4章 多義語《たぎご》・和語・外来語

第5章 辞典の使い方

第6章 ローマ字

中学入試のための 国語知識チェック

☑ 書き取り・読み方

● 上段《じょうだん》の――線のカタカナを漢字に直しましょう。答えは下段を見てください。
● 下段の――線の漢字の読みをたしかめましょう。答えは上段を見てください。

□ 1 美しいフウケイに見とれる。
□ 2 主人公の生き方にキョウメイする。
□ 3 ギャッキョウにめげずに勉学にはげむ。
□ 4 そのボウゲンはユルせない。
□ 5 フッコウへの道はケワしい。
□ 6 早めにユウハンをスませる。
□ 7 ジガに目ざめる年ごろ。
□ 8 相手のツゴウをタシかめる。
□ 9 作業のノウリツを高める。
□ 10 その決定にイゾンはない。
□ 11 フクザツな形をした建物。
□ 12 足どりがケイカイである。
□ 13 用件《ようけん》をシキュウに伝えなければならない。
□ 14 まだあの人のショウソクはつかめない。
□ 15 申し入れをジタイする。

□ 1 美しい風景に見とれる。
□ 2 主人公の生き方に共鳴する。
□ 3 逆境にめげずに勉学にはげむ。
□ 4 その暴言は許せない。
□ 5 復興への道は険しい。
□ 6 早めに夕飯を済ませる。
□ 7 自我に目ざめる年ごろ。
□ 8 相手の都合を確かめる。
□ 9 作業の能率を高める。
□ 10 その決定に異存はない。
□ 11 複雑な形をした建物。
□ 12 足どりが軽快である。
□ 13 用件を至急に伝えなければならない。
□ 14 まだあの人の消息はつかめない。
□ 15 申し入れを辞退する。

□ 16 **ガンカ**に広がる景色。

□ 17 もとの**ジョウタイ**にもどしておく。

□ 18 戸じまりを**ゲンジュウ**にする。

□ 19 今月分の**ヤチン**を**オサ**める。

□ 20 静かな**ケイダイ**を散歩する。

□ 21 先生の**シジ**に**シタガ**って歩く。

□ 22 **ボウエキ**によって**サカ**えた港。

□ 23 祖先《そせん》が残した**イサン**を引きつぐ。

□ 24 **アヤ**ういところを**スク**われた。

□ 25 世話になった人に**シャレイ**をする。

□ 26 **ネンガン**の海外旅行が実現《じつげん》した。

□ 27 その場で**テキセツ**な指図をする。

□ 28 **バンゼン**の策《さく》を**コウ**じる。

□ 29 同窓会《どうそうかい》の**カンジ**を引き受ける。

□ 30 **ハンザイ**の**メ**をつみとる。

□ 31 **シゼン**を**ホゴ**する。

□ 32 **キビ**しい**セイゲン**を加える。

□ 33 思わぬ**サイナン**に出くわす。

□ 34 追いつめられて**ヨワネ**をはく。

□ 35 事情《じじょう》は**ショウチ**している。

□ 36 **イチジル**しい**コウセキ**を残す。

□ 16 **眼下**に広がる景色。

□ 17 もとの**状態**にもどしておく。

□ 18 戸じまりを**厳重**にする。

□ 19 今月分の**家賃**を**納**める。

□ 20 静かな**境内**を散歩する。

□ 21 先生の**指示**に**従**って歩く。

□ 22 **貿易**によって**栄**えた港。

□ 23 祖先が残した**遺産**を引きつぐ。

□ 24 **危**ういところを**救**われた。

□ 25 世話になった人に**謝礼**をする。

□ 26 **念願**の海外旅行が実現した。

□ 27 その場で**適切**な指図をする。

□ 28 **万全**の策を**講**じる。

□ 29 同窓会の**幹事**を引き受ける。

□ 30 **犯罪**の**芽**をつみとる。

□ 31 **自然**を**保護**する。

□ 32 **厳**しい**制限**を加える。

□ 33 思わぬ**災難**に出くわす。

□ 34 追いつめられて**弱音**をはく。

□ 35 事情は**承知**している。

□ 36 **著**しい**功績**を残す。

□ 37 オンコウな人がらである。

□ 38 上級生の命令にフクジュウする。

□ 39 植民地をトウチする。

□ 40 店をリンジに休業する。

□ 41 豊《ゆた》かな文化のソウゾウをめざす。

□ 42 事件《じけん》の真相をスイリする。

□ 43 決してヒミツを明かさない。

□ 44 相手のドウセイをうかがう。

□ 45 コンナンにノゾむ。

□ 46 駅前のカンバンを見つける。

□ 47 退院《たいいん》して職場《しょくば》にフッキする。

□ 48 米などのコクモツを保存《ほぞん》する。

□ 49 ドクトクの方法で作る。

□ 50 その意見にはナットクできない。

□ 51 春のオトズれをジッカンする。

□ 52 ケンポウの前文を読み返す。

□ 53 オンシをソンケイする。

□ 54 議長にシュウニンする。

□ 55 活発にトウロンをする。

□ 56 資金《しきん》はホウフにある。

□ 57 高山植物をサイシュウする。

□ 37 温厚な人がらである。

□ 38 上級生の命令に服従する。

□ 39 植民地を統治する。

□ 40 店を臨時に休業する。

□ 41 豊かな文化の創造をめざす。

□ 42 事件の真相を推理する。

□ 43 決して秘密を明かさない。

□ 44 相手の動静をうかがう。

□ 45 困難に臨む。

□ 46 駅前の看板を見つける。

□ 47 退院して職場に復帰する。

□ 48 米などの穀物を保存する。

□ 49 独特の方法で作る。

□ 50 その意見には納得できない。

□ 51 春の訪れを実感する。

□ 52 憲法の前文を読み返す。

□ 53 恩師を尊敬する。

□ 54 議長に就任する。

□ 55 活発に討論をする。

□ 56 資金は豊富にある。

□ 57 高山植物を採集する。

□ 58 新しい商品のセンデンに力を入れる。

□ 59 二つの書類をショウゴウする。

□ 60 領収書《りょうしゅうしょ》にショメイする。

□ 61 これはヨウイに解決《かいけつ》しない事件《じけん》だ。

□ 62 作戦に失敗してヒハンされる。

□ 63 地上の水分がジョウハツする。

□ 64 モケイの機関車を走らせる。

□ 65 クダモノ屋をイトナむ。

□ 66 ヤサしい顔がノウリに浮《う》かぶ。

□ 67 学校のエンカクを説明する。

□ 68 オウキュウのショチをとる。

□ 69 カホウは寝《ね》て待て。

□ 70 ピアノをエンソウする。

□ 71 音楽会のショウタイジョウをもらう。

□ 72 センモンカに相談する。

□ 73 駅はキセイキャクであふれている。

□ 74 出席者のタスウケツで決める。

□ 75 彼《かれ》はぼくのコウテキシュだ。

□ 76 映画《えいが》はサイコウチョウの場面をむかえる。

□ 77 今までの作品をシュウタイセイする。

□ 78 センニュウカンをもって判断《はんだん》するな。

□ 58 新しい商品の宣伝に力を入れる。

□ 59 二つの書類を照合する。

□ 60 領収書に署名する。

□ 61 これは容易に解決しない事件だ。

□ 62 作戦に失敗して批判される。

□ 63 地上の水分が蒸発する。

□ 64 模型の機関車を走らせる。

□ 65 果物屋を営む。

□ 66 優しい顔が脳裏に浮かぶ。

□ 67 学校の沿革を説明する。

□ 68 応急の処置をとる。

□ 69 果報は寝て待て。

□ 70 ピアノを演奏する。

□ 71 音楽会の招待状をもらう。

□ 72 専門家に相談する。

□ 73 駅は帰省客であふれている。

□ 74 出席者の多数決で決める。

□ 75 彼はぼくの好敵手だ。

□ 76 映画は最高潮の場面をむかえる。

□ 77 今までの作品を集大成する。

□ 78 先入観をもって判断するな。

□ 79 思い出がソウマトウのようにめぐる。

□ 80 ダイキボな工事が行われる。

□ 81 利益《りえき》をドガイシして発行する。

□ 82 問題をハヤガテンしてとらえる。

□ 83 ナマビョウホウは大けがのもと。

□ 84 政界《せいかい》のフウウンジといわれる男。

□ 85 リンジョウカンにあふれる放送。

□ 86 タントウチョクニュウにたのむ。

□ 87 カンゼンムケツな人物はいない。

□ 88 われわれはイキトウゴウした。

□ 89 キシカイセイのホームラン。

□ 90 シヨウマッセツにこだわらない。

□ 91 ゼッタイゼツメイのピンチ。

□ 92 ずる休みするとはゴンゴドウダンだ。

□ 93 ゼンダイミモンの大事件。

□ 94 デンコウセッカの早わざ。

□ 95 話を聞いてハガンイッショウする。

□ 96 ハクシャセイショウの海岸。

□ 97 ヘイシンテイトウして謝《あやま》る。

□ 98 ムガムチュウで走る。

□ 99 彼はリロセイゼンと話す。

□ 79 思い出が**走馬灯**のようにめぐる。

□ 80 **大規模**な工事が行われる。

□ 81 利益を**度外視**して発行する。

□ 82 問題を**早合点**してとらえる。

□ 83 **生兵法**は大けがのもと。

□ 84 政界の**風雲児**といわれる男。

□ 85 **臨場感**にあふれる放送。

□ 86 **単刀直入**にたのむ。

□ 87 **完全無欠**な人物はいない。

□ 88 われわれは**意気投合**した。

□ 89 **起死回生**のホームラン。

□ 90 **枝葉末節**にこだわらない。

□ 91 **絶体絶命**のピンチ。

□ 92 ずる休みするとは**言語道断**だ。

□ 93 **前代未聞**の大事件。

□ 94 **電光石火**の早わざ。

□ 95 話を聞いて**破顔一笑**する。

□ 96 **白砂青松**の海岸。

□ 97 **平身低頭**して謝《あやま》る。

□ 98 **無我夢中**で走る。

□ 99 彼は**理路整然**と話す。

☑ ことばの決まり

● 「ことばの決まり」の基本《きほん》がわかっているかどうかをためす問題です。
● わからなかったら、文法編《ぶんぽうへん》の各解説《かくかいせつ》を読んで確《たし》かめてください。

□ **1** 「さわやかな風が花のかおりを運ぶ。」の文は、**いくつの文節**からなっているか。

□ **2** 「白い雪が山に積もる。」の文を、**単語に区切って**示《しめ》せ。

□ **3** 「庭に桜《さくら》の花が美しく咲《さ》きます。」の文は、**いくつの単語**からなっているか。

□ **4** 「もうすぐ私《わたし》の母が来ます。」の文の**主語**を示せ。

□ **5** 「きれいな花びらがひらひらと散る。」の文の**修飾語《しゅうしょくご》**を示せ。

□ **6** 「雨が降《ふ》り、風が吹《ふ》く。」の文は、(**単文・重文《じゅうぶん》・複文《ふくぶん》**)のどれか。

□ **7** 「遠くの町から元気な男の子が来た。」の文は、(**単文・重文・複文**)のどれか。

□ **8** 「母がつくった洋服はすごくすてきだ。」の文は、(**単文・重文・複文**)のどれか。

□ **9** それだけで**一つの文節をつくる**ことができる単語を何というか。

□ **10** それだけでは文節をつくれず、**常《つね》にほかの単語について文節をつくる**単語を何というか。

□ **11** (**名詞《めいし》・動詞・形容詞《けいようし》・副詞・連体詞**)の中で、**活用する品詞**はどれか。

□ **12** (**形容詞・感動詞・助動詞・助詞**)の中で、**活用するが自立語でない品詞**はどれか。

□ **13** 名詞は、「が」や「は」がついて、どのようなはたらきをする文節となるか。

□ **14** 「あそこのおかの中腹《ちゅうふく》に一軒《いっけん》の白い建物が見える。」の文中から、**普通《ふつう》名詞**をぬき出せ。

□ **15** 「大きい・重さ・高い・静かだ・弱み」の中で、**名詞**はどれか。

□ **16** 「これは君が先生から借りた本だね。」の文中から、**代名詞**をぬき出せ。

□ **17** 「一冊《いっさつ》・十日・千人・百番」など**数量や順序《じゅんじょ》を示す名詞**を何というか。

答え

1 五(文節)
2 白い/雪/が/山/に/積もる。
3 九(単語)
4 母が
5 きれいな・ひらひらと
6 重文
7 単文
8 複文
9 自立語
10 付属語《ふぞくご》
11 動詞・形容詞
12 助動詞
13 主語
14 おか・中腹・建物
15 重さ・弱み
16 これ・君
17 数詞

□ **18** **動詞**は、言い切る形がすべて五十音の何の段《だん》の音で終わるか。

□ **19** **形容詞**は、言い切る形がすべて何で終わるか。

□ **20** **形容動詞**は、言い切る形がすべて何で終わるか。

□ **21** 「流れる雲をじっと見る。」の文中から、**動詞**をぬき出せ。

□ **22** 「ぼくも□ます。」の空欄《くうらん》に、**「行く」**を活用させた語を入れ、文を完成させよ。

□ **23** 「君が□ばよい。」の空欄に、**「する」**を活用させた語を入れ、文を完成させよ。

□ **24** 「彼《かれ》は□なかった。」の空欄に、**「くる」**を活用させた語を入れ、文を完成させよ。

□ **25** **「苦しい」を活用させて**、「さぞ苦□□□たでしょう。」の空欄をうめて、文を完成させよ。

□ **26** 「すてきな花がきれいに咲いた。」の文中から、**形容動詞**をぬき出せ。

□ **27** **「静かだ」を活用させて**、「急に静か□なった。」の空欄をうめて、文を完成させよ。

□ **28** 「風がいきなり強く吹きつけた。」の文中から、**副詞**をぬき出せ。

□ **29** 「少し・ゆっくり・もっと・わいわい」の中で、**状態《じょうたい》を表す副詞**はどれか。

□ **30** 「とても・じろっと・ちょっと・にっこり」の中で、**程度《ていど》を表す副詞**はどれか。

□ **31** 「□約束を破《やぶ》らない。」の空欄に入る語は、(**まさか・もし・決して**)のどれか。

□ **32** 「**よもや**負けることはある□□。」の空欄をうめて、文を完成させよ。

□ **33** 「たとえ笑われても発表します。」の文中から、**「たとえ」と呼応《こおう》関係にある語**をぬき出せ。

□ **34** **連体詞**は、ある品詞の上についてそれを修飾する。その品詞は何か。

□ **35** 「これ・こんなに・この・こう」の中で、**連体詞**はどれか。

---

18 ウ(の段)

19 い

20 だ[です]

21 流れる・見る

22 行き

23 すれ

24 こ

25 しかっ

26 すてきな・きれいに

27 に

28 いきなり

29 ゆっくり・わいわい

30 とても・ちょっと

31 決して

32 まい

33 ても

34 名詞

35 この

□ 36 「わが国のこれからの政治《せいじ》を考える。」の文中から、連体詞《れんたいし》をぬき出せ。

□ 37 「われわれに大きな課題があたえられた。」の文中から、連体詞をぬき出せ。

□ 38 「それゆえ・だが・および・すると」の中で、順接《じゅんせつ》の接続詞はどれか。

□ 39 「それとも・さて・つまり・ところが」の中で、逆接《ぎゃくせつ》の接続詞どれか。

□ 40 「すなわち」は、（逆接・並列《へいれつ》・説明）のうち、どのつなぎ方をする接続詞か。

□ 41 「ここから引き返そうか、□先へ進もうか。」の空欄《くうらん》に入る語は、（しかし・ただし・また・それとも）のどれか。

□ 42 「寒い。□空腹《くうふく》だ。」の空欄に入る語は、（あるいは・および・しかも・さて）のどれか。

□ 43 「校長先生が来られる。」の文中から、助動詞をぬき出せ。

□ 44 「ぼくは出席しない。」の文中から、助動詞をぬき出せ。またその用法（意味）も答えよ。

□ 45 「人がぼくを笑う。」を、文意を変えずに受け身の助動詞を使った文に直せ。

□ 46 「明日は晴れるそうだ。」は、（伝聞・推量《すいりょう》・断定《だんてい》）のうち、どれを表した文か。

□ 47 「父は今帰った。」の「た」は、（過去《かこ》・完了《かんりょう》・存続《そんぞく》）のうち、どの用法の助動詞か。

□ 48 「鉄□□かたい金属《きんぞく》。」の空欄に、比較《ひかく》を表す助詞を入れよ。

□ 49 「美しくない。」の「ない」は形容詞《けいようし》だが、「ぼくは知らない。」の「ない」の品詞を答えよ。

□ 50 「それは山である。」の「で」は助動詞だが、「鉛筆《えんぴつ》で書く。」の「で」の品詞を答えよ。

---

36 わが

37 大きな

38 それゆえ・すると

39 ところが

40 説明

41 それとも

42 しかも

43 られる

44 ない・打ち消し

45 ぼくが人に笑われる。

46 伝聞

47 完了

48 より

49 助動詞

50 助詞

☑ 文学の歴史《れきし》

● おもな作品と、その時代・作者をしっかり覚えておくことが大切です。
● 作品名を、漢字で、きちんと書けるようにしておきましょう。

● 奈良時代

□ **1** 元明天皇《げんめいてんのう》の命令で、**太安万侶《おおのやすまろ》**が整理・記録した**歴史書《れきししょ》**は何か。

□ **2** 舎人親王《とねりしんのう》らが編集《へんしゅう》した歴史書は何か。

□ **3** **日本各地の地理・産物**や、「浦島太郎《うらしまたろう》」などの**伝説**を記録した書物は何か。

□ **4** 約四千五百首の長歌《ちょうか》・短歌《たんか》などがおさめられている、**日本でもっとも古い歌集**は何か。

□ **5** 前問の歌集の編者ではないかとされている歌人はだれか。

● 平安時代

□ **6** **日本でもっとも古い物語**で、かなを使った最初の文学といわれる作品は何か。

□ **7** 醍醐《だいご》天皇の命令によって**紀貫之《きのつらゆき》**らが編集した**最初の勅撰《ちょくせん》和歌集**は何か。

□ **8** **紀貫之**が著《あらわ》し、**かな文による日記のさきがけ**となった日記は何か。

□ **9** 平安女流文学の代表作とされる**『枕草子《まくらのそうし》』**の作者はだれか。

□ **10** **『枕草子』**の属《ぞく》する文学ジャンルは、物語・随筆《ずいひつ》・歌集・説話のうちどれか。

□ **11** 平安時代の貴族《きぞく》の生活をえがいた、**五十四巻《かん》からなる長編物語**は何か。

□ **12** 前問の物語の作者で、**平安時代の代表的女流文学者**はだれか。

□ **13** インド・中国・日本の説話が一千編以上集められている、平安時代の**説話集**は何か。

● 鎌倉《かまくら》・室町《むろまち》時代

□ **14** **後鳥羽上皇《ごとばじょうこう》**の命令でつくられた鎌倉時代最初の**勅撰和歌集**は何か。

□ **15** 前問の和歌集を編集し、**『小倉《おぐら》百人一首』**を選んだ鎌倉時代の代表的歌人はだれか。

答え

● 奈良時代
1 古事記《こじき》
2 日本書紀《にほんしょき》
3 風土記《ふどき》
4 万葉集《まんようしゅう》
5 大伴家持《おおとものやかもち》

● 平安時代
6 竹取《たけとり》物語
7 古今《こきん》和歌集
8 土佐《とさ》〔土左〕日記
9 清少納言《せいしょうなごん》
10 随筆
11 源氏《げんじ》物語
12 紫式部《むらさきしきぶ》
13 今昔《こんじゃく》物語集

● 鎌倉・室町時代
14 新古今《しんこきん》和歌集
15 藤原定家《ふじわらのさだいえ》（ていか）

□ 16 鴨長明《かものちょうめい》が自分の体験した社会のできごとなどをつづった随筆《ずいひつ》は何か。

□ 17 平家《へいけ》一門が源氏《げんじ》の人々によって滅《ほろ》ぼされるまでをえがいた軍記物語は何か。

□ 18 前問の物語を、ある楽器を用いて語る人々がいたが、その人々は何とよばれているか。

□ 19 平安時代の『枕草子《まくらのそうし》』とならぶ随筆で、兼好《けんこう》が書いた作品は何か。

□ 20 「南北朝《なんぼくちょう》」の争いを中心にあつかった室町《むろまち》時代の軍記物語は何か。

□ 21 世阿弥《ぜあみ》が室町時代に完成した芸能《げいのう》は何か。

□ 22 「末広がり」「ぶす」などの作品で有名な、こっけいな劇《げき》を何というか。

江戸《えど》時代

□ 23 『世間胸算用《せけんむねさんよう》』など、町人を主人公にした文学を確立《かくりつ》した作家はだれか。

□ 24 「閑《しず》かさや岩にしみ入《い》る蟬《せみ》の声」の俳句《はいく》の作者はだれか。

□ 25 前問の人物が奥羽《おうう》・北陸地方などの旅で書きつづった紀行文《きこうぶん》の傑作《けっさく》は何か。

□ 26 『国性爺合戦《こくせんやかっせん》』など数多くの優《すぐ》れた脚本《きゃくほん》を著《あらわ》した浄瑠璃《じょうるり》の作者はだれか。

□ 27 『雨月《うげつ》物語』の作者はだれか。

□ 28 松尾芭蕉・小林一茶《こばやしいっさ》とならんで有名な江戸時代の俳人はだれか。

□ 29 二人のおかしい旅の様子をえがいた十返舎一九《じっぺんしゃいっく》の作品は何か。

□ 30 曲亭馬琴《きょくていばきん》作で、八犬士《はっけんし》が活躍《かつやく》する長編《ちょうへん》小説は何か。

□ 31 身のまわりのことを俳句を交ぜて日記風に書きつづった小林一茶の作品は何か。

明治時代

□ 32 東京の下町に住む少年や少女たちの世界をえがいた樋口一葉《ひぐちいちよう》の作品は何か。

□ 33 日本の近代詩の始まりといわれる島崎藤村《しまざきとうそん》の第一詩集は何か。

---

16 方丈記《ほうじょうき》

17 平家物語

18 琵琶法師《びわほうし》

19 徒然草《つれづれぐさ》

20 太平記《たいへいき》

21 能

22 狂言《きょうげん》

江戸時代

23 井原西鶴《いはらさいかく》

24 松尾芭蕉《まつおばしょう》

25 奥《おく》の細道《ほそみち》

26 近松門左衛門《ちかまつもんざえもん》

27 上田秋成《うえだあきなり》

28 与謝蕪村《よさぶそん》

29 東海道中膝栗毛《とうかいどうちゅうひざくりげ》

30 南総里見八犬伝《なんそうさとみはっけんでん》

31 おらが春

明治時代

32 たけくらべ

33 若菜集《わかなしゅう》

□ 34 歌集**『みだれ髪《がみ》』**の作者で、近代女流歌人の第一人者といわれる歌人はだれか。

□ 35 **短歌や俳句の革新《かくしん》**をとなえた、明治時代の指導的《しどうてき》歌人であり俳人でもある人物はだれか。

□ 36 **夏目漱石《なつめそうせき》**の最初の小説で、動物の目を通して社会を風刺《ふうし》した作品は何か。

□ 37 主人公の正義感《せいぎかん》から起こす事件《じけん》をユーモラスにえがいた、**夏目漱石**の作品は何か。

□ 38 社会問題を扱《あつか》った小説**『破戒《はかい》』**の作者はだれか。

□ 39 生活感情《かんじょう》をありのままに歌った、**石川啄木《いしかわたくぼく》**の最初の歌集は何か。

□ 40 詩集**『邪宗門《じゃしゅうもん》』**の作者で、有名な童謡《どうよう》も数多く残している詩人はだれか。

● **大正時代**

□ 41 **斎藤茂吉《さいとうもきち》**の作で、近代短歌の代表作といわれる歌集は何か。

□ 42 瓢簞《ひょうたん》が好きな少年を主人公にした**『清兵衛《せいべえ》と瓢簞』**の作者はだれか。

□ 43 詩集**『道程《どうてい》』**を書いた作者はだれか。

□ 44 **森鷗外《もりおうがい》**の作で、姉弟を主人公にした伝説にもとづいて書かれた作品は何か。

□ 45 弟を殺《ころ》したという罪人《ざいにん》の気持ちをえがいた、**森鷗外**の歴史《れきし》小説は何か。

□ 46 **芥川龍之介《あくたがわりゅうのすけ》**の出世作といわれる、世間のうわさを気にする僧《そう》を主人公にした作品は何か。

□ 47 **芥川龍之介**作の、地獄《じごく》に落ちた人の姿《すがた》を通して人間の心理をえがいた小説は何か。

□ 48 **芥川龍之介**作の、仙人《せんにん》になれなかった男を主人公とする、中国に取材した小説は何か。

□ 49 近代小説の代表作品といわれる**『暗夜行路《あんやこうろ》』**の作者はだれか。

□ 50 **『風の又三郎《またさぶろう》』『銀河《ぎんが》鉄道の夜』**などの童話の作者はだれか。

---

34 与謝野晶子《よさのあきこ》

35 正岡子規《まさおかしき》

36 吾輩《わがはい》は猫《ねこ》である

37 坊《ぼ》っちゃん

38 島崎藤村

39 一握《いちあく》の砂《すな》

40 北原白秋《きたはらはくしゅう》

● 大正時代

41 赤光《しゃっこう》

42 志賀直哉《しがなおや》

43 高村光太郎《たかむらこうたろう》

44 山椒大夫《さんしょうだゆう》

45 高瀬舟《たかせぶね》

46 鼻

47 蜘蛛《くも》の糸

48 杜子春《とししゅん》

49 志賀直哉

50 宮沢賢治《みやざわけんじ》

昭和時代

□ 51 冒頭《ぼうとう》で天城峠《あまぎとうげ》が舞台《ぶたい》になる、川端康成《かわばたやすなり》の青春小説は何か。

□ 52 木曽《きそ》の馬籠《まごめ》を舞台に、近代日本の姿《すがた》をえがいた、島崎藤村《しまざきとうそん》の小説は何か。

□ 53 主人公の吾一《ごいち》少年の成長をえがいた、山本有三《やまもとゆうぞう》の小説は何か。

□ 54 乱暴《らんぼう》な王に対立する青年メロスを主人公にした『走れメロス』の作者はだれか。

□ 55 里子《さとご》に出されていた少年の生《お》いたちを主題にした下村湖人《しもむらこじん》の小説は何か。

□ 56 佐渡《さど》の民話に取材した、木下順二《きのしたじゅんじ》の戯曲《ぎきょく》は何か。

□ 57 小豆島《しょうどしま》の分教場の先生と生徒をえがいた壺井栄《つぼいさかえ》の作品は何か。

外国文学

□ 58 『ベニスの商人』や『ハムレット』などの名作を著《あらわ》した作家はだれか。

□ 59 フランスのユゴーの作品で、ジャン＝バルジャンを主人公とする小説は何か。

□ 60 ユダヤ人少女アンネ＝フランクが、ナチスの迫害《はくがい》をのがれて書いた作品は何か。

□ 61 「マッチ売りの少女」「人魚姫《にんぎょひめ》」などの童話を著したのはだれか。

□ 62 「白雪姫《しらゆきひめ》」「赤ずきん」などがおさめられている作品は何か。

□ 63 『小公子』『小公女』の作者はだれか。

□ 64 メーテルリンク作で、チルチルとミチルを主人公とする作品は何か。

□ 65 ロシアの作品『イワンのばか』の作者はだれか。

昭和時代

51 伊豆《いず》の踊子《おどりこ》

52 夜明け前

53 路傍《ろぼう》の石

54 太宰治《だざいおさむ》

55 次郎《じろう》物語

56 夕鶴《ゆうづる》

57 二十四の瞳《ひとみ》

外国文学

58 シェークスピア

59 レ＝ミゼラブル

60 アンネの日記

61 アンデルセン

62 グリム童話集

63 バーネット

64 青い鳥

65 トルストイ

読解の基礎編

第1章 国語の学習の基本

1 国語の学習　基本《きほん》の「キ」

ココがポイント

国語の入試を突破《とっぱ》していくには、**読む技術《ぎじゅつ》**、**解《と》く技術**、**書く技術**の三つを身につけることが大切である。まずは、この三つの技術について学ぶ。

1 読む技術——文章を読むとは？

文章は文の集まりで、文は語の集まりです。ですから、語の意味がわかれば文の意味がわかり、文の意味がわかれば文章の意味もわかる、と思えるかもしれませんが、それはまちがいです。

語の意味だけでなく、語と語の関係（係り受け——主語・述語《じゅつご》・修飾語《しゅうしょくご》などの関連）がわかっていなければ文はわからないのと同じように、文章もまた、文と文、段落《だんらく》と段落の関係がわからなければ理解《りかい》できません。

この、**文と文、段落と段落のつながり方**を、**文脈《ぶんみゃく》**とよびます。

右下のAとBはともに五つの文の集まりですが、Bは文章ではなく無関係な文の

文章？　文の寄せ集め？

次のAとBは、どちらも五つの文の集まりですが、まとまりをもった文章だと感じられるのはAのほうです。どこがちがうのでしょう。

A　朝起きると、とてもよい天気だった。日曜日なのに両親は仕事で出かけていた。私は近くの公園まで散歩することにした。公園には家族連れがたくさんいた。私はふとさびしくなった。

B　朝起きると、とてもよい天気だった。なぜ磁石《じしゃく》は鉄を引きつけるのでしょうか。だからぼくはいやだと言ったんだ。宇宙《うちゅう》のはてがどうなっているかわからないからである。私はふとさびしくなった。

寄《よ》せ集《あつ》めです。

Bが無関係な文の寄せ集めと感じられるのに対して、Aが一つのまとまりをもった文章と感じられるのは、そこに文脈の存在《そんざい》が感じられるからです。文脈の存在が感じられるのは、

●文体が一貫《いっかん》している

▼話し手は一貫して「私《わたし》」である。

▼常体《じょうたい》（「です・ます」を使わない書き方）で統一《とういつ》されている。

●文と文の内容《ないよう》に関連が感じられる

▼「よい天気だった」から、「散歩することにした」。

▼「両親は仕事で出かけていた」が、「公園には家族連れがたくさんいた」から、「私はふとさびしくなった」。

といったことによります。

したがって、**文章を理解するためには**、語の意味や文の意味がわかるだけでなく、**文と文のつながりが読みとれなければなりません**。そこで、文章を読むときには次のことを意識《いしき》しましょう。

◎文のつながり方を意識し、段落ごとに要点をまとめるつもりで読む。

◎段落ごとの要点のつながりを意識し、文章全体の内容を頭に入れるつもりで読む。

段落のまとめ

段落の最初あるいは最後の一文が段落全体のまとめになり、残りの部分がその一文のくわしい説明になっていることがよくあります。

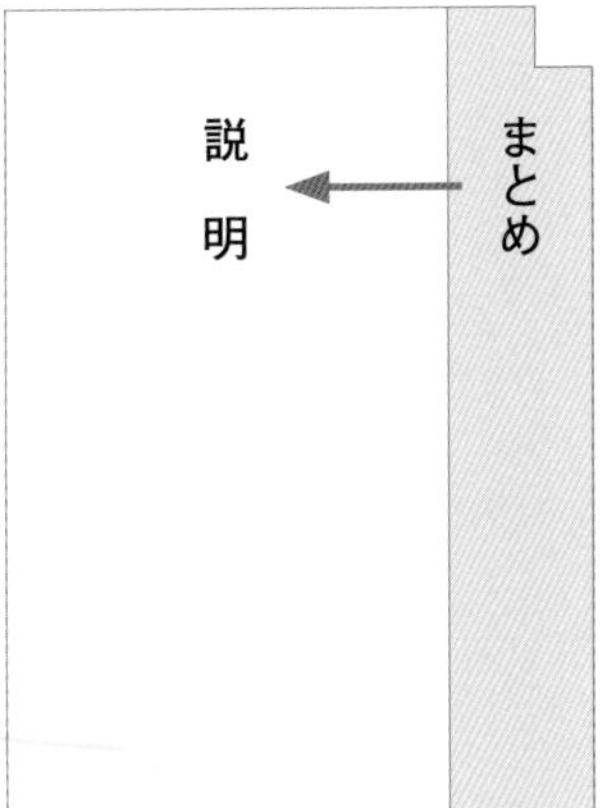

2 解《と》く技術《ぎじゅつ》——問題を解く手順

国語の読解《どっかい》問題を解くときは、算数のように解法を覚えておいてそれをあてはめるというやり方は、あまり使えません。文章によって、内容《ないよう》のつながり方＝文脈《ぶんみゃく》が異《こと》なるからです。

けれども、だからといって、国語の問題を解くのに方法なんてない、その場その場で適当《てきとう》に考えるしかない、というわけでもありません。**国語にも、解く手順がある**のです。

読解問題には大きく分けて、**書《か》きぬき問題**、**選択《せんたく》問題**、**記述《きじゅつ》問題**の三種類があります。

このうち、**書きぬき問題**がもっとも基本的《きほんてき》なものだということがわかりますか？　**選択問題**や**記述問題**を解くときにも、まずは、本文の中からヒントになる場所や、使える場所を探《さが》さなければならないからです。つまり、**どのような問題であっても、まずは、書きぬき問題を解くように取り組むことからスタートする**からです。

すなわち、大原則《だいげんそく》は、

◎**国語の答えは本文の中にある。**

ということです。

実際《じっさい》に問題に取り組むときの手順は、下のようになります。

読解問題の種類

● **書きぬき問題**…本文中から該当《がいとう》箇所《かしょ》をぬき出させる問題。
● **選択問題**…いくつかの選択肢《せんたくし》の中から、あてはまるものを選ばせる問題。
● **記述問題**…本文中のことばを用いたり、自分でことばを考えたりして、文章で答えさせる問題。

問題を解く手順

① 文章を通して読む。
② 設問《せつもん》を読む。
③ 傍線《ぼうせん》部分や空欄《くうらん》部分をふくむ一文に目を通す。
⬇指示語《しじご》があれば、指示内容をはっきりさせる。
⬇接続語《せつぞくご》があれば、直前の内容まで読む。
④ 関連表現《ひょうげん》をたどって答えを探す。

3 書く技術——記述の手順

記述問題は苦手という人が多いようです。しかし、記述問題であっても原則は変わりません。**国語の答えは本文の中にあるのですから、問題を解く手順のとおりに取り組んでいく**ことになりますが、多少の補足《ほそく》があります。

それは、設問を読んだ時点で、**答えの形を決める**ということです。

- □**こと。**
- □**のに**□**から。**
- □**に対する**□**気持ち。**

などのように、設問から、どういう形の答えをつくればいいのかを読みとります。

あとは、答えの材料を探したら、それぞれの空欄にあてはめてみて、修正《しゅうせい》、追加、削除《さくじょ》といった加工をほどこしていけばいいのです。

記述の手順

① 文章を通して読む。

② 設問を読む。

➡答えの形を決める。

例
- □**こと。**
- □**のに**□**から。**
- □**に対する**□**気持ち。**

③ 傍線部分や空欄部分をふくむ一文に目を通す。

➡指示語があれば、指示内容をはっきりさせる。

➡接続語があれば、直前の内容まで読む。

④ 関連表現をたどって答えの材料を探す。

⑤ ④で見つけた材料を②の□にあてはめてみる。

➡修正・追加・削除といった加工をほどこす。

力だめしの問題

入試標準レベル

解答⬇p.480

1 次の文章を読んで、あとの問いに答えなさい。　【栄光学園中・改】

現在《げんざい》、鹿児島県南種子町《かごしまけんみなみたねちょう》（種子島《たねがしま》）にある宝満池《ほうまんいけ》の周辺では、「突《つ》き網《あみ》」と呼《よ》ぶ、①小さな手網を用いたカモ猟《りょう》が、農家の人たちなどによりおこなわれています。専門《せんもん》の猟師《りょうし》は一人もいません。この猟はここでは昔からおこなわれており、江戸《えど》時代の『種子島家譜《たねがしまかふ》』という記録にも、突き網についての記述《きじゅつ》があります。

この猟は、昼間のうちは池で休んでいるカモが、周辺の水田地帯に餌《えさ》をとりに行くためにいっせいに飛び立つ夕暮《ゆうぐ》れ時《どき》におこなわれます。また反対に、夜通し落《お》ち穂《ぼ》などの餌を食べていたカモが、餌場の田んぼから池に戻《もど》ってくる夜明け時分にもおこなわれます。

その時カモを捕《と》ろうとする人は、池を囲《かこ》む山の上で待ちかまえ、上空を飛《と》び越《こ》えようとする瞬間《しゅんかん》に突き網を投げ上げて、カモを網に掛《か》けて捕ります。猟のやり方は単純《たんじゅん》ですが、カモが池のどこからどの方向に向けて飛び立つかを見きわめる必要があるため、豊《ゆた》かな経験《けいけん》と独特《どくとく》なカンが必要とされます。

突き網猟の場合、猟の道具はほぼすべて農家の人が自ら手作りします。また、猟の時間は、夕暮れ時および夜明け前の各十五分間程度《ていど》で、猟場も日常生活《にちじょうせいかつ》の範囲内《はんいない》にあるため、徒歩や自転車でかんたんに行くことができます。

ですから、一日がかりで、かつボートや猟犬など猟のための装備《そうび》を多く必要とする銃《じゅう》を使った猟に比《くら》べ、はるかに猟の効率《こうりつ》はよく、手間もあまりかかりません。この猟をお

読みとりのポイント

突き網猟と銃を使った猟、そして坂網猟を対比的《たいひてき》にとらえていきましょう。

こなうのは、ほとんどが宝満池の近くに住む農家の人びとで、捕ったカモは自分で食べるほか、親戚《しんせき》への土産《みやげ》にしたりして、すべて自分の家で消費《しょうひ》されます。

　この例のように、もともと稲作《いなさく》農民による小規模《しょうきぼ》な水鳥猟は、自分たちで食べるためのものでした。また、稲刈《いねか》りが終わっていない田んぼでは、イネを食《く》い荒《あ》らす害鳥と考えられていたカモやガンを退治《たいじ》するためのものでもありました。

　しかし、大都市の近郊《きんこう》では、たとえば千葉県我孫子《あびこ》市などにまたがる手賀沼《てがぬま》の場合のように、江戸時代以降《いこう》、カモを江戸や東京へ出荷《しゅっか》するために、稲作農民による水鳥猟が大規模におこなわれるところも出てきます。

　加賀百万石《ごく》の城下町として栄えた金沢《かなざわ》にほど近い石川県加賀市②大聖寺《だいしょうじ》の坂網猟は、その代表的なものでしょう。猟の仕方や使う道具は、③種子島の突き網猟と基本的《きほんてき》に同じです。用いる網の形だけでなく、網を支《ささ》える柄《え》の部分の呼び名なども似《に》ているところが多くあることを考えると、両者の間にはもとは何らかの交流があったと思われます。

（安室知《やすむろさとる》『田んぼの不思議』〈小峰書店〉より）

問一　――線①「小さな手網を用いたカモ猟が、農家の人たちなどによりおこなわれています」とありますが、農家の人たちが農業のかたわら「小さな手網を用いたカモ猟」をおこなうことができるのはなぜですか。五十字以内で説明しなさい。

問二　――線②「大聖寺の坂網猟」、――線③「種子島の突き網猟」とありますが、二つの猟の目的を、「〜ため。」の形に合うようにそれぞれ二十字以内で説明しなさい。

ヒント

問一　「農業のかたわら」ではないのが「銃を使った猟」です。これと対比的に書かれています。

問二　「〜目的」「〜ため」といった表現《ひょうげん》が文章中に出てこないかチェックしましょう。

チャレンジ問題　入試発展レベル

解答⬇p.480

1 次の文章を読んで、あとの問いに答えなさい。

【成城学園中・改】

　団地《だんち》を出るまでに、Tシャツの背中《せなか》は汗《あせ》で濡《ぬ》れてしまった。覚悟《かくご》していた以上にペダルが重い。ハンドルもふらつく。自転車の二人乗りは生まれて初めてだった。父はいつも平気な顔でアツシを後ろに乗せていたが、こんなに大変だとは思ってもみなかった。

「しっかりつかまってるか？　絶対《ぜったい》に手、離《はな》すなよ」

振《ふ》り向《む》くとハンドルがふらついて転びそうになるので、前を向いたまま、大声を出すしかない。

　アツシは「はーい、ちゃんと持ってまーす」と①うれしそうに答える。最初は「子ども同士《どうし》の二人乗りってダメなんだよ、パトカーにつかまっちゃうんだよ、交通安全教室で言われたもん」と嫌《いや》がっていたのに、自転車が走りだすと楽しくなってきたようだ。

　バスを乗《の》り継《つ》いでも一時間以上かかるので、海までは行けない。そのかわり、海を見られる場所に連れて行くことにした。商工会館の屋上からだと、街並《まちな》みの先のほうに、海が見える——かもしれない。

「でも、わかんないぞ、見えないかもしれないぞ、それでもいいよな、文句《もんく》言うなよ」

　②出がけに一度、信号待ちのときにもう一度、念を押《お》した。自信はない。商工会館は山の中腹《ちゅうふく》にあるので見晴らしはいいはずだが、海まで見えるかどうかは確《たし》かめたことがないし、だいいち屋上に上ったことだってないし、今日は曇《くも》り空《ぞら》で、少し霞《かす》んでもいて、アツシの目で海と空を見分けられるのか、わからない。信号が青になる。少年はハンドルを強く握《にぎ》り直《なお》し、ペダルを踏《ふ》み込《こ》んで、言った。

「もしも海が見えなくても泣いたりするなよ。泣いたら置いて帰るからな」

　泣かないって、と笑うだろうと思っていたのに、アツシは「うん……」と低い声で言った。

「おっきな声で返事しろよ」

「……はい」

　今度は、高いけれどか細い声になった。泣きだしそうな声でもあった。少年はもうなにも言わない。黙《だま》ってペダルをぐいぐいと踏み込み、サドルからお尻《しり》も浮《う》かせて、自転車のスピードを上げていく。

　アツシがメガネをかけるようになったのは、幼稚園《ようちえん》に入る前だった。健康診断《しんだん》で視力《しりょく》が悪いことがわかり、病院で検査《けんさ》を受けて、メガネをつくった。ほんとうはその時点で手術《しゅじゅつ》も勧《すす》められていたのだと、あとになって——両親が手術を決断《けつだん》してから、聞いた。

ずっと足手まといだった。少年が団地の友だちと遊ぶとき、アツシは「ぼくも、ぼくも」と仲間に入れてほしがった。でも、仲間に入ってもいつも「おみそ」扱《あつか》いだった。歳《とし》が四つも下だし、すぐにけつまずいて転んでしまうし、ボールの転がる方向や距離《きょり》がうまくつかめないので、サッカーやソフトボールの球拾いさえまともにできない。

③そんなアツシを見るたびに、いらいらした。友だちがメガネをからかったり、目の悪さのせいでいじめたりしたことはなかったが、気をつかわれているのがわかるから、嫌だった。アツシと一緒《いっしょ》にいると、なんだか自分まで「弱いほう」になってしまうようで、まだ遊びたがっているアツシを無理やり帰らせて、泣かせてしまったこともある。

かわいそうなことをした。いまは思う。いまだから思う。

（重松清《しげまつきよし》「おとうと」〔『小学五年生』〈文藝春秋〉所収〕より）

問一　主人公の少年とアツシ、この二人はどのような関係か。漢字二字で答えなさい。

問二　——線①とあるが、それはなぜか。次の**ア**～**エ**の中からもっともふさわしいものを選んで記号で答えなさい。

ア　自転車の二人乗りをするのがはじめてだから。

イ　少年と行動を共にし、海を見に行くことができるから。

ウ　禁止《きんし》されている子供《こども》同士の二人乗りにスリルを感じるから。

エ　自分で自転車を漕《こ》がずにすんで、楽をすることができるから。

問三　——線②とあるが、何度も念を押したのはなぜか。その理由を答えなさい。

問四　——線③とあるが、それはなぜか。次の**ア**～**エ**の中から一つ選んで記号で答えなさい。

ア　アツシと一緒にいると、友だちがメガネのことでからかうから。

イ　友だちが気をつかうので無理に帰らせると、泣いてしまうから。

ウ　アツシがいると、友だちが本気で接《せっ》してくれないように感じるから。

エ　仲間に入りたがるくせに、アツシは手術をうけようともしないから。

第2章 物語・小説

1 あらすじ・設定《せってい》を読みとる

ココがポイント

物語・小説を組み立てるには、大まかに言って、三つのものが必要である。まず第一に必要なのが、**できごと**。「できごと」のない物語は考えられない。**できごとこそが物語の骨格《こっかく》**である。

1 物語や小説の第一の要素《ようそ》

物語や小説は、**できごとの連続としてとらえる**ことができます。

●**物語・小説の組み立て図（その一）**

できごとA　例　おばあさんが川でももを見つける。

↓

できごとB　例　ももの中から男の子が出てくる。

↓

できごとC　例　男の子が鬼退治《おにたいじ》に行く。

物語に登場するいろいろな「設定」

●**昔の日本**…登場人物の名前が昔風になっている。服装《ふくそう》も「着物」「げた」「わらじ」など、昔風である。町並《まちな》みも古い。

●**戦時中または終戦直後の日本**…食糧難《しょくりょうなん》など、物のない時代である。家族が戦争に行っていることもある。「防空《ぼうくう》ずきん」や「配給」など、その当時にしかないものも書かれていることがある。

●**外国**…登場人物の名前から読みとる。文化も異《こと》なるので、衣食住にちがいが見られることが多い。

●**現実にはないもの**…作者の空想をもとにした世界。魔法《まほう》の世界などがこれにあたる。起こる事件《じけん》も現実《げんじつ》では考えられないようなことが多い。

したがって、物語や小説を読むときには、まず、**どのようなできごとが起こったのかを理解《りかい》しなければいけません。**

できごとは、物語や小説の中で、起こった順に書かれているとはかぎりません。《事《じ》情《じょう》の説明》や《回想》といった形で、起こった順とはくいちがっていることがあるので注意しましょう。

それらをおさえて、あらすじを読みとっていきましょう。

2 できごとが起こる「場面」

できごとは「あるとき」「あるところで」起こります。また、ほとんどの場合、「ある人(々)」の間で起こります。

この、「あるとき」「あるところで」「ある人々によって」引き起こされる**ひとつづきのできごとをえがいた部分**のことを、場面とよびます。

いつのできごとか、どこで起こったできごとか、そこにだれがいて何をしているのか。**場面の様子を正確《せいかく》に思いうかべることが大切**です。

◎どんなできごとがどんな順序《じゅんじょ》で起こったのか、あらすじをおさえる。

◎それらのできごとが起こった場面の様子をとらえる。

場面を読みとる

物語・小説にえがかれている**場面**を読みとりましょう。書かれていることをもとに、それ以外のところも想像《そうぞう》しましょう。

例　風が少しもない暖《あたた》かい日で、もうしもがとけて道はぬれていた。

➡朝もだいぶおそいころで、道はぬかるんでいるだろうと想像できる。

人物を読みとる

物語の**中心人物(主人公)をとりまくいろいろな人物を、きちんとまとめてみる**と物語がよくわかります。たとえば、

- **家族**(兄弟・姉妹・親子など)
- **師弟《してい》**(先生・生徒・師匠《ししょう》・弟子《でし》など)
- **恋人《こいびと》・友人**
- **知り合い**(近所の人)

などです。

それぞれの人たちの仲がいいのか悪いのかも文章から読みとれます。ことばづかいなどに注意してみましょう。

力だめしの問題

入試標準レベル

解答➡p.481

1 次の文章を読んで、あとの問いに答えなさい。

「ついてないわ」

マッチの軸《じく》を灰皿《はいざら》に投《な》げ捨《す》てながら、ママは言った。

「①私《わたし》としたことが、とんだ不覚*よ」

仕事から帰るとまずダイニングの椅子《いす》に座《すわ》り込《こ》み、煙草《たばこ》一本が灰になるまでの間、ひとしきり愚痴《ぐち》をこぼすのは、毎晩《まいばん》のママの習慣《しゅうかん》だった。けれどその日のため息は、一段《いちだん》と長く、暗かった。

「どうしたの？」

僕《ぼく》は尋《たず》ねた。何があったか本当に知りたいからではなく、②質問《しつもん》してもらいたくてたまらないのに、僕が黙《だま》ったままでいると、ママがどれほど不機嫌《ふきげん》になるか、よく分かっていたからだ。

「なくしたのよ。集合用の旗を。ずっと使い続けてきた、ほとんど身体の一部と言ってもいい、あの旗をね」

「どこで？」

「遊覧船《ゆうらんせん》の待合室だと思う。慌《あわ》てて戻《もど》って探《さが》したけど、見つからなかったわ。誰《だれ》かがゴミだと思って捨てたのね、きっと」

同情《どうじょう》を誘《さそ》う様子で、ママは鼻をすすってみせた。それから煙草を押《お》し潰《つぶ》し、夕食の支《し》度《たく》をするため、のろのろと立ち上がった。

【甲南女子中・改】

読みとりのポイント

「ママ」と「僕」との会話を中心に、二人の関係や、どんなできごとが起こったのかを読みとっていきましょう。

僕は言い付け通り、付け合わせの野菜は全部洗《あら》って皮をむいておいたし、鱒《ます》は内臓《ないぞう》を取り出し下味をつけておいた。でもママには、野菜を茹《ゆ》でたり、魚に衣をまぶしてソテーしたりする仕事が残っていた。まだ火を使うには子供《こども》すぎます。あなたが一人でガスのつまみをカチカチさせているかと思うと、心配で仕事どころじゃないわ、というのがママの言い分だった。

③余分《よぶん》なエネルギーがこれっぽっちも残っていないかのようなくたびれぶりで、ママが台所に立つのを見るたび、僕は居心地《いごこち》が悪くなった。自分が何か、余計な手出しをしてしまった気分に陥《おちい》った。野菜と鱒のために自分が払《はら》った*犠牲《ぎせい》（セカンドのポジションを下級生に譲《ゆず》り、練習試合を途中《とちゅう》で抜《ぬ》けなければならなかった）のことなど、あっけなく忘《わす》れてしまうのだった。

僕は紙ナプキン、ナイフとフォーク、グラス、水のボトル、バターケースを食卓《しょくたく》に並《なら》べた。向かい合って座るママと僕が、一ミリのずれもなく対称《たいしょう》になるよう、慎重《しんちょう》に一個《いっこ》一個位置を定めていった。まるで*タイムリーエラーを、*挽回《ばんかい》するように。

（小川洋子《おがわようこ》「ガイド」〔『海』〈新潮社〉所収〕より）

問一 ——線①とあるが、具体的には何をしたことをこう表現《ひょうげん》しているのか。十字以上十五字以内で書きなさい。

問二 ——線②とあるが、ここには「ママ」の「僕」に対する甘《あま》えが表れている。これと同じような気持ちが表れている行動が書かれた一文を本文中から探《さが》し、初めの五字をぬき出しなさい。

問三 ——線③とはこの場合何をするためのエネルギーか。「のエネルギー」に続くように十字以内で本文中からぬき出しなさい。

語句

＊不覚＝不注意や油断《ゆだん》によって失敗すること。

＊犠牲＝ある目的を達成するために大切なものを引きかえにすること。

＊タイムリーエラー＝野球で、相手チームに得点《とくてん》させてしまう失敗。

＊挽回＝失ったものを取り返して、もとのよい状態《じょうたい》にもどすこと。

ヒント

問一 「ママ」がしてしまった「不覚」を、「僕」との会話から読みとりましょう。

問二 母親が息子《むすこ》に甘えるという「特殊《とくしゅ》な」家族関係を読みとりましょう。

問三 くたびれた「ママ」が何をしているのかを読みとりましょう。

チャレンジ問題　入試発展レベル

解答➡p.481

1 次の文章を読んで、あとの問いに答えなさい。【海城中・改】

大田(「俺《おれ》」)は、中学三年生のときに駅伝チームに入り、走る喜《よろこ》びを知った。高校で陸上部に入部するが、さまざまな原因《げんいん》で部をやめてしまった。ある日、大田は公園で、中学陸上部の先生だった上原や陸上部員と出会い、上原に誘《さそ》われて部員たちとタイムレースをした。


「俺、走りたかったんだな……」

俺は一つになって走る八人の背中《せなか》を見ながら言った。あの中に入りたいわけではない。でも、あんなふうに走れたらいいだろうなとは思う。

「また走ればいいじゃない」

上原が何でもないことのように言った。

「そんなうまくいくかよ。俺の高校の陸上部なんて活動してないのも同然だから。ま、あの高校に入った時点で終わったって感じだけどな」

「大田君、トラック専門《せんもん》に変更《へんこう》したの？」

上原が首をかしげた。

「何も専門でやってねえけど」

「じゃあ、グラウンド以外も走ればいいじゃん。高校の陸上部って、学校のグラウンドしか走っちゃいけないわけじゃないんでしょう。駅伝のときは、校外も走ってたじゃない。あぜ道も山道もアスファルトも」
①上原の言うとおりだ。だけど、そうじゃない。俺はただ走りたいんじゃない。どこでも走ればいいってわけではない。それでいいなら、俺は毎日走ってる。そうじゃないんだ。さっきの３０００メートルみたいに、仲間じゃなくたっていい、友達じゃなくたっていい。誰《だれ》だっていいから、誰かと同じ場所へ向かって、体を、気持ちを動かしていたい。苦しくて辛《つら》くたってかまわない。じっとしてはいられない、体が自然に動くあの衝動《しょうどう》。それに従《したが》ってみたいんだ。
「まあ、そうなんだけどさ」

どう言っていいかわからず、あいまいに答えると、上原は、

「②レースはどこでだって行われてるよ」

と言った。

「そっか？」

「そうだよ。いつだって、どこだって、だいたい誰かが走ってる。それに、大田君を駆《か》り立《た》てるものだって、そこら中に転がってる」

上原ははっきりと言った。

そうだとして、その場所をどうやって探《さが》せばいいのだろう。どうすればそこへたどり着けるのだろう。もう中学生じゃないんだ。義務教育《ぎむきょういく》を卒業した俺を、わざわざ引《ひ》っ張《ぱ》ってくれるやつはいない。この手を自分で伸《の》ばして、この足で向かわなくてはいけない。それはとても難《むずか》しい。

（瀬尾《せお》まいこ『君が夏を走らせる』〈新潮社〉より）

問一 ——線①「上原の言うとおりだ。だけど、そうじゃない」とあるが、どういうことか。次の中から適切《てきせつ》なものを一つ選び、記号で答えなさい。

ア　学校のトラックよりあぜ道や山道やアスファルトで走る方が向いているというのはその通りだが、ただどこででも走れればよいのではなく、感動できるような走りがしたいのだということ。

イ　学校のグラウンド以外で陸上部が活動をしても校則違《こうそくい》反《はん》にはならないというのはその通りだが、ただ活動できればよいのではなく、練習やレースを通して充実感《じゅうじつかん》を味わいたいのだということ。

ウ　高校の部活動だけにしばられることなく、自由に走ったらよいというのはその通りだが、ただ一人で走るのではなく、中学の駅伝の時のように仲間とともに走る喜びを感じたいのだということ。

エ　学校のグラウンド以外でも走れる所はいくらでもあるというのはその通りだが、ただ一人でどこかを走れればよいのではなく、同じゴールに向かって誰かと一緒《いっしょ》に走りたいのだということ。

問二 ——線②「レースはどこでだって行われてるよ」とあるが、この上原の発言を説明したものとして適切なものを、次の中から一つ選び、記号で答えなさい。

ア　ただ走るのではなく、自分の力をためすことができる場所を探している大田の気持ちを感じ取り、まずはレースに出たらどうかと提案《ていあん》している。

イ　学校という枠《わく》にとらわれて自分の力をもてあましている大田に、学校の外へ目を向けて、広い世界に飛び出していくべきだとすすめている。

ウ　一人で走ることに孤独《こどく》を感じてきた大田の気持ちを感じ取り、たくさんの人と一緒にゴールを目指すレースへの参加をうながそうとしている。

エ　自分の生きがいを見つけられずにいる大田に、自分をかけることができるものは、実はいたるところにあるということを示《しめ》してはげましている。

2 心情《しんじょう》を読みとる

ココがポイント

物語・小説で、できごとに続いて必要なのが、登場人物の**心情**である。物語・小説は、**できごとと心情の連鎖《れんさ》としてとらえていく。**

1 物語や小説の第二の要素《ようそ》

物語・小説の骨格《こっかく》にあたるもの、それは**できごと**でした。しかし、現在《げんざい》の物語や小説において中心的にえがかれているのは、できごとではありません。現在の物語作者の多くは、いくつか(印象的《いんしょうてき》な)できごとをとおして、登場人物たちの**心情**(**心・心理**)をえがこうとしています。

物語はできごとの連続ですが、できごとからできごとへと話が展開《てんかい》していく中心には、登場人物の心情があります。あるできごとが登場人物の心情に影響《えいきょう》をおよぼし、その登場人物がそこでさらに行動を起こし……というように、物語は展開していきます。

つまり、物語・小説は、**できごとと心情の連鎖としてとらえる**ことができます。

気持ちを表すことば

次にあげるような**気持ちを表すことば**を覚えておきましょう。プラスとマイナスの気持ちに分けて整理するとわかりやすくなります。

● プラス　明

明るい気持ち
安心した気持ち
うきうきするような気持ち
おだやかな気持ち
落ち着いた気持ち
思いやりの気持ち
感謝《かんしゃ》の気持ち
楽しい気持ち

● マイナス　暗

暗い気持ち
あきれた気持ち
あせりの気持ち
怒《いか》りの気持ち(腹立《はらだ》たしい気持ち)
悲しい気持ち
くやしい気持ち
さびしい気持ち
絶望的《ぜつぼうてき》な気持ち

●物語・小説の組み立て図（その二）

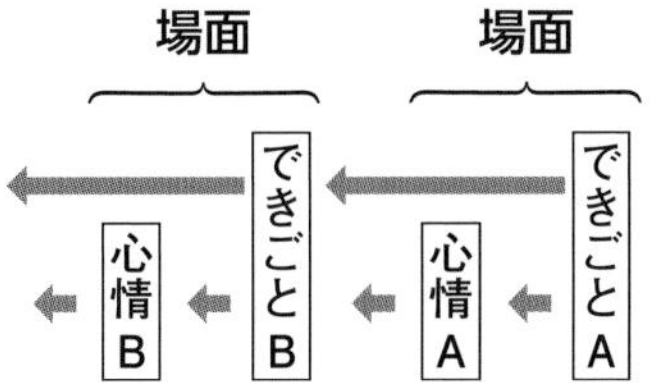

2 表情・会話・行動から読みとる

表情とはまさに「感情を表したもの」なので、心情を読みとる大きなヒントになります。また、**会話や行動に表れる感情にも注意をはらいましょう。**気持ちが強く表れている部分には――線を引くなどの作業をおこたらないようにしましょう。

●その他

驚《おどろ》きの気持ち
不思議な気持ち

答え方の基本《きほん》パターン

心情を答えるときには、**「～の…に対する○○な気持ち」という形で答えると、うまくおさまる**ことが多いので、この形はぜひとも覚えておきましょう。

例
- A君のB君に対する思いやりの気持ち。
- 先生にほめられたことに対するてれくさい気持ち。
- かばってくれた友達に対して、感謝する気持ち。

力だめしの問題

入試標準レベル

解答➡p.481

1 次の文章を読んで、あとの問いに答えなさい。

【大阪学芸中等教育学校・改】

この日、先生は亡《な》くなられた奥《おく》さんの遺品《いひん》の整理を急に思いついたらしく、朝、僕《ぼく》がおじゃましたときにはすでに一人で忙《いそが》しそうにしていた。そのうちに片付《かたづ》けようと思っていたのだが、いつのまにか月日がたってしまったと、先生は①少し弁解《べんかい》するように言った。

奥さんの遺品というのは、主に衣類で、あとはラジオや小型《こがた》テレビ、本や手紙の類《たぐ》いだった。

足立《あだち》先生は、奥さんの寝室《しんしつ》だったという部屋の真ん中にすわり、荷物の仕分けをしていた。手紙などは一つ一つ丹念《たんねん》に中身をチェックしていたので、作業は、なかなかはかどらなかった。それは思い出にふけるというよりも、なにか探《さが》し物《もの》をしているかのようだった。

先生は、ダンボール箱に読み終えたばかりの手紙をほうりなげると、途方《とほう》にくれたように散らかった衣類を眺《なが》めて②ためいきをついた。

「なにか、お探しですか?」

「いやなに」

苦笑いしながら、先生は「よっこらしょ」と立ち上がり、背伸《せの》びをすると、ベランダに出た。

「今日はよく晴れたな。ごらんよ、森が燃《も》えているようだ」

読みとりのポイント

「先生」と「僕」の心情《しんじょう》を、できごととそこから起こる行動などから読みとっていきましょう。

誘《さそ》われて、ベランダの柵越《さくご》しに外をのぞき、僕は一瞬《いっしゅん》、③息を呑《の》んだ。
足立家の庭の向こうは崖《がけ》で、森が広がっていた。
二階から眺めるとそれが一層《いっそう》大きく見えた。
僕は両親とともにこの土地に半年前に引《ひ》っ越《こ》してきたばかりで、足立先生に頼《たの》まれて山桜《やまざくら》を訪《たず》ねるまで、緑地の森のことは知らなかった。だが、初めてそこに足を踏《ふ》み入《い》れたとき、なんだかタイムスリップし、昔の日本に迷《まよ》い込《こ》んでしまったようで少し怖《こわ》いぐらいだった。実際《じっさい》、この森の中には、鎌倉《かまくら》時代あるいはその前からあると伝えられる古道がまだ残っていた。

（那須田淳《なすだじゅん》『一億百万光年先に住むウサギ』〈理論社〉より）

問一 ――線①とあるが、それはなぜか。自分で考えて答えなさい。

問二 ――線②とあるが、このときの先生の気持ちを本文中のことばを用いて考えて二十字以内で答えなさい。

問三 ――線③とあるが、それはなぜか。次の中からもっとも適切《てきせつ》なものを選び、記号で答えなさい。

ア 住宅地《じゅうたくち》の中に森が残されていることが不思議だったから。
イ 森が目に入った瞬間《しゅんかん》、タイムスリップしたような気がしたから。
ウ 足立家のそばに森があることを初めて知って感激《かんげき》したから。
エ ベランダの柵越しに広がる森の大きさ、美しさに驚《おどろ》いたから。

ヒント

問一 「弁解」は「言《い》い訳《わけ》」。そのときの「先生」の気持ちを考えましょう。

問二 「気持ち（心情）」を答えるときは、そういう気持ちになった事情もあわせて答えましょう。

問三 「息を呑む」は驚いたときに用いる慣用句《かんようく》。「僕」は何に驚いているのかを読みとりましょう。

チャレンジ問題　入試発展レベル

解答➡p.482

1 **次の文章を読んで、あとの問いに答えなさい。**【桐光学園中】

いい成績《せいせき》ではなかったが、私《わたし》はその春、①中学校へ受験して合格《ごうかく》をした。私は、新しい*袴《はかま》と黒い沓下《くつした》とあみあげの靴《くつ》をはき、いままでの毛布《もうふ》をよして羅紗《らしゃ》のマントを洒落者《しゃれもの》らしくボタンをかけずに前をあけたまま羽織《はお》って、その海のある小都会へ出た。そして私のうちと遠い親戚《しんせき》にあたるそのまちの呉《ご》服店《ふくてん》で旅装《りょそう》を解《と》いた。入口にちぎれた古いのれんをさげてあるその家へ、私はずっと世話になることになっていたのである。

私は何ごとにも有頂天《うちょうてん》になり易《やす》い性質《せいしつ》を持っているが、入学当時は銭湯《せんとう》へ行くのにも学校の制帽《せいぼう》を被《かぶ》り、袴をつけた。そんな私の姿《すがた》が往来《おうらい》の窓硝子《まどがらす》にでも映《うつ》ると、私は笑いながらそれへ軽く会釈《えしゃく》をしたものである。

それなのに、②学校はちっとも面白《おもしろ》くなかった。校舎《こうしゃ》は、まちのはずれにあって、しろいペンキで塗《ぬ》られ、すぐ裏《うら》は海峡《かいきょう》に面したひらたい公園で、浪《なみ》の音や松のざわめきが授業中《じゅぎょうちゅう》でも聞《きこ》えて来て、廊下《ろうか》も広く教室の天井《てんじょう》も高くて、私はすべてにいい感じを受けたのだが、そこにいる教師《きょうし》たちは私をひどく迫害《はくがい》したのである。

私は入学式の日から、ある体操《たいそう》の教師にぶたれた。私が生意気だというのであった。この教師は入学試験のとき私の口答試問の係りであったが、お父さんがなくなってよく勉強もできなかったろう、と私に情《なさけ》ふかい言葉をかけてくれ、③私もうなだれて見せたその人であっただけに、私のこころはいっそう傷《きず》つけられた。そののちも私は色んな教師にぶたれた。にやにやしているとか、あくびをしたとか、さまざまな理由から罰《ばっ》せられた。授業中に私のあくびが大きいので職員室《しょくいんしつ》で評判《ひょうばん》である、とも言われた。私はそんなばかげたことを話し合っている職員室を、おかしく思った。

私と同じ町から来ている一人の生徒が、ある日、私を校庭の砂山《すなやま》の陰《かげ》に呼《よ》んで、君の態度《たいど》はじっさい生意気そうに見える、あんなに殴《なぐ》られてばかりいると落第するにちがいない、と忠告《ちゅうこく》してくれた。私は愕然《がくぜん》とした。その日の放課後、私は海岸づたいにひとり家路を急いだ。靴底《くつぞこ》を浪になめられつつ溜息《ためいき》をついて歩いた。洋服の袖《そで》で額《ひたい》の汗《あせ》を拭《ふ》いていたら、④鼠《ねずみ》色《いろ》のびっくりするほど大きい帆《ほ》がすぐ眼《め》の前をよろよろととおって行った。

（太宰治《だざいおさむ》「思ひ出」より）

＊新しい袴〜制帽を被り＝「袴」「沓下」「あみあげの靴」「羅紗のマント」「制帽」いずれも当時の中学生の正装《せいそう》。

問一 ——線①とあるが、このときの「私」の心情《しんじょう》として、もっとも適切《てきせつ》なものを次の中から選び、記号で答えなさい。

ア 親もとから離《はな》れて生活することで、一気に大人になったような気分になり自信満々になっている。

イ 中学校に合格したことは大きな喜《よろこ》びであったが、同時に都会の学校になじめるか半信半疑《はんしんはんぎ》でいる。

ウ 田舎者《いなかもの》と馬鹿《ばか》にされぬよう身なりや行動に気を配り、都会の中学生らしくなろうと無我夢中《むがむちゅう》でいる。

エ 中学生になったことへの喜びやこれから始まる中学校生活を期待して意気揚々《いきようよう》としている。

問二 ——線②とあるが、その理由としてもっとも適切なものを次の中から選び、記号で答えなさい。

ア 入学前の気持ちなどはあまり長続きせず、単調な生活の中で目標を見つけ出せず退屈《たいくつ》だったから。

イ 学校の雰囲気《ふんいき》は気に入っているものの、教師たちからいわれのない暴力《ぼうりょく》をたびたび受けたから。

ウ 勉強が想像《そうぞう》以上に難《むずか》しく、進級できないかもしれないことにおびえる生活をしなければならなくなったから。

エ 自分は優等生《ゆうとうせい》であるという自負が打ちくだかれ、毎日自分の実力のなさを突《つ》きつけられる生活だったから。

問三 ——線③とあるが、その説明としてもっとも適切なものを次の中から選び、記号で答えなさい。

ア 相手の優《やさ》しさにふれて、日ごろ我慢《がまん》していたさびしさが思わずこみ上げてしまった。

イ 相手の優しさに感激《かんげき》して、改めて中学に進学するための努力を誓《ちか》った。

ウ 相手の偽《いつわ》りの優しさを見抜《みぬ》いた上で、合格するためにあえてだまされたふりをした。

エ 相手の優しい気づかいに合わせて、自分も悲しい気持ちであることを装《よそお》った。

問四 ——線④とは、何をたとえたものか。もっとも適切なものを次の中から選び、記号で答えなさい。

ア 自分の味方が誰《だれ》もいないという深い孤独感《こどくかん》。

イ 試験が好成績《こうせいせき》なら大丈夫《だいじょうぶ》だという淡《あわ》い期待感。

ウ 落第するのではないかという強い不安感。

エ 教師という強者に何も抵抗《ていこう》できない無力感。

3 人物像《じんぶつぞう》を読みとる

ココがポイント

物語・小説で、**できごと**、**心情**《しんじょう》ともう一つの要素《ようそ》は、登場人物の**人物像**である。**人物像**は、**できごと**、**心情**の両方に影響《えいきょう》をあたえていく。

1 物語や小説の第三の要素

あるできごとが登場人物の心情に影響をおよぼし、その登場人物がそこでさらに行動を起こし……というように、物語は展開《てんかい》していきます。しかし、物語の展開を左右する要素がもう一つあります。できごと、心情のどちらにも影響をあたえるもの、それは登場人物の**人物像**です。

人間には個性《こせい》があります。だから、同じ状況《じょうきょう》でも人によって選択《せんたく》する行動は異《こと》なり、同じできごとに対する感じ方も人によって異なります。そういった**ちがいのもととなるのが人物像です**。

人物像には、外的なものと内的なものの二つがあります。**外的人物像**とは、**人物の外見・年令・職業**《しょくぎょう》**・地位・家族関係など**のことです。一方、**内的人物像**とは、**性**《せい》**格**《かく》**・思想・世界観・考え方のくせ**などのことで、多くの物語では後者のほうがより重要視《じゅうようし》されます。つまり、話の展開をより大きく左右します。

「人物像」はすべての出発点

人がらや性格などの人物像はすべての行動のもとになっている要素です。だから**行動や会話から、そのもとにある人物像を読みとる**ようにしましょう。

この点に関しては心情の読みとりと似《に》たところは多いです。ただし、心情はそのときどきで変化するものであるのに対して、**人物像は基本的に変化しない**というちがいがあります。

心情と行動が一致《いっち》しないとき

心情と行動が一致しないときも重要なポイントになります。たとえば、つらいとき悲しいときにも平静をよそおうようなときです。そこから「我慢《がまん》強い性格」などを読みとることができます。

●物語・小説の組み立て図（その三）

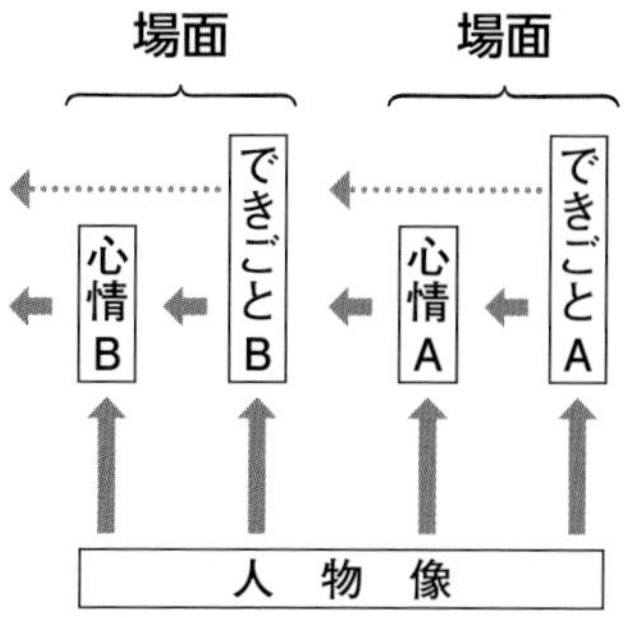

2 基本《きほん》は「こんなときにこんなことをする人」

人物像をつかむには、**まず状況をつかむことが大切です**。状況はみんなに共通だからです。そして、そのときに**登場人物がどんな行動にでるのか**をよく観察しましょう。

状況と行動の関係から、登場人物の人物像を読みとりましょう。ことばづかいや表情なども手がかりとなります。

しなくても「している」？

何かを「**しない**」ことも行動の一つです。「言い出せない」「動こうとしない」などから、「消極的な態度《たいど》」「忍耐強《にんたいづよ》い様子」などが読みとれます。

二人いればいっそう人物像はわかる

対照的な性格の二人を登場させるのは、**物語に深みをあたえる方法としてよく見られます**。同じ場面に出くわしても二人がまったくちがう行動に出ることに注目して、性格のちがいを読みとりましょう。

力だめしの問題

入試標準レベル

解答➡p.482

❶ 次の文章を読んで、あとの問いに答えなさい。

兄はわたしを見下しながら、不相変慳貪《あいかわらずけんどん》にこう申しました。

「わからず屋！　又《また》お雛様《ひなさま》のことだろう？　お父さんに叱《しか》られたのを忘《わす》れたのか？」

「まあ、好《い》いじゃあないか？　そんなにがみがみ云《い》わないでも。」

母はうるさそうに眼《め》を閉《と》じました。が、兄はそれも聞《きこ》えぬように叱り続けるのでございます。

「十五にもなっている癖《くせ》に、ちっとは理窟《りくつ》もわかりそうなもんだ？　高《たか》があんなお雛様位《ぐらい》！　惜《お》しがりなんぞするやつがあるもんか？」

「お世話焼きじゃ！　兄さんのお雛様じゃあないじゃあないか？」

わたしも負けずに云い返しました。その先は何時《いつ》も同じでございます。二言三言云い合う中《うち》に、兄はわたしの襟上《えりがみ》を掴《つか》むと、いきなり其処《そこ》へ引《ひ》き倒《たお》しました。

「お転婆《てんば》！」

兄は母さえ止めなければ、この時もきっと二つ三つは折檻《せっかん》して居《お》ったでございましょう。が、母は枕《まくら》の上に半ば頭を擡《もた》げながら、喘《あえ》ぎ喘ぎ兄を叱りました。

「お鶴《つる》が何をしやあしまいし、そんな目に遇《あ》わせるにゃあ当《あた》らないじゃあないか。」

「だってこいつはいくら云っても、あんまり聞き分けがないんですもの。」

「いいえ、お鶴ばかり憎《にく》いのじゃあないだろう？　お前は……お前は……」

母は涙《なみだ》をためた儘《まま》、悔《く》やしそうに何度も口ごもりました。

【大阪桐蔭中・改】

読みとりのポイント

場面の状況《じょうきょう》をよくつかみ、「わたし」「兄」「母」の人物像《じんぶつぞう》を読みとっていきましょう。

場面解説

この小説は、江戸《えど》から明治へと移《うつ》り変《か》わる時代に、没落《ぼつらく》していく御用《ごよう》商人一家のそれぞれの思いをえがいた物語です。諸大名《しょだいみょう》への御用金を用立てて富を築《きず》いたものの、新しい時代に対応《たいおう》できずにいる父、病気がちな母、西洋かぶれの十八歳《さい》の長男英吉《えいきち》、そして十五歳の妹お鶴。一家は豪華《ごうか》な雛人形を横浜《よこはま》のアメリカ人に売《う》り渡《わた》すことになりました。父はその手付け金として半分の料金を受け取りました。明日はいよいよ雛人形を手渡《てわた》す日です。

「お前はわたしが憎《にく》いのだろう？　さもなけりゃあわたしが病気だと云うのに、お雛様を……お雛様を売りたがったり、罪《つみ》もないお鶴をいじめたり、……そんなことをする筈《はず》はないじゃあないか？　そうだろう？　それならなぜ憎いのだか、……」

「お母さん！」

兄は突然《とつぜん》こう叫《さけ》ぶと、母の枕もとに突立《つった》ったなり、肘《ひじ》に顔を隠《かく》しました。

（芥川龍之介《あくたがわりゅうのすけ》「雛」より）

問一　「わたし」の性質《せいしつ》として本文から読みとれるものを次の中から一つ選び、記号で答えなさい。

ア　病気の母を気づかう優《やさ》しいところがある。
イ　云いたいことをはっきり云えない気の弱さがある。
ウ　頭ごなしに叱りつける兄に口答えするがんこさがある。
エ　人の話を聞かず自分の都合ばかり言う身勝手なところがある。

問二　――線部とあるが、母は兄の性質をどのようにとらえていると考えられるか。**ふさわしくないもの**を次の中から一つ選び、記号で答えなさい。

ア　自分の決めたことは計画的に実行しようとする意思の強い性質。
イ　思い通りにならないと癇癪《かんしゃく》を起こし、突飛《とっぴ》な行動を起こす破天荒《はてんこう》な性質。
ウ　相手が納得《なっとく》できるように、自分の気持ちを伝えることが苦手な性質。
エ　自意識《じいしき》が高いため、感情《かんじょう》をあらわにすることを嫌《きら》う性質。

ヒント

問一　本文に書かれている内容《ないよう》を、一つ一つ確認《かくにん》していきましょう。
問二　母は兄を、本来はそんなことをする人間ではないと考えています。

チャレンジ問題　入試発展レベル

解答➡p.482

1 次の文章は中国の作家・魯迅《ろじん》の作品である。彼《かれ》は、当時の自国の人々の生き方や考え方を嘆《なげ》き、内面的な意識改革《いしきかいかく》の必要性《ひつようせい》を感じていた。これをふまえ、この文章を読み、あとの問いに答えなさい。

【国府台女子学院中学部・改】

僕《ぼく》は田舎《いなか》から上京したのだが、あっと言う間に六年が過《す》ぎた。その間に見聞きしたいわゆる*お国の大事とは、数えてみればたいへん多いが、僕の心には、すべて何の痕跡《こんせき》も残しておらず、強《し》いてこれらの事件《じけん》の影響《えいきょう》を探《さぐ》れば、ただ僕の性格《せいかく》がますます悪くなっただけのこと——正直言って、僕は日増《ひま》しに人を馬鹿《ばか》にするようになっていた。

小さな出来事だが、僕にとっては大事なある事件が、この悪い性格から抜《ぬ》け出《で》させてくれたことを、今でも忘《わす》れられない。

それは民国六年［一九一七年］の冬のこと、厳《きび》しい北風が吹《ふ》き荒《あ》れていたが、僕は生活のために、朝早くから通りを歩いていた。通りにはほとんど人影《ひとかげ》もなかったが、やっとのことで人力車をつかまえ、S門まで引いて行くようにと命じた。まもなく、北風が収《おさ》まると、路上の埃《ほこり》はすっかり吹《ふ》き飛《と》ばされ、真っ白い大通りが一筋《ひとすじ》残されており、車夫もいっそう速く走った。そうするうちにS門近くで、急に人力車のかじ棒《ぼう》に人がひっかかり、ゆっくりと倒《たお》れた。

転んだのは女性で、白髪《しらが》まじりで、服はぼろぼろだった。彼女《かのじょ》は通りの端《はし》からいきなり人力車の前を横切ったので、車夫は避《さ》けようとしたが彼女のぼろぼろの綿《わた》入れのチョッキはボタンが掛《か》かっておらずそよ風に吹かれて外側に広がったのでかじ棒に掛かってしまったのだ。

幸いにも車夫がすぐに足を止めたが、さもなければ彼女はきっともんどり打って転んでおり、頭を打って血を流していただろう。彼女は地面にうつぶせとなり、車夫も立ち止まっている。僕はこの老女にけがなどなく、そのうえ誰《だれ》も見ていないというのに、車夫が余計《よけい》なことをして、自分から面倒《めんどう》を引き起こせば、僕も遅刻《ちこく》してしまうと思った。

そこで彼にこう言った。A「だいじょうぶさ。さあ行ってくれ！」

車夫は耳も貸《か》さずに——あるいは聞こえなかったのか——かじ棒を下ろすと、その老女をゆっくりと助け起こし、腕《うで》を支《ささ》えて立たせてから、こうたずねた。

「どうなさったんで？」

「転んでけがしたよ」

僕はこう考えていた——この目でおまえがゆっくり倒れる

のを見たんだ、転んでけがするわけがない、大げさなことを言って、本当に嫌《いや》な奴《やつ》だ。車夫もお節介《せっかい》なんかするから、自《じ》業自得《ごうじとく》だ、落とし前は自分でつけろよ。

ところが車夫は老女の話を聞くと、迷《まよ》うことなく、彼女の腕を取ったまま、一歩一歩と前に進んでいく。ふしぎに思って、急ぎ前方を見ると、交番があるものの、大風のあとなので、外には人影はない。車夫はあの老女を支えながら、その入口へと向かっているのだ。

僕はこのとき不意にある異様《いよう》な感じを覚え、彼の全身埃だらけの後ろ姿《すがた》が、一瞬《いっしゅん》［①］なり、しかも前へ進むほどさらに［①］なり、仰《あお》ぎ見《み》るほどになったように感じていた。しかも彼は僕にとって、しだいにある種の威圧《いあつ》へと変じていくようでもあり、ついには毛皮の裏地《うらじ》付《つ》きの長衣に隠《かく》された②僕の「卑小《ひしょう》」*を絞《しぼ》り出《だ》さんとするかのようなのだ。

③僕の生命力はこのときどうやら凝固《ぎょうこ》していたようすで、座《すわ》ったまま動かず、考えもせず、交番から警官《けいかん》が出てくるのを見て、ようやく人力車を降《お》りた。

（魯迅著／藤井省三《ふじいしょうぞう》訳「小さな出来事」〔『故郷《こきょう》／阿《あ》Q正伝《せいでん》』〈光文社〉所収〕より）

＊お国の大事＝中国国内では、国民の生活を混乱《こんらん》させるような大きな政治的《せいじてき》軍事的事件がたて続いていた。

＊卑小＝気持ちや考え方などがいやしく、器量が小さいこと。

問一　［①］に共通して入る適切《てきせつ》な語を次から選び、記号で答えなさい。

ア　厳《きび》しく　**イ**　力強く　**ウ**　美しく
エ　大きく　**オ**　寂《さび》しく

問二　——線②とは具体的にどのようなことを指すか。これについて‖線Aのセリフから読みとれることを二つ、それぞれ十五字以内で説明しなさい。

問三　——線③のようになったのはなぜか。もっとも適切なものを次から一つ選び、記号で答えなさい。

ア　車夫の嘘《うそ》のない決断《けつだん》は正義《せいぎ》の大切さを僕に強くうったえるためのものであり、その意志《いし》の強固さに驚《おどろ》いたから。

イ　卑怯《ひきょう》な自分とは対照的に、車夫の勇気ある態度《たいど》は素晴《すば》らしく、身ぶるいするほどの感動を覚えたから。

ウ　車夫の行いは人として正しい行為《こうい》であり、正義には身分の壁《かべ》など関係ないとわかり勇気づけられたから。

エ　思いがけない状況《じょうきょう》でも正直に行動する車夫は、自分よりはるかに豊《ゆた》かな心を持っていることがわかり、自分が情《なさ》けなくなったから。

オ　若《わか》い車夫の不器用な生き方は、僕の理解《りかい》を超《こ》えるものであり、そのあわれな運命を気《き》の毒《どく》に感じたから。

4 物語・小説のまとめ

1 物語・小説のまとめ

●あらすじ・設定《せってい》を読みとる⬇1（三四ページ）

「いつ・どこで」などからあらすじ・設定を読みとります。

●心情《しんじょう》を読みとる⬇2（四〇ページ）

心情が表れている部分、会話や行動に気をつけて、登場人物の心情をしっかりとらえます。

●人物像《じんぶつぞう》を読みとる⬇3（四六ページ）

場面ごとに、登場人物の行動に注意し、それぞれの登場人物の人物像をさぐります。

2 物語・小説の型《かた》

物語や小説では、できごとと心情がからみ合いながら話が進んでいきますが、その型として多いのが次のようなパターンです。

❶変化

主人公の内面が変化する様子をえがきます。ここで「内面」というのは、《心情》《認識《にんしき》（何かについての主人公の考え）》《人格《じんかく》》などです。

また、一口に「変化」といってもいろいろなタイプがあります。

●発見…主人公がもっている認識や、主人公が物事や人に対して下す評価《ひょうか》の変化。

物語・小説の構造《こうぞう》

物語・小説は、できごとと心情の連鎖反応をえがきます。

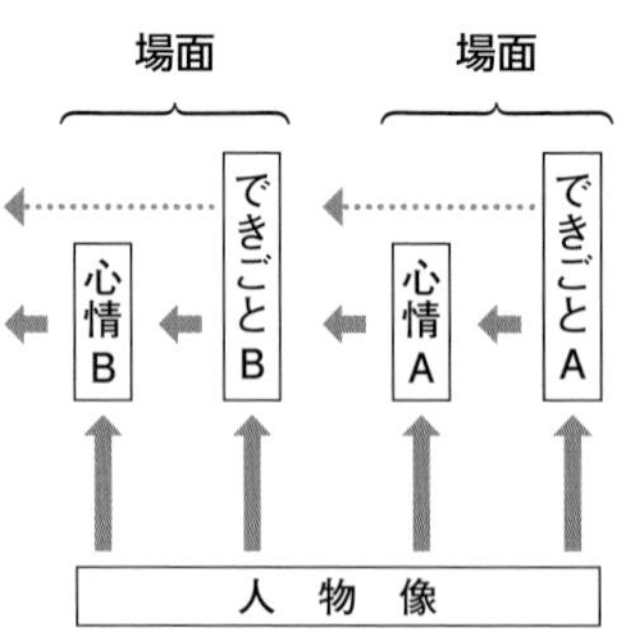

●**成長**…主人公の人格・性格《せいかく》の変化。「マイナスの成長」もありうるが、中学入試においてはあまり一般的《いっぱんてき》ではない。

●**急転**…主人公の心情や、主人公のおかれている状況《じょうきょう》が劇的《げきてき》に変化することがある。その劇的な変化のありさまをえがくことを主眼《しゅがん》とした物語・小説もある。

❷葛藤《かっとう》

物語・小説は、できごとと心情の連鎖《れんさ》反応《はんのう》をえがきますが、主人公の《心情》が定まらないため、**主人公が行動に踏《ふ》み出《だ》せなかったり、自分の行動に自信がもてなかったりする様子**を中心にえがいているものがあります。

●**悩《なや》み**…状況が願望の実現を妨《さまた》げているときの心。

●**迷い**…《悩み》と似《に》ているが、とくに複数《ふくすう》の選択肢《せんたくし》があり、どちらを選ぶか揺《ゆ》れ動《うご》いている心。

長い物語・小説を読むこつ

学校によっては、非常《ひじょう》に長い物語・小説を出題するところがあります。そのようなときには、初めは流し読みで、**場面が変化したところ**に印をつけていくとよいでしょう。ただし、必ず最後まで読みましょう。

自分勝手な読みとりはしない

よくあるまちがいは、「ぼくだったらこう考える」という答え方です。登場人物の心情は、自分勝手な想像ではなく、あくまで**本文中から手がかりを探《さが》して読みとる**ようにしましょう。

力だめしの問題

入試標準レベル

解答⬇p.483

❶ 次の文章を読んで、あとの問いに答えなさい。（問題の都合上、本文を一部改変しています。）

【筑波大附中・改】

「何、何。どうした?」

玄関《げんかん》から出てきた生徒がまず池の周りに集まってきた。次第《しだい》に、表校舎《おもてこうしゃ》、裏校舎《うらこうしゃ》の教室の窓《まど》、渡《わた》り廊下《ろうか》まですずなりの人だかりができた。ふと見上げた教室の窓に高井《たかい》の姿《すがた》もあった。さすがのあいつも無視《むし》できないんだな。あ、今はそんなことはどうでもいい。よし、これでいいぞ。第二段階突破《だんかいとっぱ》。

僕《ぼく》はテレビの司会者気取りで、その〝観客〟に向かって再度《さいど》言った。

「これから、五年四組の根岸雄二《ねぎしゆうじ》くんが、この池跳《いけと》びに挑戦《ちょうせん》します。うまく跳べましたら、拍手喝采《はくしゅかっさい》のほどよろしくお願いしまーす」

「おおお」とか「きゃー」とか、声援《せいえん》なのか悲鳴なのか、そんな声に混《ま》じって〝ばかか、あいつ〟〝できっこねーよ〟という声も聞こえたけど、僕が想像《そうぞう》していたより、みんなの興奮《こうふん》が伝わった。二年前に見たあの光景よりも盛《も》り上《あ》がっている。

と、日登美《ひとみ》が「先生っ、大変っ」と叫《さけ》びながら、渡り廊下から走り去るのが分かった。

ちぇっ、またあいつか。じゃまばかりしやがって。こうなりゃ、先生たちが来る前にやらなくちゃ。

教室から下りてきたつーやんと合流し、着地側に陣取《じんど》った。

「雄ちゃん、準備《じゅんび》はいいか」

読みとりのポイント

「僕」と「雄ちゃん」たちは何をしようとしているのか、場面を読みとりましょう。

場面解説

「僕」は同級生の仲間とともに、二年前に当時の六年生が挑戦して失敗した「池跳び」を成功させようという計画を立てました。一学期の終業式をむかえたこの日、いよいよ雄ちゃんが池跳びをすることになりました。

「おお、まかしとけ」雄ちゃんはこぶしで胸《むね》を軽くたたいた。

「では、根岸雄二くん、はりきってまいりましょう」

雄ちゃんは、両手を上げて、それにこたえた。まるで大脱出《だいだっしゅつ》をする＊引田天功《ひきたてんこう》のようだ。金色のマントでも羽織《はお》っていれば、もっとウケたかもしれない。にぎったこぶしの中に、汗《あせ》がじっとりとにじんでくるのが分かった。

（森浩美《もりひろみ》『夏を拾いに』〈双葉社〉より）

問一 ――線部について、このときの「僕」の気持ちを説明したものとしてもっとも適《てき》切《せつ》なものを、次の中から選びなさい。

ア 多くの生徒を集められた満足感と、司会としての努力がむくわれた充実感《じゅうじつかん》。

イ 先生が来てしまうという心配と、先生に告《つ》げ口《ぐち》をした日登美に対する怒《いか》り。

ウ 池跳びがいよいよ始まるという緊張感《きんちょうかん》と、成功してほしいという期待感。

エ 失敗するのではないかという不安と、とんでもない計画に対する後悔《こうかい》。

問二 「僕」の周りにいる人たちはどのような人物としてえがかれていますか。文章から読みとれることとして**適切でないもの**を、次の中から選びなさい。

ア 雄ちゃんは「僕」の遊び仲間の一人であり、目立ちたがり屋でいたずら好きである。

イ つーやんは「僕」の遊び仲間の一人であるが、雄ちゃんの挑戦に対しては先生と同じく半ばあきれている。

ウ 高井は「僕」たちと距離《きょり》を置き、関心を示《しめ》しながらも「僕」たちの行動を冷ややかに見ている。

エ 日登美は「僕」たちが危険《きけん》なことをしようとするのを先生に知らせ、止めさせようとする正義感《せいぎかん》の持ち主である。

語句

＊引田天功＝脱出マジックを得意《とくい》とするマジシャンの名前。

ヒント

問一 「手に汗をにぎる」という慣用句《かんようく》の意味を思い出しましょう。

問二 消去法が有効《ゆうこう》。それぞれの根拠《こんきょ》となる部分を本文中から探《さが》し出《だ》しましょう。

チャレンジ問題 入試発展レベル

解答➡p.483

1 次の文章を読んで、あとの問いに答えなさい。【親和中・改】

洋介《ようすけ》は小学校四年生、さゆりは洋介の姉で中学一年生。二人は、夏休みに祖母《そぼ》トキのいる東北にやってきていて、林間学校の手伝いをしています。二人の父と弘子《ひろこ》さんは同じ出版《しゅっぱん》社《しゃ》で働いています。

明彦《あきひこ》くんは朝から図書室でルパン全集にかじりついている。今日は、十一日間の共同生活を終えた五十人の子どもたちがお家へ帰る日、お昼寝《ひるね》が終わるころに、子どもたちを新幹線《しんかんせん》の駅まで運ぶバスがやってくる。けれどもこの小学三年生はお昼寝を返上して、出発ぎりぎりまでルパンを読むことに決めたようだった。

「お家へ持って帰ってもいいって。そうお許《ゆる》しが出ました」

図書主任《しゅにん》のお姉さんのところから戻《もど》ってきたさゆりが明彦くんにいった。「主任のお姉さんが、本は考えながら読むもの、あせって読むものじゃないとおっしゃっていた」

①なにかひどくまずいものでも食べているような顔をしていた明彦くんが、こんどはアイスクリームでも食べているようなうれしそうな顔になって、大急ぎでルパン全集全三巻《かん》をデイパックへ押《お》しこんだ。正門のあたりで、バスのエンジン音がし始めたのであわてているのだ。

「本の扱《あつか》いはていねいに。それから本は一週間以内に送りかえしてちょうだい。いま、ここの住所を書いてあげますからね」

メモ用紙を引《ひ》き寄《よ》せたさゆりの前に、明彦くんがノートをさしだした。

「これに書いて。そうするとゼッタイになくさないから」

ノートの表紙に「林間学校日記」と書いてあった。さゆりは明彦くんが開いたページを見て、ふと胸《むね》のあたりが熱くなった。

②「来年もここへ来たい」と書いてあったからだった。

「ここを気に入ってくれてありがとう」住所を書きながらさゆりはお礼をいった。「それで、どんなところが気に入ったの」

「洋介さんだよ」

意外な答えにさゆりは手を止めて、

「あなたたちにいたずらばかりしてたのに。その弟のどこがいいのかしらね」

「ぼくの話をよく聞いてくれたもの。それからぼくのかわりによく考えてくれた。だから好きなんだ」

「どんな話なの」

「去年、ぼくのところに新しいお母さんがきたんだけどね、いつもその話をしていたんだよ」

「ほんとうのお母さんはどうなさったの。あ、そんなことまで聞いちゃいけない。ごめんなさい」

「いけなくないよ、ほんとうのことだもの。お母さんは、ぼくがまだ保育園の年長組だったころに自動車事故《じこ》でいなくなっちゃった。だから新しいお母さんがきてくれたんだよ。でも、そのお母さんとどうつきあったらいいのかよくわからない。そしたら洋介さんが、何日も何日も考えて、こういってくれたんだ。自分の大好きな人が大好きになった人を大好きになるしかないって」

「……よくわからないけど」

「だから、最初の、ぼくの大好きな人っていうのはお父さんのことだよ。二番目の大好きになった人っていうのは新しいお母さんのこと……」

「ということは、明彦くんはお父さんが大好きで……」さゆりは考えながらいった。「その大好きなお父さんが大好きになった新しいお母さんなのだから、明彦くんはその新しいお母さんを大好きになるしかない……」

「そう。それでこそはじめて、ぼくにお父さんのことを大好きだといっていい資格《しかく》ができる、そういうことなんだって」

洋介は、父が弘子さんを好いていること、そして、ひょっとしたら父がその弘子さんと結婚《けっこん》するかもしれないということを察している。そして③彼《かれ》なりに自分のとるべき態度《たいど》を決めたのだ。弟の心の芯《しん》にふれたような気がして感じ入っていると、表からバスのクラクションが長く聞こえてきた。出発の時間だ。

「困《こま》ったことがあったらいつでも訪《たず》ねてきなさいってさ。住所も書いてくれたんだよ」

明彦くんはデイパックを肩《かた》にひっかけるとノートをだいじそうにかかえて、図書室を飛び出した。

（井上《いのうえ》ひさし『イソップ株式会社《かぶしきがいしゃ》』〈中央公論新社〉より）

問一　――線①について、それはなぜか。

問二　――線②について、そう書いた明彦くんの気持ちはどのような行動に表れているか。十五字以内でぬき出しなさい。

問三　――線③について、洋介が「自分のとるべき態度」を決めたのはどのような思いからか。

第3章 説明・論説文

1 段落《だんらく》の中心文を読みとる

ココがポイント

説明・論説文《ろんせつぶん》を読むポイントは**段落**である。それぞれ段落の中心文を見つけて、**筆者が述《の》べていることをきちんとまとめる**ようにすると、読解《どっかい》の力はぐんとのびる。

1 段落というまとまり

原則《げんそく》として、一つの段落には一つの話題があり、その話題について一つのことが述べられます。例外はありますが、説明文や論説文では、その型《かた》として多いのが次のようなパターンです。

一つの段落に一つの考えがある。

これが、基本的《きほんてき》な形だと覚えておくとよいでしょう。

そして、その段落の中で、この《一つの考え》を**もっともまとまった形で述べた文のこと**を**中心文**とよびます。

●**中心文**…その段落で述べられている一つの考えをもっともまとまった形で述べて

形式段落と意味段落

段落の始まりは文の初めを一字下げることで示します。これを**形式段落**とよびます。また、いくつかの段落をまとめて大きな段落としてあつかうこともあり、これを**意味段落**とよびます。

入試などで文章全体をいくつかの意味段落に分ける問題が出されたら、話題に注意して分けましょう。

キーワードでおさえる

話題の中心となることば（キーワード）は文中に何度も登場します。□で囲《かこ》むなどしておくと読みとりがずいぶん楽になります。

中心文はキーワードをふくむことが多く、**「〈キーワード〉は～である」**という形で整理をしていきましょう。

いる文。

実際《じっさい》には、話題が提示《ていじ》されるだけの段落もありますから、その場合は、話題を示《しめ》す文(代表的なのは問いかけの文)が、中心文といっていいでしょう。この**中心文をしっかりと読みとることによって、文章全体の内容《ないよう》が頭に入りやすくなります。**

2 中心文の位置

中心文は段落の最初にある場合もあれば、最後にある場合もあります。また、最初と最後でくり返される場合もあり、段落のとちゅうに置かれていることもあります。

しかし、多いのは、**1国語の学習 基本《きほん》の「キ」**(二六ページ)でも述べたように、**最初にある場合と最後にある場合**です。

段落の最初あるいは最後の一文が段落全体のまとめになり、残りの部分がその一文のくわしい説明になっているという組み立てが多いので、注意しましょう。

とくに、段落の初めに、説明不足と感じられる表現《ひょうげん》(抽象的《ちゅうしょうてき》な表現、根拠《こんきょ》のわからない主張《しゅちょう》や理由のわからない行動など)があったときは、段落の残りの部分で説明されていることが多いということを覚えておいてください。

言いたいこと(結論)はどこにあるのか

説明・論説文の**論の展開《てんかい》の型**には、おもに次の三つの型があります。これを覚えておくと、**筆者の言いたいことがどこにあるのか見つけやすくなります。**

● **頭括型《とうかつがた》**

文章の初めに結論を述べておき、そのあとで具体例などをあげて結論の根拠を明らかにしていく。

● **尾括型《びかつがた》**

初めに読者の理解を得《え》やすい話題を述べ、そのあとでそれについて考察を深めつつ、筆者の結論へと導《みちび》いていく。

● **双括型《そうかつがた》**

初めに結論を短くまとめ、そのあとでそれについてさまざまな考察を深め、最後によりくわしい結論へと導いていく。

力だめしの問題

入試標準レベル

解答➡p.484

1 次の文章を読んで、あとの問いに答えなさい。

みなさんは、「文と文章とはどこがちがう？」と質問《しつもん》されたら、どのように答えますか。「同じことだ」と思っている人もいるかもしれませんし、「文が複数《ふくすう》あるのが文章じゃないかな」と答える人もいるかもしれません。文がつらなって一つの意味のまとまりをもった形になったものを文章とよびます。つまり複数の文からできていて、かつそれがバラバラではなく何かのテーマをもって意味としてまとまった形になっているということです。ですから、読むときには一文一文だけではなく、そのまとまりを理解《りかい》することが必要になるわけです。そのためには「推論《すいろん》」という心のはたらきが必要になります。

（中略《ちゅうりゃく》）

この心の動きは、部品と部品をつなぎながら一つのものを作り出していくもの作りと似《に》ています。目から情報《じょうほう》が入ってくれれば、自然にこのつなぐ流れが順に起こって文章が理解できるのではなく、注意を払《はら》って積極的にかかわってつなげていくのです。目で字《じ》面《づら》を追っても、ぜんぜん頭に入らないという経験《けいけん》をしたことがあるかもしれません。それは、読む気がしない、気が散っているなど、［Ⅰ］ときです。［a］、抽象的《ちゅうしょうてき》な言葉で説明されてわかったようでいて、「つまり、どういうこと？」と問いたくなるような場合です。具体的に示《しめ》されている状況《じょうきょう》や内容《ないよう》がとちゅうでよくわからなくなってしまうと、頭に入ってこなくなります。

これは、学校の教科書など学習のための文章を読むときに限《かぎ》ったことではありません。

【東京学芸大附世田谷中・改】

読みとりのポイント

「文」のまとまりを理解することについて、筆者の考えを読みとりましょう。

それぞれの段落《だんらく》で何を言おうとしているのか、中心文を考えながら、おさえていきましょう。

好きな人からの手紙を読むときも、雑誌《ざっし》で好きなタレントについての記事を読むときも同じです。うきうきしてきちんと読めないときもあれば、のめりこんで一つずつ深く心にしみこませるように理解できることもあります。

（秋田喜代美《あきたきよみ》『読む心・書く心　文章の心理学入門』〈北大路書房〉より）

問一 [a] にあてはまる語として適切《てきせつ》なものを記号で答えなさい。

ア さらに　イ 一方で　ウ あるいは　エ それは

問二 ――線部について、これはどのような場合にそうなるのか。もっとも適切なものを次から選び記号で答えなさい。

ア 目からの情報が抽象的な言葉ではうまく説明することができない場合。

イ 積極的にかかわりすぎて、自然につなぐ流れが起こらなくなった場合。

ウ 具体的に示されている状況や内容がとちゅうでわからなくなった場合。

エ 一つずつ心にしみこませるために、うきうきして読むことができない場合。

問三 [I] にあてはまる表現《ひょうげん》としてもっとも適切なものを選び記号で答えなさい。

ア 読み手が積極的にかかわりすぎる

イ 読み手が積極的にかかわれない

ウ 読み手が順につながないでいる

エ 読み手が順につながないでいない

オ 読み手が積極的にかかわっている

ヒント

問一 「目で字面を追っても、ぜんぜん頭に入らない」のはどういうときかを説明している部分です。

問二 段落の最後にまとめてあります。そこから読みとりましょう。

問三 「読む気がしない」「気が散っている」といった状況に合うものを考えましょう。

チャレンジ問題　入試発展レベル

解答➡p.484

1 次の文章を読んで、あとの問いに答えなさい。

【浦和明の星女子中・改】

目の見えない人は、目の見える人と同じやり方ではプレイしません。たとえば短距離《たんきょり》の一〇〇メートル走。見える人であれば、スターターの合図とともに飛び出し、ゴールをめがけて決められたレーンを一直線に走ることになります。

ところが、レーンを区切るラインもスタートの位置を示《しめ》すしるしも、目の見えない人にとってはナンセンス*です。(中略《ちゅうりゃく》)

そこで目の見えない人がスポーツをするときには、見える人と同じ空間を用いつつ、異《こと》なるルールや異なる実施方法《じっしほうほう》でそれを行うことになります。一〇〇メートル走の場合であれば、全盲《ぜんもう》など重度視覚障害《じゅうどしかくしょうがい》のクラスでは、健常者《けんじょうしゃ》の伴走者《ばんそうしゃ》(ガイド)をつけなければなりません。(中略)視覚を使わないことを加味して、ルール上の配慮《はいりょ》がなされているのです。

注意しなければならないのは、こうした配慮がいわゆる「ハンデ」ではないこと。私《わたし》も最初は、「見えない人の一〇〇メートル走では伴走者をつける」と聞いて、「視覚がない分を伴走者で埋《う》めあわせるのだな」と思っていました。「伴走者」あるいは「ガイド」という言い方が、いかにも「選手と並《なら》んで走りサポートする」というイメージを与《あた》えるので、そのように思ってしまったのです。しかし実際《じっさい》に選手に話を聞いてみると、実情《じつじょう》はずいぶん違《ちが》っていました。

まず、「伴走」と言っても一〇〇メートル走の場合は「並んで走る」のとはちょっと違います。むしろ「共に走る」のです。

何しろ、選手と伴走者は紐《ひも》で手を結びつけあっています。紐で結ばれた手と手の距離は、髙田*選手の場合わずか約一〇センチ。その状態《じょうたい》で、ゴールまで一気に走っていくのです。

ここにあるのは、共同作業としての一〇〇メートル走です。ぴったり息のあった美しい走りを見ていると「シンクロナイズド・ランニング」なんていう言葉さえ浮かんできます。それは私たちが一般《いっぱん》に思い浮《う》かべるあの見える人向けの一〇〇メートル走とは異なる、全く別の一〇〇メートル走の姿です。

「美しい走り」と言いましたが、それが容易《ようい》なものではないことはすぐに想像《そうぞう》がつきます。選手と伴走者はスタートの位置を調整して、最初の一歩をスタートラインから等距離の位置に、同じタイミングで着けるようにする必要があります。そこから先も、体の大きさが違うにもかかわらず、車の両輪のようにペースを合わせて一歩一歩を刻《きざ》まなくてはなりません。

足だけでなく手と手を結ぶ紐の張力《ちょうりょく》も適度《てきど》に保《たも》つ必要がありますし、ときに伴走者はこの紐を使って進むべき方向を選手に示します。逆《ぎゃく》に選手は伴走者の息の音を聞きながらペースを計るでしょうし、ゴール直前では伴走者が合図をかけて選手を先に行かせることになります。

これが二〇〇メートル走以上になると、同じ「共に走る」でも新たな戦略《せんりゃく》が必要になります。コーナー*という要素《ようそ》が加わるからです。高田選手によれば、コーナーでは伴走が「壁《かべ》」になり、選手が外に膨《ふく》らむのを押《お》さえつけながら走るのだそうです。

ここには、見える人の短距離走にはない、未知の技術《ぎじゅつ》、未知の戦略がつまっています。そして、この技術、戦術のすべてのベースに厚《あつ》い信頼関係《しんらいかんけい》があることは言うまでもありません。

(中略)

厚い信頼関係のうえに成り立つ、「共に走る」ための技術や戦略。もちろん「一〇〇メートルを走るのにかかった時間を競《きそ》いあう」という意味では、見える人の一〇〇メートル走も見えない人の一〇〇メートル走も同じ種目です。実際、早く走るための腿《もも》の使い方や上体の運び方など、共通する技術もあるでしょう。

けれども、伴走がつくことによって、明らかに要素が増《ふ》え、新しい知恵《ちえ》が求められています。そして、まさにこうしたポイントをめぐって、見えない人の一〇〇メートル走は競われている。同じ種目でも、「解《と》いている問題が違う」のです。だとすれば、伴走をつけることは決してハンデをつけることではありません。

(伊藤亜紗《いとうあさ》『目の見えないアスリートの身体論《ろん》　なぜ視覚なしでプレイできるのか』〈潮出版社〉より)

*ナンセンス＝意味のないこと。

*高田選手＝全盲の陸上選手。　*コーナー＝曲がり角。

問一　――線部について、次の問いに答えなさい。

(1)　次は、――線部について説明した文章です。空欄《くうらん》に共通して入る適切《てきせつ》な表現《ひょうげん》を本文中から五字でぬき出し、答えなさい。

「解いている問題が違う」とは、目の見える人の競技と目の見えない人の競技とでは、たとえ同じ種目であっても、より良い結果を得《え》るために解決《かいけつ》すべき「問題」(課題)が異なるということである。そのため障害者競技は、目の見える人には求められない［　　］を必要とし、その［　　］によって独《どく》自《じ》の技術を生み出している。

よって目の見えない人に伴走者を補《おぎな》うことは、ハンデをつけることとは意味合いが異なるのである。

(2)　次の①～④は短距離走についての説明です。目の見えない人の競技における「問題」を説明したものにはAを、目の見える人の競技における「問題」を説明したものにはBを、両者に共通する「問題」を説明したものにはCを書きなさい。

①　選手はスタート位置を調整し、人とペースを合わせたり合図を聞《き》き逃《のが》さないようにしたりする。

②　選手は腿の使い方や体の運び方を工夫《くふう》し、はやく走れるようにトレーニングをする。

③　二〇〇メートル走でコーナーを走る際は、できるだけ外にふくらまないように工夫する。

④　一〇〇メートル走の場合、選手はよりはやくスタートすることだけを考え、ゴールに向かってレーンを一直線に走る。

2 接続語《せつぞくご》を読みとる

ココがポイント

段落《だんらく》や文をつなぐはたらきをしているのが**接続語**である。ここでは、接続語のはたらきをくわしく学習して、**段落どうしの関係をつかむ力**をのばす。

1 接続語のはたらき

1 **国語の学習　基本《きほん》の「キ」**（二六ページ）で、文と文、段落と段落の関係がわからなければ文章は理解《りかい》できない、と書きました。**接続語（接続詞《せつぞくし》）**とは、まさに、**文と文、段落と段落の関係を表すはたらきをすることば**なのです。

例　雨が降《ふ》った。ぼくは外に出かけた。

右の例文では、《雨が降った》と《ぼくは外に出かけた》の関係は、ほんとうのところはわかりません。しかし、

例　雨が降った。**そこで**、ぼくは外に出かけた。

という文になると、雨が降ったからこそぼくは外に出かけたのだな、雨が降らなかったら出かけなかったんだな、というように、《雨が降った》と《ぼくは外に出かけた》の関係がはっきりします。これは、**《そこで》という接続語があるから**です。

順接と逆接

話の筋《すじ》が順序《じゅんじょ》よくつながることを**順接**といいます。物事が予想どおりにつながることです。

例　日本は四季がある。**だから**、季節を題材にした俳句《はいく》ができた。

これに対して、**話の筋が予想に反してつながること**を**逆接**といいます。

例　日本人は勤勉《きんべん》だと言われていた。**しかし**、それは昔の話である。

逆接には理由がある

物事の予想を裏切《うらぎ》るのですから、逆接には理由があります。論説文《ろんせつぶん》などでは、その理由に**筆者の言いたいこと**がふくまれている場合が多いので、逆接の部分はきちんとおさえておきましょう。

例　今年はとても雨が多い。**しかし**、それは悪いことではない。**なぜなら**、農作物にとって雨は必要なものだからだ。

2 文章を読みとるときに気をつける接続語とその仲間

文法的には接続詞に分類されないものでも、**文と文、段落と段落の関係を表すことばがあります**。よく出てくる接続語と一緒《いっしょ》にそのはたらきを覚えておきましょう。

●前後の内容《ないよう》が対等に並《なら》んでいることを示《しめ》すことば

例　また　および　ならびに／そして　それに　そのうえ　しかも／
第一に　第二に／まず　次に　最後に

●前後の内容のちがいをはっきり示すことば

例　だが　しかし　が　でも／一方　他方　逆《ぎゃく》に

●前後の内容が逆のことがらが来ることを示すことば

※あとに重要な内容が続くことが多い。

例　だが　しかし　が　でも

●前の内容を言いかえた内容が続くことを示すことば

例　つまり　すなわち　要するに　言いかえると

●前の内容の具体例をあげることを示すことば

※何についての例かをおさえる。

例　たとえば

●話題が変わることを示すことば

※段落分けで重要な役割《やくわり》を果たす。

例　さて　では　ところで

接続語をうめるこつ

前後の内容をよく読んで、**どの部分とどの部分がつなげられているのか**を確《たし》かめます。傍線《ぼうせん》を引きながら考えるのもいいでしょう。

段落冒頭《ぼうとう》の接続語

段落冒頭の接続語はとくに重要です。段落と段落の関係を表していることが多いからです。見落とさないようにしましょう。

力だめしの問題

入試標準レベル

解答↓p.485

1 次の文章を読んで、あとの問いに答えなさい。　【立正大付立正中】

①「標準語《ひょうじゅんご》」という用語が一般化《いっぱんか》したのは、明治二〇年代です。外国に向けての日本国のことばという面もありますが、当時、国民国家として国を統一《とういつ》するための象徴《しょうちょう》として計画されたもののひとつが標準語でした。そして、国語教育のなかで、それを教える段階《だんかい》で、標準語はいいもの、きれいなもの(洗練《せんれん》されたもの)、一方の生活語としての方言は悪いもの、汚《きたな》いもの(カッコ悪いもの)といった形での指導《しどう》がなされたのでした。［A］、戦前までの教育を受けた人々は、標準語と聞くと、自分の生活語を強制的《きょうせいてき》に弾圧《だんあつ》したものという暗いイメージが体験的にあって、標準語と聞いただけで*ミリタリズムを連想することもあるようなのです。

戦後、②「共通語」という用語が、国語教育の指導者によって教育の現場《げんば》にもちこまれました。それを受けて、当時の文部省《もんぶしょう》は一九五一年からの*学習指導要領《がくしゅうしどうようりょう》において標準語のかわりに共通語を用いることにしました。［B］、共通語が標準語にかわる新時代語だという宣伝《せんでん》がさかんになされました。その背景《はいけい》には、戦前の標準語教育に対する反省があったことがうかがわれます。しかしながら、国語教育における標準語と共通語は、その内実はほぼ同じものなのです。

［C］、共通語というのは、*原義的《げんぎてき》には、異《こと》なった言語(方言)間のコミュニケーションに使われる第三の言語のことをさします。［D］、英語は世界の多くの地域《ちいき》で共通語

読みとりのポイント

「標準語」「共通語」と「方言」についての論説文《ろんせつぶん》です。前後の文と文、段落と段落のつながりをよく読んで接続語《せつぞくご》を入れ、筆者の言いたいことを読みとりましょう。

として機能《きのう》している、と言われます。その観点からは、東京語を基盤《きばん》とした言語変種が日本の各地で共通語として機能している、とも言えるのです。[E]、ここで注意したいのは、③共通語という用語が、言語の構造《こうぞう》ではなく、あくまでその機能や役割《やくわり》をさしてのものであるという点です。それは、全国どこでも通じる言語です。通じればいいというていどの共通性《きょうつうせい》があれば、具体的にどんな言語であってもいいわけです。

（真田信治《さなだしんじ》『方言は気持ちを伝える』〈岩波書店〉より）

問一 [A]～[E]にあてはまる語を、次の中からそれぞれ一つずつ選び、記号で答えなさい。（同じものを二度使用しないこと。）

ア したがって　イ しかし　ウ そして
エ たとえば　オ ところで

問二 ——線①「標準語」と——線②「共通語」のちがいについて説明している一文を、本文よりぬき出し、初めと終わりの五字をそれぞれ答えなさい。

問三 ——線③とあるが、それはどのようなことか。本文中のことばを用いて、「～点。」につながるように四十字以内で答えなさい。

語句

＊**ミリタリズム**＝国家の組織《そしき》を全部戦争のために準備《じゅんび》し、戦争をもって国力のあらわれと考える主義。軍国主義。

＊**学習指導要領**＝小学校・中学校・高等学校の、学習目標・教科内容《ないよう》・指導法などの基準《きじゅん》を示《しめ》したもの。

＊**原義的**＝もともとの意味。

ヒント

問一 直前の文章と直後の文章のつながりを考えましょう。

問二 「標準語」と「共通語」の「ちがい」をまとめた文は見あたらないので、発想の転換《てんかん》が必要です。

問三 直後の部分をまとめましょう。

チャレンジ問題　入試発展レベル

解答⬇p.485

1 次の文章を読んで、あとの問いに答えなさい。

【上宮学園中・改】

田植えには三つの方法があります。

第一には、昔ながらの「手植え」です。第二には、小型《こがた》の、人が乗らない「田植機」で行う方法です。[A]第三が、「乗用田植機」で一気に田植えをするという方法です。私《わたし》は、農村に、この三つの方法が混在《こんざい》しているところに興味《きょうみ》をもちました。

どうしてかというと、この三つの方法の混在は、工業の場合にも同じようにあるからです。

今の工場は、コンピュータやロボットを使って、非常《ひじょう》に進んだ機械化をしていますが、同時に、それほど機械化の進んでいない職場《しょくば》や工場もありますし、全くの手づくりで製品《せいひん》をつくる場合もあります。[B]、機械化をどれほど進めていっても、働く三つのスタイルは残るのだということです。いちばん能率《のうりつ》の悪いと思われている手作業も、それがなければ、実際《じっさい》にはロボットも動かないということを忘《わす》れてはなりません。

私たちの社会で大事なのは、その三つの働きかたをうまく組み合わせることです。田植えでも、そうした工夫《くふう》をしていました。しかし、労働は報酬《ほうしゅう》をともなうものです。ですから、もうひとつ大事なことは、①その三つの働きかたに対してお金の面でも気持ちの上でも正しく報《むく》いなければならないということです。しかし実際には、なかなかそうなっていません。

[C]、「手植え」でつくったお米は、一日中腰《こし》をかがめた分だけ高く売れるのでしょうか。

費《つい》やした労働の量に応《おう》じた報酬が返ってくるというのが、正しい労働のありようです。[D]、手植えで苗《なえ》を植えた田で取れるお米の量も、機械植えをした田から取れる量と変わりなく、[E]お米の値段《ねだん》も同じだとすれば、手植えの労働に対しての報酬は機械を使っての労働の三分の一ということになります。手植えのお米がおいしいから三倍高く売れればいいのですが、そうは高く売れません。

機械が植え残した部分を田の中に入って手植えをする人の労働は、どう評価《ひょうか》されるのでしょうか。機械でできない仕事をしたと高く評価されるのでしょうか。

どうもそうではないようです。その証拠《しょうこ》に、田に入って手植えをしている人よりも、田植機に乗って機械を運転している人のほうが、報酬が多いのです。機械の借《か》り賃《ちん》を差し引いても多いでしょう。つまり、機械を扱《あつか》う人のほうが高く評価されるのです。

これまた、工場でも同じです。手作業をしている人よりも、コンピュータやロボットを使う人のほうが大事にされ、お金を多くもらえるという傾向《けいこう》があります。

大切なのは、機械を使うか使わないかではなく、人の働きです。だから、②それぞれの「人の働き」に対して平等に報いるべきなのです。しかし、そうなっていないというのが、現《げん》実《じつ》の姿《すがた》です。

どうしてなのでしょうか。それは、ひとりの人の働いた量に対してどれだけ生産があがったか、たとえばお米がどれだけとれたかで評価するのが私たちの社会の主流の考え方だからです。しかし、これからはそうした考え方よりも、機械を助けたり、機械に頼《たよ》らないで働いている人たちの働きかたを大事に考え、お金も多く払《はら》うような考え方が大事になるでしょう。機械に頼らないのには、良い製品をつくるとか、どうしても機械ではつごうが悪いとか、それなりの理由があるからでもあります。

手植えのお米が必ずおいしいとはかぎりませんが、それでも、田＊一反歩《いったんぶ》を四人が一日がかりで田植えをして、そのあとも田の水を注意深く見回り、田の草取りをしたりして育てたお米を秋に刈《か》り取《と》って食べるというのは、楽しいことでしょう。そしてそのお米がおいしいのだとなれば、それこそ最高のグルメ(美食)、ぜいたくなことかも知れません。だから、働くということは、能率やお金だけの問題ではない、お金や生産の量だけで判断《はんだん》してはならないということなのです。

（森清《もりきよし》『働くということ』〈旬報社〉より）

＊一反歩＝約10アール。

問一 [A]～[E]に入ることばを、次の中から一つずつ選んで、それぞれ記号で答えなさい。

ア たとえば　**イ** そして　**ウ** しかも
エ つまり　**オ** しかし

問二 ――線①とあるが、工場を例にして説明するとどうなるか。文中のことばを使って五十字以内で説明しなさい。

問三 ――線②の説明としてふさわしいものを、次の中から一つ選んで、記号で答えなさい。

ア 機械を使うか使わないかの問題ではなく、能率そのものを大切に考える。
イ 労働の結果作られた物の品質《ひんしつ》に関係なく、生産量だけを重要視《じゅうようし》する。
ウ 労働に応じた報酬を与《あた》えるとき、労働における人の働きかたを中心に考える。
エ 良いものを作ったり、機械でできないものを作ることにこだわりを持つ。

3 指《し》示《じ》語《ご》を読みとる

ココがポイント

指示語は、同じことばのくり返しをさけて、簡潔《かんけつ》な文章をつくるのに役立つ。文章を読みとるときには、**指示語に注意して話題をとらえる**ことが必要である。

1 指示語は「指さすことば」

ふだんの会話で私《わたし》たちは、指を使ってものを指《さ》し示《しめ》します。けれども、文章の中では指は使えないので、指示語を使って物事を指し示します。**指示語は普通《ふつう》、直前の内容《ないよう》を指し示すことが多い**のですが、そうでない場合もあります。また、設問《せつもん》によっては、答えを文章全体から探《さが》さなければいけなくなることもあります。

2 モノを指す指示語とコトを指す指示語

指示語は物事を指し示すと言いましたが、それは、**モノを指す場合とコトを指す場合がある**ということです。

例　きれいな花がたくさん咲《さ》いた。それは父が去年植えたものです。

↓「花」というモノを指している。

例　きれいな花がたくさん咲いた。それは父の努力の結果なのです。

指示語の例

- **この・その・あの・どの**

ものの上につくことば（連体詞《れんたいし》）

例　この本はおもしろい。

- **これ・それ・あれ・どれ**

ものを表すことば（名詞）

例　あれは弟のかいた絵です。

- **こんな・そんな・あんな・どんな**

ものの様子を表すことば（形容動詞）

例　どんな食べ物が好きですか。

- **ここ・そこ・あそこ・どこ**

場所を表すことば（名詞）

例　そこはぼくの学校です。

- **こちら・そちら・あちら・どちら**

方向を表すことば（名詞）

例　あちらの様子は知りません。

➡「花が咲いた」というコトを指している。

3 指示語の特殊《とくしゅ》な使い方

指示語は、直前の内容を指し示すことが多いのですが、次のように特殊な使い方がされる場合もあるので注意しましょう。

●指示内容が指示語より後ろにある

例 これは秘密《ひみつ》の話だが、実は私はペンギンなのだ。

例 「これは何ですか」と言って、彼《かれ》はペンギンを指さした。

例 こんなに寒いとは思わなかった。体中がこおりそうだ。

●一文中に重複的《ちょうふくてき》に使われている

例 野山に住むけものは、これをとって食べるのは当たり前のことだと、昔の人々に考えられていた。

例 博士《はかせ》は、彼のことを快《こころよ》く思わない人々によって無人島に置き去りにされてしまった。

指示内容の答え方

指示語の指す内容を問われたときは、**それぞれの指示語の形に合わせて答えましょう。**たとえば**「これ・それ」**などを聞かれているときは、**「〜もの・〜こと」**と名詞の形で答えます。

答えには指示語をふくめない

記述《きじゅつ》問題の答えなどでは、なるべく指示語は使わないようにしましょう。指示語は直前の内容のかわりに用いるものなので、前の部分がわからないと、指示語が何を表しているのかがわからないからです。

また、読解《どっかい》の問題で、問われている部分に指示語があるときは、まずその指示内容をおさえておくことが大切です。

力だめしの問題

入試標準レベル

解答➡p.486

1 次の文章を読んで、あとの問いに答えなさい。【桜美林中・改】

人を理解《りかい》するには、相手の身になって考える視点《してん》が大事だということは既《すで》に述《の》べたが、これはつまり、自分が相手の立場だったら、と想像《そうぞう》することに等しく、そう考えるためには、「相手の立場」というものをある程度《ていど》見極《みきわ》めていなければならない。①これが、普通《ふつう》はけっこう難《むずか》しい。そもそも、相手の立場が理解できる、ということ自体が、相手の身になっている証拠《しょうこ》であるし、既に「もし自分だったら」という想像をしている状態《じょうたい》でもあるからだ。

人間関係が密接《みっせつ》になるためには、こういった理解が不可欠《ふかけつ》であって、逆《ぎゃく》にいえば、お互《たが》いが相手の身になれない状態というのは、上辺だけの関係であり、本当の意味での「親しさ」といえるものではない。単に、②。

子供《こども》や若者《わかもの》の中には、「友達ができない」という悩《なや》みを抱《かか》えている人が多い。その種の相談を受けることも実際《じっさい》に頻繁《ひんぱん》である。そういう人には、「どうして、友達がほしいの？」と尋《たず》ねることにしている。「友達がいないと寂《さび》しいから」と答える人がほとんどであるが、「では、どうして寂《さび》しい状態がいけないの？」と問うと、これにちゃんと答えられる人はまずいない。不満そうに黙《だま》ってしまうのだ。

彼《かれ》らは、「寂しいことは悪い状態だ」と考えていて、「友達がいれば寂しくない」と勝手に信じている。なんの根拠《こんきょ》もなく、そう思《おも》い込《こ》んでいるのである。だから僕《ぼく》は、「寂しくても悪くない」こと、そして「友達がいても寂しいかもしれない」ことを説明する

読みとりのポイント

筆者の考えと一般常識《いっぱんじょうしき》のちがいを明確《めいかく》におさえながら読みましょう。

ようにしている。③そんなことは信じられない、と反発する人もいるが、つまり自分の思い込みが④悩みの原因《げんいん》だということに気づいてない（気づけない）状態といえる。さて、貴方《あなた》はどう思うだろうか？

（森博嗣《もりひろし》『人間はいろいろな問題についてどう考えていけば良いのか』〈新潮社〉より）

問一 ——線①「これが、普通はけっこう難しい」とあるが、何が難しいのか。本文中のことばを用いて二十字以内で答えなさい。

問二 ②に入ることばとして適切《てきせつ》なものを次の中から一つ選び、記号で答えなさい。

ア 表面上親しげだが実際は仲が良くない

イ 仲が良いふりをしているようにしか見てもらえないに違《ちが》いない

ウ なにかを交換《こうかん》するだけの一時的な関係にすぎない

エ 名刺《めいし》を交換しただけの関係でしかない

問三 ——線③「そんなこと」が指している部分を文中から探《さが》し、初めと終わりの五字をぬき出しなさい。

問四 ——線④「悩みの原因だということに気づいてない（気づけない）状態」とあるが、どういうことか。その説明として適切なものを次の中から一つ選び、記号で答えなさい。

ア 友達がいないのは悪いことではないと気づいている状態。

イ 友達がいても寂しいこともあると思い込んでいる状態。

ウ 友達がいてもいなくても寂しいと理解している状態。

エ 友達がいれば寂しくないと勝手に信じている状態。

ヒント

問一 「AするためにはBしないといけないが、これが難しい」の「これ」はA？B？と考えます。

問二 「単に」につながる内容《ないよう》が必要です。

問三 筆者の考えが信じられないのです。

問四 「自分の思い込み」の内容をはっきりさせましょう。

チャレンジ問題　入試発展レベル

解答⬇p.486

1 **次の文章を読んで、あとの問いに答えなさい。**【穎明館中・改】

　皆《みな》さんは毎朝、皆さんの学校までの道のりを歩いてくる。大抵《たいてい》は友達と一緒《いっしょ》ににぎやかに歩いてくるのかもしれない。だが遅刻《ちこく》して一人で登校する日もあるだろう。「自分はなぜこの学校に通っているのだろう。どうして勉強しなければならないのだろう」なんて思いながら。立ち止まって振《ふ》り返《かえ》ると、遠くに拡《ひろ》がる緑豊《ゆた》かな風景が眼《め》に入ってきたりする。青空が広がっていたり、鳥がのびのびと飛んでいたりする。耳を澄《す》ませば、路傍《ろぼう》の草むらから虫たちの声が聞こえてくるだろう。その光景の中で一人、皆さんはこんなふうに思ったかもしれない。

「世界があり、その中で僕《ぼく》は生きている。けれども、あの鳥と僕はどこか違《ちが》う。鳥は、だれにも妨《さまた》げられず自由に空を飛んでいる。しかし自分は制服《せいふく》を身にまとい、学校へ向かわなければならない。どうしてあの鳥のように、自由に生きられないのだろう」と。

　自分と世界の関係が、鳥が空を飛んでいるようにはぴったりと感じられない。ほんのわずかな、しかし自分ではどうしようもない宿命的なズレ。自分がこの世界にいるということがとても不思議な、奇妙《きみょう》なことに思えてくるのだ。同時に強い孤独感《こどくかん》が押《お》し寄《よ》せてくる。周りには家族も友達も、学校の先生たちもいるが、「自分一人でここに生きている」という感覚だ。知らないふりをしていてはいけない。よく思い出してほしい。感じた覚えがきっとあるはず。①こうした感覚は大人になると失われてしまう。けれども実はこの感覚こそ、学ぶことの根拠《こんきょ》に触《ふ》れている証《あか》しでありあらゆる②未来の「種」を生み出す起点にほかならない。

　③鳥は、本当に自由なのだろうか。私《わたし》はそうではないと思う。鳥はいわば空の中に閉《と》じこめられている。魚も同様で、水の中に閉じこめられている。鳥は空を「空」とは呼《よ》ばず、魚も水を「水」と名づけることはない。人間がするようには自分の住む世界を対象《たいしょう》として捉《とら》えることがないからだ。人間は言葉を用い、空を「空」と呼び、海を「海」と名づけた。いわば世界と自分をはっきりと分けて認識《にんしき》している。その意味で人間は、世界に閉じこめられてはいない。言《い》い換《か》えれば人間は、鳥や魚と同じような意味では「自然(＝世界)」の中に生きていない。おそらくこのことが、人間、とりわけ若《わか》い皆さんが④世界と自分との間にズレを感じる理由だ。

　重要なことは、このズレがあるからこそ、人間はほかの動物のように自足することができず、自分が生きる世界を絶《た》えずつくり替《か》えていかなければならないということ。例えば、森を切《き》り拓《ひら》き、田畑をつくる。これこそ人間だけが持っている自由であり、人間が自由である証しなのだが、見方を変えれば、⑤その自由に閉じこめられているともいえなくはない。人間は、自分が生きている世界と自分との間に越《こ》えがたいズレを感じながら、（孤独ではあるけれども）自由に、世界を学び、世界を自分に合うようにつくり替える努力を積み重ねてきた。それが歴史《れきし》ということ。私たちは今、その結果としての世界を生きているのだ。

（小林康夫《こばやしやすお》「学ぶことの根拠」〔『何のために「学ぶ」のか』〈筑摩書房〉所収〕より）

問一 ――線①「こうした感覚」とはどのようなものですか。四十字以内で説明しなさい。

問二 ――線②「あらゆる未来の『種』を生み出す起点にほかならない」とありますが、どういうことですか。その説明としてもっとも適切《てきせつ》なものを次の中から選んで、記号で答えなさい。

ア この感覚を時折思い出すことで、つまらない大人にならないですむということ。

イ この感覚をそだてていくことで、未来の困難《こんなん》を排除《はいじょ》できるようになるということ。

ウ この感覚を磨《みが》いていくことで、人より秀《ひい》でた業績《ぎょうせき》を残せるようになるということ。

エ この感覚を大事にしていくことで、将来《しょうらい》いろいろな可《か》能性《のうせい》が広がるということ。

オ この感覚を忘《わす》れないことで、人間の輝《かがや》かしい歴史を作ることになるということ。

問三 ――線③「鳥は、本当に自由なのだろうか。私はそうではないと思う」とありますが、では人間が自由だと言えるのはなぜでしょうか。本文中のことばを使って三十字以内で説明しなさい。

問四 ――線④「世界と自分との間にズレを感じる」とありますが、そのことがもたらす利点はどのようなことですか。「〜こと」につながる形で、本文中から適切な箇所《かしょ》を二十字以内でぬき出しなさい。

問五 ――線⑤「その自由に閉じこめられている」とありますが、どういうことですか。そこにこめられている意味を考えて四十字以内で説明しなさい。

4 対比《たいひ》・同意表現《ひょうげん》を読みとる

ココがポイント

言いたいことをはっきりさせるために、別の表現で言いかえたり、反対のものと比《くら》べたりすることがある。**対比・同意表現**に注目すると、**筆者の言いたいこと**が見えてくる。

1 対比表現

文章の中には、二つ以上の物事を照らし合わせ、**ちがいをはっきりさせながら書き進められているタイプのもの**があります。文章全体にわたって比較《ひかく》＝対比を展開《てんかい》している場合もあれば、文章中の一部でのみ対比的な書き方をしている場合もありますが、いずれにせよ、対比的な書き方がされている場合は、これを見落とすのは致命的《ちめいてき》です。

対比を見つけたときは、次のような点に注意して読み進めます。

◎何と何が対比されているか

◎何（どのようなこと）についての対比か

例　**キムチ**……からい
　　梅干《うめぼ》し……すっぱい　｝**つけものの味**

➡「キムチ」と「梅干し」が対比されている。「つけものの味」についての対比。

対比の目印

対比が出てくるときには、次のようなことばがよく用いられるので、これらのことばを見つけたら印をつけ、対比に注意を払《はら》いましょう。

● **逆接《ぎゃくせつ》の接続詞《せつぞくし》**

例　だが　しかし　でも　が

● **接続詞に準《じゅん》ずる表現**

例　一方　他方　これに対して　逆に

● **接続助詞**

例　……が　……けれども

● **その他**

例　……はちがう　……でなく
　　……はそうではない

2 同意表現での言いかえ

筆者は、**とくに強調したい内容《ないよう》を、くり返し書く**ことがあります。ほぼ同じ表現でくり返すこともありますが、ちがった角度から、ちがう表現で言いかえる場合もあるので、要注意です。

筆者が手をかえ品をかえくり返し述《の》べていることに注目できれば、その**文章の重要なところを見ぬくことができた**といえます。

● **読者の理解《りかい》を深めることができる。**

例 新聞やテレビなどのマスコミは……

⬇「新聞やテレビなど」を「マスコミ」と言いかえている。具体例から「マスコミ」ということばを正しく理解する。

● **筆者の心情《しんじょう》を加えることができる。**

例 戦争は人類にとっていまわしい事件《じけん》である。

⬇「戦争」を「いまわしい事件」と言いかえている。ここから、筆者の「戦争」に対する嫌悪感《けんおかん》を読みとる。

四種類の言いかえ

● **等価《とうか》表現**

例 心配する＝不安になる

● **解説**…くわしく言いかえる。

例 心配＝悪いことが起こるのではないかと考え、心をなやませる

● **まとめ**…簡潔《かんけつ》にまとめて言いかえる。

例 悪いことが起こるのではないかと考え、心をなやませる＝心配

● **角度を変えた表現**…同じものごとを指しているが、それに対する見方や意味づけが異《こと》なる。

例 我《わ》が最強の敵《てき》、我が最愛の友よ。

⬇同一人物を指しているが、その人物のとらえ方が異なる。

力だめしの問題

入試標準レベル

解答⬇p.487

1 次の文章を読んで、あとの問いに答えなさい。

【サレジオ学院中・改】

商品交換《しょうひんこうかん》と贈与《ぞうよ》を区別しているものはなにか？

フランスの社会学者ピエール・ブルデュは、その区別をつくりだしているのは、モノのやりとりのあいだに差しはさまれた「Ａ」だと指摘《してき》した。

Ⅰ、チョコレートをもらって、すぐに相手にクッキーを返したとしたら、これは等価《とうか》なものを取引する経済的《けいざいてき》な「交換」となる。Ⅱ、そのチョコレートの代金に相当するクッキーを一ヵ月後に渡《わた》したとしても、それは商品交換ではない。返礼という「贈与」の一部とみなされる。このとき、やりとりされるモノの「等価性《とうかせい》」は伏《ふ》せられ、「交換」らしさが消える。

商品交換と贈与を分けているものは時間だけではない。お店でチョコレートを購入《こうにゅう》したあと、そのチョコレートに値札《ねふだ》がついていたら、かならずその値札をはずすだろう。Ⅲ、チョコレートの箱にリボンをつけたり、それらしい包装《ほうそう》をしたりして、「贈《おく》り物《もの》らしさ」を演出《えんしゅつ》するにちがいない。

店の棚《たな》にある値札のついたチョコレートは、それが客への「贈り物」でも、店内の「装飾品《そうしょくひん》」でもなく、お金を払《はら》って購入すべき「商品」だと、誰《だれ》も疑《うたが》わない。でもだからこそ、その商品を購入して、贈り物として人に渡すときには、その「商品らしさ」をきれいにそぎ落として、「贈り物」に仕立てあげなければならない。

なぜ、そんなことが必要になるのか？

読みとりのポイント

冒頭《ぼうとう》の一文で「この文章から何を読みとるべきか」がわかります。

ひとつには、ぼくらが「商品／経済」と「贈り物／非経済《ひけいざい》」をきちんと区別すべきだという「きまり」にとても忠実《ちゅうじつ》だからだ。この区別をとおして、世界のリアリティの一端《いったん》がかたちづくられているとさえいえる。

そして、それはチョコレートを購入することと、プレゼントとして贈ることが、なんらかの外的な表示《ひょうじ》（時間差、値札、リボン、包装）でしか区別できないことを示《しめ》してもいる。

たとえば、バレンタインの日にコンビニの袋《ふくろ》に入った板チョコをレシートとともに渡されたとしたら、それがなにを意図しているのか、戸惑《とまど》ってしまうだろう。でも同じチョコレートがきれいに包装されてリボンがつけられ、メッセージカードなんかが添《そ》えられていたら、たとえ中身が同じ商品でも、まったく意味が変わってしまう。ほんの表面的な「印」の違《ちが》いが、歴然《れきぜん》とした差異《さい》を生む。

ぼくらは同じチョコレートが人と人とのあいだでやりとりされることが、どこかで区別しがたい行為《こうい》だと感じている。だから、わざわざ「商品らしさ」や「贈り物らしさ」を演出しているのだ。

（松村圭一郎《まつむらけいいちろう》『うしろめたさの人類学』〈ミシマ社〉より）

問一　[A] に入る語として適切《てきせつ》なものを本文中から探《さが》し、漢字二字で答えなさい。

問二　[Ⅰ] から [Ⅲ] に入る語としてもっとも適切なものを次の中から選び、それぞれ記号で答えなさい。ただし、同じ記号を二度用いてはいけません。

ア では　**イ** さらに　**ウ** まして　**エ** たとえば　**オ** ところが

問三　――線部「ほんの表面的な『印』の違いが、歴然とした差異を生む」とは、どういうことですか。四十字以内で具体的に説明しなさい。

ヒント

問一　直後の段落《だんらく》で例をあげて説明していますが、答えはその段落にはありません。

問二　「まして」は「AましてB」の形で、Bのほうが、程度《ていど》がはなはだしいことを表します。

問三　どういう違いでどういう差が生まれるか、「具体的に」書きます。

チャレンジ問題　入試発展レベル

解答➡p.488

1 次の文章を読んで、あとの問いに答えなさい。

【城西川越中・改】

最近、友情《ゆうじょう》という言葉をあまりきかなくなった。

そもそも、①情《じょう》というものが嫌《きら》われる時代である。湿《しめ》っている。じっとりと肌《はだ》にまとわりつく感じがする。合理的でない。古くさい。

などなど、感覚的に否定《ひてい》する人が多い。人情、情事、無情、強情《ごうじょう》、とか、どうも＊当世《とうせい》ではないのである。時代は湿度《しつど》をもとめてはいない。万事《ばんじ》、乾《かわ》いた空気を志向《しこう》しているようにみえる。

ある建築家《けんちくか》が、こんなことを書いていた。

〈戦後の建築界では、湿式工法《しっしきこうほう》から②乾式工法《かんしきこうほう》への大転換《だいてんかん》がおこなわれた〉

昔、家を建てるときには、いろんな場面で水が大量に使われていた。道路に鉄板をしいて、その上でセメントと水をこね合わせている風景などが、よくみられたものだ。

いまでは、まったく水を使わなくてもビルが建つという。金属《きんぞく》とガラスとプラスチックですむのである。乾式工法とは、そういうことらしい。

最近、③地方の文化ホールとか、その手の施設《しせつ》は、どこも灰《はい》色《いろ》が基調《きちょう》である。楽屋の内装《ないそう》など、判《はん》でおしたように画一的だ。乾いている。［A］がほとんどない。

マイクをとおしてしゃべると、スピーカーから自分のものとは思われない乾いた声が流れる。

先日、ある大学で話をする機会があった。新しい校舎《こうしゃ》で、すばらしい階段教室《かいだんきょうしつ》がまるでコンサートホールのようだった。

ところが、④その階段教室に流れる自分の声の、あまりの機械的な音質《おんしつ》にびっくりした。まるで選挙の街頭演説《がいとうえんぜつ》のようなガサガサした音なのだ。自分の声があれほどひどいとは思ってもみなかったのだが、そもそも講義者《こうぎしゃ》の声のことなど最初から考えてもいなかったのだろう。とにかく、きこえさえすればいい、という感じの音だった。

（中略《ちゅうりゃく》）

きいていて気持ちのいい声というのは、どこかに湿度が感じられる声である。乾いた声は、ききとりやすいが、長くきいていると疲《つか》れてくるところがある。

最近、⑤どうしても理解《りかい》できないような犯罪《はんざい》が多い。愛憎《あいぞう》の果ての凶行《きょうこう》、とか、そういうどろどろした事件《じけん》ではなく、どこか乾いていて、無機的というか、不条理《ふじょうり》な犯罪が目立つのである。犯罪に情をもとめるというのは、そもそも無理なのだろうが、それにしても、なんと[B]な時代だろうかと思う。

話を最初にもどすが、⑥友情というのはなかなか長続きするのがむずかしいものだ。濃密《のうみつ》な熱い友情は、えてして壊《こわ》れやすいような気がする。

⑦初対面で、この人とは気が合いそうだな、きっと話が通じそうだな、と思う人がいる。そういう相手とは、私《わたし》はできるだけ距離《きょり》をおいて接《せつ》するようにつとめてきた。

だから、三日にあげず顔を合わせるような友達はいないが、三十年、五十年と続いてきた淡《あわ》く長い交友関係は少《すく》なくない。

〈友は遠きにありて思うもの〉

と、ひそかに思うのである。

（五木寛之《いつきひろゆき》『とらわれない』〈新潮社〉より）

*当世＝今の世。現代《げんだい》。

問一 ——線①「情というものが嫌われる時代である」とありますが、どのようなものが好まれる時代であると考えられるのですか。本文中からぬき出しなさい。

問二 ——線②「乾式工法」とは本文ではどのような工法と説明されていますか。本文中のことばを用いて十五字程度《ていど》で答えなさい。

問三 ——線③「地方の文化ホール」、——線④「その階段教室に流れる自分の声」、——線⑤「どうしても理解できないような犯罪」、——線⑥「友情」は、ア「湿っている」、イ「乾いている」のどちらにあてはまりますか。それぞれ記号で答えなさい。

問四 [A]・[B]にあてはまることばとしてもっとも適《てき》切《せつ》なものを次の中からそれぞれ一つずつ選び、記号で答えなさい。

ア 非情《ひじょう》　イ 感覚　ウ 湿度　エ 賢明《けんめい》　オ 愛情

問五 ——線⑦「初対面で……つとめてきた」とありますが、その理由としてもっとも適切なものを次の中から一つ選び、記号で答えなさい。

ア 情というものを否定《ひてい》する人が増《ふ》え、自分も他人から嫌われたくないから。

イ 長続きせず、すぐに壊れてしまうような友情は築《きず》きたくないから。

ウ 友達と三日にあげず顔を合わせるのは、めんどうに思っているから。

エ 気が合いそうな人とは、たいていお互《たが》いの家が遠いことが多いから。

オ 遠慮《えんりょ》という感覚をもっていないせいで、気が合いそうでも長続きしないから。

5 説明・論説文《ろんせつぶん》のまとめ

1 説明・論説文のまとめ

●段落《だんらく》を意識《いしき》して読む→1（五八ページ）

原則《げんそく》として、**一つの段落には一つの話題**があり、その話題について一つのことが述《の》べられます。

●接続語《せつぞくご》に注意して文脈《ぶんみゃく》をつかむ→2（六四ページ）

接続語（接続詞《せつぞくし》）は、文と文、段落と段落の関係を表すはたらきをすることばです。文脈を理解《りかい》するためには、接続語のはたらきを完全に理解することが必要です。

●指示語《しじご》の指示内容《ないよう》をはっきりさせる→3（七〇ページ）

指示語の内容を考え、文脈を理解します。**指示語は普通《ふつう》、直前の内容を指《さ》し示《しめ》**しますが、そうでない場合もあるので注意してください。

●対比《たいひ》を見落とさない→4（七六ページ）

二つ以上の物事を照らし合わせ、ちがいをはっきりさせながら書き進められている部分に注意しましょう。

●反復《はんぷく》されている内容に注目する→4（七六ページ）

筆者は、**とくに強調したい内容をくり返し書く**ことがありますので、そうした部分に注目しましょう。ほぼ同じ表現《ひょうげん》でくり返すこともありますが、ちがった角度から、異《こと》なった表現で言いかえる場合もあるので、要注意です。

具体例のあとにまとめがある

説明文や論説文をきちんと読むためには、**具体例にまどわされないことが重要**です。具体例が出てきたら、どこまでかに注意し、（　）などでくくってみるようにしましょう。そして、そのあとの**まとめの部分**に注目しましょう。

論説文は「説」と「論」に分かれる

論説文には、**筆者が前提《ぜんてい》として説明している部分（説）と筆者が自分の意見を述べている部分（論）**に分かれます。また、他人の意見を引用している部分などもあるので、注意して読んでいきましょう。

要旨《ようし》をまとめるときには、筆者の意見（論）の部分を中心にまとめていきましょう。

2 文章要約の方法

文章要約は、読解力・記述力《きじゅつりょく》をきたえるうえで、総合的《そうごうてき》にもっともすぐれた練習方法です。文章要約ができるようになれば国語の力は相当ついているといえるでしょう。

文章要約は次のような手順で行います。

❶段落ごとに要点をまとめる

① 中心文に線を引く。

② 中心文をもとに各段落の要点をまとめる。

❷要点をつなぎ、ひとまとまりの文章にする

① 重複《ちょうふく》があれば削除《さくじょ》する。

② 必要に応《おう》じて接続語を補《おぎな》う。

③ 字数調節をする。

要点をまとめる手順

❶中心文に線を引く

話題を示す表現や段落のまとめとなる表現に線を引きます。その際《さい》、前後の段落の中心文と関連のある文を選びます。また、一つと決めつけず、二つに線を引いてもよいでしょう。

❷中心文をもとに各段落の要点をまとめる

指示語の内容や中心文の表現が具体性《ぐたいせい》に欠けている場合は付け加えます。また、「原《げん》因《いん》・理由↓結果」や「問いかけ↓答え」のようにセットになっている場合も足りない部分がないように付け加えます。

逆《ぎゃく》に、重複した内容や打ち消された内容は削除します。

力だめしの問題

入試標準レベル

解答➡p.489

❶ 次の文章を読んで、あとの問いに答えなさい。（問題の都合上、本文を一部改変しています。）

【東京学芸大附竹早中・改】

「〜って」の用法には、言葉を取り上げてその意味やそれが何を指すのかを尋《たず》ねたり、その意図するところや*真偽《しんぎ》を尋ねたりするAの用法があります。

・人工知《ち》能《のう》ってどういう意味ですか？（意味を尋ねる）
・高橋《たかはし》さんってどの人ですか？（だれを指すかを尋ねる）
・今さら行きたくないってどういうことだ？（意図を尋ねる）
・仕事を辞《や》めたって本当？（真偽を尋ねる）

この用法は、「〜って」の「〜」の部分が何を指すのか、何を意図するのかなどが分からないときに使われます。

それに対して「〜」の部分が何を指すのか分かっているときに使うBの用法もあります。

・高橋さんってみかけによらず腕力《わんりょく》あるね。
・僕《ぼく》ってホントにバカだよ。
・日本のアニメってすごく人気あるね。

読みとりのポイント

「〜って」ということばづかいについての筆者の論《ろん》です。「〜って」の二つの用法、「〜って」の成り立ちやはたらきの説明を読みとりましょう。

この場合、「高橋さん」や「僕」がどの人か、「日本のアニメ」がどんなものかはすでに分かっています。しかし、それらに対してこれまで気付いていなかったことに気付いたり再認識《さいにんしき》したりして、それがどんなものかを改めて述《の》べ直《なお》しているのです。

「〜って」という言葉は「〜と言う」の「〜と」に「〜は」がついた「〜とは」から転じたものです。「人工知能とはどういう意味ですか」「僕と（いう人間）はホントにバカだよ」と言うのと同じように「人工知能」そのものではなく「人工知能」という言葉を取り上げたり、「僕という人間」のように「僕」を少し別の観点から取り上げたりする力が「〜って」に備《そな》わっているのです。

（砂川有里子《すなかわゆりこ》作・北原保雄《きたはらやすお》編著『問題な日本語　その3』〈大修館書店〉より）

問一　——線部とあるが、Bの用法は「何を指すのか分かっている」ものに対して、どのようにしている用法か。次の文の（　）の中に入れるのに適切《てきせつ》な部分を本文中から五十字程度《ていど》でぬき出し、最初の七字を答えよ。

　何を指すのか分かっているものに対して（　　　　）用法。

問二　本文の構成《こうせい》を次のように三つにまとめてみた。この場合、(三)にあたる部分はどこからか。あてはまる段落《だんらく》の最初の七字を答えよ。

(一)「〜って」の用法Aについての説明。
(二)「〜って」の用法Bについての説明。
(三)「〜って」の成り立ちと働きについての説明。

語句
＊意図＝あることをしようと考えていること。
＊真偽＝本当かうそか。

ヒント
問一　例文のあとに書かれたそれぞれの用法の説明を読みとりましょう。
問二　用法Bについての説明がどこまで書かれているかを読みとりましょう。

チャレンジ問題　入試発展レベル

解答⬇p.489

1 次の文章を読んで、あとの問いに答えなさい。【芝中・改】

動物たちの*協業は、さまざまなコミュニケーションをつうじて遂行《すいこう》されている。エサを求めていっせいに巣から出発した働きバチは、蜜《みつ》をみつけると、まず上空にあがって「8」の字を描《えが》くように旋回《せんかい》し続ける。すると付近を飛んでいた仲間のハチは、いっせいに8の字のパターンを描いて飛んでいるハチのところへ集まってくる。この場合、8の字のパターンは、「エサがここにある」ということを意味する①記号の役《やく》割《わり》を果たしており、その②メッセージを解読《かいどく》した仲間は、いちはやくエサのあるところに集まることによって、エサを探索《たんさく》する手間を大幅《おおはば》に短縮《たんしゅく》し、労働の効率《こうりつ》をあげることになる。

これは、動物のあいだでのさまざまなコミュニケーションと、それにもとづく*合目的な協業のほんの一例にすぎない。そのかぎりにおいて、記号を用いたコミュニケーションをつうじて協業するということは、なにも人類の*専売特許《せんばいとっきょ》ではない。にもかかわらず、言語を用いた人間のコミュニケーションは、記号による③動物のコミュニケーションにはない重要な特質《とくしつ》がある。

ミツバチは、蜜の存在《そんざい》に気づいたら、8の字の飛行をはじめる他はない。動物のコミュニケーションにあっては、ある対象《たいしょう》（蜜）に接《せっ》したことが原因《げんいん》となって、その結果として必然的に、それを指示《しじ》する記号の役割を果たす行動が生じる。そして、仲間のそうした行動に接したなら、そのことが原因となって、それに反応《はんのう》する行動が生じる。ここには、飛んでいる虫が光源《こうげん》にむかって旋回しながら近づいていくのと同様の、因果関係（原因と結果のつながり）があるにすぎない。

長い進化の過程《かてい》で、かれらには、一定の対象を認知《にんち》したら、ある定まった行動をするというプログラムが*インストールされており、動物における記号的行動もまた、そうしたプログラムにしたがって、いわば自動的に生じる。蜜が存在しないのに8の字の飛行をはじめたりすることはない。つまり、動物は、うそがつけない。この点で動物は、人間とは根本的に異《こと》なっている。

したがってまた、動物の記号的なコミュニケーションにあっては、「相手の考え」、「相手の意図」という*概念《がいねん》は登場しない。コミュニケーションが、記号の役割をになう行動と、それへの反応とのあいだの因果関係によって成り立っているかぎり、そこには、そのように体を動かした相手の思いや意図を推測《すいそく》する、という*プロセスが*介在《かいざい》する余地《よち》はない。この点でもまた、動物のコミュニケーションは、人間のコミュニケーションとは根本的に異なっている。

　そもそも動物の記号は、語を組み合わせた文ではない。なるほど、「文」という概念を使って説明するなら、ミツバチの8の字飛行という記号は、「蜜がここにある」という文を省略《しょうりゃく》した一語文であり、群のはしにいる個体《こたい》が発する天敵《てんてき》の警戒《けいかい》記号は「敵が接近中だ」という一語文とみなすこともできる。しかし、動物のコミュニケーションで用いられる記号は、パーツを組み合わせて作られた文ではないし、また記号をさらに組み合わせて、新たな記号列が作られることもない（ただし、ごく少数の＊類人猿《るいじんえん》は、初歩的なこうした記号操作《そうさ》を行っているようだが、ここでは立ち入らない）。

　ところが人間の言語は、そうではない。なるほど、「テキ」という語は、敵を指示しはする。しかし、たんに「テキ」と呟《つぶや》いただけでは、いまだ確定《かくてい》した意味をもちえない。「いる／いない」、「来る／来ない」、「多い／少ない」という別の語（述語《じゅつご》）と組み合わせられて文が形作られたとき、「テキ」という語は、はじめて確定した意味をもつ。すなわち人間の言葉は、文というまとまりの中で、はじめて確定的な意味をもつ。

（大庭《おおば》健《たけし》『いま、働くということ』〈筑摩書房〉より）

＊**協業**＝仕事を分担《ぶんたん》して、組織的《そしきてき》に働くこと。
＊**合目的的**＝ある物事がその目的にかなっているさま。
＊**専売特許**＝他人には売らせず、自分だけで売ることに対する公的な許可《きょか》。
＊**インストール**＝コンピューターに組《く》み込《こ》んで実際《じっさい》に使えるようにすること。
＊**概念**＝一般的《いっぱんてき》な意味内容《ないよう》。
＊**プロセス**＝事が進んできた順序《じゅんじょ》・過程。
＊**介在**＝間に挟《はさ》まって存在すること。
＊**類人猿**＝ヒトに最も近いサル。

問一　本文は、大きく三つのまとまりに分けることができる。その二番目のまとまりと三番目のまとまりはどこから始まるか。それぞれ最初の四字をぬき出せ。

問二　——線①「記号」と——線②「メッセージ」とあるが、具体的にはどのようなことか。それぞれ八字で、本文中よりぬき出せ。

問三　——線③とあるが、その特徴《とくちょう》とはどのようなものか。次の説明文の空欄《くうらん》にあてはまるように、本文中よりそれぞれ漢字二字でぬき出せ。

　動物のコミュニケーションでは、一匹《いっぴき》が、一定の対象を［Ⅰ］し、ある決まった行動をとる。すると、仲間が、その行動に［Ⅱ］する行動しかできない。そのため、動物は相手の考えを［Ⅲ］するようなことはできない。

第4章 随筆

1 事実と意見を読みとる

ココがポイント

随筆《ずいひつ》とは**筆者が感じたこと**をそのまま書いた文章で、言ってみれば「大人の作文」である。ここでは、随筆の読みとりの基本《きほん》となる**事実**と**意見**について学習する。

1 随筆の構成《こうせい》

随筆は、「大人の作文」とよく言われます。

作文や日記を書くときには、まず、**どんなできごとがあったか、どんなことをしたか（事実）**を書き、次に、それで**自分はどう感じたか、どんなことを考えたか（意見）**を書きます。「大人の作文」である随筆も、基本的な形はそれと同じです。

A　事実（筆者の体験・見聞）

例　今日、サルが木から落ちるのを見た。

↓

B　意見（筆者の主張《しゅちょう》・感想）

例　どんな名人でも失敗することはあるのだろう。

随筆とは

随筆とは、**筆者が見たり聞いたりしたことや体験したことを、感想や意見をまじえながら自由に書いたもの**です。

筆者がどんなことを体験し、どんなことを考えたのか読みとっていきましょう。

事実はどのように述《の》べられるか

事実としては、次にあげるようなことがらが述べられることが多いです。

- **筆者自身が体験したことがら**
- **筆者が読んだり、聞いたりしたことがら**
- **常識的《じょうしきてき》で、だれもが知っていることがら**

とくに二つ目に注意しておきましょう。中には、他人の意見を引用することがあり、読みとるときに、**筆者自身の意見と混同《こんどう》してしまうことが多い**ので注意しましょう。

また、事実を述べる場合、文末が「**〜した**」

もう少し複雑《ふくざつ》な形の随筆もあります。事実と意見の間に、もう一段階《いちだんかい》あるものです。同じ事実に対しても、人によってその受け止め方は異《こと》なります。

たとえば、「サルが木から落ちるのを見た」ときに、「へえ、サルでも落ちるんだ」と思う人もいれば、「どんくさいサルだなあ」と思う人もいるでしょう。ひょっとすると、「サルって木登りが下手なんだな」と思う人もいるかもしれません。こうした**事実の受け止め方によって、最終的に筆者がいだく意見もちがったものになります。**

A **事実（筆者の体験・見聞）**

例 今日、サルが木から落ちるのを見た。

⬅ B **解釈《かいしゃく》（事実の受け止め方）**

例 木登りの上手なサルでも落ちることがあるのだ。

⬅ C **意見（筆者の主張・感想）**

例 どんな名人でも失敗することはあるのだろう。

「～だった」「～そうだ」「～だという」などとなることが多いので注目しましょう。

意見はどのように述べられるか

意見としては、次にあげるようなことがらが述べられることが多いです。

- **筆者の感想**
- **一般的《いっぱんてき》な意見とのくいちがい**
- **事実に対する疑問《ぎもん》**

二つ目がポイントです。**世の中で広く認《みと》められていることに対立する筆者の意見は、主題になっていることがよくあります。**

また、意見を述べる場合、文末が**「～だと思う」「～ではないだろうか」「～べきではないか」**などとなることが多いので注目しましょう。

力だめしの問題　入試標準レベル

解答➡p.489

1 次の文章を読んで、あとの問いに答えなさい。　【お茶の水女子大附中】

動物園で働く前、ぼくは動物園に対し、「ちょっと不愉快《ふゆかい》だな」と思っていた。子どものころ、あんなに生き物に熱中していたのに、動物園に行っても、楽しくなかった。「なんでこんなところに閉《と》じこめておくのだろう。つまんないな」という感覚で見ていたからである。家の近くの雑木林《ぞうきばやし》や空き地など、もっと手の届《とど》く範囲《はんい》で生き物を直《じ》かに見ていたから、オリの中に入っている動物に価値《かち》を見いだせなかったのだと思う。

動物園の獣医《じゅうい》になってから、この見方も変わった。

野生動物は、ペットと違《ちが》って「食うか、食われるか」の連鎖《れんさ》の中でお互《たが》いがギリギリのところで生きている。動物園の動物たちは、まずその恐怖《きょうふ》から解放《かいほう》される、ということを知ったからである。ぼくたちは、電車に乗ったとたん、他種の生き物にパクッと食われたり、歩いていたら突然《とつぜん》、巨大《きょだい》な鳥にさらわれたりしないから、その恐怖を実感できない。[A]、前にも書いたように、野生では四年しか生きられないエゾリスが、動物園では一二年も一六年も生きる。キリンが座《すわ》って寝《ね》る。野生では考えられないことだ。自然界で[B]ていたら、すぐに狙《ねら》われてしまうだろう。

動物園の動物たちは、その個体《こたい》だけでいうのなら、決して〝かわいそう〟ではない。[C]が保証《ほしょう》されているのは、彼《かれ》らにとってはパラダイスといってもいいほどだ。〝かわいそう〟だと思うのは、野生に生きていない人間の一方的な感情《かんじょう》だといっていい。

読みとりのポイント

動物園の動物についての随筆《ずいひつ》です。動物園の獣医になって、筆者の考え方がどのように変わったのかを読みとりましょう。

（坂東元《ばんどうげん》『動物と向きあって生きる―旭山《あさひやま》動物園獣医・坂東元』〈角川学芸出版〉より）

問一 ――線部と筆者が感じたのはなぜか。その理由としてもっともふさわしいものを次の中から一つ選び、その記号を書きなさい。

ア 家の近くの雑木林や空き地などにいる生き物に夢中《むちゅう》になっていた子どものころのことを忘《わす》れていることに気づいたから。

イ これまで家の近くの雑木林や空き地などで見かけた動物たちと違って、動物園の動物はオリに閉じこめられていると感じたから。

ウ いくつも動物園ができたために、家の近くの雑木林や空き地で動物を見る機会が減《へ》ってしまったと思うから。

エ 家の近くの雑木林や空き地などにいる動物に比《くら》べ、オリの中の動物に価値がないと考えてしまう自分に腹《はら》が立つから。

問二 [A]に入る語句《ごく》を次の中から一つ選び、その記号を書きなさい。

ア さらに　イ なぜなら　ウ しかし　エ または

問三 [B]にあてはまることばを、同じ段落《だんらく》の中から十字以内で探《さが》して書きなさい。

問四 [C]に入ることばとしてもっともふさわしいものを次の中から一つ選び、その記号を書きなさい。

ア 安全と自然　イ 食料と野生

ウ 危険《きけん》と空腹《くうふく》　エ 安全と食料

ヒント

問一 ――線①は段落冒頭《ぼうとう》の一文です。段落の残りの部分をよく読みましょう。

問二 空欄《くうらん》の前後をよく読みましょう。

問三 空欄の直後にある「狙われてしまう」状態《じょうたい》を考えましょう。

問四 前の段落にあった、野生動物との対比《たいひ》で考えましょう。

チャレンジ問題　入試発展レベル

解答➡p.490

1 次の文章を読んで、あとの問いに答えなさい。

【日本女子大附中・改】

　私《わたし》がある日国立博物館に行ったときのことですが、偶然《ぐうぜん》、こんな光景を目撃《もくげき》しました。先生に引率《いんそつ》された大勢《おおぜい》の小学生たちが、熱心に陳列品《ちんれつひん》を見守っておりました。そして、それぞれ手にした小さなノートに、一生懸命《いっしょうけんめい》なにやら書《か》き込《こ》んでいるのです。

　はじめのうちは、それをとてもほほえましい光景だと思って私は眺《なが》めていたのですが、ふとそのうちに①ある奇妙《きみょう》なことに気がつきました。生徒たちが熱心に見つめていたのは、陳列品そのものではなく、その側《そば》に立てられている解説《かいせつ》らしいのです。そして、小さな手ににぎりしめた鉛筆《えんぴつ》で一生懸命ノートしているのは、その解説のメモであり、先生の説明らしいということに気づいたのです。

　おそらくこの少年たちは、あらかじめ先生の与《あた》えた注意を忠実《ちゅうじつ》に守ったままでなのでしょうが、私たちが芸術《げいじゅつ》に接《せっ》する場合、その解説や説明がたとえ如何《いか》に重要であろうとも、それらのものが、直接対象《たいしょう》から受ける印象や感動に勝《まさ》っていいはずはありません。だからこそ、少年たちもわざわざ実物を見るために足を運んだのです。

　偶然私がぶつかったこの小さな出来事のなかには、芸術を観賞する上での、二つの大きな内容《ないよう》をふくんでいるように思えます。一つは、知識《ちしき》や解説なしには、芸術の観賞はなし得《え》ないと考える考え方であり、他の一つはたとえ自分がある芸術作品から、直接強い印象なり感動なりを受けたとしてもそれを正当な価値判断《かちはんだん》の尺度《しゃくど》としないで、より権威《けんい》があると思われる他人の意見、いわば定評《ていひょう》にたよろうとする態度《たいど》であります。

　この博物館で見かけたような、まだ年若《としわか》い少年たちにあっては、自分の判断力のみにたよるわけにゆかぬのは当然でしょうが、しかしこういう態度が［1］に続けられてゆくうちに、いつしか思考上の習性《しゅうせい》となってしまうものなのです。それは今や、恐《おそ》るべきことながら、今日の社会にあっては一つの［2］にさえなっているように私には思えるのです。

　人間は知性の動物といわれながら、しばしばその人間たるゆえんであるところの②知性そのものが、純粋《じゅんすい》な観賞をさまたげている例を、私はいくつも想《おも》い浮《う》かべることが出来ます。しかし、これはなにも芸術に限《かぎ》ったわけではないでしょう。一《いっ》般《ぱん》のモラルにあっても、誤《あやま》った知性が、人間を動物以下にすることさえ、私たちは日常《にちじょう》目撃するところなのです。
　しかしこのことは、高度の意見を杖《つえ》に、自分の審美眼《しんびがん》を向上させようとする真面目《まじめ》な態度を否定《ひてい》するものではありませんし、正しい思考と、長い訓練によって、はじめて感じることの出来るような種類の美しさが、芸術の世界に存在《そんざい》することもたしかです。しかし、何よりもまず裸《はだか》になって、すべてを自分の尺度から始めなくては、決してそのような高い美しさを感得《かんとく》するようになれないということを、申しているに過《す》ぎません。
　博物館の少年たちのような態度は、一見正統《せいとう》な努力の如《ごと》く見え、また、あるいは立派《りっぱ》な教養として今の一般社会では通用するかもしれませんが、それはもはや、芸術の美しさとは、全く無縁《むえん》なものというべきでしょう。ゲーテは「真の教養とは、再《ふたた》び取《と》り戻《もど》された純真さに他ならない」といいました。まさに＊至言《しげん》というべきではないでしょうか。
　また、権威に弱い日本人の特性や、とかく絶対的《ぜったいてき》なものにたよろうとする態度は、恐らく、私たちの祖先《そせん》の代から長い年月にわたって体験してきた政治形態《せいじけいたい》と無縁ではないように思えますが、③芸術のなかから、本当の美しさを発見するためには、そのようなうっかりすると落ち入りがちな陥穴《おとしあな》からどうしても逃《のが》れなければなりません。

＊至言＝最適《さいてき》な語。

（芥川也寸志《あくたがわやすし》の文章より）

問一　——線①「奇妙なこと」とありますが、「小学生たち」のどのような姿勢《しせい》が「奇妙」なのですか。もっともふさわしいことばを、文中から十二字で探《さが》して書きなさい。

問二　[1]・[2]に入るもっともふさわしいことばを次の語群から選び、記号で書きなさい。

1　ア 無作法　イ 無慈悲《むじひ》　ウ 無機質《むきしつ》　エ 無自覚

2　ア 規則《きそく》　イ 風潮《ふうちょう》　ウ 定説　エ 原因《げんいん》

問三　——線②の「例」について、どのようなものがあるか、自分で具体例を一つ考えて書きなさい。

問四　——線③とありますが、それにはどうすべきであると「私」は述《の》べていますか。文章全体からわかる「私」の考えを六十字以内で書きなさい。

2 主題を読みとる

ココがポイント

前回は、随筆《ずいひつ》を**事実**と**意見**に分けて読むことを学んだ。今回は、その**意見**をもとにして、**随筆にこめられた主題**を読みとる練習をする。

1 主題とは何か

随筆や小説などの文学的文章では、作品の主題が問われることがあります。主題は、文章の話題や、筆者（作者）の思想と重なる部分もありますが、一応《いちおう》、分けて考えましょう。

主題とは、絵でいえば構図《こうず》の中心にあるもの、つまり、**筆者（作者）が書きたかったことがら**です。「筆者（作者）は何について書こうとしたのか」といえば、それは話題です。**「筆者（作者）は何を書こうとしたのか」といえば、主題になります。**

2 主題を読みとる手順

例をあげて、主題を読みとる手順を説明します。

❶作品の内容《ないよう》を具体的に一文でまとめる

何のどうである様子が中心にえがかれているか？

例　桃太郎《ももたろう》が犬やサルやキジと協力して鬼《おに》を倒《たお》す様子。

随筆でよくあつかわれる主題

随筆では、次にあげるような主題がよくあつかわれるので、知っていると便利です。ただし、すべてそうした主題だという先入観をもって読むことのないようにしましょう。

● 幼《おさな》いころの思い出

筆者が二人出てくることが大きなポイント。すなわち、幼いころの筆者と現在《げんざい》の筆者である。**幼いころの筆者が考えていたこと、したことに対して現在の筆者がどのように感じているか**が読みとりの中心になる。

● 家族の思い出

筆者と筆者の家族とのかかわりがポイント。家族は、筆者と長く暮《く》らすことが多く、筆者の生活に少なからず影響をあたえている。とくに**子供《こども》のころの家族とのかかわりは、随筆の中でよくえがかれる主題**である。

● 社会で起こるできごとと筆者

社会で起こるできごとが、筆者の心にどうとまったかがポイント。**起こったできごとそのものだけでなく、そのできごとに対する周《しゅう》囲《い》の感想も、随筆の主題となることが多い。**

❷ ❶を抽象化《ちゅうしょうか》・一般化《いっぱんか》する

例 少年が個性的《こせいてき》な仲間と協力して目的を達成する姿《すがた》。

⬇「主題」

主題にはいろいろなタイプのものがあります。右の例では、できごとが主題となっていましたが、ほかにも人物像《じんぶつぞう》、心理などが主題となることがあります。とくに**心理(心情《しんじょう》)は主題となりやすいので要注意**です。

また、筆者(作者)の思想は、筆者(作者)自身がもともともっている考えで、主題とイコールというより、どのような主題を選ぶかに大きく影響《えいきょう》するものだと考えましょう。

●自然と筆者

自然界で起こるできごと、花や草木の様子など。**自然界の様子に素直《すなお》に感動したり、自然界の様子から、人間社会の様子を感じとったりしたこと**などが書かれている。

力だめしの問題

入試標準レベル

解答➡p.490

1 次の文章を読んで、あとの問いに答えなさい。

【成城中・改】

*大平《おおひら》によると、やさしさが若者《わかもの》を中心に価値《かち》を持ちはじめたのは、一九七〇年前後のことです。その後急速に日本社会が豊《ゆた》かになるにつれて、モノや身体に傷《きず》がつくことに、ひとびとは敏感《びんかん》になりました。そしてこの敏感さは、こころにまでおよびます。

①こういう風潮《ふうちょう》の中で、やさしさもさらに変化してゆきます。それは、治療《ちりょう》としての「やさしさ」から予防《よぼう》としての〝やさしさ〟へという変化でした。お互《たが》いのココロの傷をなめあう「やさしさ」よりも、お互いを傷つけない〝やさしさ〟の方が、滑《なめ》らかな人間関係を維持《いじ》するにはよい。そういうことになったのです。（大平健《けん》『やさしさの精神病理』）

治療としてのやさしさ（以下、治療的やさしさ）も、予防としてのやさしさ（以下、予防的やさしさ）も、こころが傷つくのは良くないことだとみなし、やさしくすることで滑らかな人間関係を保《たも》とうとします。

ただし、こころの傷への対処法《たいしょほう》が異《こと》なります。治療的やさしさは、相手につけてしまった傷をことばでいやすことこそ、やさしさだ、と考えます。一方の予防的やさしさは、相手に傷をつけないようにすることこそ、やさしさだ、とみなします。

この違《ちが》いは、「傷」についての考え方の違いに由来するように思います。やさしいきびしさや治療的やさしさでは、傷はいつかは治るもの、ととらえています。しかし、きびしいやさしさ・予防的やさしさは、傷はいつまでたっても傷のまま残る、と考えてい

読みとりのポイント

この文章は、「きびしいやさしさ」という現代的《げんだいてき》ルールについて述《の》べるために、精神科医《せいしんかい》大平健氏の文章を参照しています。

二種類のやさしさの違いを読み取りましょう。

るふしがあります。

②傷がつくことを過大《かだい》に考える点で、治療的やさしさと予防的やさしさをくらべると、後者のほうが守るのがよりむずかしく、きびしい対人関係のルールと言えるでしょう。

（森真一《もりしんいち》『ほんとはこわい「やさしさ社会」』〈筑摩書房〉より）

問一 ――線①とあるが、「さらに変化し」た「やさしさ」にあてはまる例を次の中から選び、記号で答えなさい。

ア 今後忘《わす》れてほしくないと思い、本を忘れた友達にあえて貸《か》さなかった。

イ 相手が気分を害しそうだったので、高齢者《こうれいしゃ》に席を譲《ゆず》らなかった。

ウ 自分の体で覚えてほしくて、やり方を聞かれても答えなかった。

エ 家庭の経済事情《けいざいじじょう》を考えて、進学をやめて就職《しゅうしょく》することにした。

問二 ――線②とあるが、それはなぜか。その理由としてもっとも適切《てきせつ》なものを次の中から選び、記号で答えなさい。

ア やさしさは滑らかな人間関係を営《いとな》むためのものなのに、後者は逆《ぎゃく》にギクシャクした対人関係を生み出しやすいと言えるから。

イ 何をすれば相手が傷つくかをすべて予測《よそく》することは不可能《ふかのう》なのに、その不可能なことを要求するのが後者だと言えるから。

ウ 思いがけず他人を傷つけてしまった場合は謝罪《しゃざい》することで許《ゆる》されるが、後者はそれ以外の場合を禁止《きんし》していると言えるから。

エ 傷ついた原因《げんいん》がどこにあるかを探《さぐ》る努力をせず、相手を傷つけたことだけを非難《ひなん》しようとするのが後者だと言えるから。

語句

＊大平＝精神科医の大平健氏。筆者はここで、大平氏の『やさしさの精神病理』〈岩波書店〉を参照している。

ヒント

問一 「変化し」た「やさしさ」については、――線①のあとに書かれています。

問二 「後者」とは「予防的やさしさ」のことです。

チャレンジ問題　入試発展レベル

解答⬇p.491

1 次の文章を読んで、あとの問いに答えなさい。

【東海大付相模高中等部】

僕《ぼく》は、森を散策《さんさく》するのを趣味《しゅみ》としている。山野草を愛《め》でながら小動物を眺《なが》め、自然観察を楽しみとしている。ときには、季節ごとの①森の恵《めぐ》みをいただく*余禄《よろく》もある。山菜やキノコの収穫《しゅうかく》は、森歩きの唯一《ゆいいつ》の楽しみでもある。

夏の到来《とうらい》とともに待《ま》ち焦《こ》がれるキノコに②チチタケがある。僕のふるさと栃木県では、素麺《そうめん》やうどんの出《だ》し汁《じる》として珍重《ちんちょう》し、チタケと呼《よ》び、夏には欠かせないキノコである。このキノコを醤油《しょうゆ》で煮込《にこ》むだけで、風味ある麺類の付け汁となる。油で炒《いた》め醤油で甘辛《あまから》く佃煮《つくだに》のように煮込むと日持ちもよく、*晩酌《ばんしゃく》の*突《つ》き出《だ》しになる。栃木県の人々は、目の色を変えて林に分け入り、*挙句《あげく》には隣《となり》の福島県の森まで出かける始末だ。③この季節、栃木県のそば屋に行くと「チタケそば」のメニューが並《なら》ぶ。

チチタケは、山梨県の方々にはぼさぼさして旨《うま》くないと、あまり好まれないようだ。キノコは、その特徴《とくちょう》に合った調理法で旨《うま》くもまずくもなる。だが、この地域《ちいき》には他にもおいしいキノコが採《と》れるからだろうと思うのだが、処《ところ》変わればである。*八《やつ》ヶ《が》岳南麓《たけなんろく》に住むようになって以来、僕の独《ひと》り占《じ》めといった収穫になってしまい、ふるさとの友人たちからうらやましがられているほどだ。

七月中旬《ちゅうじゅん》から八月一杯《いっぱい》に発生し、全体に橙色《だいだいいろ》から茶褐色《ちゃかっしょく》の色調で、煉瓦色《れんがいろ》といったほうがわかりやすいだろうか。よくキノコを縦《たて》に裂《さ》くという表現《ひょうげん》を使うが、このキノコは引《ひ》き締《し》まった硬《かた》い質感《しつかん》で折れやすくもろく縦には裂けない。折れたり傷《きず》ついたりした個所《かしょ》から白い乳液《にゅうえき》を分泌《ぶんぴつ》するところから、乳《ちち》を連想した命名だ。この乳液はゴム質で、乾《かわ》くと黒っぽく変色する。こうした特徴から子供《こども》にも見分けやすく、町外れの平地林で遊びのように採ったものだ。採ったキノコは手を汚《よご》すので、細い笹《ささ》を折り、キノコの茎《くき》に何個も刺《さ》して帰ると④母に喜《よろこ》ばれた。

こうした里山のような平地林もずいぶんと少なくなっているが、まだまだたくさんある。⑤自分が住む近くの森に定期的に通うことを薦《すす》める。繁茂《はんも》する植物の種類や棲息《せいそく》する小動物の種類を知り、森の地形を理解《りかい》すると安心して歩けるようになる。何気なく捨《す》てられたゴミも気になり、愛着がわいてくる。ときには森の恵みもいただけるようになるだろう。そうした森は、もはや自分の*テリトリーになり、「自分の森」と呼んでいいのである。

ところで、森には必ず所有者がいるものだ。国有林や県有林など官有林の森を思い定めることを薦める。季節ごとに収穫できる森の恵みも、ささやかな税《ぜい》の還付金《かんぷきん》をいただくような気分になるからだ。このような国有林も、長野県の森ではキノコの採取《さいしゅ》が禁《きん》じられた立て札を目にする。だが、山梨県の森にはそのような立て札はない。僕はそれだけでも⑥気に入っている。

思い定め知《し》り尽《つ》くした「自分の森」は、恵みだけでなく癒《いや》しと元気の素《もと》をくれるのである。

（荒川《あらかわ》じんぺい『森に棲《す》むヒント』〈清流出版〉より）

*余禄＝予定外の収入。
*晩酌＝晩の食事の時に、酒を飲むこと。
*突き出し＝本料理の前に出す軽い料理。
*挙句＝いろいろやってみた結果。
*八ヶ岳南麓＝八ヶ岳は山梨県にある山で、南麓は、南側のやまのふもと。
*テリトリー＝なわばり。

問一 ――線①とは、具体的にはどういうことか。「～をすること」の形に合わせて十字以内で文中からぬき出して答えなさい。

問二 ――線②「チチタケ」という名前はどうしてついたのか。その理由を文中のことばを使って答えなさい。

問三 ――線③とはいつのことか。漢字一字で答えなさい。

問四 ――線④とあるが、どうして母は喜んだのか。その理由を説明しなさい。

問五 ――線⑤とあるが、それは、どうしてか。その理由として**まちがっているもの**を、次の中から一つ選び、記号で答えなさい。

ア 森のことをいろいろ知ることで、安心して歩けるようになるから。

イ 森に捨てられたゴミが気になるほど、森に愛着がわいてくるから。

ウ キノコや山菜などの森の恵みをいただくことができるようになるから。

エ 自分だけの森にすることでいつでも収穫が思い通りになるから。

問六 ――線⑥とあるが、どのような点を気に入っているのか。文中のことばを使って説明しなさい。

3 随筆《ずいひつ》のまとめ

1 随筆のまとめ

●事実と意見を分けて読みとる⬇1（八八ページ）

筆者の考えを読みとるために、**事実と意見にしっかり分けて読みとりましょう。**

●主題をつかむ⬇2（九四ページ）

主題は意見の中でも、読者にとくに強くうったえようとしているものです。**筆者の意見をまとめて、それが何を中心としているのか**を考えましょう。

2 いろいろな随筆にふれてみよう

随筆は単なる日記のようなものから、論説文《ろんせつぶん》のようにすじみちをもって主張《しゅちょう》を述《の》べているものまでいろいろあります。中にはわざとひねくれたようなものの見方をしている随筆もあります。まずは、いろいろな随筆にふれてみましょう。

3 随筆の記述《きじゅつ》のポイント

随筆の読みとりは、**事実をまとめる客観的な目**がポイントになります。**筆者がどのような状況《じょうきょう》にいるかを、まず客観的にまとめる**のです。この点においては随筆は説明文のような性質《せいしつ》をもっています。そして、**その状況を筆者がどう感じているか**を味わいましょう。この点では物語のような性質をもっています。

随筆の筆者になった気持ちで

随筆を読みとる力を養うためには、**自分が筆者になったつもりで周りを見る**といいでしょう。周囲《しゅうい》のものを客観的にながめ、そこから感じた自分の感想をならべてみます。すると今の自分の気分などがわかってきますし、随筆を読むときの参考にもなります。

筆者以外の人物の様子にも注意

随筆の中には、筆者以外の人物もよく登場します。筆者でないからと無視《むし》してはいけません。**筆者以外の人物の反応《はんのう》も筆者の人がらを読みとる重要なポイント**になります。

例題 ——線部の「わたし」の気持ちを考えて答えなさい。

夕立が来る。わたしはそれが好きだ。熱くてはだしでは踏《ふ》めないようなアスファルトのかわききった舗道《ほどう》が、たたきつけてくる雨滴《うてき》でまだらになるころは、特有のほこりくさいような匂《にお》いをたてる。この匂いはその後、どの土地にいっても変わらないものの一つで、今でもわたしにとっては夏の天候の急変を告《つ》げる魅力《みりょく》ある信号の一つだ。

舗道がすっかりぬれ、人々が走る。わたしも外へとびだし、雨をくらって大げさな声で「ひゃあ」と叫《さけ》び、わざと走りまどってあわてて駆《か》けもどる。

この例題の場合、夕立が降《ふ》ってきたという状況と、「夕立が好きだ」という筆者の感想をうまくつなげます。答えは、**「夕立が来たことに喜《よろこ》び、夕立を体で感じようとする気持ち。」**です。

紀行文《きこうぶん》

随筆に似《に》ているが、**旅行したときの見聞や体験を、感想をおりこんで書いた文章**をとくに**紀行文**といいます。

筆者の見聞きした風景や風俗《ふうぞく》などを読みとることが大切です。

紀行文の読み方

基本的《きほんてき》には随筆と同じく、筆者の体験した事実とそれに対しての意見・感想を分けながら読んでいきましょう。とくに**筆者がどこを旅行し、どんな風景、どんなできごとに出会ったのか**に注意して読んでいきましょう。

力だめしの問題

入試標準レベル

解答↓p.491

1 次の文章を読んで、あとの問いに答えなさい。（問題の都合上、本文を一部改変しています。）

【帝京中・改】

「よろしく」とは、いっさいの判断《はんだん》を相手にゆだねた依頼《いらい》の言葉である。だが、もしもその相手が自分とまったく異《こと》なる情報環境《じょうほうかんきょう》の住人——習慣《しゅうかん》や、ものの考え方を異《こと》にする世界の人間であったならば、こんなふうに相手の判断に任《まか》せるわけにはゆくまい。どのような処置《しょち》をされるか見当がつかないからである。だから「よろしく」とは①外国人に対しては使えない。いや、おなじ日本人同士であっても、相手が異国《いこく》にいるような場合には、②〝神通力〟を失ってしまうのだ。げんに私《わたし》は「よろしく」と頼《たの》まれて大いにとまどい、思《おも》い悩《なや》んだ経験《けいけん》がある。

パリに半年ほど滞在《たいざい》していた時のことだ。「ぼくの知人の＊某氏《ぼうし》がパリに行く。よろしく」という手紙を友人から受けとったのである。私の友人は気軽にそう書いてよこしたのだが、いったい「よろしく」とは何を要求しているのか、こちらにはさっぱり見当がつかない。空港まで出迎《でむか》えて欲《ほ》しい、というのか、ホテルをとっておいてもらいたい、というのか、パリを案内してやってくれ、というのか、一度ぐらい食事を共にしてもらえまいか、というのか。私はさんざん思い悩んだすえ、具体的な依頼がないかぎり、何もしないことにした。そのような判断までこちらにさせるというのは——冗談《じょうだん》ではない、あまりにも甘《あま》えすぎであり、A がよすぎる、と思ったからだ。

（森本哲郎《もりもとてつろう》『日本語　表と裏《うら》』〈新潮社〉より）

読みとりのポイント

「よろしく」ということばについての文章です。この「よろしく」ということばについて、筆者の体験と意見を読みとりましょう。

問一 ——線①とあるが、それは、「外国人」をどのような存在《そんざい》としてとらえているからか。本文中から十七字で探《さが》し、ぬき出して答えなさい。

問二 ——線②とあるが、ここでの「〝神通力〟」は「かんたんな表現《ひょうげん》でも言いたいことが伝わる不思議な力」という意味で使われている。なぜ、それが失われてしまうのか。その理由としてもっとも適切《てきせつ》なものを次の中から一つ選び、記号で答えなさい。

ア 伝達者と受け手が直接《ちょくせつ》会話をすることができないから。

イ 伝達者と受け手とが同じ情報を持っているわけではないから。

ウ 伝達者と受け手との間に、心が通じ合う関係が成り立たなくなるから。

エ 受け手が明確《めいかく》な表現を重んずる外国の習慣になじんでしまっているから。

問三 本文中の[A]にあてはまる漢字一字を答えなさい。

語句

＊某氏＝ある人。姓名《せいめい》が不明か、明かしたくないときに用いられる。

ヒント

問一 文頭の接続詞《せつぞくし》「だから」に注目しましょう。

問二 直後の段落《だんらく》で述《の》べられている筆者の体験談にあてはまらない選択肢《せんたくし》を消していきましょう。

チャレンジ問題 入試発展レベル

解答➡p.491

1 次の文章を読んで、あとの問いに答えなさい。【星野学園中】

生きていく上で、楽しいことがあったり、くやしいことがあったりする。それらがまざりあって、人生をつくる。それは、ひとつのドラマだ。

このドラマにあって、主人公はきみしかいない。だれも、代役はない。そして、一見はつまらなさそうな場面でさえ、このドラマの主人公はきみであって、はでにふるまっている他人ではない。きみだけが、ドラマの主人公なのだ。

もっとも、ドラマというには、*ハッピーエンドがない。A がドラマを中断《ちゅうだん》する。それでも、生きているかぎり、このドラマを見つづける観客も、これまた、きみだけだ。

してみると、生きているかぎり、この自分自身のドラマを、楽しんでいようじゃないか。たいして波乱《はらん》がなくても、ときにはみじめな気持ちになることがあっても、それがきみにとってのドラマなのだ。

ときに、①観客の立場に身をうつすのは、よいことだ。みじめな気持ちになったときなど、気が晴れることもある。みじめな自分をいとおしんで、自分で自分に涙《なみだ》するのも、またいい。そうした涙が、次の幕《まく》へきみをみちびくこともある。

なにかにムキになっているとき、その②自分をながめる観客の目を持つのも、おもしろい。少し喜劇的《きげきてき》だなどと、自分をながめながら進むのも、悪くない。

とくに、イヤなことのあるときは、自分をドラマのなかでながめるのは、救《すく》いになる。イヤなことでも、ながめるぶんには、それを楽しむことすらできる。

ときには、自分に向けての役者として、演技《えんぎ》をしちゃったりしてもよい。楽しいのも、くやしいのも、演技にしてしまえば、笑うのだって泣くのだって、あまり遠慮《えんりょ》がいらない。観客としての自分を楽しますため、ときに*道化《どうけ》てみるのもよい。人生をプレイする精神《せいしん》は、とてもよいものだ。

でも、これがきみだけのドラマであるからには、役者であれ観客であれ、途中《とちゅう》でなげるわけにはいかない。いつでも、きみのドラマにたいして誠実《せいじつ》であるよりない。人間というものは、どんなときでも、自分にたいしてだけは、誠実であるべきだ。

本当は、生まれたときから、このドラマは始まってしまっていたのだが、それが、③きみに固有のドラマであることに気づきはじめるのは、たぶんきみたちの年ごろからが、多いだろう。舞台《ぶたい》には、いろいろとやっかいな*道具だてがあったり、芝居《しばい》の筋《すじ》がまがりくねっていたりもするが、それらが、きみのドラマのために用意されている、と思うようになれるのは、きみたちの年齢《ねんれい》からだろう。

ここで、どんなときでも、他人が主人公だと思ってはいけない。きみのドラマにあって、きみ以外の他人を、主人公にはできない。きみの人生を生きるのは、きみしかいないからだ。

だから、きみの人生は、きみにとってだけ、すばらしい。そして、きみにとってすばらしいものは、きみのこの人生だけであって、他人のたどるような人生ではない。きみだけが、この人生を生きることができるのだ。

（森毅《もりつよし》『まちがったっていいじゃないか』〈筑摩書房〉より）

＊ハッピーエンド＝ドラマなどが幸福のうちに終わること。
＊道化てみる＝身ぶりや言葉で人を笑わせる。
＊道具だて＝必要な道具を整えておくこと。また、それらのもの。

問一 [A]に入るべき語を漢字一字で答えなさい。

問二 ——線①とあるが、それはなぜか。理由としてもっともよいものを次の中から選び、記号で答えなさい。

ア みじめな気持ちになったときこそ自分で自分をなぐさめるべきだから。
イ 自分のことを外から見ることで自分を見つめ直すことができるから。
ウ 人間は自らをいとおしむと自分のことがよく見えるようになるから。
エ 人生の新しい段階《だんかい》に進むには自分で自分に涙することが必要だから。

問三 ——線②とあるが、自分の人生にとって必要なもう一つの視点《してん》はどのようなものか。「〜の視点」の形にあうように本文中から十二字でぬき出して答えなさい。

問四 ——線③とあるが、どういうことか。もっともよいものを次の中から選び、記号で答えなさい。

ア 生まれたときからすでに、人間にはあらかじめ決められた人生が用意されているということ。
イ 一度しかない人生を放り出したりあきらめたりすることなく、誠実に生きるべきだということ。
ウ 自分の人生が、決して他人と同じではない自分だけのものとして進んでいくということ。
エ 自分の人生は、自分にとってだけすばらしいものであり、他人にとっては何の価値《かち》もないということ。

第5章 韻文

1 詩を読みとる

ココがポイント

小説・随筆《ずいひつ》・説明文などの文章を**散文**《さんぶん》という。これに対して、詩や短歌・俳句《はいく》のように、ことばのもっているひびきをいかした文章を**韻文**《いんぶん》という。

1 詩の特徴《とくちょう》

詩の出発点には**感動**があります。詩人はこの感動を読者に伝えようとして詩を書きます。ただ伝わればいいというのではなく、できればこの**感動を読者にも共有してほしい**と願って書きます。感動をストレートに伝えようとする、そして、感動を読者にも共有してもらおうとするために、詩は、ほかの文章とは異《こと》なった特徴をもちます。

●**ことばの省略**《しょうりゃく》

●**行がえ・連がえ**…自由に改行したり連をかえたりできる。

※**連**…普通《ふつう》の文章の段落《だんらく》に相当するまとまり。一行分の空白で区切られる。

詩の味わい方

詩を味わうとは、その内容《ないよう》を表現にそって読みとるだけではなく、表現にこめられた作者の感動を**自分(読者)の心に共鳴させる(ひびき合わせる)こと**です。そのために、次の点に注意しなければなりません。

▼用いられている**語句**《ごく》**の意味・用法**から、**全体の情景や感じ**をとらえる。

▼**比喩・反復・連・行がえ**などの表現から、強調されていることをとらえる。

▼詩に歌われている**情景**や、**作者の状況**《じょうきょう》**・立場**などを思いうかべる。

▼作者の目や心を自分の目や心に置きかえて、情景や心情を考えるようにする。

▼朗読《ろうどく》をして、**音のリズム**から作者の感動をとらえ、自分の感動を高める。

●**表現《ひょうげん》のくふう**…倒置法《とうちほう》・体言止めなどのくふうが多用される。

2 詩のくふう（表現技法《ぎほう》）

詩では、作者の感動を読者に共有してもらうために、さまざまな表現のくふうをします。

●**倒置法**…述語《じゅつご》を文末以外の場所に置く。
●**体言（名詞《めいし》）止め**…体言（名詞）で文をしめくくり余韻《よいん》を出す。
●**反復法《はんぷくほう》**…強調したいことばをくり返す。
●**省略法**…かんじんのことばを書かずに、余韻を出す。
●**よびかけ**…「……よ」などのかたちでよびかける。
●**対句《ついく》**…構造《こうぞう》の類似《るいじ》した対照的な表現を並《なら》べる。

このほかに**比喩《ひゆ》**という表現技法があります。比喩は重ね合わせの一種です。つまり、**「ある物事Aと別の物事Bの共通点に着目して、AをBと同じ／似《に》たようなものとみなす」**のが比喩です。

●**直喩《ちょくゆ》（明喩《めいゆ》）**…比喩であることを示《しめ》す目印をともなう比喩。
●**隠喩《いんゆ》（暗喩《あんゆ》）**…目印をもたない。⬇比喩かどうかは文脈《ぶんみゃく》から判断《はんだん》する。
●**擬人法《ぎじんほう》**…人でないもの（動植物・無生物）を人（動物）にたとえる。
●**換喩《かんゆ》**

A原因《げんいん》で結果を表す／結果で原因を表す
B表情《ひょうじょう》やしぐさで感情を表す
C部分で全体を表す

表現技法の例

●**倒置法**
例 すばらしいな、このながめは。

●**体言（名詞）止め**
例 なんとすばらしいこのながめ。

●**反復法**
例 そのうどんがもうおいしくておいしくて、びっくりしました。

●**省略法**
例 その風景の美しさときたら……。

●**よびかけ**
例 時間よ、とまれ。

●**対句**
例 天には赤く燃《も》える星
地には悲しげに吠《ほ》える犬
（三好豊一郎《みよしとよいちろう》『囚人《しゅうじん》』より）

●**直喩（明喩）**
例 りんごのようなほっぺた。

●**隠喩（暗喩）**
例 秋空を二つに断《た》てり椎大樹《しいたいじゅ》
（高浜虚子《たかはまきょし》）

●**擬人法**
例 波はぼくたちをのみこもうとした。

●**提喩《ていゆ》**
A一般化《いっぱんか》…一般的・抽象的《ちゅうしょうてき》な表現《ひょうげん》で、個別的《こべつてき》・具体的な内容《ないよう》を表す。
B個別化…個別的・具体的な表現で、一般的・抽象的な内容を表す。

3 詩の分類

詩は、**ことば・形式・内容から、それぞれ分類する**ことができます。

ことばによる分類

●**文語詩**…昔のことばづかいで書かれた詩。

例
まだあげ初《そ》めし前髪《まえがみ》の
林檎《りんご》のもとに見えしとき
前にさしたる花櫛《はなぐし》の
花ある君と思ひ《い》けり
（島崎藤村《しまざきとうそん》「初恋《はつこい》」より）

●**口語詩**…現代《げんだい》のことばづかいで書かれた詩。
※中学入試で出題される詩はほぼすべて口語詩です。

形式による分類

●**自由詩**…一定の音数をくり返すことにこだわらない詩。
●**散文詩**…行分けがなく、散文と同じ形式で書かれた詩。
●**定型詩《ていけいし》**…一定の音数(五音・七音)をくり返す詩。

例
まだあげ初めし前髪の　……七音＋五音
林檎のもとに見えしとき　……七音＋五音

●**換喩《かんゆ》**
例 Aユニフォームをぬぐ＝引退《いんたい》する
のれんをおろす＝店をしめる
B顔が真っ赤になった＝はずかしさ
ひざがふるえる＝おそれ
Cパトカーにつかまった＝パトカーに乗った警察官《けいさつかん》につかまった

●**提喩**
例 A花見
頭に白いものがまじる。
Bそろそろご飯の時間ですよ。
しとしとと降《ふ》る雨にあじさいの花がますます美しく映《は》える今日このごろでございますが、みなさまいかがお過《す》ごしでしょうか。

※詩のことばと形式による分類を組み合わせて、「文語定型詩」「口語自由詩」「口語散文詩」のように表現します。

内容による分類

●**叙情詩《じょじょうし》**…心情を中心にえがく。

●**叙景詩**…風景のみをえがく。

●**叙事詩**…神や英雄《えいゆう》の生涯《しょうがい》・事績《じせき》などをうたう。

口語自由詩（口語詩で自由詩）の例

雲　山村暮鳥《やまむらぼちょう》

おうい雲よ
ゆうゆうと
馬鹿《ばか》にのんきさ《そ》うぢや《じゃ》ないか
どこまでゆくんだ
ずつ《っ》と磐城平《いわきたいら》の方までゆくんか

文語定型詩（文語詩で定型詩）の例

椰子《やし》の実　島崎藤村

名も知らぬ　遠き島より
流《なが》れ寄《よ》る　椰子の実一つ
故郷《ふるさと》の　岸を離《はな》れて
汝《なれ》はそも　波に幾月《いくつき》
（後略《こうりゃく》）

差がつく　詩の鑑賞《かんしょう》

（ここに取り上げた詩は、作品として味わい深いばかりでなく、入試などにもよく出るものばかりです。じっくり読み味わいましょう。）

忘《わす》れもの

高田敏子《たかだとしこ》

入道雲にのって
夏休みはいってしまった
「サヨナラ」のかわりに
素晴《すば》らしい夕立をふりまいて

けさ　空はまっさお
木々の葉の一枚《いちまい》一枚が
あたらしい光とあいさつを
　かわしている

だがキミ！　夏休みよ
もう一度　もどってこないかな
忘れものをとりにさ

迷《まよ》い子《ご》のセミ
さびしそうな麦《むぎ》わら帽子《ぼうし》
それから　ぼくの耳に
くっついて離《はな》れない波の音

鑑賞 夏休みを擬人化《ぎじんか》し、親しくよびかけている。明快《めいかい》で歯切れのよい表現《ひょうげん》の中に、豊《ゆた》かで、あざやかなイメージをもたせ、過《す》ぎ去《さ》っていく夏を惜《お》しむ気持ちが強く表されている。

山頂《さんちょう》から

小野十三郎《おのとおざぶろう》

山にのぼると
海は天まであがってくる。
なだれおちるような若葉《わかば》みどりの
　なか。
下の方で　しずかに
かっこうがないている。
風に吹《ふ》かれて高いところにたつと
だれでもしぜんに世界のひろさを
　かんがえる。
ぼくは手を口にあてて
なにか下の方に向かって叫《さけ》びたく
　なる。
五月の山は
ぎらぎらと明るくまぶしい。
きみは山頂よりも上に
青い大きな弧《こ》をえがく
水平線を見たことがあるか。

鑑賞 若葉《わかば》の山頂に立って見る大きな自然のながめ、その新鮮《しんせん》な驚《おどろ》きを力強く歌い上げている。天までもせり上がってくるような海、全山の若葉のどよめきの中で、「ぼく」が下界に向かって叫びたくなったのは、人間世界の小さな営《いとな》みと比《くら》べての、自然の広さ・まぶしさであったろう。

天

山之口貘《やまのくちばく》

草にねころんでゐ《い》ると
眼下《がんか》には天が深い

風
雲
太陽
有名なものたちの住んでゐ《い》る世界

天は青く深いのだ
みおろしていると
体軀《からだ》が落つ《っ》こちさう《そ》になつ《っ》て
　こわいのだ
僕《ぼく》は草木の根のやう《よ》に
土の中へもぐり込《こ》みたくなつ《っ》て
しまふ《う》のだ

鑑賞　草の上にねころんで、見たときの天の大きさ・深さを歌っている。それは、自分の小ささを感じることでもあったろう。天が「眼下に」見えるというとらえ方もユニークだ。

海の風景

堀口大学《ほりぐちだいがく》

空の石盤《せきばん》に
鴎《かもめ》がＡＢＣを書く
海は灰色《はいいろ》の牧場《まきば》です
白波は綿羊《めんよう》の群れであらう《ろ》

船が散歩する
煙草《たばこ》を吸《す》ひ《い》ながら
口笛《くちぶえ》を吹《ふ》きながら

鑑賞　のんびりした、明るい雰囲気《ふんいき》の詩。たとえを用いることによって、生き生きと、作者の見ている風景とともに、それを見ている作者の気持ちまで伝わってくる。くり返している部分によって、リズムも心地《ここち》よく感じられる。

道程《どうてい》

高村光《たかむらこう》太郎《たろう》

僕《ぼく》の前に道はない
僕の後ろに道は出来る
ああ、自然よ
父よ
僕を一人立ちにさせた広大な父よ
僕から目を離さないで守る事を
　せよ
常《つね》に父の気魄《きはく》を僕に充《み》たせよ
この遠い道程のため
この遠い道程のため

鑑賞　人生に対するはりつめた意志《いし》を歌った作品。「僕の後ろに道は出来る」ということばに、そのたくましい決意が感じられる。「この遠い道程のため」のくり返しには、祈《いの》りにも似《に》た思いがこめられている。

蔵王《ざおう》の山に

佐藤《さとう》さち子《こ》

おまえこそは　山、
*蔵王よ。

空のたかいところに
頂《いただき》をおき、
ふかい山ひだをたたんで
つらなる。

山すそは
うす紫《むらさき》にけぶる
*灌木《かんぼく》の林
はてしなくひろがり、
牛もいる　たんぼにつづく。

雲をよび、
雲をはらい、
いくたびか冬を越《こ》してきた
山よ。
山頂《さんちょう》に雪をのせて
春いぶく
山よ。

おとなになって　ぼくたち
ふるさとを　遠く
はたらく日にも、
なお　たかく胸《むね》に
そびえ立つだろう
蔵王の山よ。

*蔵王＝山形県と宮城県の間に広がる火山。樹氷《じゅひょう》で有名。
*灌木＝つつじなどのように、たけが低くて幹《みき》のもとのほうから小枝《こえだ》の出ている木。低木《ていぼく》。

【鑑賞】今まさに春をむかえようとする蔵王の山に対して、おまえこそは山、ぼくたちがふるさとをはなれても、おまえは胸《むね》の中に生き続けるだろうと、敬意《けいい》と愛着をこめてよびかけている。

雑草《ざっそう》

北川冬彦《きたがわふゆひこ》

雑草が
あたり構《かま》わず
延《の》び放題に延びている。
この景色は胸《むね》のすく思いだ、
人に踏《ふ》まれたりしていたのが
いつの間にか
人の膝《ひざ》を没《ぼっ》するほどに伸《の》びている。
ところによっては
人の姿《すがた》さえ見失うほど
深いところがある。
この景色は胸のすく思いだ、
伸び蔓《はびこ》れるときは
どしどし延び拡《ひろ》がるがいい。
そして見栄《みばえ》はしなくとも
豊《ゆた》かな花をどっさり咲《さ》かせること
だ。

【鑑賞】人に踏《ふ》まれてものび広がっていく雑草のたくましさを歌っている。「見栄はしなくとも／豊かな花をどっさり咲かせる」雑草のように、自分も生きたいという願いもこめられている。雑草のエネルギーが伝わってくるような歌いぶりだ。

冬の夜道

津村信夫《つむらのぶお》

冬の夜道を
一人の男が帰つ《っ》てゆく
はげしい仕事をする人だ
その疲《つか》れきつ《っ》た足どりが
そつ《っ》くり
それを表は《わ》してゐ《い》る
月夜であつ《っ》た
小砂利《こじゃり》を踏《ふ》んで
やがて　一軒《いっけん》の家の前に
立ちどまつ《っ》た
それから　ゆつ《っ》くり格子戸《こうしど》を
　開けた
「お帰りなさい」
土間に灯《ひ》が洩《も》れて
女の人の声がした
すると　それに続いて
何処《どこ》か　部屋の隅《すみ》から
一つの小さな声が云《い》つ《っ》た
又《また》一つ
また一つ別の小さな声が叫《さけ》んだ
「お帰りなさい」

冬の夜道は　月が出て
随分《ずいぶん》とあかるかつ《っ》た
それにもまして
ゆきずりの私《わたし》の心には
明るい一本の蠟燭《ろうそく》が燃《も》えていた

鑑賞 疲れきって帰ってきた男の人をむかえる女の人の声、小さな声。「お帰りなさい」ということばに、詩人は大きな生命をふきこんでいるといえるだろう。このことばによって、男の人の心はどれほどかなぐさめられたであろうし、この情《じょう》景《けい》を見た作者の心も深い安らぎを覚えているのである。「明るい一本の蠟燭《ろうそく》が燃えていた」は、そのことの表現《ひょうげん》であろう。

鹿《しか》

三好達治《みよしたつじ》

午前の森に　鹿が座《すわ》つ《っ》てゐ《い》る
その背中《せなか》に　その角の影《かげ》
微風《びふう》を間《ま》ぎつ《っ》て　虻《あぶ》が一匹《いっぴき》
　飛んでくる
遥《はる》かな渓川《たにがわ》を聴《き》いてゐ《い》る　その
　耳もとに

鑑賞 アブのブーンという羽音、谷川のせせらぎが聞こえてくるようだ。この静けさの中で、鹿は、何を思っているのだろうか。

峠《とうげ》

石垣《いしがき》りん

時に　人が通る、それだけ
三日に一度、あるいは五日、十日
にひとり、ふたり、通るという、
それだけの――
――それだけでいつも　峠には人
　の思いが懸《か》かる。

そこをこえてゆく人
そこをこえてくる人
あの高い山の
あの深い木蔭《こかげ》の
それとわかぬ*小径《こみち》を通つ《っ》て
姿《すがた》もみえぬそのゆきかい

峠よ、

あれは峠だ、と呼《よ》んで　もう幾年《いくねん》
　こえない人が
向こうの村に　こちらの村に　住
　んでいることだろう
あれは峠だ、と　朝夕こころに呼
　んで。

＊わかぬ＝わからない。

鑑賞　高い山の峠は深い木だちにつつまれている。そこにはわずかの人の通いがあるだけで、その行きかいも見えない。それでも峠には、なぜか人の思いがかかっている。あれは峠だ、とよんで、そこをこえない人々が多い。この「峠」は、人生の峠を意味しているのではないだろうか。

花

村野四郎《むらのしろう》

いちりんの花をとって
その中を　ごらんなさい
じっと　よく見てごらんなさい
花の中に町がある
黄金《きん》にかがやく宮殿《きゅうでん》がある
人がいく道がある　牧場がある
みんな　いいにおいの中で
愛のように　ねむっている

ああ　なんという美しさ
なんという平和な世界
大自然がつくりだした
こんな小さいものの中にも
みちみちている清らかさ

この花のけだかさを
生まれたままの美しさを
いつまでも　心の中にもって

花のように
私《わたし》たちは生きよう

鑑賞 一輪の花を細かく見つめて、その美しさ・清らかさに感動し、人間も、この花のようなけだかさと美しさをもって生きていこうと歌っている。花の中に町を連想した表現《ひょうげん》を味わいたい。

木

まど・みちお

木が　そこに立っているのは
それは木が
空にかきつづけている
きょうの日記です

あの太陽にむかって
なん十年
なん百年
一日《いちじつ》一ときの休みなく
生きつづけている生命《いのち》のきょう
　の……

雨や
小鳥や
風たちがきて
一心に読むのを　きくたびに
人は　気がつきます
この一つしかない　母の星
みどりの地球が
どんなに心のかぎり
そこで　ほめたたえられているか
　に

人の心にも
しみじみ　しみとおってくる
地球ことばなのに
宇宙《うちゅう》ことばかもしれない
はるかな　しらべで……

鑑賞 木は空に、どんな日記を書き続けているのだろう。地球ことば・宇宙ことばともいえるはるかな調べで、語り続けている木のことばを君は聞いたことがあるだろうか。一本の木をとおして、地球を宇宙をつくったものの神秘《しんぴ》をはるかに思いやりながら、この「みどりの地球」に人としてあることの意味をしみじみと考えさせるような歌いぶりである。

雪がつもる

丸山薫《まるやまかおる》

雪がつもる
山の上の小さな学校で
けさも始業の鐘《かね》が鳴る

オルガンがひびき
子供《こども》達の
本を読むこえや
手を挙げるこえが
かん高くきこえる

そして　しばらく
しんとする

ああ　ああ　しずかだ
まったくしずかだ

木々が黙《だま》って
それを聴《き》いている
何処《どこ》か谷を隔《へだ》てた遠くの
雪に埋《うも》れた根株《ねかぶ》や葉の陰《かげ》で
山々の兎《うさぎ》や栗鼠《りす》達が
耳を立てて　じっと
それを聴いている

鑑賞　オルガンのひびき、子供たちの声のかなたに、山や谷をうめつくす雪の音がきこえてくる。作者は、その大自然の無音の音にきき入っているのである。

雨ニモマケズ

宮沢賢治《みやざわけんじ》

雨ニモマケズ
風ニモマケズ
雪ニモ夏ノ暑サニモマケヌ
丈夫《じょうぶ》ナカラダヲモチ
欲《よく》ハナク
決シテ瞋《いか》ラズ
イツモシヅ《ず》カニワラッテヰ《い》ル
一日ニ＊玄米《げんまい》四合ト
味噌《みそ》ト少シノ野菜ヲタベ
アラユルコトヲ
ジブンヲカンヂ《じ》ャ《ょ》ウニ入レズニ
ヨクミキキシワカリ
ソシテワスレズ
野原ノ松ノ林ノ蔭《かげ》ノ
小サナ萓《かや》ブキノ小屋ニヰ《い》テ
東ニ病気ノコドモアレバ
行ッテ看病《かんびょう》シテヤリ
西ニツカレタ母アレバ
行ッテソノ稲《いね》ノ束《たば》ヲ負《お》ヒ《い》
南ニ死ニサ《そ》ウナ人アレバ
行ッテコハ《わ》ガラナクテモイイトイヒ《い》
北ニケンクヮ《か》ヤ＊ソショウガアレバ
ツマラナイカラヤメロトイヒ《い》
ヒデリノトキハナミダヲナガシ
サムサノナツハオロオロアルキ
ミンナニデクノボートヨバレ
ホメラレモセズ
クニモサレズ
サ《そ》ウイフ《う》モノニ

ワタシハナリタイ

＊玄米＝もみがらを除《のぞ》いただけで精白《せいはく》しない米。

＊ソショウ＝争いごと。

鑑賞 賢治の手帳に書きつけられた作品で、題名「雨ニモマケズ」も賢治がつけたものではなく、一般的《いっぱんてき》に言われているものである。作者自身、この作品を詩をつくるという意識《いしき》で書いたかどうか。ひたすら自分の生き方、人生にむける決意を書きつづったとき、この詩が生まれたというべきであろう。

人間に与《あた》へ《え》る詩

山村暮鳥《やまむらぼちょう》

そこに太い根がある
これをわすれてゐ《い》るからいけないのだ
腕《うで》のや《よ》うな枝《えだ》をひき裂《さ》き
葉つ《っ》ぱをふきちらし
頑丈《がんじょう》な樹幹《みき》をへし曲げるや《よ》うな大《おお》風《かぜ》の時ですら
まつ《っ》暗な地べたの下で
ぐつ《っ》と踏張《ふんば》つ《っ》てゐ《い》る根があると思へ《え》ば何でもないのだ
それでいいのだ
そこに此《こ》の壮麗《＊そうれい》がある
樹木《じゅもく》をみろ
大木《たいぼく》をみろ
このどつ《っ》しりとしたところはどうだ

＊壮麗＝大きくりっぱで、美しい様子。

鑑賞 「人間に与へ《え》る詩」という題から、この詩が人間に向けて歌われたものだとわかる。太い根は人としての根幹《こんかん》となる気持ちの表れであろう。人としての根幹を「わすれてゐ《い》るからいけないのだ」、大木のように「どつ《っ》しり」しろと力強くうったえている。

力だめしの問題　入試標準レベル

解答➡p.492

1 次の詩を読んで、あとの問いに答えなさい。

ゆずり葉

河井《かわい》　酔茗《すいめい》

子供《こども》たちよ
これはゆずり葉の木です。
このゆずり葉は
新しい葉が出来ると
入れ代わってふるい葉が落ちてしまうのです。

こんなに厚《あつ》い葉
こんなに大きい葉でも
新しい葉が出来ると無造作《むぞうさ》に落ちる
新しい葉に A をゆずって――。

（中略《ちゅうりゃく》）

世のお父さん、お母さんたちは

【青山学院中等部・改】

読みとりのポイント

「ゆずり葉」についての詩です。新しい葉と入れ代わってふるい葉が落ちるゆずり葉の生態《せいたい》を、人間の世界になぞらえています。作者が感じた感動を読みとりましょう。

何一つ持ってゆかない。
みんなお前達にゆずっていくために
いのちあるもの、よいもの、美しいものを、
一生懸命《いっしょうけんめい》に造《つく》っています。

今、お前たちは気が付かないけれど
ひとりでにいのちは延《の》びる。
鳥のようにうたい、花のように笑っている間に
気が付いてきます。

そうしたら子供たちよ。
もう一度ゆずり葉の木の下に立って
ゆずり葉を見る時が来るでしょう。

（小林信次《こばやししんじ》監修・水内喜久雄《みずうちきくお》編『子どもといっしょに読みたい詩』〈たんぽぽ出版〉より）

問一 A に入ることばを詩の中から一語で書きぬきなさい。

問二 ──線部とはどういうことか。次の中から一つ選び、記号で答えなさい。

ア 目に見えないものに支《ささ》えられ人は生きている。
イ いつの間にか知らないうちに人は成長してゆく。
ウ 人はできなかったことが、いつかできるようになる。
エ くり返しくり返しして、人は豊《ゆた》かになってゆく。

ヒント

問一 ゆずり葉のふるい葉と新しい葉の関係が、人間の親子の関係と重ね合わされています。

問二 前後は、今は気が付かない⬇けれど⬇いのちが延びる⬇(すると)気が付く、という流れになっています。

チャレンジ問題　入試発展レベル

解答➡p.492

1 次の詩を読んで、あとの問いに答えなさい。【慶應普通部・改】

ちょきん箱

すこし前の話になるけれど
ある場所で手頃《てごろ》な大きさの箱を手に入れた。
その箱が何にどう手頃かというと
机《つくえ》の上に置いて
ちょきん箱にするというのに
手頃だということだ。
ちょきん箱というのは楽しい。
四方八方絶対《ぜったい》に開かないようにしておいて
入口の細長い窓《まど》というか穴《あな》だけを作る。
ここから　毎日すこしずつ
おかねを入れていって
いつか　もう入らないという日がくる。
その日が　いつの日かわからないところが
ちょきん箱の楽しいところだろう。

ぼくは　その箱を予定どおり　ちょきん箱にした。
そして　毎日
ポケットに残った小銭《こぜに》を入れていった。
小銭は細い入口から暗い箱の底へ落ちて
[A]　[A]　と鳴っていたが
そのうち
底一面にたまったらしかった。
それは　小銭を入れた時の音でわかるようになった。
ちょきん箱の音は　小銭をのみこむと
[B]　[B]　と変わった。
それも　そう長い間ではなかった。
もう　だいぶ分厚《ぶあつ》く　たまったのだろう。
そのうち音は　チャッ　チャッ　とだけしか
いわなくなった。
しかし　それも　そう長い間ではなかった。
ちょきん箱は　小銭をのみこむと
[C]　[C]　というようになった。
ようするに　無口になっていったのだ。
ぼくは　どのくらいたまったのか
箱を持ち上げて　重さを量ろうとした。
ところが　ずっしりと重すぎて

片手《かたて》では無理だった。
ぼくは　なんだか怖《こわ》くなった。
ぼくは　おかねをためるという欲望《よくぼう》と引きかえに
ちょきん箱の中に　おそろしい怪物《かいぶつ》を育てているような
気がしてきたからだ。

（東君平《ひがしくんぺい》「ちょきん箱」〔『くんぺい魔法《まほう》ばなし　山のホテル』〈サンリオ〉所収〕より）

問一 [A]～[C]にあてはまる適切《てきせつ》なことばを次の中からそれぞれ選び、記号で答えなさい。

ア チッ　**イ** チャリッ　**ウ** ズシン
エ コトン　**オ** ドドッ

問二 ――線部とあるが、これについて次の各問いに答えなさい。

(1) 怪物らしさをそれとなく見せ始めていることがわかる表現《ひょうげん》を本文中から探《さが》し、七字でぬき出しなさい。

(2) 「ぼく」がおそろしい怪物を育てているような気がしてきたのはなぜか。次の中から適切なものを二つ選び、記号で答えなさい。

ア 片手で持ち上げられないおかねの重量感に圧倒《あっとう》されてしまったから。
イ もうこれ以上は入らないという日がすぐ近くまできているから。
ウ ちょきん箱に落ちてゆく小銭の音の変化に不気味さを感じてきたから。
エ おかねの重みを通して箱が破裂《はれつ》してしまうことを心配していたから。
オ 金銭に対する強い欲望で貯金《ちょきん》をしていたことに気づかされたから。
カ ちょきん箱が怖くなってとても開けられないという気になったから。

2 短歌を読みとる

ココがポイント

もともと**短歌**は和歌の一種である。和歌は**奈良時代**からさかんにつくられ、短歌以外にも**長歌**・**旋頭歌**《せどうか》などいろいろな形式があったが、**平安時代以降**《いこう》は短歌ばかりがつくられるようになったため、今では**和歌といえば短歌のことを指す**ようになっている。おもに**自然にふれた感動を表現**《ひょうげん》**する短歌**を、読みとれるようにする。

1 短歌とは

奈良時代から平安時代にかけて、たくさんの短歌がつくられました。その多くは、**自然の美しさをほめるもの、男女の恋愛感情**《れんあいかんじょう》**を歌ったもの、故郷**《こきょう》**をなつかしんでよんだもの**です。この時代の短歌は、難《むずか》しいことばのものが多いですが、有名なものは覚えてください。とくに、「**小倉百人一首**《おぐらひゃくにんいっしゅ》」は、かるたになっているので、身近にふれる機会もあるでしょう。

2 短歌の形式

短歌は、一首《いっしゅ》、二首…と数えます。一首の短歌は、**五音・七音・五音・七音・七音の五句三十一音**で成り立っています。

長歌・旋頭歌

和歌には短歌のほかに長歌・旋頭歌などがあります。

● **長歌**

五・七、五・七……とくり返して、終わりを五・七・七で結ぶもの。

● **旋頭歌**

五・七・七・五・七・七の形のもの。

小倉百人一首

鎌倉《かまくら》**時代に藤原定家**《ふじわらのさだいえ》**が、名歌を集めたもので**す。百人の歌人からそれぞれ一首ずつとりあげています。

三大和歌集

和歌集の中でもっとも有名なものが次の三つで、**三大和歌集**とよばれます。

● **万葉集**《まんようしゅう》

古代から八世紀《はっせいき》中ごろにかけてのあらゆる身分の人々の歌を**大伴家持**《おおとものやかもち》**らが編集**《へんしゅう》**したもの**。二十巻《かん》・約四千五百首の歌がおさめられてい

上《かみ》の句《く》			下《しも》の句	
（初句）	（第二句）	（第三句）	（第四句）	（第五句）
五音	**七音**	**五音**	**七音**	**七音**

例 （初句）**ひさかたの** （第二句）**光のどけき** （第三句）**春の日に**
（第四句）**しづ《ず》心なく** （第五句）**花の散るらむ《ん》**
紀友則《きのとものり》

ただし、ここでいう**音**《おん》とは、次のようなものです。

●**音**…ひらがな一字が一音となる。ただし、小さい「ゃ」「ゅ」「ょ」は一音に数えない。つまり、「きゃ」「しゅ」「ちょ」などは二字で一音になる。小さい「っ」は一音と数える。

また、三十一音にならないものもあります。その場合、**音数の多いもの**は**字余**《じあま》**り**、**少ないもの**は**字足**《じた》**らず**の歌とよびます。

る。技巧《ぎこう》をこらしたものではなく、**おおらかで力強いものが多い**。

●**古今和歌集**《こきんわかしゅう》**（古今集）**
醍醐《だいご》**天皇の命令により紀貫之**《きのつらゆき》**らが編集したもの**。九〇五年成立。**技巧にとんだ、優美**《ゆうび》**な歌風のものが多い**。約千百首がおさめられている。

●**新古今和歌集（新古今集）**
後鳥羽《ごとば》院の命令により**藤原定家らが編集したもの**。一二〇五年成立。古今和歌集の伝統《でんとう》を受けつぎながら、**新しい歌風をめざした**。約二千首がおさめられている。

3 句切《くぎ》れ

どこにも係っていかず、いったん切れるところを句切れとよびます。普通《ふつう》の文章でいえば、句点(。)を打てるところにあたります。

●初句切れ…初句の終わりで意味が切れる。

例　**海恋《こい》し＜。潮《しお》の遠鳴りかぞへ《え》てはを《お》とめとなりし父母の家**　与謝野晶子《よさのあきこ》

●二句切れ…二句の終わりで意味が切れる。

例　**ふるさとの訛《なまり》なつかし＜。**
停車場《ていしゃば》の人ごみの中に
そを聴《き》きにゆく　石川啄木《いしかわたくぼく》

●三句切れ…三句の終わりで意味が切れる。

●四句切れ…四句の終わりで意味が切れる。

●句切れなし…最後まで続いている。「結句切れ」とはいわない。

例　**次々に走《はし》り過《す》ぎ行く自動車の運転する人みな前を向く**　奥村晃作《おくむらこうさく》

4 短歌の技巧《ぎこう》

●枕詞《まくらことば》

ことばのリズムをととのえるために、**ある決まったことばの上にそえる五音のことば**。意味はとくにないと考えてよいものです。

かけことば

一つの音《おん》で二つのことばの意味をかねて表すものです。

例　**大江山《おおえやま》　いく野の道の　遠ければ**
まだふみもみず　天《あま》の橋立《はしだて》　小式部内侍《こしきぶのないし》

➡「いく野」は「生野《いくの》」(地名)と「行く」の二つの意味を、「ふみ」は「踏《ふ》み」と「文《ふみ》」(手紙)の二つの意味をかねている。

短歌の味わい方

次の点に注意しながら短歌を味わいましょう。

▼一つ一つのことばのひびきや、つながり方から、感じをとらえる。

▼短い表現《ひょうげん》を内容《ないよう》にそって拡大《かくだい》し、情景《じょうけい》・状況《じょうきょう》をくわしく想像《そうぞう》する。

▼想像した情景・状況の中で作者の位置や立場を考え、作者の目や立場になって読み返す。

おもな枕詞

あしびきの➡山
あらたまの➡年・月・日・春
あおによし➡奈良
くさまくら➡旅
しろたえの➡衣《ころも》・袖《そで》・たすき
たらちねの➡母
ちはやぶる➡神・宇治《うじ》
ひさかたの➡天・空・雨・月・日・昼・光

例 **あを《お》によし奈良の都は咲《さ》く花のにおふ《う》がごとく今盛《さか》りなり** 小野老《おののおゆ》

例 **たらちねの母が釣《つ》りたる青蚊帳《あおがや》をすがしといねつたるみたれども** 長塚節《ながつかたかし》

例 **ちはやぶる神代《かみよ》も聞かず龍田《たつた》川からくれなゐ《い》に水くくるとは** 在原業平《ありわらのなりひら》

例 **ひさかたの光のどけき春の日にしづ《ず》心なく花の散るらむ《ん》** 紀友則《きのとものり》

その他、**倒置法**《とうちほう》、**体言止め**、**比喩**《ひゆ》など詩で用いられる技法は基本的《きほんてき》に短歌でも用いられると考えてよいでしょう。

短歌の表現上のくふうと鑑賞《かんしょう》

葛《くず》の花　踏《ふ》みしだかれて、色あたらし。
この山道を　行きし人あり
釈迢空《しゃくちょうくう》

●表現上のくふう

三句切れで、下《しも》の句には上《かみ》の句からの判断《はんだん》が示《しめ》されている。その判断のうらには、作者の感動がこめられている。

句読点を用いる独特《どくとく》のくふうもみられる。

●鑑賞《かんしょう》

赤むらさき色の葛の花が、踏みにじられている。その色がまだ生々《なまなま》しいところを見ると、踏みつけられてから、まだいくらも時がたっていないらしい。こんな奥深《おくぶか》い山道を、私《わたし》のほかにもだれかがすぐ前に通ったのだなあ。

差がつく　短歌の鑑賞《かんしょう》

（入試によく出るので覚えておきましょう。）

「万葉集《まんようしゅう》」の作品

東《ひんがし》の　野にかぎろひ《い》の　立つ見えて
かへ《え》り見すれば　月かたぶきぬ

柿本人麻呂《かきのもとのひとまろ》

鑑賞　夜が明けはじめた東のほうの野に、ほの白く光がさしており、ふり返って西のほうを見ると、月はもうかたむいてしまっている。——春の野の雄大《ゆうだい》な夜明けの感じを歌っている。

田子《たご》の浦《うら》ゆ　うちいでて見れば　真《ま》白《しろ》にそ
富士《ふじ》の高嶺《たかね》に　雪は降《ふ》りける

山部赤人《やまべのあかひと》

鑑賞　田子の浦を通って、見晴らしのきく所に出てみると、真っ白に、富士の高嶺に雪が降りつもっていることだ。——富士山の神々《こうごう》しいまでに美しい姿《すがた》を歌っている。

銀《しろかね》も　金《くがね》も玉も　何せむ《ん》に
まされる宝《たから》　子にしかめやも

山上憶良《やまのうえのおくら》

鑑賞　銀や金、それに玉なども、どうして子供《こども》というすばらしい宝におよぼうか、いやおよびはしまい。——子への深い愛情《あいじょう》がにじみ出た作品である。

春過《す》ぎて　夏来《きた》るらし　しろたへ《え》の
衣《ころも》ほしたり　天《あめ》の香具山《かぐやま》

持統天皇《じとうてんのう》

鑑賞　春が過ぎて夏が来たらしい。香具山のふもとには、夏の白い着物がほしてある。——香具山は奈良県にある大和《やまと》三山の一つ。季節の移《うつ》り変《か》わりを、明るい気持ちでとらえている。

石《いわ》ばしる　たるみの上の　さわらびの
萌《も》えいづる春に　なりにけるかも

志貴皇子《しきのみこ》

鑑賞　岩の上を音を立てて流れ落ちる水のほとりに、もう、わらびが若芽《わかめ》をふき出している。春になったのだなあ。——春をむかえた喜《よろこ》びの歌である。明るく、おどり出したいような心が伝わってくる。

わが宿《やど》の　いささむら竹　吹《ふ》く風の
音のかそけき　この夕へかも

大伴家持《おおとものやかもち》

鑑賞　わが家の庭先に生えている少しばかりの竹に吹きつける風の音が、なんとかすかなこの夕ぐれであることよ。——さびしく、もの悲しい気持ちにひたっている。

あを《お》によし　奈良の都は　咲《さ》く花の
におふ《う》がごとく　今盛《さか》りなり

小野老《おののおゆ》

鑑賞　花がさきにおっているように、奈良の都は繁栄《はんえい》をきわめていることだよ。――「あおによし」は枕詞《まくらことば》。色どりもあでやかな奈良の都の様子が目に見えるようだ。

「古今《こきん》和歌集」の作品

ひさかたの　光のどけき　春の日に
しづ《ず》心なく　花の散るらむ《ん》
紀友則《きのとものり》

鑑賞 日の光がのどかにさしている春の日に、どうして、落ちついた気持ちもなく、桜の花は散り急いでいるのであろうか。――「ひさかたの」は枕詞。おだやかな春の日のうれいやゆく春をおしむ気持ちを、優美《ゆうび》に歌い上げている。

秋来《き》ぬと　目にはさやかに　見えねども
風の音にぞ　おどろかれぬる
藤原敏行《ふじわらのとしゆき》

鑑賞 秋が来たと目にはっきりとは見えないけれど、吹く風の音で、もう秋なんだなと気づかされることだ。――しのびよる秋の気配を、風の音によって、実感深くとらえている。

「新古今《しんこきん》和歌集」の作品

見渡《みわた》せば　花ももみじも　なかりけり
浦のとまやの　秋の夕暮《ゆうぐ》れ
藤原定家《ふじわらのさだいえ》

鑑賞 この海岸の景色を見わたすと、春の花、秋のもみじというおもむきのあるものは何もないことだ。海岸の漁師《りょうし》の仮小屋《かりごや》だけがある秋の夕暮れの様子のものさびしさよ。

心なき　身にもあは《わ》れは　知られけり
鴫《しぎ》立つ沢《さわ》の　秋の夕暮れ
西行法師《さいぎょうほうし》

鑑賞 俗世間《ぞくせけん》のことを捨《す》てた出家《しゅっけ》の身にも、このしみじみとしたおもむきは感じられることだ。鴫が飛び立つ沢の秋の夕暮れのさまを見ていると。――辺りの静けさを動かして飛び立った一羽の鴫によって、秋の夕暮れのさびしさをえがき出している。

「金槐《きんかい》和歌集」の作品

大海《おおうみ》の　いそもとどろに　寄《よ》する波
割《わ》れて砕《くだ》けて　さけて散るかも
源実朝《みなもとのさねとも》

鑑賞 岸にうち寄せてくる波が、岩にあたって大きな音をたて、白い水しぶきをたてて飛び散っていることよ。――うち寄せる波の様子を力強く、しかも細かくとらえて表現《ひょうげん》している。作者は鎌倉幕府《かまくらばくふ》の三代将軍《しょうぐん》であった。

箱根路《はこねじ》を　わが越《こ》えくれば　伊豆《いず》の海や
沖《おき》の小島に　波の寄《よ》る見ゆ
源実朝《みなもとのさねとも》

鑑賞　箱根の山道を越えてきたら、眼下《がんか》に伊豆の海が広々と見わたされ、沖の小島に波がうち寄せる様子までが見えることだ。――青く広がる伊豆の海が、とつぜん目の前に開けたときの感動を、率直《そっちょく》に歌い上げている。

江戸《えど》時代の作品

こどもらと　手まりつきつつ　この里に
あそぶ春日《はるひ》は　くれずともよし
良寛《りょうかん》

鑑賞　子供《こども》らと手まりをつきながら遊んでいると楽しくて、この村里に春の日はくれなくてもよいと思われることだ。――作者は江戸時代後期の、子供好きのお坊《ぼう》さんである。

かすみ立つ　長き春日《はるひ》を　こどもらと
手まりつきつつ　この日暮《く》らしつ
良寛

鑑賞　春がすみの立つ、のどかな春の長い一日を、子供らと手まりをつきながら、今日も暮らしてしまったなあ。――作者のやさしい心が感じられる。

たのしみは　まれに魚煮《うおに》て　子らみながら
うましうましと　言ひ《い》て食ふ《う》時
橘曙覧《たちばなあけみ》

鑑賞　自分の楽しみは、まれに魚を煮て、子供たちみんながおいしい、おいしいと言いながら食べるときである。――貧《まず》しい生活の中で、子供の喜《よろこ》ぶ姿《すがた》を見つめている、父親の温かい心が感じられる。

現代《げんだい》短歌

しもやけの　小さき手して　みかんむく
わが子しのばゆ　風の寒きに
落合直文《おちあいなおぶみ》

鑑賞　しもやけのできた小さい手をして、みかんの皮をむくわが子のことがしみじみと思われる。風が冷たいこんな寒い日なので。――旅先で子を思う気持ちがにじみ出ている。

父君《ちちぎみ》よ　けさはいかにと　手をつきて
問ふ《う》子を見れば　死なれざりけり
落合直文

鑑賞　お父さま、けさは、お体の具合はどうですか、とまくらもとに手をついてたずねる子を見ると、この子を残して、どうして死なれようか。――前の歌と同様、子供への深い愛情《あいじょう》が感じられる歌である。

隣室《りんしつ》に　書《ふみ》よむ子らの　声きけば
心にしみて　生きたかりけり

島木《しまぎ》赤彦《あかひこ》

鑑賞 病気で寝《ね》ていると、となりの部屋で本を読む子供たちの声が聞こえる。それを聞くと、心の底までしみじみと生きたいと思われることだ。――子を思う心を歌っている。

福寿草《ふくじゅそう》の　つぼみいとしむ　おさな子や
夜はいろりの　火にあてており

島木赤彦

鑑賞 福寿草のつぼみがついた。それを、なんとか美しく咲《さ》かせてやろうと大切にしている小さい子は、夜になると、いろりの近くに持ってきて暖《あたた》めてやっているよ。――花をいとおしむ子供をやさしく見つめている。福寿草は、早春に黄色い花を開く。

瓶《かめ》にさす　藤《ふじ》の花ぶさ　みじかければ
たたみの上に　とどかざりけり

正岡《まさおか》子規《しき》

鑑賞 瓶にさしてある藤の花ぶさが短いので、たたみの上にはとどかないことだ。――情景を素朴《そぼく》に写生した歌。作者は、病気で寝ている。その低い視点《してん》から見たときに歌ったもので、第五句《く》は病床《びょうしょう》にある自分のいらだたしい気持ちと重なっている。

くれなゐ《い》の　二尺《にしゃく》伸《の》びたる　ばらの芽の
針《はり》やは《わ》らかに　春雨《はるさめ》の降《ふ》る

正岡子規

鑑賞 真っ赤な色をしたばらの芽が二尺（約六十センチ）ほどのびている。新芽でまだやわらかいとげを、春雨が静かにぬらしている。

水ぐるま　近きひびきに　すこしゆれ
すこしゆれいる　こでまりの花

木下《きのした》利玄《りげん》

鑑賞 水車小屋のそばに咲いているこでまりの花が、水車の回るたびに、そのひびきでかすかにゆれている。――こでまりの花を見つめ、そのかわいい姿に親しみを感じている。

遠足の　小学生徒　うちょうてんに
大手ふりふり　往来《おうらい》とおる

木下利玄

鑑賞 遠足の小学生が、どの子も喜びで夢中《むちゅう》になって、元気よく、手を大きくふりながら、通りを歩いて行く。――子供たちの姿がほほえましく、また、それを見ている作者の温かいまなざしが感じられる歌である。

ふるさとの　訛《なまり》なつかし
停車場《ていしゃば》の　人ごみの中に
そを聴《き》きにゆく

石川啄木《いしかわたくぼく》

鑑賞 ふるさとを離《はな》れて暮《く》らしていると、ふるさとのお国なまりがとてもなつかしくなって、故郷《こきょう》の人たちが降《お》り立《た》つ停車場の人ごみの中に、それを聞きに入った。――作者のふるさとは、岩手県渋民《しぶたみ》村《むら》。この作者独自《どくじ》の表現《ひょうげん》である三行書きの試みに注意しておこう。

たは《わ》むれに　母を背《せ》負《お》ひ《い》て
そのあまり　軽《かろ》きに泣きて
三歩あゆまず

石川啄木

鑑賞 冗談《じょうだん》半分に母を背負ってみたが、あまりの軽さに、母が年をとったことを思いしらされ、悲しさで三歩と歩くことができなかった。――年老いた母への愛情《あいじょう》が感じられる。

死に近き　母に添寝《そいね》の　しんしんと
遠田《とおだ》のかは《わ》づ《ず》　天に聞こゆる

斎藤茂吉《さいとうもきち》

鑑賞 死期のせまった母のそばで添《そ》い寝《ね》をしていると夜もしんしんとふけてきた。この静けさの中、遠くの田で鳴くかえるの声が、まるで天に鳴いているかのようにしみいって聞こえてくる。――母を失おうとする深い悲しみが感じられる。

たらちねの　母が釣《つ》りたる　青蚊帳《あおがや》を
すがしといねつ　たるみたれども

長塚節《ながつかたかし》

鑑賞 長い病院生活から帰ったわが家で、母が青蚊帳を釣ってくれた。たるんではいたが、すがすがしい気分で寝た。――老母へのいたわりと家に帰った喜《よろこ》びが感じられる。「たらちねの」は枕詞《まくらことば》。

親馬の　道をいそげば　きりにぬれて
子馬も走る　いななきながら

橋田東声《はしだとうせい》

鑑賞 朝、きりのたちこめた高原の道を親馬が急ぐと、そのあとを、しっとりときりにぬれた子馬が、待ってというかのようになきながら、おくれまいとついて行くよ。

ゆく秋の大和《やまと》の国の　薬師寺《やくしじ》の
塔《とう》の上なる　一《ひと》ひらの雲

佐佐木信綱《ささきのぶつな》

鑑賞 秋も終わろうとする大和の国(奈良県)の空に、薬師寺の塔がそびえ立つ。その塔の上に、一片《いっぺん》の白い雲が、ゆく秋をおしむかのようにぽっかりとうかんでいるよ。――晩秋《ばんしゅう》の静かな風景の中に、遠く万葉《まんよう》の昔を思いやっている。

葛《くず》の花　踏《ふ》みしだかれて、色あたらし。
この山道を　行きし人あり

釈迢空《しゃくちょうくう》

鑑賞 赤むらさき色の葛の花が、踏みにじられて、まだなまなましい色を見せている。こんな奥深《おくぶか》い山道を、私《わたし》のほかにも、すぐ前に通って行った人がいるのだなあ。――山道を行っただれとも知らない人を思い、自身もさびしさをかみしめている。短歌に句読点《くとうてん》を用いるのは、この作者の表現《ひょうげん》の特徴《とくちょう》である。

つけ捨てし 野火《のび》のけむりの あかあかと
見えゆく頃《ころ》ぞ 山は悲しき
尾上柴舟《おのえさいしゅう》

鑑賞 つけ捨てられたままの野焼きの火が、夕暮《ゆうぐ》れになってあかあかと目につくころの山かげは、いかにももの悲しいことだ。

おりたちて けさの寒さを 驚《おどろ》きぬ
露《つゆ》しとしとと 柿《かき》の落葉《おちば》深く
伊藤左千夫《いとうさちお》

鑑賞 庭におり立って、けさの寒いことに驚いてしまった。露がしっとりとおりて、深く重なり合った柿の落ち葉をもぬらしている。――もう秋も深いのだなあ、という感動である。

幾山河《いくやまかわ》 越《こ》えさり行《ゆ》かば 寂《さび》しさの
終《は》てなむ《ん》国ぞ 今日も旅ゆく
若山牧水《わかやまぼくすい》

鑑賞 いくつ山を越え、川をわたれば寂しさの終わる国へ行き着くことができるのだろう。人生を旅にたとえれば、私は、寂しさの終わるところを求めて、今日も旅を続けているようなものだ。――旅行く者の寂しさがにじみ出た歌である。

金色《こんじき》の ちひ《い》さき鳥の かたちして
銀杏《いちょう》ちるなり 夕日の岡《おか》に
与謝野晶子《よさのあきこ》

鑑賞 夕日がさす丘のいちょうの葉が散る。その葉は、夕日に照《て》り映《は》えて、金色の小さい鳥がいっせいにまいおりるようだ。――いちょうの葉を、金色の小さな鳥のようだとする。比喩《ひゆ》をうまく生かして、秋の夕方のはなやかな美しさを歌っている。

石がけに 子ども七人 こしかけて
ふぐをつりおり 夕焼け小焼け
北原白秋《きたはらはくしゅう》

鑑賞 海辺の石がけに、子供《こども》が七人こしをかけてすわり、一列にならんで無心にふぐをつっている。ちょうど美しい夕焼けで、空も海も赤くそまり、子供たちも赤い光につつまれている。――童謡風《どうようふう》の表現、童話の世界のような情景で、美しい絵を見ているような味わいのある歌である。

力だめしの問題

入試標準レベル

解答⬇p.492

1 **次の(1)～(5)の鑑賞文《かんしょうぶん》は、松村由利子《まつむらゆりこ》『語りだすオブジェ』〈本阿弥《ほんあみ》書店〉からぬき出したものである。これらは、あとのア～オのうち、どの短歌についてのものか。それぞれ一つずつ選び、記号で答えなさい。ただし、同じ記号をくり返し選ぶことはできない。**

【跡見学園中】

(1) この歌の作者は、両親と進路か何かについて話し合っていたのだろうか。少しの意見の違《ちが》いはあったけれども、大筋《おおすじ》では意見がまとまったのだろう。

(2) 暮《く》らしの中の根源的《こんげんてき》な部分が失われてしまったことを嘆《なげ》いているのではないだろうか。便利さは何かと引《ひ》き換《か》えになっている。

(3) すべて自分の行いは、自分が一人で責任《せきにん》をとらねばならないのである。人は孤独《こどく》であるということが、しんしんと伝わってくる歌といえよう。

(4) この歌は、「予感」というものの哀《かな》しさ、人生に対する無力さが詠《うた》われているようで切なくなる。

(5) 作者は本当には絶望《ぜつぼう》していないのだろう。歌全体に、そこはかとなく照れ笑いのようなものが感じられるからだ。

ア 人間が水を運ぶということのこのごろ減《へ》りて馬穴《ばけつ》は売れず　棚木恒寿《たなきこうじゅ》

読みとりのポイント

短歌の鑑賞文の問題です。それぞれの短歌にえがかれた情景《じょうけい》から、作者が何を伝えようとしているのかを読みとりましょう。

イ　下敷《したじ》きを重ねるように同意する　ポットのお湯も沸《わ》きはじめたり
安藤《あんどう》美《み》保《ほ》

ウ　おねがいねって渡《わた》されているこの鍵《かぎ》をわたしは失《な》くしてしまう気がする
東《ひがし》　直《なお》子《こ》

エ　五歳《さい》の頃《ころ》ドブに流れたお気に入りのハンカチあれが人生だった
森本《もりもと》　平《たいら》

オ　すれ違《ちが》ふ誰《だれ》ひとりとして今朝われがミルクこぼしたことなど知らぬ
香川《かがわ》ヒサ

ヒント

鑑賞文中のことばが、それぞれの短歌のどの部分にあたるのかを丁寧《ていねい》に読みとっていきましょう。

チャレンジ問題　入試発展レベル

解答➡p.493

1 次の文章を読んで、あとの問いに答えなさい。【大妻中・改】

心配性《しんぱいしょう》の割《わり》に、物をよく落とす。なくしやすいのは、手袋《てぶくろ》やイアリングなど対《つい》になったものだ。片方《かたほう》なくした時のがっかりした気持ちといったらない。いったいこれまでに、いくつの手袋を落としたことだろう。

駅や舗道《ほどう》に落ちている手袋を見ると、はっとする。しっかりした革《かわ》の手袋だと、虚空《こくう》をつかむような形になっていることもあり、何か痛《いた》ましい感じがする。落とした人が探《さが》しに戻《もど》ってくるだろうか、と踏《ふ》まないように気をつけて通《とお》り過《す》ぎる。そんな人は多いらしく、子ども用の小さな手袋が、クリスマスツリーの飾《かざ》りのように街路樹《がいろじゅ》の枝《えだ》に掛《か》けられているのを見たことがある。

しかし、自分が落とした手袋の行方《ゆくえ》について、想像《そうぞう》を巡《めぐ》らせたことはなかった。葛原妙子《くずはらたえこ》の歌を読んだときには、本当に驚《おどろ》いた。

A　落《おと》しきし手套《しゅとう》の片手うす暗き画廊《がろう》の床《ゆか》に踏まれあるべし

葛原　妙子

この作者は展覧会《てんらんかい》を見に行って、手袋を落としたらしい。夢中《むちゅう》になって絵に見入っていたのだろうか。照明がセーブされた画廊に、自分の手袋が落ちている。絵を見に来た人が、気づかずにそれを踏む。別の人が、また踏む。作者には、それが分かる。単に手袋が踏まれている光景を思《おも》い浮《う》かべているというよりは、手袋が踏まれる度に自分の片手が①痛みを感じているような、生々しい怖《こわ》さがある。離《はな》れた場所にいながら、手袋は自分の分身として存在《そんざい》している。この作者は、落とした手袋が惜《お》しいのではない。かつて自分の手をやわらかく包み、自分の一部として慈《いつく》しんだものが踏まれている、そのこと自体が耐《た》えがたいのだ。

「べし」の解釈《かいしゃく》で、一首の感じは少し変わる。「きっと踏まれているに違《ちが》いない」という意味に取るのが最もふつうの解釈だが、「踏まれていなければならない」と読んでもいい。不注意で落としてしまった手袋は、とことん踏まれるしかない。手袋は作者の誇《ほこ》りの象徴《しょうちょう》のようだ。そう解釈すると、いっそう自虐的《じぎゃくてき》な感じが強まる。どちらに取っても、誇《ほこ》り高《たか》い女性がきりりと表情《ひょうじょう》を引《ひ》き締《し》めて痛みに耐えている姿《すがた》が鮮《あざ》やかだ。

作者は「幻視《げんし》の歌人」と呼《よ》ばれた前衛《ぜんえい》歌人。②見えない光景を見る達人であった。

B　音絶《た》えて沫雪《あわゆき》にぬるる春の原手袋も用もなく出でて来《き》ぬ　　稲葉《いなば》　京子《きょうこ》

雪が降《ふ》るときの静けさというのは、何もかも包《つつ》み込《こ》むような独特《どくとく》の静寂《せいじゃく》だ。しかし、沫雪は水分を多く含《ふく》む。「音絶えて」と表現《ひょうげん》したことでかえって、大きな雪片《せっぺん》がほたほたと降りかかる［Ⅰ］音が聞こえるような効果《こうか》が得《え》られた。沫雪は積もることなく、地面を黒く濡《ぬ》らすばかりで、春の近さを思わせる。本格的《ほんかくてき》な春が待ちきれない作者は、雪の中、手袋もせずに野原に出てきた。「［Ⅱ］」と断《ことわ》るくらいだから、作者の家から野原まではだいぶ距離《きょり》があるのだろうか。

入念に作られた上《かみ》の句《く》に対して、下《しも》の句の「手袋も用もなく」という表現は、「おや」と思うほど無作為《むさくい》な感じがする。四句目の［Ⅲ］や、四句から五句にかけてまたがるフレーズの大らかさから、指先の冷えも気にならないほど手放しに春を喜《よろこ》ぶ作者の嬉《うれ》しさが伝わってくる。

（松村由利子《まつむらゆりこ》『語りだすオブジェ』〈本阿弥書店《ほんあみしょてん》〉より）

問一　――線①とあるが、「痛み」の説明として**あてはまらないもの**を、次の中から一つ選び記号で答えなさい。

ア　あるときは自分の一部であったものが、ないがしろにされるつらさ。

イ　落とした手袋が踏まれるたび、自分の片手に感じる生々しいこわさ。

ウ　かつて自分の手をやわらかく包んだ手袋が、踏まれているくやしさ。

エ　不注意のために、くりかえし自尊心《じそんしん》が傷《きず》つけられてしまうせつなさ。

問二　――線②とあるが、その光景を説明した部分はどこか。Aの歌に続く鑑賞文《かんしょうぶん》の中からぬき出し、その終わりの五字を答えなさい。

問三　［Ⅰ］にあてはまることばとしてもっとも適切《てきせつ》なものを、次の中から一つ選んで記号で答えなさい。

ア　音にならない　　イ　静寂をやぶる

ウ　春が近づいて来る　　エ　遠くから聞こえる

問四　［Ⅱ］にあてはまることばとしてもっとも適切なものを、次の中から一つ選んで記号で答えなさい。

ア　音絶えて　　イ　沫雪に

ウ　春の原　　エ　用もなく

問五　［Ⅲ］にあてはまることばとしてもっとも適切なものを、次の中から一つ選んで記号で答えなさい。

ア　擬人法《ぎじんほう》　　イ　字余《じあま》り

ウ　倒置法《とうちほう》　　エ　体言止め

3 俳句《はいく》を読みとる

ココがポイント

俳句は、短歌と同様、伝統的《でんとうてき》な日本の詩の一つである。**世界でもっとも短い詩**といわれることがあり、**五音・七音・五音**という音数でつくられている。

1 俳句の形式

俳句は、一句《いっく》、二句…と数えます。一句の俳句は、**五音・七音・五音の三句十七音**で成り立っています。**俳句は、短歌の上《かみ》の句の部分が独立《どくりつ》してできたものです。**

（初句）**五音**　（第二句）**七音**　（結句）**五音**

例 **古池や　蛙《かわず》飛びこむ　水の音**　松尾芭蕉《まつおばしょう》

短歌と同じように、**合計の音数が多いもの**を**字余《じあま》り**の句、**少ないもの**を**字足《じた》らず**の句とよびます。

俳句の起こり

室町《むろまち》時代のころに、**俳諧連歌《はいかいれんが》**というものが流行しました。これは、**短歌の上の句（五・七・五）と下《しも》の句（七・七）を別の人がよんでつなげるものです。**江戸《えど》時代になって、その俳諧連歌の最初の**五・七・五（発句《ほっく》という）が独立してつくられる**ようになりました。

「俳諧」とは「こっけい」という意味で、江戸時代の初めごろには、それだけが強調されたものが多くつくられていました。それを文学的に高めたのが**松尾芭蕉**です。

明治時代になって、**正岡子規《まさおかしき》**が、俳諧を近代的なものにあらため、名前も**俳句**として、新しい芸術《げいじゅつ》にしあげました。

2 俳句鑑賞《かんしょう》のポイント

次のような点に着目して、鑑賞しましょう。

●視覚《しかく》

▼絵画的＝写生的な俳句
構図《こうず》…奥行《おくゆ》き・対照的な配置など⬇例①
色彩《しきさい》…鮮《あざ》やかさ・対照など⬇例②

▼細やかさの感じられる俳句
観察の鋭《するど》さ⬇例③
微細《びさい》なものへの視線⬇例④
一瞬《いっしゅん》を見逃《みのが》さない視線

●聴覚《ちょうかく》

▼静かさを「音」を用いて強調することもある。⬇例⑤

▼ほかの感覚との組み合わせによる効果《こうか》をねらう。⬇例⑥

●その他(嗅覚《きゅうかく》・味覚・触覚《しょっかく》など)の感覚的な表現《ひょうげん》⬇例⑦

●比喩《ひゆ》

▼直喩《ちょくゆ》⬇例⑧

▼隠喩《いんゆ》

▼擬人法《ぎじんほう》(重ね合わせ)⬇例⑨

●親子、小動物などへの情感《じょうかん》⬇例⑩

俳句の例

例①**菜の花や月は東に日は西に**　与謝蕪村《よさぶそん》

②**赤い椿《つばき》白い椿と落ちにけり**　河東碧梧桐《かわひがしへきごとう》

③**鶏頭《けいとう》の十四五本もありぬべし**　正岡子規

④**やれ打つなはへ《え》が手をすり足をする**　小林一茶《こばやしいっさ》

⑤**閑《しず》さや岩にしみ入る蝉《せみ》の声**　松尾芭蕉

⑥**ピストルがプールの硬《かた》き面《も》にひびき**　山口誓子《やまぐちせいし》

※音と緊張感《きんちょうかん》が組み合わさっている。

⑦**匙《さじ》なめて童《わらべ》たのしも夏氷**　山口誓子

⑧**去年《こぞ》今年貫《つらぬ》く棒《ぼう》の如《ごと》きもの**　高浜虚子《たかはまきょし》

⑨**己《おの》が影《かげ》を慕《した》うて這《は》える地虫かな**　村上鬼城《むらかみきじょう》

⑩**やせ蛙《がえる》負けるな一茶これにあり**　小林一茶

3 切れ字

句切《くぎ》れ（➡二二四ページ）**のところでよく使われることば**を**切れ字**といいます。切れ字は**「や・かな・けり・ぞ・なり」**です。

4 季語（季題）

俳句《はいく》は、季節感をひじょうに大切にするので、**一句の中に必ず季節をよみこむ決まりになっています**。季節を表すことばを**季語（季題）**といいます。

季語はそれぞれ季節が決まっています。自然のものは、だいたい今の感覚でとらえて大丈夫《だいじょうぶ》です。ただし、一年中あるものでも、ある季節だけを表す季語になっているものがあります。一種の約束事なので覚えておくしかありません。また、**昔（旧暦《きゅうれき》）と今（新暦）では暦《こよみ》が約一か月ずれている**ので、注意しましょう。

	春	夏	秋	冬
旧暦	一～三月	四～六月	七～九月	十～十二月
新暦	二～四月	五～七月	八～十月	十一～一月

正月に関連する季語をまとめて**新年**とすることもあります。新年という分け方をしない場合は、正月に関連する季語は春に入れるのが普通《ふつう》です。

季語を集めた「**歳時記《さいじき》**」や「季寄《きよ》せ」などとよばれる本もあります。国語辞典に季語の一覧《いちらん》がのっていることもあります。

自由律《じゆうりつ》俳句

十七音の定型《ていけい》にとらわれない俳句もあり、これを**自由律俳句**といいます。

例
- **わらやふるゆきつもる**　荻原井泉水《おぎわらせいせんすい》
- **せきをしてもひとり**　尾崎放哉《おざきほうさい》

川柳《せんりゅう》

川柳とは、俳句と同じ形式（五・七・五の三句十七音）ですが、**季語などを入れず、人間社会のことについて、こっけいさやおかしさをもってよんだもの**です。江戸《えど》時代に柄井川柳《からいせんりゅう》という人物が広めたので、名をとってこうよばれます。

例
- **泣く泣くもよいほうをとる形見《かたみ》分け**
- **本降《ほんぶ》りになって出ていく雨宿り**
- **かみなりをまねて腹《はら》がけやっとさせ**

句切れをおさえる

句切れのあるところには、**作者の感動の中心**があります。俳句を読みとるために、句切れは必ずおさえましょう。

5 重要な季語一覧

春 梅《うめ》・柳《やなぎ》・桜《さくら》・菜の花・たんぽぽ・すみれ・つくし・藤《ふじ》・わらび・よもぎ・おぼろ月・かすみ・すずめの子・つばめ・うぐいす・かえる・麦ふみ・野焼き・畑《はた》打《う》ち・雪どけ・水ぬるむ・卒業・ひな・花ぐもり

夏 ぼたん・ゆり・ひまわり・新緑・万緑《ばんりょく》・若葉《わかば》・青葉・青田《あおた》・麦刈《むぎか》り・麦《ばく》秋《しゅう》・夕焼け・梅雨《つゆ》・夕立・西日・風鈴《ふうりん》・金魚・うちわ・はえ・せみ・あまがえる・ほととぎす・行水《ぎょうずい》・草刈《くさか》り・田植え

秋 朝顔・すすき・萩《はぎ》・菊《きく》・栗《くり》・柿《かき》・ぶどう・ききょう・もみじ・天《あま》の川《がわ》・名月・星月夜《ほしづきよ》・七夕《たなばた》・鈴虫《すずむし》・こおろぎ・赤とんぼ・ひぐらし・虫の音《ね》・残暑・野分《のわき》・夜寒《よさむ》・夜長《よなが》・露《つゆ》

冬 さざんか・大根・ねぎ・白菜・みかん・枯《か》れ葉《は》・枯れ野・落ち葉・雪・初雪・北風・寒さ・火事・たき火・霜《しも》・あられ・年の暮《くれ》・すすはらい・布《ふ》団《とん》・いろり・こたつ・障子《しょうじ》

有名な俳人

●**松尾芭蕉**《まつおばしょう》(一六四四～一六九四年)
ややすたれつつあった俳諧《はいかい》の世界を、自然へ帰るという方向でよみがえらせ、芸術《げいじゅつ》として確立《かくりつ》した。『奥《おく》の細道《ほそみち》』は俳諧紀行文《きこうぶん》として有名。

●**与謝蕪村**《よさぶそん》(一七一六～一七八三年)
画家としても有名で、その俳風は絵画的なものである。(「よざぶそん」ともよばれる)

●**小林一茶**《こばやしいっさ》(一七六三～一八二七年)
苦難《くなん》に満ちた不幸な人生を送った。俳風は、人間味あふれる、あたたかいものである。

●**正岡子規**《まさおかしき》(一八六七～一九〇二年)
愛媛県松山市の生まれ。小説家の夏目漱石《なつめそうせき》とは友人であり、漱石も子規に影響《えいきょう》を受けた。東京帝国《ていこく》大学(現在《げんざい》の東京大学)在学中《ざいがくちゅう》から俳句の研究を始める。三十六歳《さい》で病没《びょうぼつ》するまでに、俳句・短歌・散文の革新《かくしん》運動を進めた。

差がつく 俳句《はいく》の鑑賞《かんしょう》

（色文字は季語　（　）は季節）

古典俳句

山路《やまじ》来て　何やらゆかし　すみれ草《ぐさ》　松尾芭蕉《まつおばしょう》

鑑賞　春の山道を歩いてきて、ふと道ばたに目をやると、小さなすみれの花が咲《さ》いている。その色・形がつつましく何とも心ひかれることだ。――ふと見つけた小さな花の命に感動し、親しみを覚えている。（春）

古池や　蛙《かわず》飛びこむ　水の音　松尾芭蕉

鑑賞　古池に、突然《とつぜん》、かえるがとびこんだ。その水音が、一瞬辺りの静けさを破《やぶ》ったが、またすぐにもとの静けさにもどった。ほんとうに静かだなあ。――底知れないような深い静けさが感じられる。（春）

ほろほろと　山吹《やまぶき》散るか　滝《たき》の音　松尾芭蕉

鑑賞　ごうごうと音を立てて落ちる滝のひびきにさそわれるかのように、山吹の花びらがほろほろと散り落ちることだ。――動（滝の音）の中に深い静けさが感じられる。（春）

夏草や　兵《つわもの》どもが　夢《ゆめ》の跡《あと》　松尾芭蕉

鑑賞　昔、戦場だったこの地に来てみると、功名《こうみょう》を競《きそ》った義経《よしつね》や藤《ふじ》原《わら》氏一族の夢のあともなく、ただ夏草がしげっているばかりだ。――人の世のはかなさを思っている。（夏）

閑《しず》かさや　岩にしみ入る　蟬《せみ》の声　松尾芭蕉

鑑賞　辺りは、ひっそりと静まりかえって物音一つしない。その静かさの中で鳴き出した蟬の声は、岩にしみ入るように感じられることだ。――自然の、大きな静かさと奥深《おくぶか》さを歌っている。（夏）

五月雨《さみだれ》を　あつめて早し　最上川《もがみがわ》　松尾芭蕉

鑑賞　降《ふ》り続《つづ》く五月雨を集めて、最上川はまんまんと水をたたえ、ものすごい勢《いきお》いで流れていることだ。――最上川の急流のさまが目に見えるようだ。（夏）

荒海《あらうみ》や　佐渡《さど》によこたふ《う》　天《あま》の河《がわ》　松尾芭蕉

鑑賞　出雲崎《いずもざき》からはるか荒海のかなたを見ると、向こうには、昔から罪人《ざいにん》の流された佐渡が島がある。空をあおぐと、下の荒波とは対照的に静かな銀河《ぎんが》（天の河）が、こちらと佐渡が島とを結ぶかのように横たわっている。――壮大《そうだい》な景色の中に、作者のしみじみとした

旅愁《りょしゅう》が感じられる。（秋）

菊《きく》の香《か》や　奈良には古き　仏《ほとけ》たち　松尾芭蕉

鑑賞 ちょうど九月九日の菊の節句に奈良を訪《おとず》れると、菊のかおりがただよい、数多い寺々には、たくさんの古い仏像《ぶつぞう》がしずまっておられることだ。（秋）

名月や　池をめぐりて　夜もすがら　松尾芭蕉

鑑賞 空には名月があり、池にも月影《つきかげ》がうつっている。その美しさに心をうばわれて、池のまわりを歩きまわっているうちに、つい一夜を過《す》ごしてしまったよ。――自然の美しさを愛する心があふれている。（秋）

旅に病《や》んで　夢は枯《か》れ野《の》を　かけめぐる　松尾芭蕉

鑑賞 旅の途中《とちゅう》、病気でたおれて床《とこ》にふしていても、夢の中で、心は枯れ野をかけめぐっているよ。――生涯《しょうがい》を旅と俳句の道にかけた作者の心が伝わってくるようだ。（冬）

春の海　ひねもすのたり　のたりかな　与謝蕪村《よさぶそん》

鑑賞 春の海は、一日中ゆったりとうねっていて、まことにのどかなことだ。――うららかな春の日ざしをあびた海の情景《じょうけい》を歌って安らかな感じの句。（春）

菜の花や　月は東に　日は西に　与謝蕪村

鑑賞 菜の花畑が見わたすかぎり広がっている。今まさに春の一日が暮《く》れようとして、月が東の空にのぼり、日は西の空にしずもうとしている。――のどかな田園風景を歌って、画家でもあった作者の特徴《とくちょう》が感じられる句。（春）

夏河《なつかわ》を　越《こ》すうれしさよ　手にぞうり　与謝蕪村

鑑賞 ぞうりを手に持って、素足《すあし》で夏の川をわたる。水の感じがここちよく、なぜかうれしいよ。（夏）

五月雨や　大河《たいが》を前に　家二軒《にけん》　与謝蕪村

鑑賞 五月雨が降り続いて水かさを増《ま》した大河がごうごうと流れている。対岸には家が二軒建っているが、水の勢いに今にもおし流されてしまいそうである。――大河と心細げに建っている二軒の家との対比《たいひ》がよく生かされた句で、絵画的である。（夏）

牡丹《ぼたん》散りて　打ち重なりぬ　二三片《にさんぺん》　与謝蕪村《よさぶそん》

鑑賞　咲《さ》きほこっていた牡丹の花も散り始め、黒い土の上に二、三片の花びらが散り落ちて重なっている。――黒い土と、牡丹の色彩《しきさい》の対照があざやかだ。（夏）

不二《ふじ》ひとつ　埋《うず》み残して　若葉《わかば》かな　与謝蕪村

鑑賞　辺り一面、見わたすかぎり若葉にうずめられている中に、富士山だけがうずめ残されて、ぽっかりと頭を出しているよ。（夏）

朝顔や　一輪深き　淵《ふち》のいろ　与謝蕪村

鑑賞　朝顔が咲いている。その中の一輪は、底なしの淵のような深いあい色をして、まことに美しい。――朝顔の色の美しさに感動したのである。（秋）

われと来て　遊べや親の　ないすずめ　小林一茶《こばやしいっさ》

鑑賞　親のない子すずめよ、私《わたし》も、親のないさびしさは、おまえと同じだ。こっちへ来て、さあいっしょに遊ぼうではないか。――三《さん》歳《さい》で母親をなくした一茶の、やさしい思いやりの心があふれた句《く》。（春）

なお、一茶には、動物への愛情《あいじょう》をよんだ句が多く、右のほかにも、次のようなものが有名である。

- **すずめの子　そこのけそこのけ　お馬が通る**（春）
- **やれ打つな　はへ《え》が手をすり　足をする**（夏）
- **やせ蛙《がえる》　負けるな　一茶これにあり**（春）

大蛍《おおぼたる》　ゆらりゆらりと　通りけり　小林一茶

鑑賞　大きな蛍が一ぴき、暗やみの中をゆらりゆらりと飛んでいった。その姿《すがた》が、とても印象深《いんしょうぶか》く感じられることだなあ。――夏の夜の風物詩である。（夏）

これがまあ　終《つい》のすみかか　雪五尺《ごしゃく》　小林一茶

鑑賞　五尺も降《ふ》り積《つ》もった雪にうずもれたこのみすぼらしい家が、自分の生涯《しょうがい》を終える最後の住まいとなるのか。何とわびしいことか。（冬）

梅一輪　一輪ほどの　暖《あたた》かさ　服部嵐雪《はっとりらんせつ》

鑑賞　寒梅《かんばい》のつぼみが一つ開いた。寒さはまだきびしいが、早春のほのかな暖かさが感じられることだ。（春）

うぐひ《い》すの　身をさかさまに　初音《はつね》かな　　宝井《たからい》其角《きかく》

鑑賞　うぐいすが、体をさかさまにするようにして声をしぼって鳴いている。鳴きはじめで美しい声ともいえないが、一心な様子がいかにもかれんなことだ。（春）

名月や　たたみの上に　松の影《かげ》　　宝井其角

鑑賞　美しい満月が庭の松の木を照らし、その影がくっきりと色こく、たたみの上に映《うつ》っているよ。（秋）

朝顔に　つるべとられて　もらひ《い》水　　加賀《かがの》千代《ちよ》

鑑賞　朝早く、水をくもうと井戸ばたへ行ってみると、朝顔のつるが、つるべにまきついて水がくめない。朝顔をそのままにして、となりの家へ水をもらいに行きましたよ。――植物を愛する心が歌われている。（秋）

行水《ぎょうずい》の　すてどころなき　虫の声　　上島鬼貫《うえじまおにつら》

鑑賞　行水をすませて、残り湯を捨《す》てようとするが、あちこちで虫が鳴いており、捨てるところがない。――虫の声に心ひかれた作者の気持ちがにじみ出ている。（秋）

現代俳句《げんだいはいく》

島々に　灯《ひ》をともしけり　春の海　　正岡子規《まさおかしき》

鑑賞　おぼろにかすむ春の海に夕やみがせまり、沖《おき》の島影も黒くなり、やがて見えなくなろうとするとき、島々でともすともしびが見え、それが波にゆれて、いっそう美しい。――春の夕暮《ゆうぐ》れの情景を素直《すなお》によんだもので、ゆったりとした美しさが感じられる。（春）

若鮎《わかあゆ》の　二手《ふたて》になりて　上《のぼ》りけり　　正岡子規

鑑賞　流れの早い瀬《せ》を、はつらつとした若鮎が二手にわかれて、列をつくってのぼっていくよ。――すみきった水、はつらつとした若鮎の姿が目に浮《う》かぶようですがすがしい。（春）

柿《かき》食へ《え》ば　鐘《かね》が鳴るなり　法隆寺《ほうりゅうじ》　　正岡子規

鑑賞　茶店《ちゃみせ》でひと休みして柿を食べていると、法隆寺でつく鐘の音が聞こえてきたよ。――豊《ゆた》かに尾《お》をひく鐘の音が、生き生きと伝わってくるようだ。（秋）

赤とんぼ　筑波《つくば》に雲も　なかりけり　正岡子規《まさおかしき》

鑑賞 秋晴れの空を赤とんぼの群《む》れが飛んでおり、広い野のはるかかなたには、一片《いっぺん》の雲もない空に筑波山がくっきりとそびえている。――印象《いんしょう》あざやかな写生句《しゃせいく》。（秋）

桐一葉《きりひとは》　日当たりながら　落ちにけり　高浜虚子《たかはまきょし》

鑑賞 桐の葉が一枚《いちまい》、風もないのにひらひらと日に当たりながら落ちていった。そのあとは何一つ動くものもなく静かである。――情《じょう》景《けい》をありのままに写生して、深まる秋の感じをあざやかにとらえている。（秋）

遠山《とおやま》に　日の当たりたる　枯野《かれの》かな　高浜虚子

鑑賞 辺りは日がかげってすでに暗く、しずんだ色の枯れ野が広がっているばかりであるが、遠い山にだけは冬の日が当たっている。――寒々とした冬の野原のさびしい情景が、大きなスケールでとらえられている。（冬）

菜の花の　中へ大きな　入日《いりひ》かな　夏目漱石《なつめそうせき》

鑑賞 春の夕ぐれどき、どこまでも広がった菜の花畑の中に、今、大きな夕日がしずもうとしているよ。――大きな景観をありのままによんで、春の一日のくれていく様子をうまく表現《ひょうげん》している。（春）

同様なよみぶりの次の作品も有名である。

●こがらしや　海に夕日を　吹《ふ》きとばす　夏目漱石（冬）

たたかれて　昼の蚊《か》を吐《は》く　木魚《もくぎょ》かな　夏目漱石

鑑賞 お坊《ぼう》さんが木魚をたたいたら、昼の間、中にかくれていた蚊がおどろいて飛び出してきた。まるで木魚が蚊を吐き出したようだ。――「木魚」を擬人化《ぎじんか》して、ユーモアの感じられる句である。（夏）

街道《かいどう》を　キチキチととぶ　ばったかな　村上鬼城《むらかみきじょう》

鑑賞 静かな秋の日ざしを浴びた、人通りのない街道を、一ぴきのばったが、急に飛び上がった。キチキチと鳴いて、飛んでは落ち、飛んでは落ちしていくばった++だよ。――古びた街道の秋の感じがにじみ出ている。「キチキチ」という擬声語が効果的《こうかてき》。（秋）

小春日《こはるび》や　石をかみいる　赤とんぼ　村上鬼城

鑑賞 初冬の、春のように暖《あたた》かな日ざしの一日、道ばたの石に、秋から生き残った赤とんぼが、まるで石をかんでいるかのようにじっと止まっている。――「石をかみいる」という表現に、生きようとして必死になっている赤とんぼの姿《すがた》がよく表されている。（冬）

匙《さじ》なめて　童《わらべ》たのしも　夏氷《なつごおり》　山口誓子《やまぐちせいし》

鑑賞　一口すくってはさじをなめ、また一口すくってはさじをなめして、子供《こども》がかき氷を食べているよ。楽しそうだなあ。――ほほえましい子供の様子が目に浮《う》かぶ。（夏）

赤い椿《つばき》　白い椿と　落ちにけり　河東碧梧桐《かわひがしへきごとう》

鑑賞　赤い椿の木の下には赤い椿が、白い椿の木の下には白い椿が落ちているよ。――赤と白との対照があざやかによまれている。（春）

わらやふるゆきつもる　荻原井泉水《おぎわらせいせんすい》

鑑賞　わらの上に、雪がどんどん積もっていくことだ。――見たままの情景をそのままに描写《びょうしゃ》している。五・七・五の俳句《はいく》の定型《ていけい》にとらわれることなく、感動のリズムにしたがって自由に表現しようとするものである。五・七・五の定型を破《やぶ》った自由律《じゆうりつ》俳句である。（冬）

矢車《やぐるま》に　朝風強き　のぼりかな　内藤鳴雪《ないとうめいせつ》

鑑賞　五月五日の男の子の節句を祝うこいのぼりに、朝風が強く当たって、矢車がカラカラと勇ましい音をたてて回り、こいのぼりもまた、風をはらんで空中を泳いでいる。――矢車の勢《いきお》いのよい音が強調されていて、いかにも男の子の節句にふさわしい感じがする。（夏）

武蔵野《むさしの》の　空まさおなる　落ち葉かな　水原秋桜子《みずはらしゅうおうし》

鑑賞　武蔵野の空は、ぬけるように青くすみわたっている。その空をバックにして、今、落ち葉がさかんであるよ。――すがすがしい自然の情景をよんだ句である。「武蔵野」は東京都西部の地域《ちいき》。（冬）

くろがねの　秋の風鈴《ふうりん》　鳴りにけり　飯田蛇笏《いいだだこつ》

鑑賞　夏からつるされたままになっている鉄製《てっせい》の風鈴が、今、秋風に吹《ふ》かれて音を立てた。その音が心の奥《おく》までしみ通ることだ。（秋）

咳《せき》の子の　なぞなぞあそび　きりもなや　中村汀女《なかむらていじょ》

鑑賞　風邪《かぜ》ぎみでせきをしている子と、なぞなぞ遊びをして遊んでいると、子供はそれが気に入っていつまでも続けようとする。ほんとにきりがないことだ。――せきをする子を心配する母親の心、むじゃきに遊ぶ子供の姿が想像《そうぞう》されてほほえましい。（冬）

しずかなる　力満ちゆき　螇蚸《はたはた》とぶ　加藤楸邨《かとうしゅうそん》

鑑賞　何かの気配を感じたのか、草の葉に止まったばったの手足に静かに力が満ちてきて、今にも飛ぶかと思う瞬間《しゅんかん》、ぱっと勢いよく飛んだ。――ばったをじっと見つめて、その動作する瞬間の呼吸《こきゅう》をみごとにとらえている。（秋）

力だめしの問題　入試標準レベル

解答➡p.493

1 次の俳句《はいく》について、あとの問いに答えなさい。

夏草や兵《つわもの》どもが夢《ゆめ》の跡《あと》　芭蕉《ばしょう》

【明治学院中】

問一　季語をぬき出しなさい。

問二　切れ字はどれか。ぬき出しなさい。

問三　俳句の解釈《かいしゃく》としてふさわしいものを次の中から選び、記号で答えなさい。

ア　武将《ぶしょう》たちが手に入れた夏草が生《お》い茂《しげ》っていた地に、夢《ゆめ》に描《えが》いていた御殿《ごてん》が建ったことを喜《よろこ》びあった。

イ　夏草の上に寝転《ねころ》ぶとあまりにも気持ちが良かったので、ついつい寝てしまった武将たちであった。

ウ　手柄《てがら》を立てるために戦ってきた武将たちの夢もはかなく消え、残ったのは生い茂る夏草ばかりである。

エ　派手《はで》な生活を送っている武将たちだが、夢は夏草の上で横になって静かな日々を過《す》ごすことである。

問四　芭蕉は江戸《えど》時代に活躍《かつやく》した俳人です。代表作を次の中から選び、記号で答えなさい。

ア　奥《おく》の細道《ほそみち》　イ　万葉集《まんようしゅう》　ウ　徒然草《つれづれぐさ》　エ　大鏡《おおかがみ》

読みとりのポイント

俳句の問題です。読みとりのポイントは、なんといっても「季語」です。季語の季節感をおさえた上で、俳句を読みとっていきましょう。

❷ 次の⑴～⑷の俳句は、すべて新年をよんだものである。□に入ることばをあとから選び、記号で答えなさい。 【灘中・改】

⑴ □を張《は》って地震《じしん》の国の春　（川崎展宏《かわさきてんこう》）

⑵ 賑《にぎ》やかにふきあげて来る□かな　（松瀬青々《まつせせいせい》）

⑶ 抱《だ》けば足る□のまだ要《い》らぬ子は　（松倉《まつくら》ゆずる）

⑷ □を一々つるす鴨居《かもい》かな　（篠原温亭《しのはらおんてい》）

ア 書《か》き初《ぞ》め　**イ** 年玉　**ウ** 鏡餅《かがみもち》　**エ** 雑煮《ぞうに》

オ しめ縄《なわ》　**カ** 賀状《がじょう》　**キ** 門松《かどまつ》

ヒント

❶「切れ字」のあるところが、感動の中心になることが多いです。

❷ 空欄《くうらん》の前後と、音数とを考え合わせましょう。

チャレンジ問題　入試発展レベル

解答➡p.494

1 次の(1)～(7)の俳句《はいく》の□に入ることばとして、もっと も適切《てきせつ》なものをそれぞれあとから選び、記号で答えなさい。

【灘中】

(1) 名は□ものの見事に散ることよ　夏目漱石《なつめそうせき》

(2) 山は暮《く》れて野はたそがれの□かな　与謝蕪村《よさぶそん》

(3) 山暮れて□の朱《あけ》を奪《うば》いけり　与謝蕪村

(4) しぼるほどぬれてしだるる□かな　谷《たに》　木因《ぼくいん》

(5) 紫《むらさき》のふっとふくらむ□かな　正岡子規《まさおかしき》

(6) うつむいて何を思案の□の花　正岡子規

(7) □咲《さ》けどうぐいす鳴けどひとりかな　小林一茶《こばやしいっさ》

ア かしわ　イ ききょう　ウ さくら
エ すすき　オ もみじ　カ やなぎ
キ うめ　ク たけ　ケ まつ
コ ゆり

---

2 俳句には、季節を示《しめ》すために詠《よ》み込《こ》む言葉、「季語」があります。俳句の下に記された季節を参考に、次の(1)～(10)の俳句中からそれぞれの季語と考えられる一語をぬき出しなさい。

【普連土学園中】

例 あつ過《す》ぎる　行水《ぎょうずい》にさす　夕日影《ゆうひかげ》（夏）　飯田蛇笏《いいだだこつ》
↓「行水」

(1) 夕立《ゆうだち》に　うたたる鯉《こい》の　かしらかな（夏）　正岡子規

(2) 降《ふ》る雪や　明治は遠く　なりにけり（冬）　中村草田男《なかむらくさたお》

(3) 学《まな》び舎《や》に　聖樹《せいじゅ》の星を　灯《とも》しけり（冬）　稲守《いなもり》ゆきほ

(4) うかれける　人や初瀬《はつせ》の　山桜《やまざくら》（春）　松尾芭蕉《まつおばしょう》

(5) 月に柄《え》を　さしたらばよき　団扇《うちわ》かな（夏）　山崎宗鑑《やまざきそうかん》

(6) 遠山《とおやま》に　日の当たりたる　枯野《かれの》かな（冬）　高浜虚子《たかはまきょし》

(7) 蔵並《くらなら》ぶ　裏《うら》は燕《つばめ》の　通ひ道（春）　野沢凡兆《のざわぼんちょう》

(8) 猫《ねこ》の子が　ちよいと押《おさ》へる　おち葉かな（冬）　小林一茶

(9) 梅一輪《うめいちりん》　一輪ほどの　あたたかさ（春）　服部嵐雪《はっとりらんせつ》

(10) 何着ても　うつくしうなる　月見かな（秋）　加賀千代女《かがのちよじょ》

3 次の(1)〜(4)の俳句から季語をぬき出しなさい。また、その季語が表す季節も答えなさい。【和洋国府台女子中・改】

(1) さびしさや一尺《いちしゃく》消えてゆくほたる　立花北枝《たちばなほくえ》

(2) 湯たんぽの中のさざなみ抱《いだ》きけり　鳥居真里子《とりいまりこ》

(3) 菜の花や一本さきし松《まつ》のもと　西山宗因《にしやまそういん》

(4) 頂上《ちょうじょう》や殊《こと》に野菊《のぎく》の吹《ふ》かれ居《お》り　原石鼎《はらせきてい》

4 次の俳句の□にあてはまる表現《ひょうげん》をあとから選び、記号で答えなさい。【攻玉社中・改】

(1) □庵《いおり》は破《や》らず夏木立

(2) □歌申し上ぐる蛙《かえる》かな

(3) □ふたみにわかれ行く秋ぞ

(4) □果てはありけり海の音

(5) □猿《さる》も小簑《こみの》をほしげなり

ア　蛤《はまぐり》の

イ　手をついて

ウ　木啄《きつつき》も

エ　木枯《こが》らしの

オ　初時雨《はつしぐれ》

4 韻文《いんぶん》のまとめ

1 韻文のまとめ

●詩を読みとる⬇1 （一〇六ページ）

表現《ひょうげん》技法《ぎほう》に注意しながら、作者が詩で表現しようとした情景《じょうけい》を読みとり、作者の心情を味わいましょう。

●短歌・俳句《はいく》を読みとる⬇2 ⬇3 （一二二・一三六ページ）

短歌・俳句の形式をふまえ、どのような情景をえがいたものかを読みとります。また、**俳句に関しては季節を表すことば（季語）に注意して読みとりましょう。**

2 韻文を読むときの注意点

一読して目につく韻文の特徴《とくちょう》は、**省略《しょうりゃく》がはげしいことと、いろいろな表現技法が多用されていること**です。したがって、韻文を読む際《さい》に、まず注意しなければならないのは、

◎係り受けを正確《せいかく》に読みとること

◎省略されていることばを補《おぎな》いながら読むこと

の二つです。

韻文を読みとるこつ

韻文を読みとるこつは、**「作者の目」を養うこと**です。カメラがズームするように、見たいところをくわしく書いたり、全体をながめたり、ことによっては見えないところまで想像《そうぞう》したりする、作者の自由な視点《してん》を味わいましょう。

詩の表現・主題

詩の問題では、**表現技法をとらえることが第一**です。そのほとんどは強調のために用いられているので、**作者の感動の中心も表現技法が用いられた部分にあることが多い**といえます。

表現技法をおさえながら、えがかれている情景を読みとり、作者の心をはげしく動かしているものは何かを考えていきましょう。

3 詩によって読み方を変える

実際に出題される詩は、ほとんどすべて叙情詩《じょじょうし》です。 しかし、分類上は叙情詩であってもその内容《ないよう》はさまざまで、叙景的なものもあれば、まるで随筆《ずいひつ》のようなものもあります。詩を読むときには、次の四つのタイプに注意しましょう。

●見たままの詩

詩人が見たものごとをありのままにえがいた詩。叙景詩に近くなる。**情景に対する感動を読みとる**のが中心。

●随筆的な詩

詩人が、体験や見聞をもとに考え思ったこと・感じたことを述《の》べた詩。随筆を読むように、**事実⬇感想という流れを意識《いしき》する**とわかりやすくなる。

●物語的な詩

あまり多くないが、物語のようなフィクションが書かれている詩。有名なところでは、草野心平《くさのしんぺい》の蛙《かえる》の詩などがある。

●詩全体が比喩《ひゆ》になっている詩

もっとも難《むずか》しいタイプの詩。書かれていることばを表面的にそのまま受け取っても理解《りかい》できない。**書かれていることばをとおして、詩人がほんとうに考えていることを見ぬく**必要がある。

短歌の表現・主題

短歌の問題では、**句切《くぎ》れ**が一番大切です。**句切れのある部分には作者の感動がふくまれています。**

句切れに注意しながら、えがかれている情景を読みとり、作者の心情をつかむようにしましょう。

俳句の表現・主題

俳句の問題では、**季語**をおさえることが第一です。俳句は字数が少ないので、**季語の表す情景やイメージが大切**になってくるのです。

季語をおさえて、えがかれている季節や情景をとらえ、そこから作者の感動を読みとっていきましょう。

鑑賞文《かんしょうぶん》はキーワードを探《さが》す

鑑賞文つきの問題では、**鑑賞文でどのように詩や短歌・俳句がとらえられているか**を、かぎになっていることばを探しながら読みとっていきましょう。

力だめしの問題　入試標準レベル

解答➡p.495

1 次の詩を読んで、あとの問いに答えなさい。（1～17は行番号を表す。）【神戸女学院中学部】

鶴《つる》

あれが鶴だったのか
今になって思えばはっきりと言える

私《わたし》は①失望していたのだ
日毎《ひごと》の餌《えさ》にことかかない檻《おり》のなかで
優雅《ゆうが》な姿《すがた》を見せていた鶴のことを

私は随分《ずいぶん》長い間
②思《おも》い違《ちが》いもしていたのだ
豊《ゆた》かな陽光のもとに
あたかもそれが＊吉祥《きっしょう》のしるしなのだと信じられて
舞《ま》いあがり舞いおりしている鶴のことを

だがそのいずれの時も鶴は

読みとりのポイント

「鶴」についての詩の問題です。使われている表現技巧に注意しながら、作者の思いを読みとっていきましょう。

それ等《ら》の認識《にんしき》のはるかな外を
羽もたわわに折れそうになりながら飛んでいたのだ
降《お》りることもふりむくことも
引返《ひきかえ》すこともならない*永劫《えいごう》に荒《あ》れる吹雪《ふぶき》のなかを
③あの胸《むね》をうつ鶴の声は
そこから聞こえていたのだ

（村上昭夫《むらかみあきお》『動物哀歌《あいか》』〈思潮社〉より）

問一 (1) 第二連で使われている表現技巧《ひょうげんぎこう》は何か、答えなさい。

(2) 同じ表現技巧がほかの連でも用いられています。それは第何連か、すべて答えなさい。

問二 ――線①について、詩人はどのような鶴の姿に「失望していた」と言っているのか、自分のことばで答えなさい。

問三 ――線②について、鶴とはどのようなものだと詩人は思っていたのか、詩中のことばを使って答えなさい。

問四 ――線③について、

(1) 「そこ」とはどこを指すか。その内容《ないよう》をふくむ行の行番号をすべて答えなさい。

(2) 「鶴の声」が詩人の「胸をうつ」のはなぜか。二十五字以内の自分のことばで答えなさい。

語句

*吉祥＝めでたいこと。
*永劫＝永遠。

ヒント

問二 「日毎の餌にことかかない檻のなかで」「優雅な姿を見せていた」の部分から考えましょう。

問三 「豊かな陽光の……吉祥のしるし」のあたりを利用します。

問四 (1) 直前に「吹雪のなか」とあります。

(2) 問二とほぼ反対の内容です。

チャレンジ問題　入試発展レベル

解答➡p.495

1 次の詩を読んで、あとの問いに答えなさい。

【和洋国府台女子中】

島

石垣《いしがき》りん

姿見《すがたみ》の中に私《わたし》が立っている。
ぽつんと
①ちいさい島。
だれからも離《はな》れて。

私は知っている
島の歴史《れきし》。
島の寸法《すんぽう》。
ウエストにバストにヒップ。
四季おりおりの装《よそお》い。
さえずる鳥。
かくれた泉《いずみ》。
花のにおい。

私は
私の島に住む。
開墾《かいこん》し、築《きず》き上《あ》げ。
けれど
この島について
知りつくすことはできない。
②永住《えいじゅう》することもできない。

姿見の中でじっと見つめる
私――はるかな島。

（石垣りん『石垣りん詩集』〈思潮社〉より）

問一 第一連に使われていない表現《ひょうげん》技法《ぎほう》を次の中から選び、記号で答えなさい。

ア 擬人法《ぎじんほう》
イ 比喩法《ひゆほう》
ウ 倒置法《とうちほう》
エ 体言止め

問二 ――線①について、

(1) 「ちいさい」ということから、「私」がどういう存在《そんざい》だとわかるか。もっとも適切《てきせつ》なものを次の中から選び、記号で答えなさい。

ア　たいへん幼《おさな》く、一人で何もできない存在。

イ　まだ若《わか》く、経験《けいけん》も浅い未熟《みじゅく》な存在。

ウ　社会の中では小さな一人だが、役立つ存在。

エ　年老いて小さくなったが、経験豊《ゆた》かな存在。

(2)「島」とは何を指しているか。もっとも適切なものを次の中から選び、記号で答えなさい。

ア　私の表情《ひょうじょう》

イ　私の体型《たいけい》

ウ　私の身体

エ　私の心

問三　第二連は「私」が知っている自分について述《の》べている。内からわき出る「私」を表現している部分はどこか。すべてぬき出しなさい。

問四　――線②とあるが、なぜ永住できないのか。もっとも適切なものを次の中から選び、記号で答えなさい。

ア　人はそれぞれ異《こと》なる人生を歩むから。

イ　人によって生活習慣《しゅうかん》は異なるから。

ウ　一か所にとどまって生活できないから。

エ　命は永遠のものではないから。

問五　この詩の鑑賞文《かんしょうぶん》として、もっとも適切なものを次の中から選び、記号で答えなさい。

ア　姿見を通して自分の姿を分析《ぶんせき》し、その美しさをこれからもみがいていこうとするひたむきな思いを表現している。

イ　姿見に映《うつ》る姿を客観的に見つめ、思いどおりにいかないもどかしさと、自分の中の未知の部分へのいとおしさを表現している。

ウ　自分を「島」にたとえ、孤独《こどく》な存在であるさびしさとこれから先への不安な気持ちを、冷静に表現している。

エ　自分を「はるかな島」にたとえることで、一生たどり着くことのできないほどの大きな理想に向かう強い思いを表現している。

第6章 記録文・報道文

1 記録文・報《ほう》道《どう》文《ぶん》を読みとる

ココがポイント

新聞は日々新しい文章を送り出している。**世の中で起こるさまざまなできごと**を文章にして伝えているのである。ここでは、新聞記事などをとおして、文章を読む練習をする。

1 記録文を読む――事実をきちんとまとめる

記録文は、事件《じけん》やできごとを**ありのままに正確《せいかく》に伝えようとする文章**です。読むときには、起こった事実をきちんとまとめるようにしましょう。また、その事件がどのような意義《いぎ》をもつのかを考えさせる問題もあります。

2 新聞の文章は「新しい事実」

新聞には、世の中のさまざまなできごとが毎日書かれています。**書かれたできごとを正確にとらえるだけでなく、社会の動きにも敏感《びんかん》になっておきましょう。**

記録文・報道文の「5W1H」

記録文・報道文を読んでうまく内容をまとめようとするときは、5つのWと1つのH、すなわち、

- **いつ(When)**
- **どこで(Where)**
- **だれが(Who)**
- **何を(What)**
- **なぜ(Why)**
- **どのように(How)**

をとらえることが重要です。

ただ読むのではなく、「いつのことだろう」「何をしたのだろう」と注意しながら読むようにしましょう。

新聞記事の例（ふりがなをつけました）

大きな活字で記事のタイトルをつける

大まかな内容《ないよう》をまとめた**リード**（見出し）をつけることもある。

●●　新　聞

インフルエンザ 警報レベルに

九州での流行目立つ―厚労省《こうろうしょう》が発表

インフルエンザの流行が全国的に警報《けいほう》レベルになったことが分かった。厚生労働省《こうせいろうどうしょう》が4日に発表した全国の定点調査《ちょうさ》によると、最新の1週間（1月24～30日）で1医療《いりょう》機関あたりの新規患者数《しんきかんじゃすう》は、31・88人で、全国の流行規模《きぼ》が警報レベルの目安となる30人を突破《とっぱ》した。前週は26・41人。

都道府県別では、1カ所あたりの患者数は宮崎60・88人（前週64・49人）、長崎56・61人（47・29人）、福岡47・17人（48・97人）、佐賀46・64人（48・44人）、群馬45・30人（36・41人）の順で、九州での流行が目立っている。

18都県で警報レベルを超《こ》えており、全都道府県で注意報発令レベルの10人を超えた。厚生労働省は「流行の拡大《かくだい》が続いており、手洗《てあら》いなど警戒《けいかい》を怠《おこた》らないでほしい」と呼《よ》び掛《か》けている。

流行入り（1医療機関あたり1人）を超えたのは12月中旬《ちゅうじゅん》。これでピークとなるかどうか厚労省は推移《すいい》を見守っている。推計では、この1週間に受診《じゅしん》した患者は約176万人で、累《るい》計《けい》患者は約490万人となった。患者の年代は5～9歳《さい》が全体の19・9%と最多で、10代が13・6%と続く。

ふだんから新聞を読んでみよう

新聞は**新しいことば**の宝庫《ほうこ》です。ふだんから新聞に目を通し、いろいろなことばを身につけることが、国語の力をのばす近道となります。

新聞にも「立場」がある

新聞は社会のできごとをありのままに伝えることを第一の目的にしていますが、同じ事件を報道したものでも、**新聞によってあつかい方が変わることがあります**。それぞれの新聞記者の**考え方や物事のとらえ方**を読みとることも大切です。

力だめしの問題

入試標準レベル

解答➡p.496

1 次の文章を読んで、あとの問いに答えなさい。　【湘南学園中・改】

　日本に電気が普及《ふきゅう》したのはいつごろからでしょうか？　実は、そんなに昔のことではありません。日本で初めての電力会社である「東京電燈《でんとう》」ができたのは、いまから一〇〇年ちょっと前の一八八七（明治二〇）年でした。その後、ものすごい早さで全国に小さな電気事業者が増《ふ》えていきます。もっとも多かった一八九三年には、なんと八〇〇社をこえるほどに増えました。

　当時は日本が急速に近代化、工業化をすすめている最中です。工場を動かすエネルギー源《げん》として、電力のニーズが高まっていました。社会の変化と歩調をあわせるように、発電の技術《ぎじゅつ》は進歩し、送電できるエリアもどんどん広がっていったのです。一方で、まだ国として電気をどのようなシステムでつくり、届《とど》けていくかという決まりごとはありませんでした。そのため規制《きせい》も少なく、激《はげ》しい自由競争のもとで電力事業者が乱立《らんりつ》するようになったのです。

　電力を遠くに届けるには、送電線を整備《せいび》する必要があります。[1]、各電力会社は競《きそ》いあって送電網《そうでんもう》を張《は》りめぐらしました。人口の多い都市部ではお客の奪《うば》い合《あ》いがおき、電力の値《ね》下《さ》げ競争がおこなわれました。[2]、山間部では電気を送ってもらえない地《ち》域《いき》もありました。不便な地域には送電線を引くのにお金がかかり、利益《りえき》が出なかったため、事業者がいやがったのです。

　山間部の人たちは、そこでどんな行動をとったでしょうか？　彼《かれ》らは自分たちでお金

読みとりのポイント

冒頭《ぼうとう》に問いかけのある段落《だんらく》が三つあります。その問いかけをふまえて全体の内《ない》容《よう》を整理していきましょう。

を出し合って組合をつくり、地域で自らが電気事業を運営《うんえい》するようになったのです。それが、協同組合の一種である電気利用組合でした。最盛期《さいせいき》の一九三七年には、そうした組合が全国で二四四もありました。地域住民がお金を出し合うといっても、余裕《よゆう》のある家庭は少なく、共有でもっている山林を売って銀行から融資《ゆうし》を受けるなど、苦労した地域もありました。

発電方法は何だったのでしょうか？　けわしい山間部には、たいてい落差のある川が流れています。住民たちはその水の流れを利用して、水力発電所をつくりました。当時は一般《いっぱん》家庭の電気の使い道としては照明などに限《かぎ》られていたこともあり、規模《きぼ》が小さな発電所でも十分役に立ちました。[3]、協同組合というスタイルだけではなく、個人《こじん》や地元企業《きぎょう》が自分たちのお金で建設《けんせつ》した水力発電所も数多くできました。

（高橋真樹《たかはしまさき》『ご当地電力はじめました！』〈岩波書店〉より）

問一　[1]～[3]に入ることばとしてもっともふさわしいものを、次のア～オから一つずつ選び、記号で答えなさい（同じ記号を二度以上用いることはありません）。

ア　ところが　イ　もちろん　ウ　また　エ　なぜなら　オ　そこで

問二　――線部「ものすごい早さで全国に小さな電気事業者が増えていきます」とありますが、なぜそのようなことが起きたのでしょうか。その理由を三つ、それぞれ文中のことばを使って十五字以内で具体的に説明しなさい。

ヒント

問二　二つ目の問いかけ「山間部の人たちは……」よりも前に、三つ書かれているはずです。第二段落末尾《まつび》の「電力事業者が乱立するようになった」が、――線部とほぼ同じ内容であることにも注意しましょう。

チャレンジ問題 入試発展レベル

解答⬇p.496

1 次の文章を読んで、あとの問いに答えなさい。

【北鎌倉女子学園中・改】

アサガオの花は、夏の朝早くに開きます。夏休みに観察していると、ちょうど、朝の明るくなるころから開きはじめます。そのため、この現象《げんしょう》は、「なぜ、朝早くに、花はいっせいに開くのか」という〝ふしぎ〟を生みます。

この〝ふしぎ〟には、三つの疑問《ぎもん》が含《ふく》まれます。一つ目は、「どのようにして、ツボミは朝の訪《おとず》れを知るのか」というものです。二つ目は「朝早く花が開けば、この植物にとって、何かいいことがあるのか」ということです。三つ目は、「花がいっせいに開く利点は、何か」というものです。順に考えていきましょう。

アサガオのツボミは、朝早くに花開きます。そこでまず、①「どのようにして、ツボミは朝の訪れを知るのか」という疑問が浮《う》かびます。アサガオのツボミは、夏の朝、明るくなるころに開くので、「朝に明るくなるのを感じて、開く」と思われがちです。でも、そうではないのです。

じつは、アサガオのツボミは、開花する前の日の夕方に太陽が沈《しず》んで暗くなりはじめると、時を刻《きざ》みはじめ、約一〇時間後に開くのです。「どうして、そんなことがわかるのか」という疑問がおこります。

②このことが納得《なっとく》できる実験をするためには、翌朝《よくあさ》に開花するツボミをもったアサガオの鉢植《はちう》えをいくつか準備《じゅんび》します。そうして、夕方に暗くなるころから、これらの鉢植えに電灯で照明をします。

一定時間ごとに、鉢植えを暗い部屋に移《うつ》したり、段《だん》ボール箱をかぶせたりして、鉢植えごとに暗くする時刻《じこく》をずらします。照明を消して暗くしはじめたら、③朝の時刻になっても、ずっと真っ暗のままにしておきます。やがて、その暗闇《くらやみ》の中でアサガオのツボミは開きはじめます。

ツボミが開く時刻は、暗くしはじめる時刻が遅《おそ》かった鉢植えほど、［④］時刻になります。開花する時刻は、その鉢植えを暗くしはじめた時刻から約一〇時間後です。つまり、アサガオのツボミは、暗さを感じはじめて一〇時間後には、真っ暗の中でも開くのです。

逆《ぎゃく》に、夕方早くからツボミをもったアサガオの鉢植えを暗い部屋に入れ、何時間後に開くかを観察します。すると、暗い部屋に早くに入れれば入れるほど、翌朝の開花は［⑤］なります。この場合も、暗くなってから約一〇時間後には、真っ暗の中で開花するのです。
　こうして、アサガオのツボミは、暗くなりはじめてから約一〇時間後に開くことが確認《かくにん》できます。ですから、「なぜ、アサガオの花が夏の朝早くに、いっせいに開くのか」という"ふしぎ"に対する答えは、「暗くなってから、約一〇時間後⑥がたまたま朝だから」ということになります。太陽が沈んで夕方暗くなってから約一〇時間後が、夏ではちょうど明るくなる朝の時刻にあたるのです。

（田中修《たなかおさむ》『植物はすごい　七不思議篇《へん》』〈中央公論新社〉より）

問一　——線①「『どのようにして、ツボミは朝の訪れを知るのか』という疑問」の答えとして、文中ではよく思われがちな答えと筆者が示《しめ》す答えがあげられています。次のかっこの中にそれぞれ二十字以内でことばを入れなさい。

よく思われがちな答え…（　1　）開く

本当の答え…………（　2　）開く

問二　——線②とは、どのような実験ですか。次の（　1　）・（　2　）の中に本文から五字以上十字以内で語句《ごく》をぬき出して、答えなさい。

（　1　）を一定時間ごとに明るい所から暗い所へ移し、

（　2　）をずらす実験。

問三　——線③とありますが、何のために朝になっても真っ暗のままにしておくのですか。その理由を答えなさい。

問四　［④］・［⑤］に入るもっともふさわしい語の組み合わせを次から選び、記号で答えなさい。

ア　④早い　⑤早く　　イ　④早い　⑤遅く

ウ　④遅い　⑤遅く　　エ　④遅い　⑤早く

問五　——線⑥とありますが、「たまたま朝だから」とはどういうことですか。次からもっともふさわしいものを選び、記号で答えなさい。

ア　夏は暗くなってから一〇時間後がぐうぜん朝に当たっただけであるということ。

イ　アサガオのツボミが朝に開くというのは大変めずらしいことであるということ。

ウ　アサガオはふつうは夜に開くので朝に開くことは絶対《ぜったい》にありえないということ。

エ　実験した日にちょうどツボミが夏の朝にいっせいに開いていただけということ。

第7章 自由作文

1 文を書く——手紙・電子メールの書き方

ココがポイント

入試では、あたえられたことばを使って**一文で書く形の問題**がよく出る。ここでは、文を書く際《さい》に不注意から**誤《あやま》りやすいおもな点**をあげる。注意すること。

1 文をつくるときの注意点

●主語と述語《じゅつご》がねじれている。主語と述語の関係がはっきりとしていない。

例　一番うれしかったことは、友達が会いにきてくれました。（主語と述語のねじれ）→①

例　姉にたのまれて買い物へ行った。（主語のない文）→②

例　ぼくは、車と電車がぶつかった。（述語のない文）→③

●ことばの使い方がおかしい。

例　母が来ますから、もう少し待っていたのである。（敬体《けいたい》と常体《じょうたい》の混用《こんよう》）→④

例　私《わたし》は決して、精進《しょうじん》し続けたであろう。（副詞《ふくし》の呼応《こおう》のまちがい）→⑤

正しい文

上段《じょうだん》の誤った文を正しく書くと次のようになります。

① 一番うれしかったことは、友達が会いにきてくれたことです。

② 姉にたのまれて、私は買い物へ行った。

③ ぼくは、車と電車がぶつかったところを見た。

④ 母が来ますから、もう少し待っていました。（母が来るから、もう少し待っていたのである。）

⑤ 私は決して、精進し続けなかったであろう。（私はおそらく、精進し続けたであろう。）

⑥ 父は朝から頭が痛くて困っている。（父は朝から頭痛がして困っている。）

⑦ 気分が悪かったため学校を休んだからわからない。

⑧ 耳障りな音をきくと不快《ふかい》になる。（耳触りがよい音をきくと安らかな気持ちになる。）

例 父は朝から頭痛《ずつう》が痛《いた》くて困《こま》っている。
気分が悪かったから学校を休んだからわからない。
（意味・表記の重複《ちょうふく》）⬇⑥・⑦

例 耳障《みみざわ》りがよい音をきくと安らかな気持ちになる。

例 彼《かれ》は、いつも私にいたずらばかりして、気がおけない。
（慣用表現《かんようひょうげん》・慣用句《かんようく》・ことわざの使い方のまちがい）⬇⑧・⑨

例 私は、先生の家で絵をご覧《らん》になった。
（敬語の使い方のまちがい）⬇⑩

例 テレビがあれば、野球がすぐに見れる。
（らぬきことば）⬇⑪

例 あれにしようか、これにしようと迷《まよ》った。
（助詞の使い方のまちがい）⬇⑫

●修飾語《しゅうしょくご》を入れる位置を誤って、文の意味を変えてしまう。

例 少し力を入れると、機械は音をたてて動いた。
力を入れると、機械は少し音をたてて動いた。
力を入れると、機械は音をたてて少し動いた。

●表記を誤る。（誤字《ごじ》・脱字《だつじ》など）

漢字、送りがな、かなづかいなどのまちがいにも注意すること。

※「耳障り」は、本来聞いて不愉快《ふゆかい》に感じることを表す。聞いたときの感じを表すときは「耳触り」とする。

⑨彼とは子供《こども》のころからの友達で、気がおけない。

※「気がおけない」は気をつかう必要がなく、うちとけられるという意味。

⑩私は、先生の家で絵を拝見《はいけん》した。

※「ご覧になった」は尊敬語《そんけいご》。自分の動作には謙譲語《けんじょうご》を使う。

⑪テレビがあれば、野球がすぐに見られる。

⑫あれにしようか、これにしようかと迷った。

2 手紙の形式

手紙には、定まった型《かた》があります。その型に従《したが》って、手紙を書いていきましょう。

❶

前略《ぜんりゃく》　うららかな春の日差しが気持ちのよい季節となりました。

おばあさん、お元気ですか。私《わたし》は元気です。

❷

先日は、私のピアノの発表会に来てくださって、ありがとうございました。ステージに上がったとき、客席におばあさんが座《すわ》っていらっしゃるのがわかり、気持ちが引きしまりました。きんちょうして失敗してしまったところもあったのですが、自分では、今の実力は発揮《はっき》できたと満足しています。次の発表会は一年後ですが、もしよかったら、また聞きに来てください。それをはげみに、レッスンをがんばります。

❸

かぜなど引かないように、体調には気をつけてくださいね。

草々

❹

四月五日

中山愛

三田清子様

❺

追伸《ついしん》

いただいたお手製《てせい》のつけもの、とてもおいしかったです。

---

❶前文…頭語、時候の挨拶《あいさつ》、相手を気づかうことばなどを書きます。

- **頭語**…「拝啓《はいけい》」「謹啓《きんけい》」「前略」などがあります。ただし、親しい相手には省略してもよいです。
- **時候の挨拶**…「残暑きびしい毎日です(が)…」などのような、そのときの季節を表すことばを入れます。
- **相手の安否《あんぴ》を尋《たず》ねたり、自分の様子を知らせたりする**…「お元気ですか」「私も元気です」などのことばを入れます。

❷主文…手紙で伝えたい用件《ようけん》を簡潔に書いていきます。

❸末文…相手や相手の家族の健康などを気づかう挨拶、結語を書きます。

- **結語**…頭語に対応《たいおう》することばを書きます。一般的《いっぱんてき》に「拝啓」ならば「敬具《けいぐ》」、「謹啓」ならば「敬白」、「前略」ならば「草々」と入れます。

3 手紙を書くときの注意点

1で学習した文のつくり方に注意し、**わかりやすく簡潔《かんけつ》に書くこと**を心がけましょう。また、ことばづかいにも気をつけなくてはいけません。

書き終えたら、**もう一度読み直して、誤字《ごじ》や脱字《だつじ》がないか、相手に失礼なことばづかいをしていないかなどを確認《かくにん》して**から出すようにしましょう。

4 電子メールを書くときの注意点

電子メールを送るときには、次のようなことを注意しましょう。

●**「件名《けんめい》」は内容《ないよう》がわかるものにする。**

●**宛名《あてな》は一番初めに書く。**

文章の終わりには、自分の名前を入れましょう。

●**内容はわかりやすく簡潔に書く。**

一文を短く書くようにします。**読みやすくするために改行をしたり、一行空けたりすることも**大切です。また、改まった内容のメールのときは、顔文字などを使わないようにします。書き終えたら、**3**で学習したように、もう一度読み直して、字のまちがいやことばづかいを確認しましょう。

●**文字の打ちまちがいに気をつける。**

文面もそうですが、**メールアドレスの打ちまちがいにも注意しましょう。**送る前にもう一度見直すことが大切です。

❹**後付《あとづけ》**…日付、自分の名前、相手の名前の順で書いていきます。

●**日付**…行の上に書きます。

●**自分の名前**…行の下に書きます。

●**相手の名前**…行の上に書きます。相手が個《こ》人《じん》ならば「様」、会社や団体《だんたい》ならば「御《おん》中《ちゅう》」とつけます。

❺**追伸**…書きもらしたことなどを短く書きます。

さまざまな通信手段《つうしんしゅだん》

現在《げんざい》は、電子メール以外にも、インターネットを利用したさまざまな通信手段があります。そうした機能《きのう》を利用するときも、送る前にきちんと読み直すことが大切です。

力だめしの問題

入試標準レベル

解答➡p.497

1 **次のことばを入れた短文を、「雨」「降《ふ》る」の二語を用いてつくりなさい。**

例　まるで
（　まるで雨が降ったかのように、夜つゆで道路がぬれている。　）

(1) まさか　(2) 決して　(3) どうか　(4) おそらく
(5) ぜんぜん

2 **次のことばの意味と例文をあとから選び、記号で答えなさい。ただし、例文の□には、(1)～(5)のことばの変化したものが入ります。**【日本大一中】

(1) あぶれる
(2) きゅうする
(3) しのぐ
(4) すたれる
(5) へつらう

意味
ア　どうしてよいのかわからなくてこまる。くるしむ。なやむ。
イ　たえしのぶ。がまんする。
ウ　仕事にありつけない。えものがない。
エ　いっしょになった人とはなれてしまう。
オ　行われなくなる。はやらなくなる。

読みとりのポイント

短い文を書かせる問題では、ことばや慣用句《かんようく》の意味を正しく知っている必要があります。ふだんから、辞典で意味を調べるなどして、ことばを使いこなせるようにしておきましょう。

例文 カ 相手に気にいられるようにきげんをとる。

い 弱い動物たちはみなライオンに□て家来になった。

ろ 仕事に□た人たちが門の前に立っていた。

は 時代がうつって、いろいろな風習も□た。

に とつぜんなので、返事に□た。

ほ 山でそうなんしたが、雪をたべてうえを□だ。

③ 担任《たんにん》の先生が病気で長く学校を休んでいらっしゃるとして、その先生に手紙を四百字以内で書きなさい。

ヒント

① 「まるで〜ようだ」のように副詞《ふくし》の呼応《こおう》に関する問題です。下にどんなことばが来るのか考えて答えましょう。

③ 必要なことをまず箇条書《かじょうが》きにして、手紙文の形式にそって書きましょう。先生に出すのですから、ことばづかいなどにも注意しましょう。

チャレンジ問題　入試発展レベル

解答➡p.498

1 次の語を使って短文をつくりなさい。（なお、語の終わりの部分は変化させて用いてもよい。）

(1) 口をすべらす

(2) 鼻を高くする

2 次の各文には、それぞれ一か所ずつおかしなところがある。その部分を選び、記号で答えなさい。

(1) ア国の　イ飛行場を　ウ出た　エ前に、　オおおぜいの　カ友達が　キ見送りに　ク来てくれました。

(2) ア本屋で　イ本を見ていたら、　ウ思わず　エ日がくれて　オしまいました。

(3) ア先生は　イ黒板に字を書くとき、　ウ後ろで　エあの子は　オ友達と　カいたずらをします。

(4) ア地震《じしん》が　イ起こる　ウ場合、　エあわてて　オ外へ飛び出すのは　カ危険《きけん》です。

---

3 次の各文には誤《あやま》った部分がある。その部分をぬき出し、文の内容《ないよう》を変えないで正しく書き直しなさい。ただし、ぬき出す長さは一文節以上とし、とくに問わないものとする。

(1) ことばによって、私《わたし》たちは、人を喜《よろこ》ばせたり、悲しがらせたり、泣かせることができます。

(2) ことばには形がありません。もちろん色がありません。

(3) 話しことばの特徴《とくちょう》は、話すあとからすぐ消えていくことが特徴です。

(4) 人に話したり、文字に書いたりして、ことばを使いますが、ものを考えるときにことばを使います。

4 次の手紙は、ある中学生が小学校の恩師《おんし》にあてたものである。これを読んで、あとの問いに答えなさい。（①〜⑤は段落《だんらく》の番号を表す。）　【智辯学園中学部】

（　a　）

①　小学校在学中《ざいがくちゅう》、先生には何かとお世話になり、心からお礼申しあげます。先生もご存《ぞん》じのとおり、ぼくは国語が苦手だったのですが、先生がいつもおっしゃっていた「学問に王道なし。努力あるのみ」という言葉を思い出してがんばりました。おかげさまで、入学後のテストではよい成績《せいせき》を収《おさ》めることができました。先生、本当にあ

りがとうございました。

② 春もたけなわとなりましたが、先生にはお元気でますますご活やくのことと存じます。

③ 間もなく五月の連休をむかえますが、一度友人たちと先生のお宅《たく》へうかがいたいと思います。その節はよろしくお願い申しあげます。

④ 小学校を卒業いたしまして、早いものでもう一カ月がたとうとしています。最近では中学校生活にもようやく慣《な》れ、新しい友人もたくさんできました。

⑤ それでは、先生にお会いする日を楽しみにしています。

（ b ）

A

B

C

問一 （ ）a・bに入ることばとして、もっとも適切《てきせつ》なものをそれぞれ次の中から選び、記号で答えなさい。

ア 拝啓《はいけい》　イ 前略《ぜんりゃく》　ウ 以上
エ 敬具《けいぐ》　オ 終了《しゅうりょう》

問二 ①～⑤の各段落を正しい順序《じゅんじょ》に並《なら》べかえ、番号で答えなさい。

問三 □A～Cにはそれぞれどんなものが入るか、その組み合わせとして正しいものを次の中から選び、記号で答えなさい。

ア A 相手の名前　B 自分の名前　C 日付《ひづけ》
イ A 自分の名前　B 日付　C 相手の名前
ウ A 日付　B 自分の名前　C 相手の名前
エ A 日付　B 相手の名前　C 自分の名前
オ A 自分の名前　B 相手の名前　C 日付

2 作文を書く ——原稿用紙《げんこうようし》の使い方

ココがポイント

文章には、**生活文**、**感想文**、**意見文**、**記録文**（観察・見学・会議の記録、日記など）、**報告文《ほうこくぶん》**、**手紙文**などがある。ここでは作文の書き方を学び、実際《じっさい》にいろいろな文章を書いてみる。

1 作文の手順

❶目的（動機）を明らかにする。
何のために書くのかをはっきりさせ、書こうとする文章の形を決める。

❷題材を選ぶ。
目的にかなう題材をいくつか思《おも》い浮《う》かべ、その中から一番よいものを選ぶ。

❸主題を決定する。
自分がほんとうにうったえたいことを明確《めいかく》にする。

❹構想《こうそう》を立てる。
主題を上手に書き表すために、材料を集め、それを**どう組み立てていくか**を考える。

❺記述《きじゅつ》する。
読み手の興味《きょうみ》をひき、心に深く残るように、表現《ひょうげん》に注意して文章を書く。

いろいろな文章記号

。	**句点《くてん》**	文の終わりを示《しめ》す。
、	**読点《とうてん》**	文中で流れを切る。
・	**中点《なかてん》**	同じ仲間のことばを並《なら》べる。
（　）	**かっこ**	説明を補《おぎな》う。
「　」	**かぎ**	会話・独《ひと》り言《ごと》・引用を示す。
『　』	**二重かぎ**	「　」の中で用いるかぎ。
…… ――	**点線** **棒線《ぼうせん》**	文末につけて気持ちが続くことを示す。会話の「……」は無言を表し、棒線は言いかえや補足《ほそく》説明の意味も表す。
？ ！	**疑問符《ぎもんふ》** **感嘆符《かんたんふ》**	疑問や感動の気持ちを表す。

⑥推《すい》こうする。

書き上げた文章を読み返して、よりよい文章にする。推こうではとくに次の点に注意する。

▼書き足りないところや余分《よぶん》なところはないか。
▼文章の組み立てや段落《だんらく》の構成はうまくできているか。
▼わかりやすい表現になっているか。
▼印象強《いんしょうづよ》い表現になっているか。
▼敬体《けいたい》（丁寧《ていねい》な言い方。「……です」「……ます」）と常体《じょうたい》（普通《ふつう》の言い方。「……だ」「……である」「……する」）とがいりまじっていないか。
▼文章記号が正しく使われているか。
▼文や文字の書き方にまちがいがないか。

⑦清書する。

読み手にわかりやすいように、丁寧に書く。

課題作文の書き方

入試では、出題者が題をあたえて、一定の条《じょう》件《けん》（字数制限《せいげん》や使うことばを指定するなど）で書かせる作文が出ることがあります。その場合、**出題者が何を要求しているのか**をつかむことが大切です。

書くための手順は、上段に書かれているものと同じです。

2 原稿用紙《げんこうようし》の使い方

原稿用紙に文章を書くときには、いくつかのルールがあります。それらを守りながら書かなくてはなりません。

原稿用紙の基本的《きほんてき》な使い方を確認《かくにん》しましょう。

❶ ❷ ❸ ❹ ❺ ❻ ❼

　　　ぼくの家族
　　　　　　　　六年二組　川上　勇太
　ぼくは、リッキーという名前の犬を飼《か》って
います。
　リッキーは、セントバーナードという種類
の犬で、散歩に連れて行くと、すれちがう人
たちが、リッキーを見て、
「うわあ、すごい！　大きいなあ……」
と、おどろくほど、体が大きいです。
　でも、リッキーは、とてもおとなしい性格《せいかく》

❶文題(文章の題名)は**一行目に二、三字下げて**書きます。

❷学年・組や名前は、文題の次の行に**下から一、二ます空けて書きます。**学年・組と名前の間、名字と名前の間は一ます空けます。

❸文字は**一ますに一字ずつ**書きます。

❹本文の始まりや段落《だんらく》の変わりめでは**一番上を一ます空けて**書き出します。

❺句点《くてん》(。)、読点(、)、かぎ(「　」)、?、!などの記号は一字分として一ますに一つ書きます。

❻会話の部分は**「　」**をつけ、なるべく改行**(行を変える)して一番上のますから書きます。**

❼傍線《ぼうせん》(――)や点線(……)は二字分とします。

❽句点(。)や読点(、)、閉《と》じるかぎ(」)が行の頭にくるときは、**前の行の最後のますに一緒《いっしょ》**

で、ほえることもめったにしません。ほかの
犬にほえられたときも、リッキーはしっぽを
ふっていて、その顔は、
「仲よくしようよ。」
とでも言っているかのように、おだやかに見
えます。
　リッキーは、人の気持ちを理解《りかい》することが
できるようで、ぼくが落ちこんでいるときに
は、そっと寄《よ》りそってくれます。リッキーは、
ぼくにとって、家族同然の存在《そんざい》です。

⑧

そのほかに、縦書《たてが》きの場合では、次のようなことにも注意しましょう。

- **数字**…漢数字で書く。
- **単位…単位記号は使わず**、「パーセント」「キロメートル」などと書く。

用紙が二枚《にまい》以上になる場合は、順に番号をつけてとじます。

に書きます。

推《すい》こうをするときの注意

- **まちがい**…＝＝で消して右の行間に書き直します。
- **追加**…{の印をつけて右の行間に書き加えます。
- **改行**…└┐の印を書き入れます。

力だめしの問題

入試標準レベル

解答⬇p.498

1 次の作文は、原稿用紙《げんこうようし》の使い方、ことばの決まり、句読点《くとうてん》そのほかの記号の使い方、かなづかい、送りがなの点で、不適切《ふてきせつ》なところが七か所ある。もとの文はあまり変えないで、正しく直し、清書しなさい。

　　霜柱《しもばしら》
学校え行く、とちゅうの畑には、真っ白に、
霜が降りていました道ばたの草も真っ白でし
た。
　やわらかい土の上を歩いていると、くつが
ザクッと土の中へ入りました。あ、霜柱だ。
と、思わず声が出しました。

　霜柱は、新らしいナイロンの歯ブラシのよ
うにならんで、白く光っていました。

読みとりのポイント

作文を書く場合、内容《ないよう》はもちろん大切ですが、その前に原稿用紙の使い方や句読点・記号の使い方などを正しく知っておく必要があります。
　内容以前のところで減点《げんてん》されないように、かなづかいや送りがなもふくめてマスターしておきましょう。

2 次の文は意味があいまいである。(1)・(2)に合うように句読点をうって、正しく書きなさい。

私《わたし》は笑いながら絵を見ている父を見上げた。

(1) 笑っているのが「私」になるような文にしなさい。（二十一字以内）

(2) 笑っているのが「父」になるような文にしなさい。（二十一字以内）

3 次の文にはまちがいが一つずつある。その部分をぬき出し、正しく書き直しなさい。

(1) 始業式の日には、朝早く登行して、講堂《こうどう》のそうじをしました。

(2) 展覧会《てんらんかい》には、数多くの立派《りっぱ》な作品が出品しました。

(3) 英子さんは、人々になかなか理解《りかい》してもらえませんでしたので、決して失望しませんでした。

(4) 「お父さんは、今、家においでになりますか。」と聞かれたので、「父はいらっしゃいません。」と丁寧《ていねい》に答えました。

ヒント

❷ 「笑いながら」が「私」の動作なのか、「父」の動作なのかがはっきりわかるようにします。

チャレンジ問題　入試発展レベル

解答➡p.499

1 **「春」という題で自由に作文を書きなさい。ただし、次の語を必ず入れ、百字以内で書くこと。**【海星中】

希望　豊《ゆた》か　道　花　未来

2 **次の文章を読んで、あとの問いに答えなさい。**

この山間《やまあい》ではまだ雪解《ゆきど》けになりません。雪解けまでにはもう半月かかるでしょう。つもった雪の下積みは氷片《ひょうへん》となり、新しい雪がその上に柔《やわ》らかくかぶさって、ふかふかとしています。その堅《かた》いところまで雪をかいて、小屋に来る道をつくりますが、またじきに埋《う》もれてしまいます。三日に一日くらいはふり、きょうも大雪です。それでも十二月ころの雪と違《ちが》って、いく分大きい綿《わた》か羽毛のような軽そうなのが、ふるというよりも風景いっぱいに舞《ま》い落《お》ちてくる感じがします。その無数に舞い落ちてくる雪片の動きを見つめているとめまいをおこします。なんだか気持ちのよいめまいです。自分のからだが宙《ちゅう》に浮《う》くような気がします。防空頭巾《ぼうくうずきん》をかぶり、シャベルを持ち、そういう雪を浴びながら雪かきをするのは愉快《ゆかい》です。この軽い雪は木々の枝《えだ》にもつもり、頭巾にもつもり、本格的《ほんかくてき》なザラメ雪よりもかえって雪らしい情趣《じょうしゅ》を与《あた》えます。ふきのとうどころか木々の芽もまだ堅いけれど、それでももう春のはの字くらいはどこかにいるようです。

【日本女子大附中】

問一　この文章にふさわしい題名をつけなさい。

問二　この文章を読んで、あなたが印象深《いんしょうぶか》く感じたことについて、二百字程度《ていど》で自由に書きなさい。

3 **次のメモは、研究発表の文章を書くためのものである。これを読んで、あとの問いに答えなさい。**【成蹊中】

1　発表の題目　［A］
2　実験場所　教室の日の当たる窓《まど》のそば
3　実験の結果
○葉をとったもの——ほとんど変化がない。
○葉をつけて日なたに置いたもの——水滴《すいてき》がいっぱいで袋《ふくろ》の中が見えない。
○葉をつけて箱をかぶせたもの——ほとんど水滴がなくて、袋の中がよく見える。
4　実験日と時間　八月二十日　午後二時～三時
5　動機　夏の暑い日に、日なたと日かげで、葉のしおれ方がちがうことに興味《きょうみ》をもった。

6　天候　快晴《かいせい》

7　実験結果からわかったこと

[B]

8　実験[C]と実験[D]

同じくらいのくわの葉の、五枚《ごまい》ついた枝を三本取ってくる。一本は葉を全部取り、他の二本はそのままにして、別々に三つの同じビニール袋に入れ、その口を輪ゴムでとめる。それらを日の当たる窓ぎわに並《なら》べ、葉のついたものの一本には、箱をかぶせて光が当たらないようにして、それぞれ三十分間そのままにしておく。

9　実験後の反省として気づいたこと

○自然の状態《じょうたい》で木に袋をかぶせて実験してみるとよかった。

○気温をはかるべきだった。

問一　1～9のメモを文章としてまとめるために順序《じゅんじょ》よく並べたい。その順を書きなさい。ただし、4は四番目とする。

問二　[A]に入ることばを、メモをよく読んで考えて書きなさい。

問三　7「実験結果からわかったこと」の[B]を文章にまとめ、百字以内で書きなさい。

問四　[C]・[D]には、実験の何と何が書いてあるか。それぞれ二字の漢字で書きなさい。

入試のアドバイス①

最大の敵《てき》は思いこみ！

あなたは簡単《かんたん》な問題だと思って、文章や問題をよく読まずに答えを書こうとしていませんか？　読解《どっかい》の基礎編《きそへん》では比較的《ひかくてき》やさしい文章をあつかいましたが、なかなか全問正解とはいかなかったはずです。簡単な問題で、「読む技術《ぎじゅつ》」「解《と》く技術」「書く技術」を身につけてください。

文章をなめ読みして、思いこみで答えを書いているうちは、たまに点数のよいときがあっても、なかなか安定してよい点はとれないものです。まずしっかりと文章を読む、そして設問《せつもん》を読んで本文から読みとる、最後に解答をつくっていく。あたりまえのことですが、いざ実行しようとすると難《むずか》しいものです。

ただ、国語の入試は本文の中に必ず答えが書いてあるのです。本文をうまく活用できるようになって、どんどん「得点力《とくてんりょく》」をのばしていきましょう。

記号選択《せんたく》に強くなろう！

記号選択の問題で失点する人の多くは、「あせってすぐ答えを書く」傾向《けいこう》があります。選択《せんたく》肢《し》ばかりをじっと見て、本文にもどって考えようとしない人も多く見られます。たとえば、選択肢を読んで、**ア**が正解だと思ったときに、ほかの**イ・ウ・エ**が正しくないことをあなたは確《たし》かめていますか？

それぞれの選択肢のどこが正しくてどこがまちがいかを問題用紙に書きこんで、答えをしぼりこんでいきましょう。よく「最後の二つで迷《まよ》う」という人がいますが、それはその二つがよく似《に》た文だからです。まずは二つの選択肢のちがいを見つけだしましょう。そして、そのちがっている部分のどちらが正しいのかを、本文と照らし合わせて考えてみるのです。本文の該当《がいとう》箇《か》所《しょ》に線を引きながら解いていくのもよい方法です。

テーマ読解編

第1章 入試頻出テーマ―物語・小説

1 家族

チャレンジ問題 入試発展レベル

解答➡p.500

1 次の文章を読んで、あとの問いに答えなさい。【跡見学園中】

「わたし」は、両親の離婚《りこん》によって父親と二人で暮《く》らしており、母親と弟の圭《けい》とは離《はな》ればなれになっていた。離婚から四年がたったある日、母親がとつぜん亡《な》くなり、残された圭は「わたし」と父親と一緒《いっしょ》に暮らすこととなった。

ドアの外でインターフォンを押《お》して[A]待ったけれど、家の中から圭の声はきこえてこなかった。わたしは鍵《かぎ》をあけて家に入った。

圭はまだ帰っていなかった。学校からいったん帰ったあと、友だちのうちへ出かけたのかもしれない、と畳《たたみ》の間をのぞいてみたけれど、ランドセルはなかった。転校してきて一週間だから、家に遊びに行くほど親しい友だちはまだできてないはずだけど、と思う。

①こういうときにスマホがあればいいんだけど、と思った。でも、お父さんは、ときどきテレビなんかで、中高生の多くが携帯《けいたい》電話《でんわ》依存症《いぞんしょう》になっているからか、わたしにはスマホはまだ早いと言う。学校でもスマホを持ってくることは禁止《きんし》されていた。圭もスマホは持っていないから、わたしが持っていたって、いま役に立つはずもないんだけど。お母さんなら、中学生なら持ってもいいと考えただろうか。それともお父さんとおなじように、やっぱり、まだ早いと言っただろうか。

そもそも、お父さんとお母さんはおなじような考え方をしていたんだろうか。お母さんがどんな考え方をする人だったのか、わたしにはわからない。

お母さんと圭がいなくなったあと、わたしは「どうして」とお父さんにたずねた。知りたいことは山のようにある気がしていたのに、わたしが言葉にできたのはそれだけだった。

お父さんは「ひと言では言えないよ」と言った。べつのときには、「お母さんとお父さんの考えがちがってきちゃってな」と言うこともあった。「べつべつの生き方をすることになったからね」とも言った。②お父さんはそう言うとき、わたしの顔をではなく、頭の少し上あたりを見て言った。そして言ったあと、無理な感じで笑った。たぶんお父さんにも自分の言葉が足りていないことがわかっていたんだと思う。

四時を過《す》ぎたのに、圭は帰ってこない。道に迷《まよ》ったのかな、と思って、まさかねと打ち消して、でも、すぐまた道に迷っている姿《すがた》を想像《そうぞう》した。

自転車でさがしに行ってみよう、と思った。壁《かべ》の時計の秒《びょう》針《しん》は、いつからそうなっていたのか、ずっと6と7のあいだを行ったり来たりしているだけだ。それでも時間はちゃんときざんでいる。

自分の部屋でパンツとTシャツに着替《きが》えていると、玄関《げんかん》の鍵があく音がした。

部屋から出ると、圭が玄関で靴《くつ》をぬいでいた。

おかえり。

声をかけたのに、圭はだまって下をむいてわたしの横をすり抜《ぬ》けていった。ニューヨークヤンキースの帽子《ぼうし》の下の顔は何かをがまんしているみたいに見えた。

圭のあとからリビングに行くと、圭は畳の間に入って、リビングとの境《さかい》のふすまを二枚《にまい》ともしめようとしていた。その横顔は涙《なみだ》を流したあとのように見えた。

ふすまのむこうで、どさっと音がきこえた。ランドセルを床《ゆか》に落としたのだ。

「何かあった？」

返事はなかった。

ふすまのむこうはしんとして、圭が部屋の中で立っているのか、すわっているのかさえもわからない。

I

わたしは足音を消してソファに近づき、音をたてないように気をつけて腰《こし》をおろした。どう話しかければいいのかわからなかった。わたしはまだ「圭のお姉さん」のようじゃなかったし、③わたしと圭のあいだには、いろんなものがはさまっている気がした。

わたしはソファがきしまないように気をつけながら背《せ》もた

れに体をあずけた。

　ふすまのむこうで、小さく鼻をすすりあげる音がした。わたしにきかれまいとしているような遠慮《えんりょ》した音だ。

[Ⅱ]だった。体をちぢめかけてから、そうだ、こんなふうにじっと圭《けい》をうかがっていると、かえって圭に気づまりな思いをさせてしまう、とやっと気づいた。

　わたしは勢《いきお》いよく立ちあがって、④「圭。おいでよ。アイス、食べようよ。ポテトチップもあるよ」と言いながらキッチンに行った。

　キャビネットからポテトチップの袋《ふくろ》を取りだしながら、「ピザ味と、塩味と、たこ焼き味があるけど、圭はどれがいいの」と大きい声できいた。

　返事はなかった。わたしはピザ味を持ってテーブルに行き、袋をあけた。

「小学生のときにねえ、わたし毎晩《まいばん》、寝《ね》るまえにベッドの中でアイスクリームを一個《いっこ》食べてたんだよお」とふすまにむかってしゃべった。「食べなきゃ眠《ねむ》れなかったの。こんなことしていたらぜったい太る、と思ってもやめられなくてさあ、きょうだけは食べないで寝ようと思っても、目をつむるとどうしてもアイスクリームのことを考えて、[B]眠くならないの。それで[C]冷蔵庫《れいぞうこ》にアイスクリームを取りに行って、ベッドの中で食べてたんだ」

　そんなことをわたしは五年生ぐらいまでやっていた。

　ふすまがあいた。圭が出てきた。

「ポテトチップ食べようよ。まだあと二袋あるよ」

　わたしは圭の顔は見ないで言った。

「トイレ」

　圭はトイレに行った。

　わたしは冷蔵庫から麦茶のペットボトルを出し、二つのグラスに注いだ。

　圭はトイレからもどってくるとテーブルの椅子《いす》を引き、⑤「食べていいんですか？」ときいた。

「いいに決まってるよ。この家ん中では、圭のしたいことをしていいんだって」

　圭は、うん、と小さくうなずき、それから[D]ポテトチップに手をのばした。

（岩瀬成子《いわせじょうこ》『地図を広げて』〈偕成社〉より）

問一　[A]～[D]にもっとも適《てき》する語を次の中からそれぞれ選び、記号で答えなさい。

ア　こっそり　**イ**　ぎこちなく

ウ　ぜんぜん　**エ**　しばらく

問二 ――線①「こういうとき」とはどのようなときですか。もっとも適するものを次の中から選び、記号で答えなさい。

ア 友だちの家に遊びに行く約束をするとき。
イ 圭がどこにいるか確《たし》かめたいとき。
ウ 父には知られずに圭と話がしたいとき。
エ 家のインターフォンの調子がよくないとき。

問三 ――線②「お父さんはそう言うとき、わたしの顔をではなく、頭の少し上あたりを見て言った」とありますが、ここでの父の気持ちを説明したものとしてもっとも適するものを次の中から選び、記号で答えなさい。

ア 娘《むすめ》を心配させているのにも関わらず、家庭の事情《じじょう》の全てを説明できないことを心苦しく思っている。
イ 離婚《りこん》したことで娘を傷《きず》つけてしまい、娘が心を閉《と》ざしてしまったことに対して心を痛《いた》めている。
ウ 妻《つま》が自分の息子《むすこ》を連れ去ったことに怒《いか》りを覚えているが、娘には心配をかけたくないと思っている。
エ かつて同じだったはずの自分と妻の考え方は、どこで変わってしまったのだろうと後悔《こうかい》している。

問四 Ⅰ にもっとも適する文を次の中から選び、記号で答えなさい。

ア 圭の体調が心配だ。
イ 返事をしないなんて、薄情《はくじょう》だ。
ウ きっと何かあったのだ。
エ 圭をびっくりさせてはいけない。

問五 ――線③「わたしと圭のあいだには、いろんなものがはさまっている気がした」とありますが、ここでのわたしの気持ちを説明したものとしてもっとも適するものを次の中から選び、記号で答えなさい。

ア ふすまの向こうに閉じこもっている圭の態度《たいど》を腹《はら》立《だ》たしく思っている。
イ なぜ圭が道に迷《まよ》っただけで泣いているのか、不思議に思っている。
ウ 母と長年暮《く》らした圭とは生活習慣《しゅうかん》が異《こと》なることにとまどっている。
エ 圭の様子が気になるのに、どのように声をかけるべきか悩《なや》んでいる。

問六 Ⅱ にもっとも適する語を次の中から選び、記号で答えなさい。

ア 胸《むね》のつかえが下りそう
イ 胸がおどりそう
ウ 胸が痛くなりそう
エ 胸を打たれそう

問七　――線④「『圭《けい》。おいでよ。アイス、食べようよ。ポテトチップもあるよ』と言いながらキッチンに行った」とありますが、このようにわたしが圭に声をかけた理由を、「～から」に続くよう、三十字以内でわかりやすく説明しなさい。

問八　――線⑤「『食べていいんですか？』」という圭のことばについて、なぜ姉に敬語《けいご》を用いているのですか。理由を説明しなさい。

2 生と死

チャレンジ問題 入試発展レベル

解答➡p.501

1 次の文章を読んで、あとの問いに答えなさい。【山手学院中】

「私《わたし》」は祖母《そぼ》の「すみれちゃん」と鳥の卵《たまご》をかえそうとしている。

木曜日は、放課後にクラブ活動がある。いつもより下校の時間が遅《おそ》くなるので、もう、帰り道はほんのりと薄暗《うすぐら》くなっていた。気の早い星たちが、ちらほら姿《すがた》を現《あらわ》している。

私は、クラブ活動で使ったエプロンと三角巾《さんかくきん》がしまってある袋《ふくろ》を、玄関先《げんかんさき》から廊下《ろうか》に向けて、勢《いきお》いよく投げ飛ばした。あいた手で急いで靴《くつ》を脱《ぬ》ぎ、歩きながらランドセルも廊下に放り投げ、洗面所《せんめんじょ》に直行して手洗《てあら》いとうがいを済《す》ませてから、急ぎ足ですみれちゃんの部屋に向かう。

「すみれちゃん、ただいまっ！」

元気よく声をかけながら、何のためらいもなくふすまをがばっと開けた。もう、すみれちゃんの部屋に入る時に感じていたささやかな躊躇《ちゅうちょ》も、ほとんど姿を消している。

おかえりなさい、と優《やさ》しい声で言う代わりに、すみれちゃんは左手の人差し指を一本立てて、唇《くちびる》の前に動かした。

何か、あったのかもしれない。今度はうってかわって抜《ぬ》き足《あし》さし足、すみれちゃんのそばへと移動《いどう》する。鏡に映《うつ》ったすみれちゃんは、そこだけ陽《ひ》だまりになっているような、①小春《こはる》日和《びより》そのもののような穏《おだ》やかな表情《ひょうじょう》を浮《う》かべているのだった。

「先ほどから、耳を澄《す》ますと音がしますの」

②そう言い終えるや、すみれちゃんの顔全体が一瞬《いっしゅん》、ぴかーっとダイヤモンドみたいに輝《かがや》いた。

私は、すみれちゃんのかぶっている帽子《ぼうし》にうんと耳を近づけた。確《たし》かに、集中して耳を ③ いると、かすかな音が聞こえるような気もする。けれど、それが本当に卵の中から聞こえるものなのかは、よくわからない。

「言われれば、そんな気もするけど……」

曖昧《あいまい》に私がうなずくと、

「ひばりさん、確かめてみてください」

きっぱりと、すみれちゃんは言った。

すみれちゃんがゆっくりと帽子《ぼうし》を取る。今度はよりはっきり、鳴き声のようなものが響《ひび》いてくる。ツェッ、ツェッ、ツェッ、ツェッ、という、舌打《したう》ちをするみたいな音だ。いっぱいの不安と、いっぱいの期待が、私《わたし》の胸《むね》で、おしくら饅頭《まんじゅう》をするように真正面からぶつかり合う。

一度ゆっくり息を吐《は》き出《だ》してから、すみれちゃんのお団子《だんご》頭《あたま》に手を伸《の》ばした。髪《かみ》の毛《け》の巣を左右かき分け、中から*パタパタを取り出す。そのまま、パタパタをすみれちゃんに手渡《てわた》した。

「どんな様子ですか？」

待ちきれないといった声で、すみれちゃんが聞いてくる。

「えーっとねぇ」

つま先で立って、伸びるようにして巣の中をのぞき込《こ》んだ。よく見ると、ひとつの卵《たまご》だけ、小刻《こきざ》みに震《ふる》えていて、表面に小さな穴《あな》のようなものが空いている。間違《まちが》いなく、「☆」印の卵だ。どうやらさっきから聞こえている音は、やっぱりその卵の中から聞こえてくるようだ。

「卵から、雛《ひな》が出ようとしているのかも」

そのことの大きな意味をかみしめながら、私は声を落としてすみれちゃんに伝えた。大声で言ったら、雛を驚《おどろ》かせてしまうと思った。一瞬《いっしゅん》にして、緊張《きんちょう》が大波のように押《お》し寄《よ》せてくる。④私の心臓《しんぞう》が、無鉄砲《むてっぽう》に暴《あば》れ始《はじ》めた。あばら骨《ぼね》をこぶしで叩《たた》いて、ここから出せ、ここから出せと、大声で訴《うった》えている。

「いよいよ、その時が来たということですね」

すみれちゃんは、⑤ひっそりと静まり返った声で言った。私がすっかりのぼせ上がっているのとは反対に、すみれちゃんはすごく冷静だった。

「ひばりさん、手を貸《か》してくださるかしら？　今のうちに卵を安全なところに移《うつ》しましょう。髪の毛がからまるといけませんから」

気がつくと、すでにすみれちゃんは左手に手鏡を持ってスタンバイしている。私は、その手鏡を動かし、すみれちゃんに巣の中の様子が見えるよう角度を変えた。

すみれちゃんは、右手の親指と人差し指で、慎重《しんちょう》に「☆」印の卵をつまみ上げている。ゆっくりと持ち上げ、今度はそれを私の手のひらにそーっとのせた。

「わたくしはもうおばあさんなので、体温が低いですから。ひばりさんが、落とさないようにしっかりとこの子を守ってあげて」

片手《かたて》だけでは不安なので、その下から更《さら》に手のひらを合わせ、両手で軽くおわんの形を作り、その中央に卵を置く。責《せき》任《にん》重大だ。私の不注意で卵を落としたりしたらと考えると、本当に息をするのも恐《おそ》ろしくなる。肩《かた》にぎゅっと力を入れて、とにかく手のひらの形を変えないように気をつけた。じっとしていると、緊張からか手が震えてくる。急に、トイレに行きたくなってきた。でも、今は我慢《がまん》するしかない。たとえおもらしをしてしまっても、今の私は卵を守らなくちゃいけない。

すみれちゃんが席をゆずってくれたので、私は鏡台の椅子《いす》に浅く腰《こし》かけた。その時も、ゆっくりゆっくり、慎重に体を移動《いどう》する。

卵は、飴玉《あめだま》くらいの大きさしかなく、重さも、見れば何かがのっているとわかるけれど、目を閉《と》じたらほとんど感じないくらいのささやかな重量しかない。その卵が、今、私の手のひらで必死にかえろうとしている。さっきまで小さな穴のようだったのに、気がつくと、そこから周囲《しゅうい》にぐるっと割《わ》れ目《め》ができていた。どうしてこんなにもきれいに線をつけられるのだろう。誰《だれ》から、教えてもらったわけでもないのに、雛は、自分がどうやったら卵から出やすくなるのか、ちゃんとわかっているのだ。

割れ目はどんどん大きく広がって、その間から、中で動く雛の様子がかすかに見える。

「ちゃんと動いているよ！」

まるで、ぴったりと体に張《は》り付《つ》いたびしょ濡《ぬ》れのセーターを、手を使わずになんとか脱《ぬ》ごうとしているみたいだ。ごにょごにょと激《はげ》しく体をよじっている。私の手のひらで、卵が活発に動いた。

ちらっとすみれちゃんの方を見ると、すみれちゃんは卵の表面を見つめたまま、⑥目に涙《なみだ》を浮《う》かべている。

がんばれ、がんばれ。

がんばれ、がんばれ。

私は、必死にエールを送り続けた。

いよいよ、卵の動きが激しくなってきた。私はしっかりと手のひらをくっつけて、卵が下に落ちないようガードする。気がつくと、顎《あご》が壊《こわ》れそうなくらい、奥歯《おくば》をぎゅっとかみしめていた。

あっという間の出来事だった。

卵の殻《から》がふたつに割れた瞬間、中から丸裸《まるはだか》の雛がもがくようにして這《は》い出《だ》してくる。まさに、脱出劇《だっしゅつげき》だ。頭には殻が張り付いたままでベレー帽をかぶっているようだし、おしりの方にも殻がくっついていてなかなか外れない。パッと見ただけでは、どこが体のどの部分か、よくわからなかった。

一瞬、雛が鳴かなくなったので不安になる。思わずすみれちゃんの方を振《ふ》り向《む》いた時、思い出したように雛《ひな》が再《ふたた》び鳴き始めた。ツェッ、ツェッ、ツェッ、ツェッ、その音は、さっきよりもよりはっきりと耳に届《とど》く。

※

ようやくおしりにはまっていた殻《から》が取れて全貌《ぜんぼう》が現《あらわ》れた時、私《わたし》は自分の手のひらの上でみょごみょごと動いているのが、本当に鳥なのだろうかと疑問《ぎもん》になった。鳥というより、人間の赤ちゃんを何十分の一にも縮小《しゅくしょう》したようだ。毛は、ほんの一部分に張《は》り付《つ》いているだけでほとんど裸《はだか》だし、頭だけが極端《きょくたん》に大きくて、その頭の大部分を、黒くて大きな目が占《し》めている。しかも、頭全体が半透明《はんとうめい》の薄《うす》いビニールに覆《おお》われているような状態《じょうたい》で、宇宙人《うちゅうじん》のようだ。ささやかな胴体《どうたい》からは、頼《たよ》りない手足が伸《の》びていた。手に見えるのは、実際《じっさい》はきっと翼《つばさ》の部分なのだろう。けれど、目の前に横たわっている雛のそれは、将来《しょうらい》空を飛ぶための道具になるなんて、少しも想像《そうぞう》できない。奇妙《きみょう》な角度に曲がっているし、大きさも中途半端《ちゅうとはんぱ》で、神様が間違《まちが》ってくっつけてしまったように不細工だった。

私が、生まれたばかりの雛をじっと見ているその横で、

「　⑦　」

すみれちゃんが、まるで神様に祈《いの》りを捧《ささ》げるような神聖《しんせい》な声で、話しかけている。雛は、こんなにちっちゃくて頼りない、私でも簡単《かんたん》に指で押《お》しつぶせそうな体なのに、⑧ちゃんと命が詰《つ》まって生きているのだ。

＊パタパタ＝化粧《けしょう》をする際に使うパフ。

（小川糸《おがわいと》『リボン』〈ポプラ社〉より）

問一　——線①「小春日和《こはるびより》」の意味としてもっともふさわしいものを次から選び、記号で答えなさい。

ア　陽《ひ》が高くなり生命力あふれる春のころの天気

イ　暑さがいったん小休止する夏のころの天気

ウ　よく晴れて暖《あたた》かい冬のはじめのころの天気

エ　春の訪《おとず》れを感じさせる冬の終わりのころの天気

問二　——線②「そう言い終えるや……輝《かがや》いた」とありますが、どういうことを表していますか。説明としてもっともふさわしいものを次から選び、記号で答えなさい。

ア　いよいよ卵《たまご》がかえるようなので、「すみれちゃん」の期待と喜《よろこ》びが部屋全体にあふれているということ。

イ　ずっとあたためてきた卵の様子がいつもと違い心配だったので、「私」の存在《そんざい》が心強く思えたということ。

ウ　「私」の元気のよさに、生まれてくる雛もきっと同じように元気だろうと、喜ばしく思っているということ。

エ　卵がかえる予兆を感じたと思《おも》い込《こ》み、孫に感動的な瞬《しゅん》間《かん》を見せたいと一人ではりきっているということ。

問三「耳を③いる」とありますが、空欄《くうらん》にあてはまる語を次から選び、記号で答えなさい。

ア すすいで　イ 貸《か》して

ウ そばだてて　エ そろえて

問四 ──線④「私の心臓《しんぞう》が、無鉄砲《むてっぽう》に暴《あば》れ始《はじ》めた」とありますが、このときの「私」の状態を言いかえている部分を、本文中から十三字でぬき出して答えなさい。

問五 ──線⑤「ひっそりと静まり返った声」とありますが、このときの「すみれちゃん」の心情《しんじょう》としてもっともふさわしいものを次から選び、記号で答えなさい。

ア 孫がこの貴重《きちょう》な体験から何かを学べるように導《みちび》く責任《せきにん》を感じている。

イ どんなことが起きても対応《たいおう》できるので、内心は冷め切っている。

ウ 気持ちがとても高ぶることで、精神《せいしん》が研《と》ぎすまされている。

エ 何度も今日という日をイメージしてきたので、覚悟《かくご》が決まっている

問六 ──線⑥「目に涙《なみだ》を浮《う》かべている」とありますが、このときの「すみれちゃん」の心情としてもっともふさわしいものを次から選び、記号で答えなさい。

ア 懸命《けんめい》に卵からふ化しようとしている新しい命の誕生《たんじょう》を前に、理屈《りくつ》を越《こ》えた感動を覚えている。

イ 雛ががんばっているのに、何もできない自分の無力さをつきつけられ、ショックを受けている。

ウ 雛が無事にかえってしまったら、孫との関係もまた疎《そ》遠《えん》になってしまうのではないかと不安になっている。

エ お団子《だんご》の中で卵をあたためるという困難《こんなん》にうちかち、大きな力になってくれた孫のたくましさを喜んでいる。

問七 文章中の※の部分について、このときの「私」の心情としてもっともふさわしいものを次から選び、記号で答えなさい。

ア 卵からかえった雛が弱々しいのでいらだっている。

イ どのような感情をいだけばいいのか分からないでいる。

ウ 思っていたよりかわいくなくてがっかりしている。

エ 鳥に見えない不思議な見た目で、かわいそうだと思っている。

問八 文章中の⑦に入る「すみれちゃん」のせりふとしてもっともふさわしいものを次から選び、記号で答えなさい。

ア きちんと世話をしてあげないとね

イ 神様、この子を助けてくださって感謝《かんしゃ》します

ウ　ひばりさんにきょうだいができたわね
エ　無事に誕生《たんじょう》してくれて、どうもありがとう

問九　――線⑧「ちゃんと命が詰《つ》まって生きているのだ」とありますが、「命が詰まって」という表現《ひょうげん》で、どのようなことが伝わりますか。二十五字以内で説明しなさい。

問十「すみれちゃん」の人物像《じんぶつぞう》としてもっともふさわしいものを次から選び、記号で答えなさい。
ア　孫にもよそよそしい態度《たいど》で接《せっ》してしまう無器用な人物。
イ　ちょっとしたことで泣いたり笑ったりするなど、落ち着きのない人物。
ウ　言動は風変わりだが、自分の考えを持ち愛情深《あいじょうぶか》い人物。
エ　祖母《そぼ》としての立場を受け入れない、夢見《ゆめみ》がちな人物。

問十一　この文章の内容《ないよう》と表現の特徴《とくちょう》を説明したものとして、もっともふさわしいものを次から選び、記号で答えなさい。
ア　比喩《ひゆ》を多く用いながら、神秘的《しんぴてき》な生命の誕生に立ち会った「私《わたし》」と「すみれちゃん」の感情が順を追ってていねいに表現されている。
イ　季節感のある描写《びょうしゃ》を交えながら、卵《たまご》をかえすという経《けい》験《けん》を通じて「すみれちゃん」とのきずなを強めていった「私」の成長があざやかに表現されている。
ウ　独特《どくとく》の擬音語《ぎおんご》によって臨場感《りんじょうかん》ゆたかに卵からふ化する瞬間《しゅんかん》を中心に描《えが》きながら、「すみれちゃん」と「私」の視点《してん》を通して読者に生命の尊《とうと》さをうったえるように表現されている。
エ　比喩をたくみに使って「私」と「すみれちゃん」の性《せい》格《かく》の違《ちが》いを描《か》き分けながら、生命の神聖《しんせい》さに対する感情は人類共通のものであることが暗示的《あんじてき》に表現されている。

3 災害《さいがい》

チャレンジ問題 入試発展レベル

解答➡p.502

1 次の文章を読んで、あとの問いに答えなさい。（問題の都合上、本文を一部改変しています。）

【湘南白百合学園中】

《宇都宮《うつのみや》に住んでいた小学五年生のリクは、東日本大震災《ひがしにほんだいしんさい》によって医師《いし》が不足している福島県へ、医師の父とともに転居《てんきょ》した。転居先の牧ヶ原市は、震災の影響《えいきょう》で原子力発電所（＝原発）の事故《じこ》が起こり、放射線《ほうしゃせん》の影響が心配されている地域《ちいき》であった。》

夏休みのあいだ中、リクはずっと家でごろごろ寝《ね》ていた。

お父さんが、たまには外に出て遊ぼうと言っても、やだよ、汚染《おせん》されるから、と言って外に出ようとしない。あちこちで除染《じょせん》作業が始まっていたけれど、まだ、牧ヶ原市の放射線量はまだらに高かった。

お父さんは、毎日、放射線量をチェックしている。だけど、リクの前では放射線なんかぜんぜん気にしていないような顔をしている。そのことが、リクをよけいにイラ立たせた。

目と鼻の先に原発がある。

＊原子炉《げんしろ》はまだ復旧《ふっきゅう》のメドすら立っていない。

新聞には日々の放射線量が天気予報《てんきよほう》のように掲載《けいさい》されている。

気持ちが明るくなるようなニュースはなにもない。

病院はまだ人が足りなくて大変みたいだ。

福島に来てくれるお医者さんも、看護師《かんごし》さんもいないのはリクにも予想がついた。

お父さんは、夜中にへろへろになって帰って来る。

福島ナンバーの車がいたずらされたとか、福島から来たとわかると食堂《しょくどう》に入れてもらえなかったとか、そういう悪意だけが、いろんな人の口を伝わって聞こえてきた。

大人は元気そうなふりをしているけど、ほんとうはとっても不安で怖《こわ》いんだ。リクはそのことを敏感《びんかん》に感じ取っていた。

がんばっているお父さんや、優《やさ》しい岩本先生を、励《はげ》ましてあげたい。でも、リクの心に毒《どく》のようなものがどんどん流《なが》れ込《こ》んできて、リクの力を奪《うば》っていた。

①宇都宮《うつのみや》にいた頃《ころ》のリクは消えていた。そんな自分を、リクはどうすることもできなかった。

《リクは父の勧《すす》めで、福島の子供《こども》たちに自然体験をさせるボランティア「ふくしまキッズプロジェクト」に参加して、冬休みを北海道で過《す》ごすことになった。》

「さあ、ここから歩くよ」

さて、と野村さんは立ち上がり「じゃあ、行くぞ」と言った。

リクは「はい」と答えると、野村さんのあとについて行った。

「はい」って不思議な言葉。「はい」と返事をすると、心にぴっと芯《しん》が通る。

そういえば、学校でも、家でも、あんまり良い返事をしていなかったな。「はーい」とやる気なく返事をしたり「はいはい」といやいや返事をしたりすることが多かった。北海道に来て「はいっ」「はいっ」と良い返事をしていると、自分も気持ちいい。②心がぴかぴかになっていくようで、リクはうれしかった。

雪山を行く野村さんの歩き方は、しなやかだった。

「ほら、見てごらん。これはなんだと思う?」

雪の上に小さな動物の足跡《あしあと》。なだらかな白い丘陵《きゅうりょう》の果てまでずっと続いていた。

「ウサギ……?」

「そうだ、よくわかったな」

雪の斜面《しゃめん》に樹《き》の影《かげ》の黒。樹って、思いきり手や足を伸《の》ばして、自由に踊《おど》っている人間みたいだ。

「こんなに天気がいいから、ウサギも遊んでいるのかな」

リクがそう言うと、野村さんは少し間をおいてから言った。

「ウサギは、人のように遊んだりはしない」

「ウサギは、遊ばないんですか?」

思わず聞き返すと、野村さんはリクを見て言った。

「ウサギは、生《い》き抜《ぬ》くことがすべてだ。遊んだりはしない」

冷たいくらいにきっぱりした口調だった。リクはそれ以上のことを聞くのをやめた。

それから二人で日当たりの良い雪の斜面に座《すわ》って、おにぎりを食べた。

雪が音を吸《す》い込《こ》んでしまうみたい。静かだった。牧ヶ原もすごく静かだけれど、それとは違《ちが》う静けさ。ずっと二人で黙《だま》っていても、それでいいような、言葉なんかいらない感じの、豊《ゆた》かな静けさだった。

おにぎりを食べ終わったリクは、野村さんに聞いてみたいことがいっぱいあったのだけれど、しゃべったらなにかが壊《こわ》れてしまいそうで、そっと、小さく、つぶやいた。

「ウサギが、後《うし》ろ脚《あし》で地面を蹴《け》るのは、なにをしているんですか？」

「あれは、スタンピングだ」

　野村さんの声も、小さかったけれど、よく聞こえた。

「ウサギはとても警戒心《けいかいしん》の強い動物なんだ。それに、臆病《おくびょう》でストレスをためやすい。イライラして不安なときに後ろ脚で激《はげ》しく地面を蹴る」

　リクは驚《おどろ》きの声をおにぎりと一緒《いっしょ》に飲み込んだ。

「敵《てき》が近づいて来て、仲間に危険《きけん》を知らせるときもスタンピングをする。ウサギは声をもっていないから、行動で合図を送るんだよ」

「ウサギは、声をもっていないんですか？」

「捕食《ほしょく》される側の動物は声を出して鳴くと危険だからな。肉《にく》食獣《しょくじゅう》に食べられる草食獣はあまり鳴かない」

　食べられる動物は、鳴かない！　③リクの髪《かみ》が逆立《さかだ》った。

　いつのまにか湧《わ》いてきた雲が、太陽の光をすっと隠《かく》した。急に肌寒《はだざむ》くなった。

「声はないが、ウサギには敵を察知するため大きな耳がある。それに、ウサギは多産で子どもをたくさん産む。食べられても減《へ》らないようになっている」

　常《つね》に食べられてしまう危険があるから、ウサギは遊ばない……。そうか！

「じゃあ、ウサギは食べられるために生まれてくるんですか？」

「ウサギだけじゃないよ。地球の生き物はみんな、それぞれの命を捧《ささ》げ合《あ》って生きているんだ。そういうふうに、神さまがここをつくった」

　思わずリクの口から言葉が飛び出していた。

「じゃあ、人間は？」

　どさり、と樹の上から雪が落ちた。

「生き物は、必ず死ぬだろう。どのように死ぬかは、自分では決められない。人間だって、同じだよ」

　リクは、なにか言いたかったけれど、難《むずか》しすぎて頭の中が真っ白だった。

　野村さんが立ち上がったとき、リクは思いきって言った。

「野村さん」

「なんだい？」

「ぼく、もっと山のこととか、動物のこととか知りたいです。教えてください」

　野村さんは照れたように笑って「いいとも」と言った。

《リクは自然体験に参加している子供《こども》たちとともに、ボランティアのゲンさんから話を聞いている。》

「どうして森には熊《くま》の食べ物がなくなったの？」

　セイラは怒《おこ》っている。

　リクは、一文字に口を閉《と》じ、押《お》し黙《だま》っていた。

「森っていうのは、とっても大事なものだってことを、人間が忘《わす》れてしまったからな。昔の人間は知っていたんだよ。昔の人間は知識《ちしき》はなかったが知恵《ちえ》はあった。生きるための[a]だ。だからほんとうに大切なものは何かって知ってた。だが、だんだん、[b]を忘れて[c]ばっかり頭に詰《つ》め込《こ》むようになった。そして、[d]しか知らない奴《やつ》がのさばるようになった。だから、世の中がめちゃくちゃになっちまったんだ。原発だってそうだ、[e]だけでつくったものは、かならず暴走《ぼうそう》するんだよ」

　野村さんが「ゲンさん……」と目配せをした。子どもたちは敏感《びんかん》にとんがった雰囲気《ふんいき》を感じ取って、息を詰めた。

　ゲンさんは、ああ、と肩《かた》でため息をつき、＊囲炉裏《いろり》に薪《たきぎ》をくべた。

　人間ってそんなに悪役なのかな、人間は地球にとって悪い生き物なのかな。

「人間と動物は、どこが違《ちが》うんですか？」

　リクの質問《しつもん》に、ゲンさんは「難《むずか》しいことを言うなあ」と笑った。

「人間は、意思ってのをもっている。そこが一番違うな。人間はことばを使って考える。動物は考えない。動物は本能《ほんのう》で行動している。判断《はんだん》はするけど、あーだこーだと考えない。そもそも、ことばを知らないんだから考えるってことができない。人間は考える。人間は、考える葦《あし》である、って言うだろう、わかるか？　考えるから悩《なや》む。動物は悩まない」

　なんで、人間だけが他の動物と違って悩むんだろう。悩みがないのなら、人間より動物でいたほうが、よっぽどいいんじゃないか。ぼくは、なんで人間に生まれたんだろう。そう思ったら、囲炉裏を囲《かこ》んでいるみんなが急に遠くなって、リクだけ宙《ちゅう》に浮《う》いたような気持ちになった。

《リクの冬休みは終わり、福島県牧ヶ原の生活は続いている。》

　みどり叔母《おば》さんは、冬休みにリクが一度も横浜《よこはま》に行かなかったのでご立腹《りっぷく》だった。

「そっちは、まだ線量が高いみたいじゃないの。四月から横浜に転校したらどうかしら。来年はもう中学受験に向けて準《じゅん》備《び》しなきゃいけないのよ。塾《じゅく》に通ったほうがいいでしょ。横浜ならいい塾がいっぱいあるわよ」

中学受験……そうか、来年はもう中学生。まるで実感がない。

「みどり叔母さん、ぼくは牧ヶ原にいます。横浜には行きません」

「どうして、お父さんと離《はな》れるのが淋《さび》しいの？」

「違います。そうじゃなくて、ぼくはここにいることが、面《おも》白《しろ》いんです。ここの生活は大変だけど、こんな経験《けいけん》ができるって、すごいことだって。だから、横浜には行きません」

みどり叔母さんはキーッとなってヒステリーを起こした。

「生意気なこと言って、わかったようなこと言って、まったく、もう、もう、もう！」

興奮《こうふん》して、まるで牛みたいだ。

「病気になったらどうするの？」

「みどり叔母さんだっていつか死ぬんだよ。どうしていつも、ぼくらを脅《おど》かすようなことばかり言うの？　ぼくらはここで生きているんだよ。北海道では、みんなが優《やさ》しかった。だからぼくはすごく元気になった。ぼくは、人を勇気づける人になりたい。みんなが明るく元気になるような仕事をしたいんだ。そっちに行ったら、ぼくは別の人間になってしまいそうでいやだ。ぼくは、ここにいる。ぼくは、ここに越《こ》して来てよかったと思う」

「もう！　勝手にしなさい」

がちゃん、と電話を切られてしまった。

リクは携帯電話《けいたいでんわ》をお父さんに返した。

「まいったよ」

「えっ？」

「リクの言う通りだ。お父さんも、目が覚めた。ここでしか学べないことがある。ここに来たのも運命なんだ。そのことを思い出した。ありがとう、リク」

お父さんったら。照れるじゃないか。リクが繰《く》り出《だ》したパンチを、お父さんは両手で受け止めた。えい、えい、えい。

「やるなー、おい！」

久《ひさ》しぶりに二人で大声で歌った。グーッグーッグーッグッド、ヴァイブレーション！


（田口《たぐち》ランディ『リクと白の王国』〈キノブックス〉より）

＊原子炉《げんしろ》＝原子力発電所の核《かく》エネルギーを取り出す装置《そうち》。
＊囲炉裏＝床《ゆか》を四角に切って火を燃《も》やすようにした所。

問一　――線①「宇都宮《うつのみや》にいた頃《ころ》のリクは消えていた」とありますが、なぜですか。その理由として**ふさわしくないもの**を次から一つ選び、記号で答えなさい。

ア　移住《いじゅう》した福島では、原子力発電所の事故《じこ》の影響《えいきょう》を心配する報道《ほうどう》が連日続くため、リクの気持ちが沈《しず》んでしまったから。

イ　福島に移住したことで、放射線《ほうしゃせん》がリクの身体に害を及《およ》ぼし、明るく健康的に過《す》ごしていた生活とは異《こと》なってしまったから。

ウ　福島にかかわるいたずらや、悪意のある差別的な行動の様子がリクの耳に伝わり、穏《おだ》やかな気持ちを失ってしまったから。

エ　福島で不安を抱《かか》えながらも、医師《いし》としてがんばる父を励《はげ》ましたいが、その力になれないことにむなしさを感じてしまったから。

問二　――線②「心がぴかぴかになっていくようで、リクはうれしかった」とありますが、どうしてリクはうれしかったのですか。次からもっともふさわしいものを選び、記号で答えなさい。

ア　良い返事をすることが、相手に対する感謝《かんしゃ》を伝えることであると同時に、自分の今までの悪い態度《たいど》を取り消してくれるものだったから。

イ　良い返事をすることが、相手に対する尊敬《そんけい》の気持ちを示《しめ》すことであると同時に、大人に一歩近づいたと思わせてくれるものだったから。

ウ　良い返事をすることが、相手に対するていねいな心づかいであると同時に、そんな自分自身をほめてあげたい気持ちにさせてくれるものだったから。

エ　良い返事をすることが、相手に対する誠実《せいじつ》な受《う》け応《こた》えであると同時に、前向きな気持ちにさせてくれるものだったから。

問三　――線③「リクの髪《かみ》が逆立《さかだ》った」とは、リクのどのような様子を表していますか。その説明として次からもっともふさわしいものを選び、記号で答えなさい。

ア　ウサギの生態や性質《せいしつ》への理解《りかい》が十分ではなかったことに加え、そこには厳《きび》しい生存《せいぞん》関係がかかわっていることに激《はげ》しい驚《おどろ》きを覚える様子を表している。

イ　ウサギのような草食獣《そうしょくじゅう》の命は肉食獣によって左右される運命だが、どうしたら少しでも生《い》き延《の》びることができるようになるのかを懸命《けんめい》に考えている様子を表している。

ウ　肉食獣に捕食《ほしょく》されないように鳴き声を持たないというウサギの特性を知らなかったことに、その場でじっとしていられないほどの恥《は》ずかしさを感じている様子を表している。

エ　動物に対する認識《にんしき》を新たにしたことで、同じ地球上に住む人間も他の動物と同様にどのように死んでいくのかを決めることができないことを知り、心配と恐《おそ》れを感じている様子を表している。

問四　[a]～[e]にあてはまる語句《ごく》として、次からもっともふさわしいものをそれぞれ選び、記号で答えなさい。

ア　知恵《ちえ》

イ　知識《ちしき》

問五　本文の最後で「リク」は、なぜ「叔母《おば》さん」の勧《すす》めを断《ことわ》り、福島で生活し続けることを選んだのですか。その理由を本文全体から読みとり、八十字以上、百字以内で説明しなさい。

4 部活

チャレンジ問題 入試発展レベル

解答⬇p.504

1 次の文章を読んで、あとの問いに答えなさい。【大妻中】

小市航太《おちこうた》は高校三年生。同級生の河野日向子《こうのひなこ》が俳句《はいく》の高校全国大会に出たいと考えているのを知り、出場者を集める手伝いをすることにした。短歌が得意《とくい》な二年生来島京《くるしまみやこ》もさそわれるが、来島は「短歌と違《ちが》い、俳句では自分の思いを表現《ひょうげん》することはできない」と言って断《ことわ》る。河野は来島が作った短歌を俳句に作りかえてみせることで、俳句でも同じ思いを表現できることを証明《しょうめい》してみようと試みる。

迷《まよ》ふ《(う)》日々涙《なみだ》して立ちすくむ日々
すべて愛《いと》しき日々年終は《(わ)》る

「来島さん、この歌で間違《まちが》いない？」

来島京は、またうなずいた。

「昨日も言ったけど、この歌を選ばせてもらったのは、私《わたし》が、すごく好きだから。迷うことも泣くことも立ちすくんで動けなくなることも、みんな無駄《むだ》じゃない、そういう日々ばっかりだったけど、それでもその一年がいとおしい。なんだか、この歌を読んで涙が出そうになったよ。それで……」

「 A 」

河野女史《じょし》の熱弁《ねつべん》を、来島京は表情《ひょうじょう》のない声でそうさえぎった。

「あ、ごめん。この期《ご》に及《およ》んで、aノウ書きばっかり言っちゃいけなかった」

河野女史は、もう一枚《いちまい》の紙に手をかけると、大きく一呼吸《ひとこきゅう》して、それからさっと表向きにした。

真っ白な紙に、たった一行。

意味をわかろうと意識《いしき》するまでもなく、すべての文字が航太の目に飛《と》び込《こ》んでくる。

迷ふ《(う)》泣く立ちすくむまた①日記買ふ《(う)》

その文字が耳の中で響《ひび》く。二回三回、こだまする。

「来島さん、私、短歌と俳句で同じ心を詠《よ》むことができると昨日言った。でもそれは、ただ言葉を縮《ちぢ》めることじゃない。来島さんの歌、自分が悩《なや》んでもがいていた時間を本当に大事に思っている。その思いを噛《か》みしめていることが、『日々』という言葉を繰《く》り返《かえ》すことで伝わってくる。でも、そういうリフレインは、俳句ではあんまり使えない。なんと言っても、俳句は短いから」

「だったら……」

思わずというふうに来島京が言いかけて、それからやめた。河野女史があとを引き取った。

「だったら、やっぱり俳句は短歌の代わりにはなれないいんじゃないかって?」

「そ、そうです」

河野女史は大きくうなずいた。

「そう。厳密《げんみつ》に言ったら、そうかもしれない。だからね、この言葉を使った」

「あ!『日記』?」

航太はそこで思わず叫《さけ》んでしまい、ほかの三人の視線《しせん》をbアびて体を縮めた。

「悪い、つい……」

「ううん、そういうことなんだ、小市」

河野女史の声が熱をcオびてきた。

「それから、『愛しき』という言葉。悩んだ日々も動けない日々も、愛しい。その気持ちはよくわかるけど、でも俳句では、『愛しい』とか、そういう感情を直接《ちょくせつ》出す言葉はあまり使わない。だからと言ってそういう思いを詠《よ》めないわけではない。日々がいとおしい、そう歌う代わりに、その思いは日記を書くという行為《こうい》に込《こ》めることができると考える」

航太の脳裏《のうり》に、買い込んだばかりのかわいらしい日記帳を抱《だ》きしめて毅然《きぜん》と歩く河野女史の姿《すがた》が、浮《う》かんだ。

「日記を書くのは、自分の過去《かこ》を大切にすること。愛しく思うこと。たとえそれが楽しいだけの毎日じゃなくても、つらいと泣いた日々でも。きっとこれからだってそういう日々は続く、でもそれも全部自分のものだと受け止めよう。②そのために、私はまた日記を買う。それが俳句の表し方。短歌の技《ぎ》法《ほう》とは違う、でも、俳句で自分の感情や思いを表せないということは、絶対《ぜったい》にない」

来島京の反応《はんのう》を窺《うかが》った航太は、あわてた。③彼女《かのじょ》の目が赤いのだ。

「だ、大丈夫《だいじょうぶ》?」

来島京は顔をそむけた。航太は彼女が目をこするのを見ないようにした。一方、のほほんとした姿勢《しせい》をくずさない男が一人いる。

「あのお、ちょっと質問《しつもん》いいですか？　河野先輩《こうのせんぱい》」

「はい、斎《いつき》君、何？」

「河野先輩の説明、すごく面白《おもしろ》かったんだけど、ちょっと気になったんです。俳句《はいく》って、基本《きほん》、④季語を入れなければいけないんですよね？」

航太《こうた》は内心あっと叫《さけ》んだ。そうだ、すっかり忘《わす》れていたが、そのとおりだ。昨日＊恵一《けいいち》も言っていたじゃないか。

「来島《くるしま》さんの歌は、最後の『年終はる』で、一年を振《ふ》り返《かえ》っての感慨《かんがい》だということを表してますよね？　そこんとこも触《ふ》れられてない気がするんだけど、いいんですか？」

斎和彦《かずひこ》の質問に、河野女史《じょし》は落ち着いて答える。

「そうよね。そこはちょっと苦心した。実は⑤歳時記《さいじき》を結構《けっこう》ひっくり返して調べたんだ」

「歳時記なんて持ってるんだ、河野女史」

航太が口を挟《はさ》むと、たしなめられた。

「当たり前。昨日もこの部屋を出たあと、すぐにお世話になった」

「ああ、昨日見ていた辞書みたいなの、あれ、歳時記なんだ」

「小市《おち》と話していると脱力《だつりょく》するよ。私《わたし》たち、五木中学校卒業の時に、全員卒業記念品として学校からもらったでしょ。斎君たちもそうだったんじゃない？」

河野女史がそう言って二年生二人の顔を交互《こうご》に見ると、斎和彦が穏《おだ》やかに答えた。

「そうでしたかね……。ところで河野先輩、さっきのぼくの質問ですけど」

三人の目がまた自分に集まったのを見て、河野女史は改めて説明を再開《さいかい》した。

「実は、『日記買ふ』が季語」

「へ？」

叫んだのは、たぶん男二人だ。

「季語って草や花の名前とか、自然のものじゃないのか？」

「いや、入学式とかクリスマスとかも季語だったはずですよ」

言い合う横で、河野女史が、［B］という顔でにっこりする。

「そう。それで、日記を買うのは、普通《ふつう》……」

男二人の呆然《ぼうぜん》とした声が、またそろう。

⑥「年末か！」

⑦すごい。航太は今度こそ感激《かんげき》した。

日記買ふ。

たったその五音に、自分の過去《かこ》、これからの未来、どっちも受け入れる思いと、年《とし》の瀬《せ》の空気や新しい年への期待、それをみんな突《つ》っ込《こ》むのか。

さっきの、日記を買い込んだ河野女史の姿《すがた》が、今度は首にマフラーを巻《ま》きつけている。ベージュのチェック。あ、コートも着ている。去年見た、ピンクのダッフルコート。弾《はず》んだ足取りで店を出た河野女史のやわらかい髪《かみ》が、そのフードの上で揺《ゆ》れている。傾《かたむ》いた冬の日、風は冷たそうだ。来年はどんなことがあるだろう……。

（森谷明子《もりやあきこ》『南風《みなみ》吹《ふ》く』〈光文社〉より）

＊恵一＝航太の同級生。

問一 A にあてはまることばとしてもっとも適切《てきせつ》なものを、次の中から一つ選んで記号で答えなさい。

イ もったいぶらないでよ
ロ ちょっと長いんじゃない
ハ 早くしてもらっていいですか
ニ 恥《は》ずかしいからやめてください

問二 ――線①「日記」ということばを「河野女史」が使ったのはなぜか。その理由を説明した次の文の【　】にあてはまるように、三十五字以上四十五字以内で答えなさい。そのとき、「リフレイン」と「感情《かんじょう》」ということばを必ず用いること。

・俳句には【　　　　】という短歌とは異《こと》なる特徴《とくちょう》があるから。

問三 ――線②「そのために、私はまた日記を買う」とあるが、何のために「日記を買う」のか。「～ため。」に続くように、十五字以上二十字以内で答えなさい。

問四 ――線③「彼女《かのじょ》の目が赤いのだ」とあるが、「目が赤い」のはなぜか。その理由としてもっとも適切なものを、次の中から一つ選んで記号で答えなさい。

イ 河野女史が何度も自分の短歌をほめてくれるので、うれし涙《なみだ》をうかべていたから。
ロ 自分の歌の思いが俳句で見事に表現《ひょうげん》された瞬間《しゅんかん》に立ち合い、感動して涙ぐんだから。
ハ 勝手な解釈《かいしゃく》で俳句に改作され、歌に込めた思いが台無しにされ悔《くや》し涙《なみだ》を流したから。
ニ もういいと何度抗議《こうぎ》しても、河野女史が自分の話を聞いてくれず悲しくて涙が出たから。
ホ 自分の気持ちを無視《むし》して、河野女史が熱弁《ねつべん》をふるうのが泣きたいほど恥ずかしかったから。

問五 ――線④「季語」によって俳句の季節がわかる。次の俳句《はいく》には「季語」から考えると、**よまれていない季節**が一つある。その季節を漢字一字で答えなさい。

・菜の花や月は東に日は西に　与謝蕪村《よさぶそん》
・涼風《りょうふう》の曲がりくねつて来《き》たりけり　小林一茶《こばやしいっさ》
・行水《ぎょうずい》の捨所《すてどころ》なし虫の声　上島鬼貫《うえじまおにつら》
・雪残る頂《いただき》一つ国境《くにざかい》　正岡子規《まさおかしき》

問六　――線⑤「歳時記《さいじき》」とはどのような書物か。もっとも適切《てきせつ》なものを、次の中から一つ選んで記号で答えなさい。

イ　俳句に使うことばを五十音順に並《なら》べた、辞書的な書物。
ロ　俳句を作者ごとにまとめて、その作風を解説《かいせつ》した書物。
ハ　俳句の季語を集めて分類し、解説や例句をつけた書物。
ニ　俳句のすぐれた作品をとりあげ、年代順に並べた書物。

問七　[B]にあてはまることばとしてもっとも適切なものを、次の中から一つ選んで記号で答えなさい。

イ　笑止千万《しょうしせんばん》
ロ　してやったり
ハ　もっけのさいわい
ニ　我《わ》が意《い》を得《え》たり

問八　――線⑥「年末」と同じ意味のことばを、文章中から三字でぬき出して答えなさい。

問九　――線⑦「すごい」とあるが、航太《こうた》はどのようなことに感激《かんげき》したのか。それを説明した次の文の【　1　】【　2　】にあてはまることばを、指定された字数でそれぞれ文章中からぬき出して答えなさい。

・「日記買ふ」という、たったその五音で【1　十一字　】にとどまらず、【2　八字　】までも表していること。

問十　══線a「ノウ書き」、b「アびて」、c「オびて」のカタカナの部分を漢字に直しなさい。

5 友情《ゆうじょう》

チャレンジ問題 入試発展レベル

解答⬇p.505

1 次の文章を読んで、あとの問いに答えなさい。(問題の都合上、本文を一部改変しています。)【恵泉女学園中】

恵理菜《えりな》は小学校五年生の女の子です。五年生になってから、仲良くしていたかおりとの関係がうまくいかなくなっていたので、父の仕事の都合で、三学期から転校することになったときも、悲しい気持ちより、ほっとする気持ちを抱《いだ》きました。転校したばかりのころは、緊張《きんちょう》していた恵理菜ですが、友達もできて次第《しだい》に新しい学校にもなじんできました。

休み時間、きのちゃんが話を始めた。

「きのうの夜、食器を洗《あら》ってたら、手がすべってお皿を割《わ》っちゃったの。強化ガラスのお皿だったんだけど、割れると、すごく細かくなっちゃって、ひとつひとつがまるで針《はり》みたいな感じになったの。しかられるし、危《あぶ》ないし、大変だったよ。」

宮本さんが、そういえば、と思い出した顔になった。

「わたしもちょっと前に、お皿を割っちゃったな。そのときは、三つくらいの大きなかけらに割れたけど。」

「わたしはお茶わん、割ったことあるよ。お父さんと、お母さんのペアの片方《かたほう》だったから、お母さんにすごくしかられたの。」

田中さんもそう話した。

つぎは自分の番だと、恵理菜は思った。

「わたしもだいぶ前だけど、マグカップを落としたことがあるよ。取っ手だけが折れて、お湯飲みみたいになっちゃったの。」

「ばかじゃん！」

きのちゃんが突然《とつぜん》、いった。

え？

恵理菜は、どきりとした。

どうして「ばかじゃん」なのだろう？　みんなと同じような話をしたのに、わたしの話だけ？

恵理菜がどきりとしたことに、きのちゃんは気づいていなかった。ふだんと変わらない顔で話を続けている。ほかの二人も、もう別の話を始めている。恵理菜《えりな》も気にしないふりをして、新しい話題に加わったが、今の「ばかじゃん」が、頭からはなれなかった。

その日、きのちゃんはあと二回も、恵理菜に「ばかじゃん」といった。注意して聞いていると、宮本さんと田中さんにはいわない。恵理菜だけにいうのだ。

学校から帰り、自分の部屋で考えていると、①深い穴《あな》に落ちていくようだった。

きのちゃんのことを明るくて親切な子だと思っていたけれど、本当はちがうのだろうか。

はじめはやさしくても、慣《な》れてくると、意地悪するタイプなんだろうか。

もしかして、きのちゃんは、わたしのことがきらいになったのか。それとも、たいした理由はなくて、なにげなくいってるだけか。気にするほうが、おかしいのだろうか。

ぐずぐず考える自分が、いやだった。でも、つい考えてしまう。

小心者なのに、プライドが高い。おとなしくないけど、社交的でもない。ひとのことが気になるけど、それほどうまく合わせられない。

恵理菜はいつも自分の性格《せいかく》をそう思っている。同時に、いやな性格だなと思う。

その後、一週間のあいだに、全部で十二回も「ばかじゃん」といわれた。きのちゃんは、やっぱり恵理菜にだけいうのだ。宮本さんと田中さんには、一度もいわない。

がまんしているうちに、恵理菜はきのちゃんの顔をまともに見ることができなくなった。きのちゃんと二人きりで話すと、顔がひきつってしまう。

学校の帰り、恵理菜はひとりだけ、三人の後ろを歩いた。

宮本さんが気づいた。

「どうしたの？」

「このごろなんだか、元気がないよね。」

田中さんも心配そうにたずねる。

「えっ、元気だよ。」

恵理菜はあわてて答えてから、ちらりと、きのちゃんを見た。

ちょうど、きのちゃんもこちらを見ている。おこっているような、意地悪そうな表情《ひょうじょう》だ。

②やっぱりだ。恵理菜は目をそらしながら、さらに重い気分になった。

その夜、恵理菜はソファーでひざをかかえて座《すわ》り、テレビをぼんやりとながめていた。

台所で歓声《かんせい》をあげていた孝《こう》太《た》が、ぴょんぴょん、とびはねながら恵理菜のそばにやってきた。

「お姉ちゃん！　あした、お父さんが、前の豆まき祭りに連れていってくれるって！」

前に住んでいた町の神社で行われる節分祭のことだ。そのあたりでは有名なお祭りだった。豆だけでなく、おかしやおもちゃ、ビール券《けん》やお米券なども盛大《せいだい》にまかれる。

恵理菜は頭をふった。

「お姉ちゃんは、あんまり行きたくないな。」

「だめだよ、お姉ちゃんも絶対《ぜったい》行くんだよ。」

孝太が恵理菜のうでをひっぱる。

気分転換《てんかん》になるだろうか。③恵理菜は、ため息をついた。

（中略《ちゅうりゃく》）

「久しぶり。」

思い切って声をかけた。かおりは恵理菜に気がつくと、ひどくおどろいた表情になった。引《ひ》っ越《こ》したのに、どうしてここにいるのかと思ったらしい。先に恵理菜は説明した。

「神社の節分祭りに来たの。弟が来たがったから。」

「そうなんだ。」

理由がわかると、かおりは不機嫌《ふきげん》そうな顔になり、それ以上なにも話そうとしない。

「じゃ。」

と、ぎこちなく手を上げると、歩きだした。

「まって！」

恵理菜はとっさに止めた。

「なによ。」

かおりがこわばった顔でふりむく。

「ちょうど会えたから、話したいことがあるの。」

恵理菜もいいながら緊張《きんちょう》した。

わたしはなにを話そうとしているんだろう？

「あの、もうずいぶん前のことだから、今さらって感じもするけど……。」

かおりがさえぎった。

「なら、もういいじゃん、恵理菜は引っ越したんだし、わたしも昔のことなんか、もう話したくないよ。今と関係ないじゃん。」

「関係あるの！」

恵理菜は思わず大声を出した。

「関係あるの。ずっと続いているの。新しいところに行っても続いているんだよ。だから教えてほしいの。どうして、かおりは急にわたしに意地悪をするようになったの？　わたしのなにが、気に入らなかったのか、教えて！」

　かおりの顔が、けわしくなった。

「なにいってるの。逆《ぎゃく》でしょ。恵理菜《えりな》のほうから先に、無視《むし》してきたんじゃない。わたしはなにもしてないのに、そっちがいきなり無視したくせに。」

　恵理菜はおどろいた。よくもそんなでたらめをいえるものだ。

「なにもしてないのに、わたしが急に無視したって？　信じられない。よくそんなことといえるね。かおりは、わたしが話してると、すぐに話をさえぎったでしょ。ほかの子の話のときは最後まで聞くのに、わたしの話のときだけ、いつもさえぎって自分の話に変えたじゃないの。毎日そんなことをされたら、どんなにいやな気分か、わかるの？」

　思い出すと、またむかむかしてくる。そうなのだ。かおりはいつも恵理菜の話のときだけ、さりげなく入ってきて、自分の話に変えてしまう。恵理菜が最後まで話してないのに、自分の話を始めるのだ。一度や二度じゃない、何十回もだ。

　かおりは変な顔をして首をかしげた。

「そんなことしてない。」

「したじゃない！　いつも話のじゃまをしたくせに。それもわたしのときだけ、さえぎって自分の話を始めたじゃないの。」

「そんなことしてない、本当に！」

　かおりが強く頭をふる。

「恵理菜が、先に無視してきたんだよ。だからわたしも負けないように無視したの。」

「うそよ！」

「うそじゃないよ！　わたし、恵理菜の話をじゃましようとしたことなんてないよ。わたし、せっかちだから、恵理菜の話の途中《とちゅう》で別の話を始めてしまったことがあったかもしれないけど、話をさえぎってやろうなんて思ったこと、ほんとに一度もないよ。」

　かおりは真剣《しんけん》な顔をして必死でいいつづける。

「うそじゃないよ。そんなこと一度もしてないよ！」

　恵理菜の頭は、混乱《こんらん》した。

うそよ、じゃあ、偶然《ぐうぜん》だったの？　わたしの思いこみだったっていうの？　六月から十二月までの半年のあの対立はなんだったの？

　かおりの目がうるみ、泣き声になる。

「五年になったとき、わたし、恵理菜と同じクラスになれて、すごくうれしかった。一番気が合いそうだって思ってたの。

それなのに、急に無視されてすごくショックだったんだよ。恵理菜がどうしてわたしのことを無視するのかわからなかったけど、こわくてきけなかった。」

　恵理菜は、ぼうぜんとした。

　そうなのだ。わたしも、かおりと、一番気が合いそうだと思っていた。一緒《いっしょ》のクラスになって喜《よろこ》んでいた。

「じゃあ、話をさえぎったのは、わざとじゃなかったんだね。……ごめん。」

　かおりは首をふった。

「……わたしも、きっと話をさえぎったことがあるんだよね。恵理菜のことを一番の仲良しだって思ってたから、気をつかわずに、そういうことをしちゃったんだと思う。ごめん。」

　二人は泣き顔を見合わせた。

「でも、おそすぎたよね。」

　月曜の朝、学校に行くと、恵理菜はまっさきに、きのちゃんの席に向かった。

「きのちゃん！」

　大声で呼《よ》ぶと、きのちゃんはびっくりして顔を上げた。恵理菜ははっきりといった。

「このごろ、わたし、変だったでしょ？」

「え、ああ。」

A

　恵理菜は一気にいった。

「わたしね、きのちゃんに『ばかじゃん』っていわれたから、ショックだったの。わたしの話のときだけ『ばかじゃん』って、いつもいわれている気がして、実をいうと、ずっとおこってたの。」

B

「わたし、そんなこといった？」

「いったよ。最初は食器を割《わ》った話のとき。わたしがマグカップを割った話をしたとき。」

　きのちゃんは、あっ、と声をあげると、思い出したようにうなずいた。

「それは覚えてる。持つところがとれて、お湯飲みみたいになったっていう話だよね。おもしろかったから覚えてる。」

「おもしろかった？」

「うん。恵理菜の話はおもしろいから。宮ちゃんや田中っちも、おもしろい子だけど、恵理菜はまじめな顔でおかしいことをいうから、すごくおもしろいなあって、いつも思うの。」

　そういってから、きのちゃんはまずいことをいっただろうかと、急に心配そうに恵理菜の顔を見た。

恵理菜《えりな》は首をかしげて、今、きのちゃんがいった言葉を考える。

「それじゃ、もしかして、きのちゃんは、おもしろい話を聞いたら、『ばかじゃん』っていうの？」

「えっ、そうかな、そんなことないと思うけど。あ、でも、そういわれたらそうかも。おかしいことを聞くと、『ばかじゃん』っていっちゃってるかも……。」

C

「もしかして、ばかにされたと思った？」

恵理菜はこくんと、うなずいた。

D

「ごめん、そういう意味じゃないよ！『ばかじゃん』っていうのは、ばかにしてるんじゃなくって、使い方がちがってるかもしれないけど、わたしとしてはおかしいっていう意味なの。ごめんね。」

そういうことだったの？　恵理菜はおどろいた。同時に、胸《むね》の中の重いものが、うそのように消えていく。

「……わたし、ひとりで勝手におこって、ほんとのばかだ。」

「だから、ばかじゃないってば！」

きのちゃんがまたあわてる。

恵理菜はきのちゃんの顔を見た。意地悪そうではなく、最初の明るくてやさしい顔にもどっている。いや、きのちゃんはずっと変わらなかったのだ。恵理菜の見えかたが元にもどったのだ。

恵理菜はほっとした。うれしい。④今度は間に合って、本当に良かった。

「わたし、きのちゃんと友だちでいられるよね。」

「もちろん！」

きのちゃんがうなずいた。恵理菜もいっぱいの笑顔《えがお》になった。

「これからもよろしくね！」

（魚住直子《うおずみなおこ》「ばかじゃん！」〔『Two Trains』〈学研プラス〉所収〕より）

問一　――線①「深い穴《あな》に落ちていくようだった」とありますが、ここから、恵理菜のどのような気持ちが読みとれますか。説明しなさい。

問二　――線②「やっぱりだ」とありますが、それはどういうことですか。説明しなさい。

問三　――線③「恵理菜は、ため息をついた」とありますが、このときの恵理菜の気持ちの説明として、合っているものには○、そうでないものには×をつけなさい。

ア　きのちゃんとのことが気になって、祭りを楽しむことができないだろうと悲しくなっている。

イ　こんなに悩《なや》んでいるのに、祭りに行く相談をしていた父にいらだっている。

ウ　姉の気持ちを聞き入れない弟の、あまりの幼《おさな》さに幻滅《げんめつ》している。

エ　前に住んでいた町で起きた苦々《にがにが》しい出来事を思い出し、祭りに行く気になれない。

問四　[A]～[D]にあてはまるもっとも適切《てきせつ》な文を、次のア～エの中から選び、記号で答えなさい。

ア　きのちゃんはあわてた。

イ　きのちゃんは口ごもる。

ウ　きのちゃんは、さらにびっくりした顔になった。

エ　きのちゃんは、はっとした。

問五　――線④「今度は間に合って、本当に良かった」とありますが、「今度は間に合っ」たとは、どういうことですか。説明しなさい。

6 不思議な世界

チャレンジ問題 入試発展レベル

解答➡p.506

1 次の文章を読んで、あとの問いに答えなさい。【淑徳与野中】

ある街に不思議なオルゴール店があった。小学四年生の香《か》音《のん》は、ピアノのレッスンに向かう途中《とちゅう》、二週間前にあったコンクールで弾《ひ》いた*バッハの曲が聞こえてきたので、そのオルゴール店に足を踏《ふ》み入《い》れる。

気づけばバッハは消えていた。バッハどころか、物音ひとつしない。やっぱり空耳だったのかもしれない。楽器らしきものも見あたらない。

香音が回れ右しようとしたそのとき、店員さんがふと入口のほうへ顔を向けた。ぱっと目を輝《かがや》かせ、口を開く。

「いらっしゃいませ」

香音を店の中へ招《まね》き入《い》れると、彼《かれ》はさっさと元の位置に戻《もど》り、背《せ》を向けて棚《たな》の整理を再開《さいかい》した。

香音はA所在《しょざい》なく店内を見渡《みわた》した。こういう個人《こじん》商店にひとりで入るなんて、はじめてだ。外の光に目が馴《な》れていたせいか、暗く感じる。隅《すみ》で大儀《たいぎ》そうに首を振《ふ》っている旧式《きゅうしき》の扇風《せんぷう》機《き》の、うなるような鈍《にぶ》い音だけが、静かな店にくっきりと響《ひび》いている。

店員さんとは反対側の壁際《かべぎわ》の棚に、近づいてみた。透明《とうめい》な四角い箱が並《なら》んでいる。どれも、中に金色の器械がひとつずつ入っていた。

バッハの正体は、これだろうか。

「ご希望の曲がお決まりでしたら、承《うけたまわ》りますが」

声をかけられて、香音は振り向いた。作業が一段落《いちだんらく》したのか、店員さんが香音のほうに向き直っていた。

「よかったら、オリジナルでお作りすることもできますよ」

まるでおとなを接客《せっきゃく》しているかのような、かしこまった言《こと》葉《ば》遣《づか》いにひるみつつ、香音はしどろもどろに答えた。

「ええと、あの……わたし、たまたま前を通りかかっただけで……」

自分から店の中をのぞきこんでおきながら、買うつもりはないと今さら言《い》い訳《わけ》するなんて、変だろうか。でも、お金もほとんど持っていない。

「歩いてたら、バッハが聞こえてきて……知ってる曲で、ちょっと気になって……」

「バッハ、ですか？」

店員さんが心もち目を見開いた。

「耳がいいんですね」

驚《おどろ》いたように言い、背後《はいご》の棚を見やる。

「ええと、バッハはどこだったかな」

「あ、いいんです」

香音はあせってとめた。別にオルゴールがほしいわけじゃない。

同時に、ちらりと不思議な気もした。わたしが店をのぞいた直前まで鳴らしていたはずなのに、どうしてどこにあるのかわからないんだろう？　やっぱり、あれは空耳だったんだろうか？　だけど、耳がいい、と店員さんは感心したように言っていた。お客さん相手に話を合わせただけだろうか？

「すみません。わたし、お金も持ってないんです」

恥《は》ずかしいのをこらえ、白状《はくじょう》する。

「お金？」

店員さんはきょとんとして繰《く》り返《かえ》し、ああ、とB腑《ふ》に落ちたように手を打った。

「なるほど。じゃあ、よかったらこれを」

足もとの段《だん》ボール箱を抱《かか》えあげ、香音の前まで持ってくる。

「ご覧《らん》のとおり、今日は在庫を整理してまして。せっかくなので、お好きなものをひとつお持ち下さい。お代はけっこうですから」

箱の中には、小さなオルゴールがたくさん入っている。お代、というのは代金という意味だろうか。ただでオルゴールをくれるということなのか。だけど、どうして。
①立ちつくしている香音に、店員さんがいぶかしげにたずねた。
「お急ぎですか？」

うなずこうとして、香音は動けなくなった。レッスンのはじまる時間はとっくに過《す》ぎている。

（中略《ちゅうりゃく》）

結局、店員さんに差し出された段ボール箱を、香音は両手で受けとった。どのみち、レッスンが終わる時刻《じこく》までは家に帰れない。この炎天下《えんてんか》、時間をつぶす場所もない。ただでくれると親切に言ってもらっているのだから、厚意《こうい》に甘《あま》えてしまおう。

「よかったら、そちらでどうぞ」

店員さんが奥《おく》のテーブルをすすめてくれた。香音は椅子《いす》に腰《こし》かけて、オルゴールをひとつひとつ聴《き》いてみた。底についているぜんまいを回すと音が鳴る。知っている曲もいくつかあったけれど、そうでないもののほうが多かった。②聞き覚えのないメロディーは耳にひっかからずに流れ去り、潔《いさぎよ》く消えていく。

透明《とうめい》な箱の中には、表面に細かいぶつぶつがついた円柱形の部品と、櫛《くし》の歯のようなかたちのひらたい部品が、隣《とな》りあわせに配置されている。円柱の突起《とっき》が歯をはじき、音が出るしくみらしい。

ピアノみたいだ。思いあたり、反射的《はんしゃてき》に目をそらした。なめらかに繰《く》り返《かえ》されていた旋律《せんりつ》が、少しずつぎこちなく間延《まの》びして、ついにとまった。

先週、コンクールが終わってはじめてのレッスンで、南先生は心配そうに言った。

「香音《かのん》ちゃん、大丈夫《だいじょうぶ》？　音に、元気がなくなってる」

香音は絶句《ぜっく》した。

「香音ちゃんは本当によくがんばったわ。がんばりすぎて、ちょっと疲《つか》れちゃったのかもね。無理しないで、しばらくゆっくりしてみたら？」

いたわるように、先生は続けた。

「誰《だれ》もが一位になれるわけじゃない。ここはそういう世界だから。でも、一位になるためだけに弾《ひ》くわけでもないのよ」

あれから一週間、香音はほとんどピアノを弾いていない。どうしても、ピアノの前に座《すわ》ろうという気分になれなかった。ピアノを弾きはじめて六年間、こんなことは一度もなかった。

全国大会に進めなかったから、落ちこんでいるわけじゃない。それでやる気を失《な》くしたわけでも、自棄《やけ》になっているわけでもない。ただ、自分でも気づいてしまったのだ。わたしの音には元気がない。そんな音を響《ひび》かせることも、誰かに聴かせることも、耐《た》えられない。

この機会に別の先生に習ってみたらどう、と昨日お母さんに言われた。

黙《だま》って首を横に振《ふ》っただけですませたのは、③うまく伝えられる自信がなかったからだ。考えを言葉で言い表すのは、すごく難《むずか》しい。音楽を使えれば、と香音はいつももどかしく思う。楽器でうれしい音や悲しい音を鳴らして伝えられたら、わかりやすくて簡単《かんたん》なのに。

南先生は悪くない、と本当は言い返したかった。入賞できなかったのは先生のせいじゃない。わたしの力が足りなかった。だからこそ、がんばらなきゃいけないのに。がんばって練習して、上手になって、お母さんや先生を喜《よろこ》ばせたいのに。

「気に入ったもの、ありましたか」

店員さんから声をかけられて、香音はわれに返った。聴き終えたオルゴールが、テーブルの上にばらばらと散乱《さんらん》している。

「すみません、ちょっとまだ」

④香音はひやひやしてうつむいた。気を散らしてばかりで、身を入れて選んでいないのがわかってしまっただろうか。ただで持っていっていいと気前よくすすめてくれたのに、気を悪くしたのかもしれない。

「少々、お待ち下さい」

無言で香音を見下ろしていた店員さんが、唐突《とうとつ》に言った。耳もとに手をやって、長めの髪《かみ》をかきあげる。かたちのいい左右の耳に、透明な器具のようなものがひっかかっていることに、香音ははじめて気づいた。

彼《かれ》はてきぱきと器具をはずし、テーブルの上に置いた。ことり、と軽い音がした。素材《そざい》はプラスチックだろうか。めがねの端《はし》っこをぱつんと切り落としたような、ゆるいカーヴのついたつるの先に、耳栓《みみせん》に似《に》たまるい部品がくっついている。

変わった器具につい見入っている香音を置いて、店員さんは棚《たな》のほうへ歩いていった。新たなオルゴールをひとつ手にとって、戻《もど》ってくる。

「これはいかがですか」

自らぜんまいを回してみせる。流れ出したメロディーを聴いて、あっと香音は声を上げてしまった。

「讃美歌《さんびか》?」

ついさっき、教会でひさびさに思い返していた曲だった。聖歌隊《せいかたい》の十八番で、日曜礼拝《れいはい》でたびたび伴奏《ばんそう》したのだ。

安らかな日々だった。コンクールのことも、南先生のことも、知らなかった。鍵盤《けんばん》に指を走らせるのが、ただただ楽しかった。幼稚園《ようちえん》の先生にも、友達やその親たちにも感嘆《かんたん》され、聖歌隊からは感謝《かんしゃ》され、礼拝の参列者の間でも評判《ひょうばん》だった。香音ちゃんのピアノは神様の贈《おく》りものだ、と園長先生は感慨《かんがい》深《ぶか》げに言ったものだ。大切にしなさい。その力はみんなを幸せにするからね。

オルゴールがとまるのを待って、香音は口を開いた。

「これ、下さい」

「よかった。⑤実は僕《ぼく》も、耳は悪くないんです」

店員さんは目を細め、香音にうなずきかけた。

「すごくいい音で鳴っている」

いい音ね。不意に、南先生の声が香音の耳もとで響いた。ぎゅう、と胸《むね》が苦しくなった。

「紙箱があるので、入れますね」

店員さんが腰《こし》を上げた。耳の中でこだましている先生の声は気にしないようにして、香音《かのん》も笑顔《えがお》をこしらえる。

⑥そこで突然《とつぜん》、彼《かれ》が眉《まゆ》をひそめた。

「ん？」

中腰の姿勢《しせい》でしげしげと見つめられ、香音はどぎまぎして目をふせた。作り笑いが失敗していただろうか。

「あともうひとつだけ、いいですか」

香音の返事を待たずに、店員さんはせかせかと棚《たな》のほうへ歩いていく。

店を出ると、香音は急いで先生の家へ向かった。⑦途中《とちゅう》から、ほとんど駆《か》け足《あし》になっていた。門が見えてきたときには汗《あせ》だくで、息がはずんでいた。そのまま駆《か》け寄《よ》ろうとして、つんのめりそうになった。道の先に、香音に負けず劣《おと》らず息をきらして走ってくる人影《ひとかげ》が見えたのだ。

「香音！」

見たこともないようなこわい顔をして駆けてきたお母さんは、立ちすくんでいる香音の前で仁王立《におうだ》ちになった。

香音は無言でうなだれた。足もとのくろぐろとした影が、穴《あな》みたいに見える。いっそ飛びこんでしまいたい。

「どれだけ心配したと思ってるの？」

頭の上から降《ふ》ってきた声は、頼《たよ》りなく震《ふる》えていた。

香音はびっくりして顔を上げた。お母さんは怒《おこ》っているというよりも、途方に暮《く》れたような顔つきになっていた。

「先生も心配してらしたわよ。今までどこにいたの？」

香音がレッスンに来ないと電話を受けて、探《さが》しにきたらしい。

「ごめんなさい」

「ねえ、香音。ピアノ、弾《ひ》きたくないの？」

香音は目をみはり、お母さんを見上げた。

「さっき、電話で先生と少しお話ししたの。ちょっとお休みしてもいいんじゃないかって。先週、香音ともそういう話をしたんだって？」

お母さんが膝《ひざ》を折って香音と目線を合わせた。

「お願い。正直に教えて。お母さん、怒らないから。香音のやりたいようにやってほしいと思ってる」

肩《かた》からかけたかばんを、香音は手のひらで軽くなでた。底のほうがぽこりとふくれているのは、角ばった紙箱のせいだ。

店員さんが新しく棚から出してきてくれたオルゴールを聴《き》いて、香音は息をのんだ。バッハでも讃美歌《さんびか》でもない、けれどよく知っている曲が、またもや流れ出したのだった。

「ピアノを習っておられるんですか」

店員さんは優《やさ》しい声で言った。

「はい」

でも、と言い足すなんて、ふだんの香音なら考えられないことだった。見ず知らずのおとなに、個人的《こじんてき》な打ち明け話をするなんて。

このひとになら、わかってもらえるのではないかと思ったのだ。香音の胸《むね》の奥底《おくそこ》で響《ひび》いている音楽をみごとに聴きとってみせた、彼になら。

コンクールで落選したこと、ピアノを弾く気力を失っていること、今日レッスンをすっぽかしてしまったことまで、つっかえつっかえ話した。店員さんはなにも言わずに耳を傾《かたむ》けてくれた。それから、ふたつのオルゴールをテーブルに並《なら》べ直《なお》した。

「どちらでも好きなほうを、どうぞ」

香音は左右のオルゴールを見比《みくら》べた。洗《あら》いざらい話したせいか、いくらか心は軽くなっていた。

深く息を吐《は》き、耳をすます。

「こっちを下さい」

新しく出してもらったほうを、指さした。⑧店員さんが満足そうに目もとをほころばせ、香音が選んだオルゴールを手にとって、ぜんまいを巻《ま》いた。

素朴《そぼく》なバイエル*の旋律《せんりつ》が、香音の耳にしみとおった。

紙箱に入れてもらったオルゴールをかばんにしまうと、香音はお礼もそこそこに店を飛び出した。無性《むしょう》にピアノを弾きたかった。一刻《いっこく》も早く鍵盤《けんばん》にさわりたくてたまらなかった。

お母さんの目をじっと見て、香音は口を開く。

「わたし、ピアノを続けたい」

（瀧羽麻子《たきわあさこ》「バイエル」〔『ありえないほどうるさいオルゴール店』〈幻冬舎〉所収〕より）

＊バッハ＝18世紀《せいき》ドイツで活躍《かつやく》した作曲家、音楽家。

＊バイエル＝19世紀ドイツの作曲家。「バイエルピアノ教則本《きょうそくぼん》」は、ピアノを学ぶ人の入門書として長く親しまれている。

問一 ══線A・Bの本文中の意味としてふさわしいものを、それぞれあとのア～エから一つ選び、記号で答えなさい。

A「所在《しょざい》なく」

ア 間が持てない様子で　イ 慣《な》れない様子で

ウ 困《こま》った様子で　エ 緊張《きんちょう》した様子で

B「腑《ふ》に落ちた」

ア 驚《おどろ》いた　イ 感動した

ウ 納得《なっとく》した　エ 初めて気づいた

問二 ――線①について、「店員さんがいぶかしげにたずねた」のはなぜですか。その理由の説明としてふさわしいものを、次のア〜エから一つ選び、記号で答えなさい。

ア　急いでいるにしても、好きなオルゴールをさがす時間くらいはあるはずだと思ったから。

イ　ピアノのレッスンに行く途中《とちゅう》なのに店に呼《よ》び入《い》れてしまい、怒《おこ》らせてしまったと思ったから。

ウ　箱の中にはたくさんのオルゴールがあるのに、香音《かのん》の好みのものがないように見えたから。

エ　代金はいらないと言ったのに、香音がオルゴールをいっこうに選ぼうとしないから。

問三　――線②とはどういうことですか。その説明としてふさわしいものを、次のア〜エから一つ選び、記号で答えなさい。

ア　自分の知らない曲には特別な思い入れがないので、印《いん》象《しょう》に残らないということ。

イ　弾《ひ》いたことのない曲は興味《きょうみ》がないので、曲選びの対象からはずれてしまうということ。

ウ　聞いたことがない曲は、余計《よけい》なことを考えないぶん素《す》直《なお》に頭に入っていくということ。

エ　初めて聞く曲は、旋律《せんりつ》がよくわからないままですぐ終わってしまうように感じるということ。

問四　――線③について、香音が伝えたいと思っていることを述《の》べなさい。

問五　――線④について、「ひやひやし」た香音の気持ちの説明としてふさわしいものを、次のア〜エから一つ選び、記号で答えなさい。

ア　コンクール以来ピアノに打《う》ち込《こ》めなくなった自分に、オルゴールをもらう資格《しかく》はないのではないかと思っている。

イ　余計なことばかり考えていて真剣《しんけん》にオルゴールを選んでいないことを、見抜《みぬ》かれたのではないかと思っている。

ウ　なかなか自分の気に入った曲がみつからないが、正直に言うと店員さんが気を悪くするのではないかと思っている。

エ　お金を持っていないうえにテーブルの上を散らかしてしまったので、店員さんに叱《しか》られるのではないかと思っている。

問六　――線⑤について、この店員さんは実は聴覚《ちょうかく》に特殊《とくしゅ》な能力《のうりょく》があると思われますが、ここでいう「耳が悪くない」とはどういうことですか。その説明をふくむ一文をこれ以《い》降《こう》から探《さが》し、初めの五字を答えなさい。

問七　――線⑥とあるが、店員さんが「眉《まゆ》をひそめた」のは、どういうことに気がついたからですか。

問八 ――線⑦とあるが、香音はなぜ「駆《か》け足《あし》になっていた」のか、その理由の説明としてふさわしいものを、次の**ア**～**エ**から一つ選び、記号で答えなさい。

ア ピアノを弾きたくないという気持ちはもうなくなり、早く鍵盤《けんばん》に触《ふ》れたいと思ったから。

イ レッスンをさぼったことをお母さんに知られる前に、先生の家に行こうと思ったから。

ウ 自分のわがままから先生にも心配をかけたと知り、今すぐ謝《あやま》りたいと思ったから。

エ 親切な店員さんに出会い、オルゴールをもらった喜《よろこ》びを誰《だれ》かに話したくなったから。

問九 ――線⑧について、店員さんはなぜ「満足そうに目もとをほころばせ」たのですか。その理由の説明としてふさわしいものを、次の**ア**～**エ**から一つ選び、記号で答えなさい。

ア 香音が自分から気に入った曲を口にしたから。

イ 香音が胸《むね》のつかえを自分に話してくれたから。

ウ 香音をピアノの道に戻《もど》すことができたから。

エ 香音が本当に求めている曲を選べたから。

7 学校という場所

チャレンジ問題　入試発展レベル

解答⬇p.507

1 次の文章は、小学六年生のあるクラスのできごとをえがいたものである。よく読んで、あとの問いに答えなさい。【日本大藤沢中】

教室に入って窓《まど》のほうを見て、一瞬《いっしゅん》、目が点になった。

だれ？　と声をださずにつぶやいて、それが同じ班《はん》の栗原《くりはら》さんだと気づき、二度びっくりした。

ぽかんとして栗原さんを見ていると、優希《ゆき》も、ぽかんと栗原さんの背中《せなか》を見ていることに気づいた。目があうと肩《かた》をすくめて、こまったように優希は笑った。

五月①半ばの、水曜日の朝だ。

きのうまで黒かった栗原さんの髪《かみ》は、突然《とつぜん》、まばゆい金色に変わった。

「なんだあの髪っ」

「金色だーっ」

「似《に》あわねーっ」

男子たちは栗原さんを指さして好き勝手にわめき、女子たちはあちこちでグループをつくって、くすくす笑っている。目くばせしあいながら、ちいさな声でささやきあってる子たちもいる。

連休が終わって一週間がたち、教室が変わった新鮮《しんせん》さもうすれ、みんな、退屈《たいくつ》してたんだろう。そんなとき、いきなり大胆《だいたん》な金色に変わった栗原さんの髪は、みんなの［A］をくすぐるかっこうのネタになっていた。

机《つくえ》の上にバッグを置いたわたしは、栗原さんに声をかけるかどうか迷《まよ》った。いつもおだやかな栗原さんの背中が、なにかに怒《おこ》っているように見えたからだ。

でもそれは、わたしが金色の髪を見なれていないだけかもしれない。気のせい、気のせい、と心のなかでつぶやきながら、窓の手すりにもたれて外をながめる栗原さんに、そっと声をかけた。

「おはよー」

なんの反応《はんのう》もなかった。栗原さんは身動きひとつせず、窓から校庭のほうを見ている。きこえなかったのかと思い、もう一度、今度はもっとおおきな声で、くりはらさーん、と呼《よ》んでみた。でも、やっぱり返事はない。それでようやく、無《む》視《し》されてるらしい、と気づいた。

「栗原さん、どうしたの?」とききながら、おそるおそる肘《ひじ》のあたりをつついた。栗原さんはちょっとだけ顔を動かしたものの、なにもいわず、すぐに視線をもどしてしまった。話しかけないで、という雰囲気《ふんいき》が全身にただよっていた。

ふいにうしろから腕《うで》を引っぱられ、ふりむくと、優希が立っていた。ゆらゆらと首をふり、ほおを寄《よ》せるようにして、耳もとでささやいてくる。

「だめ。わたしもさっき話しかけたけど、無視されちゃった」

そのとき、教室のドアをあける音がした。巨大《きょだい》な三角定規《さんかくじょうぎ》とコンパスと出席簿《しゅっせきぼ》をかかえた沢村《さわむら》先生がなかに入ってきた。

「おっはよー。みんなすわってー。すわってー。ホームルーム、はじめるよー」

まだ大学をでて二年目の沢村先生はいつも元気だ。先生の登場と同時に、みんなガタガタと自分の席にもどっていく。わたしが席につくと、すこしおくれて、栗原さんもイスに座《すわ》った。栗原さんの席はわたしの目の前だ。ゆるやかにウェーブのかかった金色の髪は、太陽の光をはじいて白くかがやき、とてもきれいだった。

栗原さんとは今回の班替《はんが》えではじめて同じ班になった。クラスがいっしょになったのは去年の春からだ。今まで、あまり話をしたことはない。成績《せいせき》はわるくないけど、百点を連発するタイプでもなく、器械体操《きかいたいそう》がわりとうまくて、バレーボールのときはよくミスをする。クラスがどんなに騒々《そうぞう》しくても、バカさわぎにはあまり加わらない。静かに笑っているか、そっと遠くから見ている。

金髪《きんぱつ》だけでもじゅうぶんなインパクトなのに、それをしてきたのが栗原さんだったことで、クラスのみんなは②余計《よけい》びっくりしたにちがいない。

なかでもわたしたち三班のメンバーは、とくにおどろいた。というのも、*ポイント制《せい》が原因《げんいん》で、五日前、ちょっとした出来事があったからだ。

先週、わたしたちの班は、六グループ中四位という成績に終わった。つまり、あとひとつ順位が上なら、今週一週間、自由な昼休みをすごせたことになる。

金曜日の五時間目まで、三班は三位につけていた。ところが、六時間目の算数の授業《じゅぎょう》で、栗原さんが分度器をわすれた。「三班《さんぱん》、マイナス三点」という理奈《りな》の声とともにわたしたちの給食当番が決定し、同じ班の男子たちがぶうぶう文句《もんく》をいった。

「くりはらっ。おまえのせいだぞ、四位になったの」

「わかってんだろーな」

栗原《くりはら》さんは泣きそうになりながら男子たちにあやまった。

でも、わたしだって週のはじめにひとつわすれものをしていたし、なによりマイナス二十四点のうち、十五点は男子のせいなのだ。たまたま失敗のタイミングがわるかっただけで、栗原さんひとりに責任《せきにん》があるわけじゃない。

もちろんわたしと優希《ゆき》はそういった。なのに、男子たちは[B]。栗原さんをお荷物あつかいし、今週になってからもずっといやみをいい続けている。おまけに間のわるいことに、栗原さんはきのうもふたつわすれものをした。男子たちの怒《いか》りはさらに高まった。

きのうの栗原さんはほんとうにつらそうだった。

男子にもわたしたちにも「ごめんなさい」をくりかえし、穴《あな》があったら入りたい、とでもいうように、ずっとうつむいていた。だから、なおさらわからない。どうして、髪《かみ》なんて染《そ》めたんだろう。そんなことしたらおおきな減点《げんてん》になることくらい、だれでもわかるはずなのに。

一時間目が終わると、思った通り栗原さんは理奈《りな》のひきいる女子グループに囲《かこ》まれた。


「栗原さん」理奈は冷たい声でいった。「その髪の色、なに？」

栗原さんは表情《ひょうじょう》をこわばらせたままなにもこたえない。

「ほかに染めたい子がいても、がまんしてんだよ。あんただけ染めていいと思ってんのっ？」

小柄《こがら》だけど迫力《はくりょく》満点の声をだす一伽《いちか》がどなった。クラスでいちばんちいさな体を、さらにちいさくちぢめた栗原さんは、今にも消えてなくなりそうだ。
③やだな、とわたしは思った。髪を染めてきたのは、たしかにまずかったかもしれない。でも、寄《よ》ってたかって責《せ》めることはないのに。
「ねえねえ」べつの子が理奈のほうを見た。「これって、マイナス何ポイント？　三点とか、五点ってことはないよね」

理奈がうなずいて、口をひらきかけたとき、おそるおそる……といった感じで、となりにいた優希が声をあげた。

「あの、わたし、同じ班《はん》だからいうわけじゃないけど、髪を染めただけでマイナスがつくの、おかしいと思うな」

栗原さんの机《つくえ》を囲んでいた女子たちが顔を見あわせ、それから、いっせいに優希をにらんだ。優希は視線《しせん》に気おされるように一瞬《いっしゅん》口ごもったものの、落ちついた口調で続ける。

「うちの学校、べつに髪を染めるのを禁止《きんし》していないでしょ。

ポイント制《せい》をはじめる前にみんなでクラスの決まりを決めたときも、髪を染めちゃいけないって規則《きそく》はなかった」

「なにいってんの?」すぐに一伽がかみつくようにいいかえした。「決まりになくてもわるいことしたらマイナスがつくって、あのときみんなで決めたじゃん」

　優希は一伽の顔から目をそらさなかった。しっかりと視線を受けとめて、いった。

「ものを盗《ぬす》んだり、人を傷《きず》つけたりするのはよくないことだと思う。でも、髪を染めるのはほんとにわるいこと?　もしわたしの髪が病気でまっ白でも、黒く染めちゃいけないの?」
　④優希が強いな、と感じるのはこんなときだ。目立つことがきらいで、ひっこみ思案なところはわたしと同じでも、いざというとき、優希には勇気がある。いいたいことを、だれに対しても、きちんと言葉にして伝えられる。
「なっ……」一伽が目をつりあげた瞬間、理奈が片手《かたて》をあげた。理奈は優希をまっすぐに見つめ、にこりともせず、わかった、といった。

「今回は優希のいう通り、マイナスはなし。でも、今日だけだよ。あしたから、六年二組で髪を染めるのは正式に禁止。もし決まりをやぶったら、十点引くからね」

「それでいいでしょ、とたずねられた優希は、しかたなさそうにこっくりとうなずいた。一伽とそのまわりの女子たちは、みんな不服そうにしている。でも、理奈がさっさと自分の席に引きあげていくと、あとにしたがった。

　さわぎのあいだ、栗原さんはずっと口をつぐみっぱなしだった。顔をまっ赤《か》にしてうつむいている姿《すがた》には、どこか、必死とか決死というような覚悟《かくご》を感じた。

　あーあ、大変なことになっちゃったな。

　初夏の風にゆれる教室の遮光《しゃこう》カーテンをながめながら、⑤そっとため息をついた。


（蒼沼洋人《あおぬまようと》『さくらいろの季節』〈ポプラ社〉より）

＊**ポイント制**＝クラスで作った当番の班を決める仕組み。ルール違反《いはん》や迷惑行為《めいわくこうい》があった場合に減点し、毎週班ごとに集計して順位をつけるというもの。

問一　――線①「半ば」の意味として、もっとも適切《てきせつ》なものを、次の**ア**～**オ**から一つ選び、記号で答えなさい。

ア　初旬《しょじゅん》　**イ**　中旬　**ウ**　下旬
エ　前半　**オ**　後半

問二　A にあてはまる語として、もっとも適切なものを、次の**ア**～**オ**から一つ選び、記号で答えなさい。

ア　自尊心《じそんしん》　イ　羞恥心《しゅうちしん》　ウ　好奇心《こうきしん》
エ　警戒心《けいかいしん》　オ　嫉妬心《しっとしん》

問三　――線②「余計《よけい》びっくりした」とはどういうことですか。もっとも適切《てきせつ》なものを、次のア〜エから一つ選び、記号で答えなさい。

ア　栗原《くりはら》さんがポイント制《せい》を気にしていないようにふるまっている上に、栗原さんは先生が教室に入ってきてもまったく動じていないことに、経験《けいけん》したことのない驚《おどろ》きを感じたということ。

イ　ポイント制で当番が決まることは知っているはずなのにルール違反《いはん》をしたり、いつもおとなしい栗原さんが強い思いでみんなに抵抗《ていこう》していたりすることは、驚くに値《あたい》しないということ。

ウ　髪《かみ》を金色に染《そ》めることはだれがしたとしても驚き、とまどうようなことだが、それをしたのがふだん目立つことをしない予想外の人物だったとしても、あまりにも驚きすぎだということ。

エ　クラスメイトが髪を金色に染めたこと自体が驚きだが、注目を浴びるようなことなどしない栗原さんが金髪《きんぱつ》というとても目立つことをしたことに、二重に驚かされたということ。

問四　[B] にあてはまる語として、もっとも適切なものを、次のア〜オから一つ選び、記号で答えなさい。

ア　鼻をならす　イ　頭をもたげる
ウ　目をほそめる　エ　口をつぐむ
オ　耳をかさない

問五　――線③「やだな」と思ったのはどのようなことですか。本文中のことばを用いて答えなさい。

問六　――線④「強いな」と感じたのはなぜですか。もっとも適切なものを、次のア〜エから一つ選び、記号で答えなさい。

ア　ふつうあとさきを考えてためらってしまう状況《じょうきょう》でも、優希《ゆき》は自分の考えをはっきりと主張《しゅちょう》できる精神力《せいしんりょく》を持っていると感じたから。

イ　自分自身の身を危《あや》うくしてしまうような状況でも、優希は悪いものに立ち向かうことができる正義感《せいぎかん》を持っていると感じたから。

ウ　友達を失って孤立《こりつ》してしまうような状況でも、優希は自分が信じていることは曲げないという頑固《がんこ》さを持っていると感じたから。

エ　他人から嫌《いや》がられるとわかっている状況でも、優希は思いついたことは言わずにいられない率直《そっちょく》さを持っていると感じたから。

問七 ――線⑤「そっとため息をついた」のはなぜですか。もっとも適切なものを、次の**ア**～**エ**から一つ選び、記号で答えなさい。

ア やりこめられてみんなが不服に思っていることを、自分はとてもうれしく思っているのを知られることを恐《おそ》れたから。

イ あっという間に大きな出来事になってしまい、自分がこれからのことに不安を感じているのを知られることを恐れたから。

ウ みんなが息をつめて成り行きを見守っているのに、自分だけ緊張《きんちょう》が解《と》けてしまっているのを知られることを恐れたから。

エ 栗原さんや優希に協力しなければならないのに、何もしない自分に罪悪感《ざいあくかん》がないのを知られることを恐れたから。

問八 この文章の表現《ひょうげん》や内容《ないよう》についての説明として、もっとも適切なものを、次の**ア**～**エ**から一つ選び、記号で答えなさい。

ア 登場人物の心情《しんじょう》を表すときに、比喩《ひゆ》表現が印象的《いんしょうてき》に使われていて、読者が感覚的に理解《りかい》できるように工夫《くふう》されている。

イ 物語中の時間を複雑《ふくざつ》に行き来しながら描《えが》くことによって、登場人物の複雑な心の動きが、読者にわかりやすく説明されている。

ウ 短い文の積み重ねと鮮《あざ》やかな情景描写《びょうしゃ》がテンポよく描かれるため、深刻《しんこく》な物語が、さわやかな印象になっている。

エ 学校で起こった出来事だけでなく、出来事の推移《すいい》とともに揺《ゆ》れ動《うご》く「わたし」の気持ちも、きめ細かく描かれている。

第2章 入試頻出テーマ―説明・論説文

1 ことばとくらし

チャレンジ問題　入試発展レベル

解答➡p.509

1 次の文章を読んで、あとの問いに答えなさい。
【関西大中等部・改】

文章とはどういうふうな順序《じゅんじょ》で生み出されるかということから考えてみます。

するとまずなにか書きたいという「思い」が心のなかに萌《きざ》してくる。それが第一の着手です。もしなにも書きたいことが心のなかにないのなら、文章を書くには及《およ》びません。また、事務的《じむてき》書類だとか、定型的書簡《ていけいてきしょかん》のようなものはなにも文章作法にはかかわらず、ただひながたを求め来《きた》って、それを敷《し》き写《うつ》しすれば事足りるでしょう。

そこで、心のなかになにかを思ったとして、それを文章にするときには、まずだれでも、心のなかでそれを呟《つぶや》いてみるにちがいありません。ああ、こんなことが言いたいぞ、いや、そうじゃない、あんなことから述《の》べてみたい、などと、あれこれ考える。

この過程《かてい》では、文章はまだ星雲のようにふわふわと心のなかに浮《う》かんでいるに過《す》ぎません。それが文章という形になるためには、ひとまず「心のなかで語ってみる」そしてその心のなかの「一人語り」のままに文字に綴《つづ》ってみる、という手順が必要になりましょう。

［①］、この過程で、文章のもとになる「一人語り」の言葉そのものが貧弱《ひんじゃく》であったら、それを綴った文章もまた貧弱なものになり、もしそれが下品であれば、文章もまた品下《しなくだ》るものとa ならざるを得《え》ない。子供《こども》じみた言葉しか知らないとすれば、書いた文章も子供の文章になってしまうし、老いの繰《く》

り言《ごと》みたいなことを書けばそのままジジムサイ文章にもなりましょう。

　つまり、文章はその根のところに、各自の「話し言葉」が*伏在《ふくざい》しているはずなので、そこをよく矯正《きょうせい》し磨《みが》かないと、必然的に文章もまた磨かれないということになります。②、A日ごろの話し言葉こそ、もっとも大切な文章の要《よう》素《そ》だと私《わたし》は考えるのです。

　そこでなにはともあれ、まずは話し言葉でも文章でも「上品」な表現《ひょうげん》を目指したいと思います。同じことを言うのであっても、下品な文章には説得力《せっとくりょく》がないからです。

　たとえば、「ためぐちをきく」などということを、最近はよく申します。もともとこんな言い方は、ごく品の悪い言い方で、昔は教養ある大人は③口にしませんでした。同じように、自転車を「チャリンコ」、学生服を「ガクラン」、一《いち》人称複数《にんしょうふくすう》(場合によっては単数にも使う)を「ウチら」などという口語表現は、標準的《ひょうじゅんてき》な東京の言葉の位相からすると、最《さい》下層《かそう》に属《ぞく》する下卑《げび》た言い方で、心ある人が聞けばb眉《まゆ》をひそめるにちがいない。それが、テレビや漫画本《まんがぼん》などの影響《えいきょう》か、このごろでは高校生あたりはだれでも平気で口にし、甚《はなは》だしきはその親の大人までが、別に悪い言葉を使っているという自覚なしに、そんなことを口にするのを耳にします。


　Bこういう状況《じょうきょう》のなかから、品格《ひんかく》ある文章が生まれてくるとは思えません。

　したがって、まずもって大切なことは、自分がいま話している言葉が、はたして上質《じょうしつ》な言葉であるか、それとも下劣《げれつ》な言葉であるか、という「自覚」です。いま自分が使っているこの言い方が、はたして品格のある言い方なのか、それともいかにも感心しない下卑た言葉なのか、それをいつもいつも意識《いしき》していなくてはなりません。良い言葉は一日にしては成りません。

　かつて世阿弥《ぜあみ》は、その能楽《のうがく》の伝書《でんしょ》『花鏡《かきょう》』のなかで、
C「見所《けんしょ》より見る所の風姿《ふうし》は、我《わ》が離見《りけん》なり。然《しか》れば、我が眼《め》の見る所は、我見《がけん》なり。離見の見にはあらず。離見の見にて見る所は、則《すなわ》、見所同心《けんしょどうしん》の見なり」

と説いています。cかいつまんで言うと、これはこういうことを言っているわけです。

「観客席から見るところの自分の姿《すがた》というものは、自分にとっては『向こうから見る見方＝客観的視線《しせん》』である。そうすると、自分のほうから自分を見るのは『こっちから見る見方＝主観的な見方』である。この我見は決して客観的にものを見ているのではない。けれども我意を離《はな》れて向こう側から自分を見直してみる、それすなわち、見物人がどう見るかと

いうところと同じはずだ」

つまりここで世阿弥《ぜあみ》が言っていることは、芸というものは、独《ひと》りよがりではいけない、いま自分の演《えん》じている姿《すがた》を、いちど冷静に自己《じこ》を離《はな》れて、見物人から見たらどう見えるかという立場に立って見直してみるがよい、というのであります。

じつに*透徹《とうてつ》した、そして合理的なものの見方で、世阿弥はこれを能《のう》の演技《えんぎ》について述《の》べたのですが、ちょっと見方を変えると、なにも能のことだけでなく、表現《ひょうげん》ということ一般《いっぱん》に押《お》し広《ひろ》げて適応《てきおう》できる考え方だと思います。

要するに、私《わたし》たちは母語として日本語を話していますね。その会話という*営為《えいい》のなかで、いま自分がこういうことを言ったら、それを相手が聞いてどう思うだろうか、と、そんなことはあまり意識《いしき》しないで話しているにちがいありません。母語というのは、往々《おうおう》にしてそういう無意識のうちに口にのぼせられるので、だからこそ母語と言ってよいのだと思います。

④、いまさっき私が「ためぐち」「チャリンコ」「ウチら」などという言葉を下品だと切《き》り捨《す》てたときに、みなさんがたのなかには、「えっ、そうなの?」と驚《おどろ》かれたかたもあるかもしれません。いや、そうなんです。だから、日々の会話のなかで、自分の使う言葉がどんなふうに相手に聞こえるのか、つまり世阿弥の言う「離見《りけん》の見」の意識を持って言葉を使わなくてはいけないということなのです。

そうして、この意識こそが、じつは文章上達の最短の近道だということに気づいていただきたいのです。

（林望《はやしのぞむ》『文章の品格《ひんかく》』〈朝日出版社〉より）

*伏在《ふくざい》＝表面には見えないところにあること。
*透徹＝筋《すじ》が通っていること。
*営為のなかで＝行為のなかで。

問一　①〜④にあてはまる語を、それぞれ次の中から選び、記号で答えなさい。

ア　決して　　イ　そして　　ウ　したがって
エ　もし　　オ　ところが　　カ　だから

問二　①　――線a「ならざるを得《え》ない」とはどういう意味か。次の中から一つ選び、記号で答えなさい。

ア　実現するかしないかはわからない
イ　現実になるとはかぎらない
ウ　現実になるということ
エ　現実になるかもしれない

②　――線b「眉《まゆ》をひそめる」とはどういう意味か。次の中から一つ選び、記号で答えなさい。

ア　だまされないように用心すること
イ　心配事があって、心の中にいやな思いをおさえられないこと
ウ　心配事が解決《かいけつ》して、ほっと安心すること
エ　大切なときに恐《おそ》れたり、心配したりする様子をあらわさないこと

③　――線c「かいつまんで」とはどういう意味か。次の中から一つ選び、記号で答えなさい。
ア　全体的にとらえる
イ　求めていたものが手に入る
ウ　重要な点をおさえる
エ　細かいところに気をつける

問三　――線A「日ごろの話し言葉こそ、もっとも大切な文章の要素《ようそ》だと私は考えるのです」とあるが、その理由を次の中から一つ選び、記号で答えなさい。
ア　子供《こども》の文章には子供じみた言葉を、老いた人はそれなりの言葉をそれぞれが考えて使うのがよいと考えているから。
イ　一人一人の話す言葉がもともとあるので、文章を書くときには同じことを言っても説得力《せっとくりょく》がないと思っているから。
ウ　良い文章を書こうとすると、一人一人の心の中に思《おも》い浮《う》かぶ、より良い言葉が重要だと考えているから。
エ　話し言葉を文章に直すときには、テレビや映画《えいが》の影響《えいきょう》を認《みと》め、古めかしい表現を使ってはいけないと考えているから。

問四　――線B「こういう状況《じょうきょう》」とはどういうことか。文章中のことばを使って説明しなさい。

問五　――線C「見所《けんしょ》」の語と関係の深い語は次のどれか。次の中から二つ選び、記号で答えなさい。
ア　演技《えんぎ》　イ　主観　ウ　客観　エ　役者
オ　舞台《ぶたい》　カ　観客

問六　この文章をもとに「太郎《たろう》」「次郎《じろう》」の二人の人が会話しています。会話の中で**まちがっている意見**を二つ選び出し、記号で答えなさい。
太郎　筆者はある「思い」が心の中に浮かんでくるときには、心の中でつぶやくのだと言っているね。…ア
次郎　心の中に浮かんでくる言葉は自分の思いがはっきりと決まっているので、それをすぐに文章にするといいというんだね。…イ
太郎　悪い言葉を使っていると気持ちがよい文章を作ることができないというのと、世阿弥の言う、能の演技のと

き自分を一番に考えるべきだというのとは同じだということはよくわかるよ。…ウ

次郎《じろう》　それは違《ちが》うよ、文章を書くには相手がそれを聞いてどう思うかということを考えないといけないと言っているんだよ。…エ

2 自然

チャレンジ問題 入試発展レベル

解答➡p.509

1 次の文章を読んで、あとの問いに答えなさい。(問題の都合上、本文を一部改変しています。) 【聖光学院中】

「風《ふ》が吹けば桶屋《おけや》がもうかる」というたとえがありますが、これは一見つながりのない二つの出来事が、関係の連鎖《れんさ》によりつながっていることをさします。この場合には、風→砂《すな》ぼこり→盲人《もうじん》の増加《ぞうか》→三味線《しゃみせん》の需要《じゅよう》の増加→ネコの捕獲《ほかく》と減少《げんしょう》→ネズミの増加→桶の損傷《そんしょう》→桶屋の繁盛《はんじょう》、という八つの事象《じしょう》の連鎖です。生態系《せいたいけい》および、その機能《きのう》を担《にな》う生物群集は「食う—食われる」関係だけでなく、多様な関係をもつ多くの種から構成《こうせい》されていますので、このような事例には事欠きません。ただし、その因果《いんが》関係を証明《しょうめい》することは、そう簡単《かんたん》ではありません。そこで、生物群集のなかで「食う—食われる」関係にある三種の相互《そうご》作用を明らかにしようとする研究がなされてきました。植物を植食者が食い、植食者を肉食者が食うのですから、[A]ことになるのではないかというのが①検《けん》証《しょう》すべき仮説《かせつ》ということになります。

北海道の森のなかを流れる河川《かせん》には、イワナの仲間のオショロコマ(エゾイワナ)が生息しています。イワナ同様彼《かれ》らにとっては、森から降《ふ》ってくる陸生昆虫《こんちゅう》が何よりのご馳走《ちそう》なのですが、北海道大学の演習林《えんしゅうりん》において、オショロコマのすむ川の上空を延々《えんえん》二五メートルにわたって②ビニールシートで覆《おお》ってしまうという実験がおこなわれました。オショロコマのご馳走を完全に遮断《しゃだん》してしまおうというわけです。ビニールシートの効果《こうか》は抜群《ばつぐん》で、この区間(抑制区《よくせいく》)の陸生昆虫の量は、上空を覆わない区間(自然区)の八分の一程度《ていど》に抑《おさ》えられました。ここで陸生昆虫がゼロにならないのは、直接《ちょくせつ》降ってこなくても、上流から流れてくるものが多少はあるからです。そしてオショロコマのお腹《なか》をあけてみると、自然区のオショロコマが陸生昆虫を主に食っていたのに対し、シートで覆った区間のオショロコマはユスリカやエビのように川底に生息する底生動物を食っていたことが明らかになりました。陸から降ってくる餌《えさ》がなくなったのですから、これは当然といえば当然です。

③さて、問題の植物への影響《えいきょう》ですが、ここでの*生産者は川底の石に付着している藻類《そうるい》です。抑制区《よくせいく》では、オショロコマの捕食《ほしょく》により藻類を食う底生動物が約六割《わり》に減《へ》ったのに呼応《こおう》して、藻類の量は約二倍になりました。

　このようにして、オショロコマは藻類の味方、つまり敵《てき》の敵は味方ということが科学的に証明《しょうめい》されました。川面をビニールシートで覆《おお》い、サカナを捕《つか》まえては胃《い》をあけ、底生動物の*サンプリングをおこない、さらに藻類の量を調べるのがいかに大変かは、想像《そうぞう》にあまるものがあります。このように科学的であるというのは大変なことで、ひとつのことを証明するにも多大な時間と労力が費《つい》やされます。

　鳥を相手に、このような実験をしようとするといかに大変かは十分想像できます。今度は相手が川のなかにいるのではなく、空を自由に飛びまわっているのですから。やはり北海道大学の演習林《えんしゅうりん》でその一角を網《あみ》で完全に囲《かこ》ってしまい、そのなかの鳥と餌昆虫《えさこんちゅう》、そして昆虫の餌の樹木《じゅもく》(葉っぱ)の関係を明らかにするという研究がおこなわれました。ここでの捕食者はシジュウカラとゴジュウカラでしたが、シジュウカラを網のなかに入れた結果が「敵の敵は味方」であったのに対し、④ゴジュウカラを入れた結果は明瞭《めいりょう》なものではありませんでした。

　このことについては、両者の食性《しょくせい》の違《ちが》いを説明しておく必要があります。シジュウカラがガやハチの幼虫《ようちゅう》であるイモムシを主に食うのに対して、ゴジュウカラはイモムシとともに、アリを食います。ところでアリというのは、昆虫のなかでは強力な捕食者として君臨《くんりん》しています。アリとアブラムシの共生、つまりアブラムシがお尻《しり》から甘露《かんろ》を出してアリに与《あた》える代わりに、アブラムシが天敵のテントウムシから身を守ってもらうという関係が有名ですが、ある種のアリは、実はアブラムシを放牧しているようなもので、普段《ふだん》はアブラムシを護《まも》っているが、タンパク質《しつ》が不足してくるとアブラムシの一部を食料にしてしまうことが知られています。⑤甘露が牛乳《ぎゅうにゅう》、アブラムシの肉が牛肉にあたるというわけで、アリは牧畜《ぼくちく》をしているようなものです。

　話が少々横道にそれましたが、捕食者がシジュウカラの場合には「鳥は樹木の味方」という図式が素直《すなお》に成立するのですが、イモムシを食うアリをさらに食ってしまうゴジュウカラの場合には少し複雑《ふくざつ》な関係が生じることになります。ゴジュウカラは葉っぱを食害するイモムシを食うことにより、樹木を助けますが、この鳥は、これと同時に、イモムシを食って樹木の味方をするアリをも食ってしまうので、樹木の味方なのか敵なのか、よくわからないというわけです。仮《かり》にアリスイという、アリを特に好む鳥を網のなかに入れておくと、アリスイがアリを減らし、その結果イモムシが増《ふ》え、樹木には悪影響《あくえいきょう》が及《およ》ぶという、⑥四者関係「敵の敵の敵は敵」が検証《けんしょう》できるに違いないと考えている人もいます。

アメリカでは、岩礁《がんしょう》地帯で貝などを捕食するミヤコドリという鳥の除去《じょきょ》実験がおこなわれています。ここでは、岩盤《がんばん》の占有《せんゆう》をめぐって競争するカメノテやムールガイ、岩盤に生える藻類、そしてこれを食うカサガイが複数種という非常《ひじょう》に複雑な関係が取《と》り扱《あつか》われています。現象《げんしょう》がややこしいので、結果だけ簡単《かんたん》に述《の》べますと、鳥がいなくなると藻類は減少《げんしょう》しました。これだけだと「敵の敵は味方」の単純《たんじゅん》な話にみえますが、実際《じっさい》にはこれに、カメノテとムールガイの競争、さらには三種のカサガイの間の競争が絡《から》んで、鳥の存在《そんざい》がムールガイを利すること、さらにカサガイ間の競争を緩和《かんわ》していることがわかっています。

このように「風が吹《ふ》けば桶屋《おけや》がもうかる」のは、生態系《せいたいけい》および生物群集にごく普通の現象だと考えてよいと思います。生態学ではこれを⑦「間接効果《かんせつこうか》」と呼《よ》んでいます。

（江崎保男《えざきやすお》『生態系ってなに？』〈中央公論新社〉より）

＊生産者＝ここでは、他の生物を食べずに生きている生物のこと。
＊サンプリング＝全体の傾向《けいこう》をつかむために、一部分をぬきだすこと。サンプルをとること。

問一 ——線①「検証《けんしょう》すべき仮説《かせつ》」とあるが、A に入る仮説の内容《ないよう》としてもっともふさわしいものを、次の中から一つ選び、記号で答えなさい。

ア 植物は生態系の中では常《つね》に「犠牲者《ぎせいしゃ》」となる
イ 肉食者は植物を間接的に助けている
ウ 植食者は肉食者と植物に依存《いぞん》して生きている
エ 植物と植食者と肉食者はグー、チョキ、パーの関係である
オ 植食者は肉食者によって食べられている

問二 ——線②「ビニールシートで覆《おお》ってしまう」とあるが、それは何のためか。その説明としてもっともふさわしいものを、次の中から一つ選び、記号で答えなさい。

ア オショロコマや底生動物が移動《いどう》できないようにビニールシートで覆うことによって、その流域《りゅういき》の生物だけによる食生活を観察し、移動しない藻類が受ける影響を確《たし》かめるため。
イ ビニールシートの影響で、オショロコマが底生動物だけではなく藻類まで食べるようになることによって、底生動物のエサをなくし、底生動物が死滅《しめつ》して藻類が増え

るかどうかを確《たし》かめるため。

ウ　ビニールシートで陸生昆虫《こんちゅう》をさえぎって、オショロコマがもっぱら底生動物だけを食べるようにすることによって、底生動物に食べられるはずの藻類が増えるかどうかを確かめるため。

エ　ビニールシートで集めた陸生昆虫をオショロコマに食べさせることによって、底生動物や藻類を食べないようにして、藻類や底生動物の受ける影響《えいきょう》を確かめるため。

オ　オショロコマや底生動物をビニールシートで覆《おお》ってストレスを与《あた》え、オショロコマや底生動物の食欲《しょくよく》を無くすことによって、陸生昆虫や藻類が増えるかどうかを確かめるため。

問三　――線③「さて」とあるが、ここでの「さて」のはたらきを説明した文としてもっともふさわしいものを、次の中から一つ選び、記号で答えなさい。

ア　序論《じょろん》にあたる冒頭《ぼうとう》部分からの議論がいったん途切《とぎ》れ、話題が大きく転換《てんかん》することを示《しめ》している。

イ　読者も知っている当然の事実を確認《かくにん》したうえで、筆者の独自《どくじ》の主張《しゅちょう》が始まることを示している。

ウ　筆者による事実の説明が終わり、ここから読者と一緒《いっしょ》に考える部分が始まることを示している。

エ　横道にそれていた議論の流れをいったん断《た》ち切《き》り、もとの流れに話がもどることを示している。

オ　具体的に議論を進めている部分の中で、より重要なことがらの説明が始まることを示している。

問四　――線④「ゴジュウカラを入れた結果は明瞭《めいりょう》なものではありませんでした」とあるが、なぜそうなったのか。その説明としてもっともふさわしいものを、次の中から一つ選び、記号で答えなさい。

ア　広い範囲《はんい》を飛び回って捕食《ほしょく》するゴジュウカラを使った実験では、どうしても推測《すいそく》に頼《たよ》る部分が生じてしまうから。

イ　ゴジュウカラはイモムシばかりでなく植物も食べるので、シジュウカラのように単純《たんじゅん》に善悪《ぜんあく》が決められないから。

ウ　いくらシジュウカラがイモムシを食べても、ゴジュウカラがアリを食べてしまうため、正確な実験がおこなえないから。

エ　ゴジュウカラはアブラムシと共生しているアリまで食べてしまうため、テントウムシにどのような影響を与えるか、分からなくなってしまうから。

オ　ゴジュウカラはイモムシを食べるアリまで食べるので、

植物を食べるはずのイモムシがそれほど減《へ》らないから。

問五 ——線⑤「アリは牧畜《ぼくちく》をしているようなものです」とあるが、どういうことか。その説明としてもっともふさわしいものを、次の中から一つ選び、記号で答えなさい。

ア 生命を護《まも》ってもらう代わりに食料を与え、持ちつ持たれつの関係を作っているということ。

イ 最終的には自分たちが食べるために、栄養を十分に与えて大切に育てているということ。

ウ 危機《きき》が迫《せま》ると争いになるのは承知《しょうち》の上で、一種の契約《けいやく》的《てき》な共生関係を築《きず》いているということ。

エ 普段《ふだん》は敵《てき》から護って利用しているのだが、必要なときには食べてしまうこともあるということ。

オ 敵から護ってもらうために、自分の命を含《ふく》めてすべてを任《まか》せるという信頼《しんらい》関係があるということ。

問六 ——線⑥に「敵の敵の敵は敵」とあるが、それはどのような関係のことか。その関係について説明した次の文章の[a]～[c]にもっともよくあてはまるものを、あとの中から一つずつ選び、記号で答えなさい。

樹木《じゅもく》にとって[a]は直接的《ちょくせつてき》な敵である。その[a]にとっては、[b]は無関係のようだが、自分の敵である[c]を食ってくれるのだから[b]は味方である。こう考えてくると、樹木にとっては、味方である[c]を食べてしまう[b]は敵にあたるということになる。

ア「シジュウカラ」　イ「イモムシ」
ウ「アリ」　エ「ゴジュウカラ」
オ「アリスイ」

問七 ——線⑦「間接効果《こうか》」とあるが、それはどういうことか。五十字以上六十字以内で説明しなさい。

3 現代社会《げんだいしゃかい》の諸問題《しょもんだい》

チャレンジ問題 入試発展レベル

解答⬇p.510

1 次の文章を読んで、あとの問いに答えなさい。（問題の都合上、本文を一部改変しています。）

【横浜雙葉中】

I

イギリスの人類学者ダン・ブロキントンは、タンザニアの※①ムコマジ国立公園における自然保護難民《しぜんほごなんみん》の実態《じったい》について詳細《しょうさい》な研究をおこなっている。ムコマジ国立公園はタンザニアの北東部、ケニアとの国境《こっきょう》に位置し、草地とアカシアーコミフォラ林のモザイクの景観である。その周辺人口は、牧畜民《ぼくちくみん》や農耕民《のうこうみん》を中心に四～五万人に及《およ》ぶ。調査中《ちょうさちゅう》、ブロキントンは、牧畜民たちのこんな声を多く聞いた。私《わたし》たちは移動《いどう》したくはなかった。しかし力ずくで移動させられた。家も焼かれた。ただ道路に放り出された。私たちは追い出されたのだ。政府《せいふ》は〔放牧している家畜の〕牛は追い出さなかったが、しかし、多くの牛は死んでしまい、私たちは大損《おおぞん》した。ブロキントンの詳細な調査研究によると、もともとこの国立公園の敷《しき》地内《ちない》は、草の質《しつ》がよく、牧畜民たちにとって生産性《せいさんせい》の高い土地だった。そこを追い出され、牛の数は減《へ》り（出産率《しゅっさんりつ》の低下や病気による）、彼《かれ》らの生活水準《せいかつすいじゅん》は確実《かくじつ》に低下した。それは、この地域《ちいき》の経済状況《けいざいじょうきょう》の悪化も招《まね》いた。代わりに期待された観《かん》光収入《こうしゅうにゅう》はほとんど増《ふ》えず、農民たちには何の利益《りえき》ももたらさなかった。

このような事態が起きるのは、「人間の手が及ばない自然を守る」という②原生自然幻想《げんそう》がいまだに強いことが、その原《げん》因《いん》の一つになっている。「保護」は、なるべく人間の手が加わらない、狩猟《しゅりょう》をしない、農耕をしない、居住《きょじゅう》しない、をめざすことになってしまう。

原生自然ではなく半栽培《はんさいばい》の重要性に気がつけば、その半栽培の多様性が何によってもたらされてきたのかがわかる。それは、人間の生活や生業が生みだす自然との間の多様な関係である。守らなければならないのは、幻想上の手つかずの自然ではなく、具体的な人と自然の相互《そうご》関係のはずだ。

ムコマジ国立公園について、ブロキントンは、そもそも牧畜民たちを追い出すことで自然が守られたのかということについても検証《けんしょう》を加えている。それによると、人間の活動(ここでは放牧)がこの地域《ちいき》の自然を低下させていたということはなく(少なくともそれを支持《しじ》するデータはなく)、もともと乾燥《かんそう》気候のため飼《か》える牛の数には限《かぎ》りがあり、したがって、それに政策的《せいさくてき》な制限《せいげん》を加える必要はないと結論《けつろん》づけている。むしろ、住民たちの長い間の生計活動がこの地の生物多様性《せいぶつたようせい》を維持《いじ》してきた可能性《かのうせい》もある。

このあたりをもっと詳《くわ》しく検証したのが、ジェームズ・フェアヘッドとメリッサ・リーチの有名な著作《ちょさく》『誤読《ごどく》されたアフリカの景観』だ。この本で二人は、西アフリカ・ギニア共和国のキシドゥグ県の自然がいかに人間の活動によって成立したものかを明らかにして反響《はんきょう》を呼《よ》んだ。

この地は、落葉性広葉樹《こうようじゅ》とサバンナが*パッチ上に広がっているが、植民地時代から外部者は、この地がもともとは森に覆《おお》われていて、それが人間の活動によって少なくなり、サバンナ化したと長く「誤読」してきた。フェアヘッドとリーチは、*口承《こうしょう》・歴史資料《れきししりょう》・地図・写真といったデータを駆使《くし》して研究し、このエリアにパッチ上に広がる森が、実は人びとが生み出してきた森であることを明らかにした。住民は、サバンナに多い*野火から自分たちを守るために、また、さまざまな林産物を得《え》るために、森を作ったのである。家畜を飼《か》い、農耕をおこなうことで、土壌《どじょう》を肥沃化《ひよくか》させて木を生えやすくし、さらに燃《も》えやすい草を家畜に食べさせて野火を防《ふせ》いだ。家畜(主に牛)が草を食べることは、選択的《せんたくてき》に残された樹木の生長もうながす。住民たちはそうしたことに十分意識的《いしきてき》であり、そうやって森を形成していった。③まさに熱帯の里山、熱帯の半栽培である。

Ⅱ

今日、環境《かんきょう》問題が語られるときには、つねに大きな物語がつきまとってくる。地球温暖化《おんだんか》、砂漠化《さばくか》、森林破壊《はかい》、低炭素《ていたんそ》社会、生物多様性、景観保全、などなど。

これらのA大きな物語は、何らかの危機感《ききかん》をもった人たちによって作りあげられてきた*フレームだから、もちろん大事な意味をもっている。しかし、④これらの物語が何でも蹴散《けち》らしてよいわけではない。

これらの物語はときに、他のB小さな物語を抑圧《よくあつ》してしまう。生物多様性の保全を目的に設置《せっち》された自然保護区が、これまでその地区を利用していた住民を追い出してしまう。住民の生活に制限がかかり、貧困化《ひんこんか》していく。⑤「生物多様性」について理解《りかい》を深めましょうという啓発《けいはつ》活動が、⑥地域の歴史的な自然とのつきあい方とうまくかみ合わない。地域の自然と長年つきあってきた住民が、「自然の専門家《せんもんか》」の登場によって、隅《すみ》に追いやられてしまう。さまざまな思いで森づくりに集まってきた人が「生物多様性《せいぶつたようせい》の保全《ほぜん》」につきあわされ、[1]その活動からも遠ざかってしまう。

そういうものでない自然再生《さいせい》の形は、どのようにしたら可《か》能《のう》だろうか。

あるとき私《わたし》は、ラムサール条約《じょうやく》に登録されたある北海道の湖について、地域の人たちとのかかわりを知りたくて、学生たちと一緒《いっしょ》に聞き取りをしていた。しかし[2]その湖の話が出てこない。かといって住民たちの自然とかかわりが薄《うす》かったわけではない。

よく聞くと、近くの大きな川にまつわる話はたくさん出てくる。遊びの話、魚採《さかなと》りの話、灌漑《かんがい》の話、子どものころ泳いでいておぼれそうになった話、水害の話など、豊富《ほうふ》に話が飛び出した。

⑦遠くから見るとラムサール条約登録の湖が目立つのだけれど、地域の中から見ると、別の姿《すがた》の自然が見えてくる。しかもその自然との関係は、人によっても違《ちが》うし、いい面も悪い面もある、実に多様な関係だった。小さいけれど豊《ゆた》かな物語が、そこにある。

（中略《ちゅうりゃく》）

人びとのいとなみの物語は、いずれも一つひとつは小さいし、いかにもか弱いものだ。しかし、そこにこそ人と自然の多様で重要な関係が潜《ひそ》んでいる。

「半栽培《はんさいばい》」という概念《がいねん》は、人びとが日々つくりだしている自然とのかかわりの物語をもう一度見直すために提案《ていあん》された。＊ダイナミズムをともなった人と自然の豊かな関係、幅広《はばひろ》いバリエーションをもった半栽培の海の中に、日々の私たち自身がおり、日々の地域があり、そして日々の地球がある。それらはときに「生物多様性」「持続可能性」といった言葉で語ってもよいだろうが、そうした言葉に包含《ほうがん》できないさまざまな側面を無視《むし》してはならない。

単線的な指標では表しきれない人と自然の多面的で豊かな関係を、もう一度浮《う》かび上《あ》がらせたい。

同時に浮かび上がらせたいもう一つのものは、人と人との関係の物語だ。

自然をめぐってさまざまな現場《げんば》を歩き、見て、聞いた結果、浮かびあがってきたのは「小さな社会」の豊かさだった。多様な自然との具体的なやりとり、個人と個人《こじん》の具体的な関係（どんな自然の話を聞いても、そこに出てくるのは「誰々《だれだれ》と一緒に」「誰々に教えてもらって」といった具体的な個人名だった)、小さな組織《そしき》の微細《びさい》な工夫《くふう》、日々つちかわれる信頼《しんらい》関係、現場での試行錯誤《しこうさくご》、大きな制度《せいど》と現場との間のズレ、微妙《びみょう》に違《ちが》う一人ひとりの意識《いしき》、そしてさまざまな悩《なや》み。私はそこに「小さな社会」を見いだし、そしてそうした小さな社会のありようにこそ、これからの自然再生、社会再生の種がまかれていることに気がついた。

小さな社会には、網《あみ》の目のような人のネットワークがあり、信頼関係があり、柔軟性《じゅうなんせい》や順応性《じゅんのうせい》がそなわっている。目に見えない*協働のしくみも埋《う》め込《こ》まれている。⑧もちろん「対立」もあるが、その対立にしても、形を変えた協働と見えた。*「コモンズ」という言葉は、人びとのそうした日々のつながり、日々の協働のしくみに陽《ひ》を当てるために提案された。小さな社会の微細なしくみや柔軟性を活《い》かしながら、少しそこに誰かが手助けをすれば、人と自然をめぐる物語を組み直せるのではないか。

私はこれまで、自然にかかわる多くの現場に学んできた。さまざまな暮《く》らし、自然を再生させようとするさまざまな活動(自然再生、自然《しぜん》保護《ほご》活動《かつどう》、里山保全、環境《かんきょう》教育活動など)、そうしたものに出会いながら、また一部は当事者・支援者《しえんしゃ》としてもかかわりながら、考えた。おきまりに語られること(つまりは大きな物語)よりも、ぼそっとつぶやかれること、「あれ」と思うような発言に、なぜだか惹《ひ》かれた。しばらくしてからその発言の意味に気がつく、ということもしばしばあった。うまくいっている現場からだけでなく、うまくいっていない現場からも多くを学んだ。

私はそうやっているうちに気がついた。そうか、こうやって⑨小さな物語をお互《たが》いに聞くこと自体が、人と自然の再生へ向けた合意形成、新しい自然と社会へ向けての物語の再構築《さいこうちく》になるのではないか。合意形成とは、多様な立場、多様な価《か》値観《ちかん》の間での相互理解《そうごりかい》と納得《なっとく》のプロセスのはずだ。もし「合意形成」が狭《せま》い「制度」として導入《どうにゅう》されようとするなら、私たちはそれに警戒《けいかい》しなければならない。私たちが実は日常的《にちじょうてき》に営《いとな》んでいる幅広い合意形成の形を、もう一度浮かび上がらせなければならない。

話すこと、聞くこと、多様なコミュニケーションを積み重ねること、そうしたことを通して、私たちは私たち自身の自然とのかかわり、社会のいとなみを再評価《さいひょうか》し、新しく組み直すことができる。

人と自然、そして地域社会の未来はそこにある。

(宮内泰介《みやうちたいすけ》『歩く、見る、聞く　人びとの自然再生』〈岩波書店〉より)

*パッチ上＝ここでは、つぎはぎの状態《じょうたい》のこと。
*口承《こうしょう》＝口から口へ言い伝えること。

＊野火＝ここでは、自然と起こる火事のこと。
＊フレーム＝枠組《わくぐ》みのこと。
＊ダイナミズム＝力強い動きのこと。
＊協働＝協力して働くこと。
＊コモンズ＝だれでも利用可能《かのう》な共有の資源《しげん》のこと。

問一　——線①「ムコマジ国立公園における自然保護難民《しぜんほごなんみん》」とありますが、「難民」とよばれている人たちのことばが具体的に述《の》べられている部分を本文中から探《さが》して、その初めと終わりの五字をぬき出して答えなさい。

問二　——線②「原生自然幻想《げんそう》」とありますが、それはどのようなものですか。もっとも適切《てきせつ》なものを次の中から選んで、記号で答えなさい。

ア　人間が何かしら手を加えてしまうと自然は壊《こわ》されてしまうと思いこむこと。

イ　人間の生活は自然との多様な関係のうえで成り立つものだと真に受けること。

ウ　人と自然が良い影響《えいきょう》を与《あた》え合《あ》う、良好な関係を築《きず》くべきだと考えてしまうこと。

エ　自然を守るためならば、大切な牧畜民《ぼくちくみん》や農耕民《のうこうみん》さえも利用してよいと信じこむこと。

オ　せめて今まで人の手が及《およ》んだことがない自然だけでも保護するべきだと思いこむこと。

問三　——線③「まさに熱帯の里山、熱帯の半栽培《はんさいばい》である」とありますが、「熱帯の半栽培」の説明としてもっとも適切なものを次の中から選んで、記号で答えなさい。

ア　結果的に人間は森を去ることになったが、人間が森を作ることによって家畜たちは生きぬくことができ、豊《ゆた》かな自然を残すことができた。

イ　人間は樹木《じゅもく》を選んで森を作り家畜を飼《か》うことで、自然には多少の犠牲《ぎせい》を強《し》いるものの、自分たちにとって住みよい環境《かんきょう》にすることに成功した。

ウ　もともとサバンナだった土地に人間が森を作って家畜を飼うことで、土地が豊かになり、自然にとっても人間にとってもよりよい環境が生まれた。

エ　もともとサバンナだった土地に人間が生活しようとすることは環境破壊《はかい》の一つであり、それは自然にとっても人間にとっても良くないことであった。

オ　サバンナになってしまった土地は、人間が自然保護につとめたり野火を起こしたりすることによって、結果的に元来の自然環境に戻《もど》ることができた。

問四　——線④「これらの物語が何でも蹴散《けち》らしてよいわけではない」とありますが、なぜですか。本文の［Ⅰ］の※の

「ムコマジ国立公園」の例を使って説明しなさい。

問五 ——線⑤「『生物多様性《せいぶつたようせい》』について理解《りかい》を深めましょうという啓発《けいはつ》活動」・——線⑥「地域《ちいき》の歴史的《れきしてき》な自然とのつきあい方」は、それぞれ〰〰線A「大きな物語」・〰〰線B「小さな物語」のどちらにあてはまりますか。その組み合わせとしてもっとも適切なものを次の中から選んで、記号で答えなさい。

ア ⑤ A「大きな物語」 ⑥ A「大きな物語」
イ ⑤ A「大きな物語」 ⑥ B「小さな物語」
ウ ⑤ B「小さな物語」 ⑥ A「大きな物語」
エ ⑤ B「小さな物語」 ⑥ B「小さな物語」

問六 [1]・[2]に入るもっとも適切なことばをそれぞれ次の中から選んで、記号で答えなさい。

ア いっこうに イ たしかに ウ したがって
エ やがて オ ようやく

問七 ——線⑦「遠くから見るとラムサール条約《じょうやく》登録の湖が目立つのだけれど、地域の中から見ると、別の姿《すがた》の自然が見えてくる」とありますが、「別の姿」とはどのようなものですか。説明しなさい。

問八 ——線⑧「もちろん『対立』もあるが、その対立にしても、形を変えた協働と見えた」とありますが、「対立にしても、形を変えた協働」とはどのようなことですか。もっとも適切なものを次の中から選んで、記号で答えなさい。

ア 意見が対立することは、両者が本心で向き合っているため、いち早く結論《けつろん》が導《みちび》き出《だ》せるということ。
イ 意見が食いちがったときは、相手側を説得《せっとく》しようと、それぞれの仲間が一致団結《いっちだんけつ》するのだということ。
ウ それぞれが明確《めいかく》な意見を持って衝突《しょうとつ》したときこそ、思いがけない新たな考えが生み出されるのだということ。
エ それぞれのグループが全くちがう意見を持っていても、結局は同じ環境の中で生活しているのだということ。
オ たとえ意見が食いちがうことがあっても、意見を出し合うこと自体が、両者の関係性を作るのだということ。

問九 ——線⑨「小さな物語をお互《たが》いに聞くこと自体が、人と自然の再生《さいせい》へ向けた合意形成、新しい自然と社会へ向けての物語の再構築《さいこうちく》になるのではないか」とありますが、どのようなことですか。それを説明したものとして、もっとも適切なものを次の中から選んで、記号で答えなさい。

ア 自然環境を理想の姿に近づけるためには、現地《げんち》の人々から話を聞いたうえで、行政《ぎょうせい》に働きかけて具体的な環境政策《せいさく》に取り組む必要がある。

イ　環境《かんきょう》について考えるときには、日常《にちじょう》の生活に根ざしたささやかな話にも耳を傾《かたむ》けて、歩《あゆ》み寄《よ》ることでよりよい社会を作り上げることができる

ウ　それぞれの地域《ちいき》の人々に自然とのかかわりの話を聞いて、それを組み合わせることで、今までにない合理的な自然環境を生み出すことができる。

エ　これからの自然再生《さいせい》とは、自然が破壊《はかい》されている地域に足を運んで、その地域の人々から直接《ちょくせつ》自然に関する話を聞いてそれを再現《さいげん》することである。

オ　地球環境の未来を考えるときは、里山に暮《く》らす人々から話を聞いて、それを見習って身近なところに自然にふれあう空間を作っていくべきである。

問十　本文は自然環境について述《の》べた文章でした。たとえば、ある川の近くに遊歩道を作る案が出たときに、あなたはどのようなことを大切にすべきであると考えますか。本文の内容《ないよう》をふまえて、具体的な方法を二つ以上示《しめ》して説明しなさい。

4 日本の文化

チャレンジ問題 入試発展レベル

解答⬇p.512

1 次の文章を読んで、あとの問いに答えなさい。

【芝浦工大附中】

①「世間」の構造《こうぞう》に関連して注目すべきことがある。政治家《せいじか》や財界人《ざいかいじん》などが何らかの*嫌疑《けんぎ》をかけられたとき、しばしば「自分は無実だが、世間を騒《さわ》がせたことについては謝罪《しゃざい》したい」と語ることがある。この言葉を英語やドイツ語などに訳《やく》すことは不可能《ふかのう》である。西欧人《せいおうじん》なら、自分が無実であるならば人々が自分の無実を納得《なっとく》するまでたたかうということになるであろう。[A]日本人の場合、世間を騒がせたことについて謝罪することになる。このようなことは、世間を社会と考えている限《かぎ》り理解《りかい》できない。世間は社会ではなく、自分が加わっている比較的《ひかくてき》小さな人間関係の環《わ》なのである。自分は無罪であるが、自分が疑《うたが》われたというだけで、自分が一員である環としての自分の世間の人々に迷惑《めいわく》がかかることを恐《おそ》れて、謝罪するのである。

日本人は自分の名誉《めいよ》より世間の名誉の方を大事にしているのである。*岡本公三《おかもとこうぞう》が捕《とら》われたとき、父親は自分の息子《むすこ》を*極《きょっ》刑《けい》にしてほしいと語ったといわれている。わが子に極刑を望む親がいるだろうか。もしそう言わなければ父親の立場がないからなのである。私達《わたしたち》は皆《みな》何らかの世間の中に生きている。そのおきてを守って生きているのだが、何らかのはずみで世間から後ろ指を指されたり、世間に顔向けできなくなることを皆恐れている。私達自身は気がついていないかもしれないが、②皆世間に恐れを抱《いだ》きながら生きているのである。

[B]私達が何かの偶然《ぐうぜん》で何らかの犯罪《はんざい》の疑いをかけられたとしよう。その瞬間《しゅんかん》から私達は自分の世間から追放され、敬称《けいしょう》さえうばわれてしまう。なになにさん、とかなになに氏という敬称は、わが国では基本的《きほんてき》に人間としての尊厳《そんげん》をもつ個人《こじん》の人格《じんかく》につけられているのではなく、世間の中における位置につけられているのである。したがって疑いをかけられた瞬間から呼《よ》び捨《す》てにされたり、なになに容疑者《ようぎしゃ》と呼ばれたりするのである。それは本人に限らない。ある人がたまたまそんな状況《じょうきょう》に立たされると、その家族も*陰《いん》に陽《よう》に世間から同

様の仕打ちを受けるのである。家族に犯罪《はんざい》がでた場合などを考えてみれば解《わか》るであろう。

　このようにいうと私達《わたしたち》が皆《みな》世間のために苦しんでいるように見えるかもしれない。すでに述《の》べたようにそういう面もあるが、他方で③世間は私達にとって長い間に必要不可欠《ひつようふかけつ》なものにまでなってしまってもいるのである。

『自由からの逃走《とうそう》』という本があるが、もし今突然《とつぜん》世間がなくなってしまったとしたら、私達の多くは行動の＊指針《ししん》を失って困惑《こんわく》してしまうだろう。日本人は長い間世間を基準《きじゅん》として生きてきたからであり、世間もそれなりに個人《こじん》の位置に気を配ってきたからである。世間の内部では競争はできるだけ排除《はいじょ》されている。したがってあまり有能《ゆうのう》とはいえない人でも、その世間のおきてを守っている限《かぎ》りそこから排除されることはない。これを裏《うら》からみれば、有能な人がそれなりの位置をうるというわけではないということもできる。いずれにしても窓際族《まどぎわぞく》といわれる人の存在《そんざい》は世間が認《みと》めるところなのである。世間の中では＊長幼《ちょうよう》の序《じょ》が支配している。したがって能力のある者がそれなりの評価《ひょうか》を受ける保証《ほしょう》はない。しかし世間のおきてを守っている限り、能力のいかんを問わず何らかの位置は世間の中で保《たも》てるのである。

　また、もし私達が人間関係のあり方を自由に選べるとしたら、どのような人間関係を選ぶだろうか。多くの日本人は海外旅行をしても言葉の問題もあって日本人同士《どうし》で集まり、その国の人々と付き合う人は多くはない。世間の中の付き合いだけで精《せい》いっぱいということもあるが、気心の知れない人とあまり付き合いたくないという気持ちが強いのである。私達は個人と個人のつきあいに慣《な》れていない。日本の個人はすべて世間の中に位置を持っているから、④初対面の人の場合でもいったいどういう人なのかをまず探《さぐ》らなければ付き合いがはじまらない。どういう人なのか性格《せいかく》なども問題にはなるが、それよりもどういう世間に属《ぞく》している人なのかが問題なのである。そこで初対面の人には、まず出身校や出身地、どこの会社なのか、どのような地位なのかそれとなく聞き出し、相手がどのような世間に属している人なのかを想定する。そのうえで初めて性格や趣味《しゅみ》などが問題になる。世間が違《ちが》いすぎると親しくなる可能性は低いのである。

　競争社会の中で個性がせめぎあう関係の中を生きてゆくよりも、与《あた》えられた位置を保ち心安らかに生きてゆきたいと思っている日本人は意外に多い。日本人にとって周囲《しゅうい》と折り合ってゆける限りで世間の中で生きる方が、競争社会の中で生きるよりは生きやすいのである。しかしこのような人間関係の中で生きていると、個人同士が付き合うときでも周囲を気にし、*闊達《かったつ》とは到底《とうてい》いえない雰囲気《ふんいき》を持っていることになってしまう。そのことは外国人からみるとよく解るらしい。
　欧米人《おうべいじん》は日本人のことを*権威主義的《けんいしゅぎてき》であるとしばしばいう。権威主義的とはいばっているということではない。自分以外の権威に依存《いぞん》して生きていることをいうのである。その権威が世間なのである。たとえば皆と共に行動をするとき、私達はできるだけ皆と合わせようとする。それはその限りでは協調的な行動なのであるが、時には⑤それが没個性的《ぼっこせいてき》で、権威主義的に見えるのである。何らかの意見を聞かれたとき、自分の意見をきちんということが大切であるが、他の人の意見を聞きながら自分の意見をそれに合わせたりすることをも権威主義的と呼《よ》ばれるのである。

（中略《ちゅうりゃく》）

　このようにみてくると、世間の中での個人の位置はどのようなものなのかという問いが浮《う》かんでくるであろう。このような問いに対しては、わが国における個人の位置を歴史的《れきしてき》に観察するしかないが、私達は明治以来長い間個性的に生きたいと望みながら、十分な形で個性をのばすことができなかった。そのことは、この百年の間*ロングセラーとして読み続けられている夏目漱石《なつめそうせき》の『坊《ぼ》っちゃん』を見ればすぐに解ることである。

（阿部謹也《あべきんや》『「世間」とは何か』〈講談社〉より）

*嫌疑《けんぎ》＝疑《うたが》い。
*岡本公三《おかもとこうぞう》＝犯罪者の名前。
*極刑《きょっけい》＝裁判《さいばん》での一番重い刑。日本では死刑。
*陰《いん》に陽《よう》に＝こっそりとまたは真正面から。
*指針＝方向性。
*長幼の序＝年齢《ねんれい》による順番。
*闊達＝のびのびしていること。
*権威＝人を従《したが》わせる力。
*ロングセラー＝長い間人々に読まれている本。

問一　[A]・[B]に入ることばとして適切《てきせつ》なものをそれぞれ選び、記号で答えなさい。

ア　ところが　イ　それに　ウ　また
エ　たとえば　オ　そして

問二　――線①「世間」とはどういうものだと言っているか。二十五字以内で書きぬきなさい。

問三　――線②「皆世間に恐《おそ》れを抱《いだ》きながら生きている」とあるが、どんな恐れか。四十字以内で探《さが》して、その部分の初めの五字を書きぬきなさい。

問四　――線③「世間は私達にとって長い間に必要不可欠なものにまでなってしまってもいるのである」とあるが、なぜ必要不可欠なのか。その理由として適切と思われるものには○、不適切《ふてきせつ》と思われるものには×を書きなさい。

ア　世間があると、周囲《しゅうい》と折り合って生きられるから。

イ　世間があると、能力《のうりょく》のある者が認《みと》められるから。

ウ　世間があると、それを基準《きじゅん》に生きていけるから。

エ　世間があると、競争がおこり社会が活発化するから。

問五　——線④「初対面の人の場合でもいったいどういう人なのかをまず探《さぐ》らなければ付き合いがはじまらない」とあるが、では、初対面の人がどういう世間に属《ぞく》しているかを知るための質問《しつもん》を、筆者の言っていることをふまえて四つ書きなさい。ただし、「あなたは…」という出だしにし、それぞれきちんとした一文の形にすること。

問六　——線⑤「それ」は何を指しているか。書きぬきなさい。

問七　この文章で述《の》べている内容《ないよう》と一致《いっち》するものを次の中から一つ選び、記号で答えなさい。

ア　日本人はあまりにも世間を恐《おそ》れすぎて、自分の名誉《めいよ》を捨《す》てている。

イ　日本人は世間のおきてを守っている限《かぎ》り、能力はあまり問われない。

ウ　日本人は個人《こじん》個人のつきあいに慣《な》れており、その集合が世間である。

エ　欧米人《おうべいじん》は他人の意見をよく聞く日本人を、権威主義的《けんいしゅぎてき》だと言う。

オ　夏目漱石《なつめそうせき》『坊《ぼ》っちゃん』を読めば、個性《こせい》の伸《の》ばし方《かた》がわかる。

5 人間のこころ

チャレンジ問題　入試発展レベル

解答➡p.513

1 次の文章を読んで、あとの問いに答えなさい。

【聖セシリア女子中】

ウソをつかない人。家族からでも、友達からでも、そのように認《みと》められたなら、大きい価値《かち》です。なにより大きい価値といっていいかも知れません。そこでウソをつかない、といえる人を＊実地に見ると、そのような性格《せいかく》だ、と感じられることがあります。また、あの人はそのように決意して、ウソをつかない人間になったのだ、とわかる場合があります。

育ってくるなかで、自然にウソをつかない性格が作られた人は幸せだと思うし、人生のある段階《だんかい》でそのように決意して、守ってきた人には、尊敬《そんけい》の心を持ってきました。

私《わたし》自身は、子供《こども》だった自分を弁護《べんご》する気持《きもち》があっていうのですが、なにか愉快《ゆかい》な話をしたいという気持が強い少年で、その結果、ウソつき、といわれることがよくありました。中学生のころ、本や辞書で見つけた不思議な話が面白《おもしろ》くて――たとえばタスマニアの動物には、とても多くのものにカンガルーのような＊育児嚢《いくじのう》がある、というような――運動場のすみで何人かの友達に受け売りしていると、上級生のとてもきれいな女子生徒が、私を指さして、

――いつもウソばかりいっている子！　といってるのでした。

私が家に帰っても①暗い顔をしているので、母がどういうことかとたずねました。

そして、こういったのです。

――自分でその気がなくても、聞いている人にはウソをいっているのと同じなのかも知れない。これからは、面白い話を、面白い話と受けとってくれる人にだけ、話すように！

大学に入るために東京に来ると、はじめからこちらの話を疑《うたが》ってかかる、都会育ちの、頭の良い同級生がいました。そのうち小説家の生活を始めてからは、初対面で、きみは「オオカミ少年」だそうだねと、（　1　）オオカミが出て来た、といつもウソをついた少年のようだと聞いている、という編《へん》集者《しゅうしゃ》までいました。私は母親の言葉をしみじみと思い出した

ものです。

そして、私《わたし》の話を、ウソじゃなく、面白《おもしろ》い話として聞きとってくれる人を見つけて友達になり、またそういう人と結《けっ》婚《こん》することにもなりました。

そして、②これらの人たちに対して、たとえ自分でその気でなくても、ウソをつくということにならないで生きよう、と幾度《いくど》も決心したように思います。よく守れたかどうかは、なんともいえないのですが……

さて私は、若《わか》い時に、むしろ自分のウソということを考えていて、ウソをつかない［A］、ウソをつかない［B］とはまた別に、③ウソをつかない人の条件《じょうけん》がもうひとつある、と気が付きました。

それが、ウソをつかない力、ウソをつかないで生きる能力《のうりょく》、ということです。そして、この力——能力——は、自分のなかできたえてゆくことのできるものだとも思います。

それは、ウソをつかない勇気に似《に》ているところがあります。しかし、むりに勇気をだして、というのじゃなく——むりにでも、勇気をだすことが必要な時はありますが——自然な生き方として、私が文章のなかで幾度か使ってきた言葉でなら「生きる習慣《しゅうかん》」として、それが身に付いている人の場合、私はウソをつかない力がある、とみなすのです。

皆《みな》さんは、これまでに出会ってきた人たち、またいま教室ほかで一緒《いっしょ》になる人たちについて、あの人は強い人、そしてあの人は弱い人という印象《いんしょう》を持つことがあるのじゃないでしょうか？

それも、具体的な例を思《おも》い浮《う》かべればわかることですが、強い人または弱い人がはっきり固定しているのではなくて、思いがけない時に、強い人が弱い人になるし、その逆《ぎゃく》もある、ということを経験《けいけん》していられるでしょう。そしてそれでも、ああ、あの人は強い人だ、と思う人があり、弱い人だと感じる人がいるでしょう。あるグループのなかのこととして考えれば、そこではたいていこういう区別ができているものです。

（ 2 ）、強い人でウソをつく人が、いちばん困《こま》る相手です。こういう人は心のなかに意地悪なところを持っていて、それを押《お》し通《とお》す。むりにでも押し通そうとして、ウソをつく。このタイプの人に、私は子供《こども》の時——大人になってからでも——幾人か出会いました。子供の時は子供なりに、大人になってはより複雑《ふくざつ》に、辛《つら》い思いをしたことを忘《わす》れないでいます。

（ 3 ）、弱い人であるために、必要のないウソをつく人も見てきました。村のいろんな場所にあった小学校の分校から、ひとつの中学校にまとめられ、新しく多くの同級生ができたなかに、④そういう男の子がいました。いま新聞やテレヴィで報道《ほうどう》されるものほどあくどいイジメではなかったのですが、かれはその対象になりました。イジメの圧力《あつりょく》をいくらかでもかわそうとして新しいウソをつき、さらにイジメられる、というようでもあったのです。

私は、そのイジメには加わりませんでした。しかし、その子の側に立って、イジメから自由になれるよう一緒にがんばる、ということはしなかったのです。そして心のなかで、自分はあの弱くてウソをつく少年がイヤなのだ、と口実を作っていました。子供だった私自身について、それこそ⑤イヤな気がする記憶《きおく》です。

（中略《ちゅうりゃく》）

子供には、子供としての社会があります。そのなかで人を傷《きず》つけず、自分も傷つけられないで生きてゆく。そのためには、大人が社会で働かせる知恵《ちえ》にあたるものを、子供の社会でも発揮《はっき》しなければなりません。

そこで私は、ウソをつかないでは周囲《しゅうい》との関係がうまくゆかないような場面におちいっても、なんとかウソをつかないでやってゆく工夫《くふう》をしてもらいたい、と思います。

この人と仲良くやっていると、ウソをつかなくてはならなくなる、という心配があれば、その人とは、距離《きょり》をおくことにすればいい。それで相手が反省してくれればけっこうなことです。その反対に、やがてウソをつかなければならなくなると不安だったのは、自分の弱さに原因《げんいん》があったと気がつけば、勇気をだしてあやまればいいのです。

もひとつ、自分にウソをつかない力をつけるために、私が子供の時に考え、⑥いまも使っている方法があります。

信仰《しんこう》を持っている人たちなら、心のなかにある神さま、仏《ほとけ》さまを裏切《うらぎ》りたくない、と思われるでしょう。はっきり信仰を持っていなくても、やはり自分のなかに、そのように大切なあるものを持っている人は多いはず。もっと一般的《いっぱんてき》に――私はそのひとりですが――これまで会った先生や家族や、先輩《せんぱい》、友人のなかに、あの人に対して恥《は》ずかしいことはできない、と思う人があるはずです。

小さいことであれ、自分がウソをつきそうになる時、ほんの短い間でいい、口をつぐんだままでいるのです。そして、あの人がいま自分を見つめているとして、このウソをついていいか、と考えてみることです。

（大江健三郎《おおえけんざぶろう》『「新しい人」の方へ』〈朝日新聞社〉より）

＊実地＝実際《じっさい》の場合。
＊育児嚢《いくじのう》＝生物のメスの下腹部《かふくぶ》にある、育児のためのふくろ。

問一　（ 1 ）～（ 3 ）にあてはまる語を次から選び、それぞれ記号で答えなさい。

ア　一方　イ　または　ウ　つまり
エ　けれども　オ　そして

問二　[A]・[B]にあてはまる語の組み合わせとしてもっともふさわしいものを次の中から選び、記号で答えなさい。

ア　決意―価値《かち》
イ　価値―性格《せいかく》
ウ　信念―価値
エ　性格―決意

問三　――線①「暗い顔をしている」のはなぜか。その理由をくわしく説明しなさい。

問四　――線②「これらの人たち」について、もっともふさわしいものを次の中から選び、記号で答えなさい。

ア　筆者を初対面であるのに「オオカミ少年」と言った編《へん》集者《しゅうしゃ》
イ　筆者の話をはじめから疑《うたが》ってかかる、頭のいい同級生
ウ　筆者の話を面白《おもしろ》い話として受け取らず、ウソと受け取る人たち
エ　筆者のことを自分のことのように考えて見つめてくれる家族
オ　筆者の話をウソではなく面白い話として受け取ってくれる人たち

問五　――線③「ウソをつかない人の条件《じょうけん》」としてもっともふさわしいものを次の中から選び、記号で答えなさい。

ア　自分の発言が相手にどう受け取られるかを常《つね》に考えていること。
イ　習慣《しゅうかん》としてウソをつかないで生きる能力《のうりょく》を身につけていること。
ウ　自分の話に熱心に耳をかたむけてくれる、親や友人を持つこと。
エ　何か一つでも必ず自分が大事にしている信仰《しんこう》を持っていること。
オ　無理をしてでも自分の意志《いし》をつらぬこうとする勇気を持つこと。

問六　――線④「そういう」が指す部分を本文中からぬき出して答えなさい。

問七　――線⑤「イヤな気がする記憶《きおく》」とはどのような記憶か。くわしく説明しなさい。

問八　――線⑥「いまも使っている方法」とはどういう方法か。くわしく説明しなさい。

問九 本文に題名をつけるとするならば、次のうちどれがよいか。もっともふさわしいものを選び、記号で答えなさい。

ア 子どもとウソ
イ 強いウソ、弱いウソ
ウ 信仰を持つ力
エ ウソをつかない力

6 哲学《てつがく》入門

チャレンジ問題

入試発展レベル

解答➡p.514

1 次の文章を読んで、あとの問いに答えなさい。

【浦和実業学園中】

【第1段落《だんらく》】　関連する話題ではあるが、少し脱線《だっせん》してみたい。ペンギンやダチョウを「鳥らしからぬ鳥」と言い、スズメやカラスを①「鳥らしい鳥」と言うのは正しいと思うが、私《わたし》のことを「男らしい男」と言うのはどんなものだろう。私は自分のことをふつうの男であり、けっして変な男ではないと思っている。しかし、あまり「男らしい」とは思っていない。

いや、もちろん私がどのような男なのかが問題なのではない。そんなことは読者の知ったことではない。問題は、「男らしい」という言い方が男のプロトタイプ*を表《あら》わしてはいないように思われることにある。例えば、道ですれ違《ちが》った人を「ふつうの男性《だんせい》」という相貌《そうぼう》*で捉《とら》え、それ以上の細部には関心をもたなかったとしよう。でも、その場面で、私はその人を「男らしい人」という相貌で捉えただろうか。そんなことはない。同様に「ふつうの女性」という相貌で捉えた見知らぬ通行人を、「女らしい人だな」と思ったりはしない。どうも、「……らしい」というのは、それによってプロトタイプを示《しめ》すこともあるが、必ずしもそうとばかりは言えないように思われる。

【第2段落】　では、「男らしい」や「女らしい」というのは男のプロトタイプや女のプロトタイプとどう違うのだろうか。まず、男のプロトタイプというのはどういうものなのかを考えてみよう。考えてみるとこれがなかなか難《むずか》しい問題であることに気づかされるのだが、さしあたりは最初の近似《きんじ》*としてふつうの男が典型的《てんけいてき》にもっている性質《せいしつ》だけをもち、例外的な性質はいっさいもたないような人物像《じんぶつぞう》と言えそうである。ではふつうの男が典型的にもっている性質とはどのようなものか。②(正直に言って、私は自分のこの問いかけに即答《そくとう》できなかった。「ふつうの男……うーむ」とか呟《つぶや》きながら、哲学の問題を考えるときにいつもそうするように、怪《あや》しくも近所を徘徊《はいかい》するのだった。とくに現代《げんだい》のわれわれの社会においてはジェンダー*的特徴《とくちょう》をなくそうという傾向《けいこう》があるので、そもそも男のプロトタイプというのが崩《くず》れかけているのかもしれない。それでも、こんなものかなあと思われる性質をいくつかメモすることはできた。）

男のプロトタイプを構成《こうせい》する性質とは、「男というものはふつう（女と比《くら》べて相対的に）X」の「X」に入る性質だと考えてよいだろう。さて、Xには何が入るだろうか。私の思いついたところでは、「背《せ》が高い」「力が強い」「たくさん食べる」「服装《ふくそう》に*無頓着《むとんちゃく》である」「社会との関わりが強い」「あまり喋《しゃべ》らない」「勇敢《ゆうかん》である」「攻撃的《こうげきてき》である」「考え方・感じ方が単純《たんじゅん》である」「気がきかない」「大胆《だいたん》である」「大雑把《おおざっぱ》である」などが入れられるのではないだろうか。もちろん、具体的な個人《こじん》を見れば、ほとんどの（おそらくはすべての）人はこれらのいずれかを満たさないだろう。だが、これはあくまで「ふつうの男」像である。また、「男」というのは「女」との③□□を成す*概念《がいねん》であるから、その特徴づけも基本的《きほんてき》に女性との③□□となる。（ふつうの男はふつうの女よりも背が高い、ふつうの男はふつうの女よりも力が強い、等々。）

【第3段落】 ふつうの男に対するいまの性質のリストがそれほど的外れでないとしよう。これに対して「男らしさ」はどうか。例えば、「単純である」とか「気がきかない」といった性質は「男らしさ」に含《ふく》まれているのだろうか。そうではないだろう。「男らしい」とは、力が強いとか勇敢であるとか大胆であるといった性質から成っていると思われる。つまり、「男らしい」とは男のプロトタイプを構成する諸性質《しょせいしつ》の中から*ポジティブな価値《かち》を認《みと》められる性質を拾い出してきたものなのである。（現代において認められているというよりは、「男らしい」という概念が作られてきた当時の社会においてポジティブな価値を認められていたと言うべきかもしれない。）

すると、「男らしい」とは男のプロトタイプ――典型（ふつうのあり方）――に対して、むしろ「範型《はんけい》」（あらまほしきあり方）と言うべきであり、強く言えば「理想型」に関わるものと言うべきだろう。

【第4段落】 ちなみに、女性の場合には、女のプロトタイプの中でポジティブとみなされる／みなされていた性質を集めると「女らしい」と言われ、*ネガティブとみなされる／みなされていた性質を集めると「女々《めめ》しい」と言われてしまうのではないだろうか。もっとも、「女々しい」というのは、女のプロトタイプの中でネガティブとみなされる性質を特徴的にもっている男に対して言われることではあるが。

おまけの問題提起《もんだいていき》――では、④「子どもらしい」というのは、典型なのだろうか、範型なのだろうか。

（野矢茂樹《のやしげき》『語りえぬものを語る』〈講談社〉より）

＊プロトタイプ＝原型《げんけい》。基本《きほん》のかたち。
＊相貌《そうぼう》＝顔かたち。容姿《ようし》。
＊近似《きんじ》＝よく似通《にかよ》っているさま。
＊ジェンダー＝社会や文化によってつくられる性的役割《せいてきやくわり》。
＊無頓着《むとんちゃく》＝気にかけないこと。
＊概念《がいねん》＝その事物についての大まかな意味・内容《ないよう》。
＊ポジティブ＝肯定的《こうていてき》なさま。前向き。
＊ネガティブ＝否定的《ひていてき》なさま。後ろ向き。

問一　――線①「鳥らしい鳥」とありますが、筆者が想定する「鳥らしい鳥」とはどのような性質《せいしつ》をもった鳥だと考えられますか。その説明としてもっとも適切《てきせつ》なものを次の中から選び、記号で答えなさい。
ア　ペンギンやダチョウのように、動物園で人気がある鳥。
イ　ペンギンやダチョウとは異《こと》なり、空を飛べる鳥。
ウ　スズメやカラスのように、日本に広く生息している鳥。
エ　スズメやカラスとは異なり、群れずに暮《く》らす鳥。

問二　――線②「正直に言って、私《わたし》は自分のこの問いかけに即答《そくとう》できなかった」とありますが、これはなぜですか。その理由としてもっとも適切なものを次の中から選び、記号で答えなさい。
ア　現代《げんだい》の社会では、ジェンダー的特徴《とくちょう》の差を解消《かいしょう》しようとする流れがあるため、「ふつうの男」が持つ特徴を見つけることは難《むずか》しいから。
イ　現代の社会では、ジェンダー的特徴の問題は解決済《ず》みであるため、わざわざ「ふつうの男」の特徴を考えることに意味を見出《みいだ》せないから。
ウ　現代の社会では、ジェンダー的特徴を見つけることは差別だと考えられているため、「ふつうの男」を考えることに戸惑《とまど》いを感じるから。
エ　現代の社会では、ジェンダー的特徴が明確《めいかく》に定まっていないため、「ふつうの男」が指す「ふつう」を考えることは無意味だと思っているから。

問三　――線③の空欄《くうらん》にあてはまることばとしてもっとも適切なものを次の中から選び、記号で答えなさい。
ア　恋愛《れんあい》　**イ**　競争　**ウ**　対比《たいひ》　**エ**　関係

問四　筆者が述《の》べる「男らしい」とはどのようなものですか。その内容を次のようにまとめた場合、空欄にあてはまることばを**【第3段落《だんらく》】**から探《さが》し、ぬき出して答えなさい。ただし、□一つを一字分とします。
◎「ふつうの男」を構成《こうせい》する様々な要素《ようそ》の中から①□□のある性質を集め、作り上げた②□□像《ぞう》というべきもの。

問五　本文の内容を説明したものとしてもっとも適切なもの

を次の中から選び、記号で答えなさい。

ア【第1段落】では、「男らしさ」が典型的な性質をもった「ふつうの男」とどのような点で異なるのかを具体的に説明している。

イ【第2段落】では、「ふつうの男」がどのような存在《そんざい》であるかを分析《ぶんせき》し、理想的な「男らしさ」を実現するための方法について説明している。

ウ【第3段落】では、「男らしい」という考えは、その言葉が作られた当時の社会において肯定的に評価《ひょうか》した要素に過《す》ぎず、現代ではふさわしくない内容があるとしている。

エ【第4段落】では、「女々《めめ》しい」とは女のプロトタイプにおける否定的な性質の集合体であると指摘《してき》しつつも、その性質を持った男性に対して主に使用される表現だとしている。

問六　次の会話文は、——線④「『子どもらしい』というのは、典型なのだろうか、範型《はんけい》なのだろうか」について三人の中学生が話し合いをしている場面です。それを読み、あとの問いに答えなさい。

Aくん　まずは、「子どもらしい」を考えるために、[1]の特徴が何かを考えてみよう。

Bさん　私が思《おも》い浮《う》かんだのは、例えば「純粋《じゅんすい》」「健気《けなげ》」「元気いっぱい」などかな。Cくんはどう?

Cくん　ぼくは、よく友達の家に集まってゲームをするのが好きなので、「ゲームが好き」というのが[1]の特徴なのかなと思ったよ。でも、休日の晴れた日にゲームばかりしていると、「子供《こども》らしく外で遊びなさい」と親に注意されるんだよね。これを考えると、「ゲームが好き」というのは「子どもらしさ」に含《ふく》まれないのかな?

Aくん　まずBさんの意見についてだけど、筆者の考えにならえば、[1]の特徴から「[2]な価値《かち》を認《みと》められる性質を拾い出してきたもの」が「子どもらしさ」なので、「純粋」「健気」「元気いっぱい」という特徴を「子どもらしさ」とする考え方は、子どもの[3]なのだと言えるよね。

Bさん　そう考えると、Cくんがゲームをしているときに親が注意したのは、「ゲームが好き」という特徴を子どもの[3]とするのはふさわしくないと思っているからなんでしょうね。

Cくん　なるほどね。でも、[1]の特徴から[4]な性質のものを「子どもらしい」と指摘する場合もないか

Aくん　な？

Cくん　具体的にどんな場面？

Aくん　例えば、中学生のぼくたちが、積み木遊びなど幼少《ようしょう》期《き》にやっていた遊びをやれば、最初は懐《なつ》かしいかもしれないけど、「子供《こども》っぽい」とか「幼稚《ようち》すぎる」とか感じて、すぐにつまらないと思うはず。つまりこの場合の「子どもらしい」とは、[1]の特徴《とくちょう》から[4]な価値《かち》を強調したものだと言えるんじゃない？

Bさん　ということは、「子どもらしい」とは[3]ではあっても、[5]によって受け止め方は異《こと》なると言えるよね。

(1)　[1]～[4]にあてはまることばとしてもっとも適切《てきせつ》なものを次の【語群】からそれぞれ選び、記号で答えなさい。

ア　ふつうの子ども　　**イ**　ふつうの大人
ウ　ポジティブ　　**エ**　ネガティブ
オ　典型《てんけい》　　**カ**　範型《はんけい》

(2)　[5]にあてはまることばとしてもっとも適切なものを次の中から選び、記号で答えなさい。

ア　「子どもらしい」と評価《ひょうか》する人の時代
イ　「子どもらしい」と評価する人の性別《せいべつ》
ウ　「子どもらしい」と評価する人の出身
エ　「子どもらしい」と評価する人の立場

7 ヒトという生き物

チャレンジ問題 入試発展レベル

解答➡p.515

1 次の文章を読んで、あとの問いに答えなさい。（問題の都合上、本文を一部改変しています。）

【大妻嵐山中】

言語遺伝子《げんごいでんし》が完成したことが、人間の存在《そんざい》をそれまでとかなり違《ちが》ったものにしたことは、まずまちがいない。

第一に生物としての認知的側面《にんちてきそくめん》については、これによって、ワーキングメモリーのシステムが完成したと推定《すいてい》される。むろん、その前段階《ぜんだんかい》のものが以前から、作動していたことは確《たし》かである。だが、はるかに高性能《こうせいのう》となった。

どこが改良されたかというと、頭頂葉《とうちょうよう》の機能が向上したことで、音韻情報《おんいんじょうほう》の短期貯蔵能力《たんきちょぞうのうりょく》が格段《かくだん》に発達した。具体的には今のように、①ループの形で入ってきた音韻情報をかなりの容《よう》量《りょう》でためておくことができるようになったのである。

この変化の意義《いぎ》が小さくないことは、思考という行為《こうい》を考えれば、容易《ようい》に理解《りかい》できるだろう。外界から耳を経《へ》て入力されてきた情報にとどまらず、自らが生成した言語についても*反芻《はんすう》することが、この段階で初めてできるようになったのである。

おそらくそれまでの人間の祖先《そせん》は、今の言語の前段階の形式のものを作り出したとき、必ずそれを口にする形でしか表《ひょう》現《げん》できなかったことだろう。しかし、これ以降《いこう》はそうとは限《かぎ》らなくなった。現実に音にせずとも、心の中で秘《ひそ》かにことばにしてやるだけで、自らだけ秘密裏《ひみつり》に聞いて、自分自身の中で情報のキャッチボールができるようになったものと思われる。

これは、本当に音にして外へ表明する前に、省《かえり》みることができるということを意味している。つまり「省察」とでもいうような知的作業が行えるようになった。言語表現といっても音を産出するという点においては、一種の目に見える行動であることに違いはない。だが、これからは周囲《しゅうい》からはまったくうかがいしれない形で、私《わたし》たちの祖先は思いをめぐらすことができるようになったのだ。日常的《にちじょうてき》な意味での②思考・判《はん》断能力《だんのうりょく》を発揮《はっき》できる素地《そじ》が、でき上がったといえよう。

さらに言語の獲得《かくとく》によって、その使用者はそれまでにはなかった社会的交渉《こうしょう》を、他者と営《いとな》むようになっていったと考えられる。そもそも言語と従来《じゅうらい》の音声表出が区分される最大の特徴《とくちょう》は、その指示《しじ》機能《きのう》にある。外界にある果物を指して、以前なら声によって「あれ」とか「これ」としか表現《ひょうげん》できなかったものが、③今や例えば「リンゴ」といえるようになったのだ。

つまり、物に名称《めいしょう》を与《あた》えることができるようになり、音の配列が何か指《さ》し示《しめ》す事物を意味するようになったわけである。しかし、意味の表現は、その使い手が自分ひとりで「これをリンゴと呼《よ》ぼう」というように決めて用いているのでは、おはなしにならない。いくら「リンゴ」と呼べども、他人がそれを特定の果物と了解《りょうかい》してくれないならば、何のたしにもならないからだ。

つまり、ある特定の音の配列の指示《しじ》対象《たいしょう》について、お互《たが》いに共通理解《きょうつうりかい》が求められる。「これから、あれをリンゴと呼ぶことにしましょう」という約束が形成されてようやく、以後の[a]が成り立つこととなるのである。

ここから、お互いが守らなくてはならないルールというものの認識《にんしき》が、生まれてくるようになったのだろう。もちろんサルにも、毛づくろいを相手から受ければ、近い将来《しょうらい》にお返しするといった形での、相互《そうご》交渉の約束事はないことはない。けれども、それらは当事者が明確《めいかく》に自覚して実行していたものではなかった。

しかし、言語によるそれはまったく異《こと》なる。相手にわかってもらうように音を出す。このように発音すると、向こうは「こう」意味を把握《はあく》するのだからと、あらかじめ予測《よそく》にもとづいて行動をする習慣《しゅうかん》が作られていった。今日、私《わたし》たちが用いている言語がサルの音声と大きく違《ちが》うのは、話し手の感情《かんじょう》の※如何《いかん》にかかわらず、メッセージの内容《ないよう》が安定して伝達されるという点にある。話し手が「私的《してき》」にどういう気持ちでいるかということとは別に、約束された取り決めに沿《そ》って、伝えるべきことを伝えるということができるようになった。

この「私的」でない側面こそ、公共性《こうきょうせい》の萌芽《ほうが》と解釈《かいしゃく》できよう。たとえ相手が初対面で、未知の者であれ、コミュニケーションが可能《かのう》となった——ここに、公共的な社会的交換《しゃかいてきこうかん》の場が確保《かくほ》されることになる。ひるがえって、公共でない場は私の場、ということとなる。平常《へいじょう》は私的に生活していて、必要に応《おう》じて公共の場へ出ていく。もし後者を市場とでも呼ぶのなら、前者は家庭かもしれない。家庭でともに暮《く》らすメンバー、すなわち家族ができ上がっていった。

そして公共の場へ出ていくとき、ひとりひとりの人間は相手と対等な形で、種々の交渉にのぞまなくてはならないし、自らで判断《はんだん》を下すことを迫《せま》られる、独立《どくりつ》した一個《いっこ》の人格《じんかく》を持つことが不可欠である。「あなたはどういう人間なのですか」と未知の人に尋《たず》ねられ、「かくかくしかじか……」と自身を語らねばならない。

いや逆《ぎゃく》に、交渉を重ねる中で生きつづけるためには、④各人がおのずとそういう自覚を持つべく形づくられていく。相手の気持ちを読みとり、先取りすることで、より円滑《えんかつ》にコミュニケーションをはかっていく中で、相手が求めているこちらのスタンス、相手が「そう」と把握しているこちらのイメージを知らず知らずに内面化して、それが自分ですとさえ、感ずるようになっていったのではないか。

それこそが人間の⑤社会化の始まりであり、社会化への過程《かてい》がスタートしたときから、人間は自己《じこ》という意識あるいは自《じ》我《が》を所有する道を歩み出したと考えられる。

（正高信男《まさたかのぶお》『考えないヒト』〈中央公論新社〉より）

＊反芻《はんすう》＝二度三度くりかえし思い、考えること。
＊如何＝事の次第《しだい》。

問一　――線①「ループの形で入ってきた音韻情報《おんいんじょうほう》をかなりの容量《ようりょう》でためておくことができるようになった」とありますが、その結果、どのようなことができるようになりましたか。次の空欄《くうらん》に合うように、それぞれ指定された字数で本文中からぬき出しなさい。

・以前は、A（十字）できなかったものを、言語をB（十九字）ことができるようになった。

問二　――線②「思考・判断能力《はんだんのうりょく》を発揮《はっき》できる素地《そじ》が、でき上がった」とありますが、これを言いかえている部分を本文中から二十六字で探《さが》し、初めと終わりの五字をぬき出しなさい。

問三　――線③「今や例えば『リンゴ』といえるようになった」とありますが、それはどのようなことをするようになったからですか。次の空欄に合うように、それぞれ指定された字数で本文中からぬき出しなさい。

・例えば「リンゴ」というA（二十二字）を求めるというB（五字）を営むようになったため。

問四　a に入ることばとしてもっともふさわしいものを次のア～エの中から選び、記号で答えなさい。

ア　イメージ　　イ　コミュニケーション
ウ　発音　　エ　自我

問五　――線④「各人がおのずとそういう自覚を持つべく形づくられていく」とありますが、そういう自覚とは、どのような自覚のことですか。本文中のことばを使って説明しなさい。

問六　――線⑤「社会化の始まり」とありますが、別のことばで言いかえている部分を、本文中から六字でぬき出しなさい。

問七　本文の内容《ないよう》に合っているものを、次のア〜エの中から一つ選び、記号で答えなさい。

ア　言語遺伝子《げんごいでんし》が完成したことによって、ワーキングメモリーのシステムが完成し、音韻情報《おんいんじょうほう》の短期貯蔵能力《たんきちょぞうのうりょく》が高性能《こうせいのう》なものに大きく発達した。

イ　言語遺伝子が完成したことによって、サルが毛づくろいを受けて、相手にお返しをするという約束も言語によって行われるようになった。

ウ　言語遺伝子が完成したことによって、話し手がどういう気持ちでいるかということと、約束された取り決めに沿《そ》って伝えるべきことが完全に一致《いっち》するようになった。

エ　言語遺伝子が完成したことによって、外界から耳を経《へ》て入力されてきた情報についてのみ、自分自身の中で繰《く》り返《かえ》し考えることができるようになった。

漢字編

第1章 漢字の読み書き

1 漢字の読み書き

ココがポイント

ここでは漢字の基礎《きそ》として、その読み書きを学ぶ。**音読み**と**訓読み**について理解《りかい》し、読み方や書き方を覚えるこつをマスターする。

1 漢字の特徴《とくちょう》

漢字は**表意文字**とよばれ、音《おん》(読み方)と意(意味)の両方を備《そな》えています。ひらがなやカタカナが発音しかもっていない**表音文字**であるのとは大きくちがいます。漢字は、**一字一字がことばである**といえます。

だから、漢字を使うわれわれは、その**形と読みだけでなく、その意味も覚えていかなくてはなりません。**

例 **計**

音 ケイ

訓 はか(る)

意味

① かぞえる……計算

② はかる器械……時計

③ くわだてる……計画

音読みと訓読み

漢字が伝わる前、日本には文字がありませんでした。漢字が日本に伝わってきた当初は、**中国での発音をまねてそのまま使っていました。**それが**音読み**です。音読みは熟語として使われることが多いといえます。

例 犬《ケン》 雲《ウン》 水《スイ》

しかし、もともと日本語があるのに、あえて中国語を用いる必要がない場合も多くあります。そのため、**漢字の意味にあたる日本語(和語)を、そのまま漢字の新しい読みとするようになりました。**それが**訓読み**です。訓読みは一字でそのまま使うことが多いといえます。

例 犬《いぬ》 雲《くも》 水《みず》

漢字の意味

漢字の意味を、熟語とともに**覚える**といいでしょう。そうすれば、ことばの知識《ちしき》が広がり、

2 読み方のこつ

❶音読みは、その漢字のつくり（右側の部分）からおしはかることができるものが多い。

例 晴（答＝セイ）➡つくりは「青《セイ》」。

❷読み方がわからないときは、その漢字をふくむほかの熟語《じゅくご》の読み方を思い出して考える。

例 操作（答＝ソウ）
➡ほかの熟語「操縦《ソウジュウ》」「体操《タイソウ》」などから考える。

3 書き方のこつ

❶正しい筆順と画数で、一つ一つの点や線を丁寧《ていねい》に楷書《かいしょ》で書く。

❷文の意味を考えて、それに合う漢字を用いる。

例 駅で友人にあった。（答＝○会 ×合）

❸熟語は、組み立て・意味などを考えて、前後の文脈《ぶんみゃく》に合う漢字を用いる。

例 人質《ひとじち》になっていた人たちがかいほうされる。（答＝○解放 ×開放）

正しい日本語を読み書きするのに役に立ちます。

二字熟語の読み方

二字熟語の読み方は、上下の字がそれぞれ音読みか訓読みかを考えて次の五種類に分けられます。

● **音読み**（上下とも音読み）
例 遠足《エンソク》 参加《サンカ》 連続《レンゾク》 魚肉《ギョニク》
絵本《エホン》 一番《イチバン》

● **訓読み**（上下とも訓読み）
例 牧場《まきば》 細道《ほそみち》 夕方《ゆうがた》 初雪《はつゆき》
手紙《てがみ》 空箱《からばこ》

● **音訓読み**（重箱《ジュウばこ》読み）
例 重箱 王様《オウさま》 素顔《スがお》 両側《リョウがわ》
試合《シあい》 番組《バンぐみ》

● **訓音読み**（湯桶《ゆトウ》読み）
例 湯桶 合図《あいズ》 身分《みブン》 手本《てホン》
指図《さしズ》 消印《けしイン》

● **特別な読み方や熟字訓**
例 学校《がっこう》 発表《はっぴょう》 白雪《しらゆき》 雨水《あまみず》
小雨《こさめ》 日和《ひより》 風情《ふぜい》 海原《うなばら》
素人《しろうと》 浴衣《ゆかた》

力だめしの問題

入試標準レベル

解答➡p.516

1 熟語《じゅくご》の読み方には、あとのア〜エの四通りある。次の(1)〜(3)の――線の熟語の読み方は、どれにあたるか。記号で答えなさい。

(1) ここは、本屋です。
(2) ここは、中庭です。
(3) この水は、飲料です。

ア　上の漢字を音で読んだら、下の漢字も音で読む。
例　草木（ソウモク）
イ　上の漢字を訓で読んだら、下の漢字も訓で読む。
例　草木（くさき）
ウ　上の漢字は音で読み、下の漢字は訓で読む。
例　字引（ジびき）
エ　上の漢字は訓で読み、下の漢字は音で読む。
例　野宿（のジュク）

---

2 次の――線を漢字に直しなさい。

(1) サムい一日だった。
(2) カンガえることは皆《みな》同じだな。
(3) コマるとぼくのところへ来る。
(4) トオい道のりをよく歩いた。
(5) オくときは静かにそっとおこう。
(6) ヨる年波にはさすがに勝てなかった。
(7) ヨルになって明かりがついた。
(8) へると補給《ほきゅう》することになっている。
(9) フるような星空を見上げていた。
(10) ユルすことはできないが、見逃《みのが》そう。
(11) キビしい暑さが続く。
(12) アげるのは、左手ではなく右手だ。
(13) ヨロコぶのはまだ早い。
(14) タシかに机《つくえ》の上においたはずなのに。
(15) アブないところで難《なん》をのがれた。
(16) ウタガったことを謝《あやま》った。
(17) タれる汗《あせ》をタオルでふいた。
(18) 輪になってカコむ。
(19) クラべるのは悪いが、お兄さんはえらかったな。
(20) アバれる犯人《はんにん》を警官《けいかん》たちはとりおさえた。

3 次の各文の□に適切《てきせつ》な漢字一字を入れて、意味が通じるようにしなさい。

(1) ようやく姿《すがた》を□す。
(2) 夕日で顔を赤く□める。
(3) すっかり人通りが□える。
(4) 暑いので水を□びる。
(5) 仏前《ぶつぜん》にくだものを□える。
(6) コップに水を□ぐ。
(7) 銀行に金を□ける。
(8) 時計がカチカチと時を□む。

---

4 次の――線を漢字に直しなさい。【金蘭千里中】

(1) 国会ギインの不正を裁《さば》く。
(2) 景気がテイメイしている。
(3) 行方《ゆくえ》不明者のアンピを気づかう。
(4) あの外車はキショウ価値《かち》が高い。
(5) 寸法《すんぽう》はキカク通りでまちがいない。

ヒント

❷ どれも字形が整いにくいものです。大きく、しっかり書きましょう。
❸ 文脈《ぶんみゃく》をしっかりとおさえて答えましょう。

2 注意すべき漢字の訓読み

ココがポイント

訓読みとは、**漢字の意味に近い日本古来のことば**を、新しい読みとして定めた読み方である。もともとが中国の発音である**音読み**とはちがい、意味がわかりやすい。ここでは、注意すべき訓読みをしっかり覚え、**漢字のもつ意味**について考える。

1 漢字の訓読み

表意文字である漢字は、一つ一つが**それぞれ意味をもっています**。その意味に近い日本のことばをあてはめたものが**訓読み**です。

訓読みがいくつもある漢字もあります。送りがなに注意して覚えましょう。**読み方によって意味が異**《こと》**なる場合や、同じ意味で異なる読み方をする場合**があるので、注意しましょう。

例
- 生…生《い》きる　生《う》む　生《お》う　生《は》える　生《き》　生《なま》
- 冷…冷《ひ》える　冷《つめ》たい　冷《さ》める

複数《ふくすう》の訓読みがある漢字

複数の訓読みがある漢字をいくつかあげておきます。覚えておきましょう。

重《え》　重《おも》い　重《かさ》ねる(なる)
治《おさ》まる(める)　治《なお》す(る)
覚《おぼ》える　覚《さ》ます(める)
空《そら》　空《あ》く(ける)　空《から》
直《ただ》ちに　直《なお》す(おる)
閉《と》じる　閉《し》める(まる)
細《ほそ》い(る)　細《こま》か(かい)
負《ま》ける(かす)　負《お》う

訓読みのこつ

読み方がわからないときは、その漢字を使った**熟語**《じゅくご》**から読みをおしはかりましょう。**

例　補う ➡ 「補足《ほそく》」などからおしはかって、「おぎなう」と読む。

差がつく 覚えておきたい訓読み

挙げる　あ（げる）
預ける　あず（ける）
暖かい　あたた（かい）
厚い　あつ（い）
暑い　あつ（い）
穴　あな
暴れる　あば（れる）
編む　あ（む）
誤り　あやま（り）
現れる　あらわ（れる）
勢い　いきお（い）
痛い　いた（い）
営む　いとな（む）
疑う　うたが（う）
映す　うつ（す）
裏　うら
負う　お（う）
補う　おぎな（う）
行う　おこな（う）
帯びる　お（びる）
織る　お（る）

貸す　か（す）
構う　かま（う）
借りる　か（りる）
効く　き（く）
刻む　きざ（む）
厳しい　きび（しい）
険しい　けわ（しい）
試みる　こころ（みる）
快い　こころよ（い）
応える　こた（える）
異なる　こと（なる）
断る　ことわ（る）
逆らう　さか（らう）
支える　ささ（える）
裁く　さば（く）
冷める　さ（める）
退く　しりぞ（く）
吸う　す（う）
姿　すがた
捨てる　す（てる）
済む　す（む）

刷る　す（る）
背　せ
注ぐ　そそ（ぐ）
備える　そな（える）
供える　そな（える）
絶える　た（える）
耕す　たがや（す）
訪ねる　たず（ねる）
束ねる　たば（ねる）
垂れる　た（れる）
縮む　ちぢ（む）
包む　つつ（む）
務める　つと（める）
勤める　つと（める）
罪　つみ
照らす　て（らす）
届く　とど（く）
唱える　とな（える）
留める　と（める）
採る　と（る）
治る　なお（る）
半ば　なか（ば）
慣れる　な（れる）
練る　ね（る）

除く　のぞ（く）
延びる　の（びる）
生える　は（える）
果たす　は（たす）
省く　はぶ（く）
張る　は（る）
率いる　ひき（いる）
額　ひたい
拾う　ひろ（う）
防ぐ　ふせ（ぐ）
再び　ふたた（び）
奮う　ふる（う）
任せる　まか（せる）
迷う　まよ（う）
認める　みと（める）
源　みなもと
難しい　むずか（しい）
群がる　むら（がる）
設ける　もう（ける）
易しい　やさ（しい）
破る　やぶ（る）
敗れる　やぶ（れる）
許す　ゆる（す）
忘れる　わす（れる）

力だめしの問題

入試標準レベル

解答➡p.517

1 次の漢字の訓読みを答えなさい。ただし、送りがなが必要ならつけなさい。また、二つ以上の読み方が考えられる場合は、すべて書くこと。

(1) 勇　(2) 最
(3) 半　(4) 再
(5) 厚　(6) 便
(7) 独　(8) 勢
(9) 営　(10) 源
(11) 無　(12) 実

2 次の漢字に読みがなをつけなさい。

(1) 断る　(2) 務める
(3) 設ける　(4) 似る
(5) 満ちる　(6) 築く
(7) 防ぐ　(8) 貸す
(9) 退ける　(10) 清い
(11) 導く　(12) 招く
(13) 率いる　(14) 耕す

3 次の漢字に読みがなをつけなさい。

(1) 束ねる
(2) 肥える
(3) 垂れる
(4) 応える
(5) 刷る
(6) 奮う
(7) 構える
(8) 織る

4 次の——線の漢字の読みがなを書きなさい。

(1) 罪《つみ》を裁く。
(2) 布《ぬの》で包む。
(3) 教育費《きょういくひ》が減る。
(4) 快い音楽。
(5) 本を借りる。
(6) 仕事を兄に任せる。
(7) 習慣《しゅうかん》が異なる。
(8) 流れに逆らって進む。
(9) むだを省く。
(10) ノートに記す。

5 次の各組の（　）に共通して入ることばをあとの語群から選び、その読みがなを書きなさい。送りがなも書くこと。

(1) 野菜を（　）。
時を（　）。

(2) 毛糸を（　）。
句集《くしゅう》を（　）。

(3) 私《わたし》に（　）ないでください。
費用《ひよう》がいくらかかっても（　）ない。

(4) 使命を（　）。
丸みを（　）。

(5) 氷が（　）。
意地を（　）。

(6) お金を使い（　）。
目的を（　）。

(7) 算数の勉強に力を（　）。
火に油を（　）。

〔果たす　注ぐ　編む　接ぐ　刻む　栄え　構わ
張る　来る　術　練る　納め　行　帯びる〕

6 次の漢字に読みがなをつけなさい。

(1) 貧しい　(2) 易しい
(3) 険しい　(4) 豊か
(5) 迷う　(6) 直ちに
(7) 主に　(8) 正に
(9) 暖かい　(10) 誤り
(11) 好み　(12) 新たに

7 次の（　）に入ることばを、あとにあげる漢字を使って考え、その読みを答えなさい。送りがなも書くこと。

例 この件《けん》に関しては、私《わたし》が責任《せきにん》を（　）ます。　（おい）

(1) やっと仕事に（　）て、能率《のうりつ》が上がった。
(2) 電灯が辺りを（　）た。
(3) 庭の雑草《ざっそう》を（　）た。
(4) 君にこの仕事を（　）たい。
(5) よく（　）れた考えで、たいへんすばらしい。
(6) だれも異議《いぎ》を（　）る者はいなかった。

〔負・唱・除・慣・照・練・任〕

3 まちがえやすい漢字の書きとり

ココがポイント

漢字の中には、**似《に》たような形の字**が多い。そういうまぎらわしいものどうしをしっかり頭に入れておいて、その字を使うときは意識《いしき》してまちがわずに書くようにつとめなければならない。その際《さい》、とくに**部首**に注意して書くことが大切である。**音読み・訓読み・意味**も覚えれば、入試での得点源《とくてんげん》になる。

1 部首に気をつけよう

形が似ているまぎらわしい漢字は、**部首だけが異《こと》なるものが多くあります。部首の意味**から用いる漢字を判断《はんだん》していきましょう。

例
・土地の風《ふう》ぞくを研究する。（答＝俗）
・寝《ね》る前に入《にゅう》よくする。（答＝浴）

➡「俗」はにんべんだから、人に関係がある。「浴」はさんずいだから、水に関係がある。

部首は大きな手がかり

部首は漢字のおおよその意味を表しています。だから、漢字の書きとりの問題では、ことばの意味と部首の関係に注意して考えるようにしましょう。

形の似ている部首

部首の中には、一点一画だけがちがうような**よく似た部首**があります。漢字の書きとりのときにまちがえないよう正しく覚えておきましょう。

例
- ネ（しめすへん）　神・祖
- 衤（ころもへん）　複・補

- 广（まだれ）　店・広
- 厂（がんだれ）　厚・原

- 卩（ふしづくり）　即・印
- 阝（おおざと）　都・郡

- 又（また）　収・取
- 攵（ぼくにょう）　数・教

差がつく 形が似ている漢字

（•は中学で習う読み方）

季 委
季《き》節《せつ》　四《し》季《き》
委《い》員《いん》　委《い》任《にん》

似 以
似《に》顔《がお》絵《え》　相《そう》•似《じ》
以《い》上《じょう》　以《い》外《がい》

氷 永
氷《ひょう》山《ざん》　初《はつ》氷《ごおり》
永《えい》久《きゅう》　永《えい》遠《えん》

賃 貸 貨
賃《ちん》金《ぎん》　家《や》賃《ちん》
貸《かし》家《や》　•貸《たい》借《しゃく》
貨《か》物《もつ》　通《つう》貨《か》

宮 管 官
迷《めい》宮《きゅう》　王《おう》宮《きゅう》
管《かん》理《り》　血《けっ》管《かん》
官《かん》庁《ちょう》　器《き》官《かん》

若 苦
若《わか》葉《ば》　•若《じゃく》年《ねん》
苦《く》難《なん》　病《びょう》苦《く》

群 郡
群《ぐん》衆《しゅう》　大《たい》群《ぐん》
郡《ぐん》部《ぶ》　～郡《ぐん》

験 険 検
試《し》験《けん》　経《けい》験《けん》
険《けん》悪《あく》　危《き》険《けん》
検《けん》査《さ》　点《てん》検《けん》

講 構
講《こう》堂《どう》　講《こう》習《しゅう》
構《こう》造《ぞう》　機《き》構《こう》

老 孝 考
老《ろう》人《じん》　敬《けい》老《ろう》
孝《こう》行《こう》　孝《こう》養《よう》
考《こう》査《さ》　思《し》考《こう》

因 困
因《いん》果《が》　原《げん》因《いん》
困《こん》難《なん》　貧《ひん》困《こん》

待 特 持
待《たい》望《ぼう》　接《せっ》待《たい》
特《とく》別《べつ》　独《どく》特《とく》
持《じ》続《ぞく》　支《し》持《じ》

職 織 識
職《しょく》場《ば》　要《よう》職《しょく》
織《おり》物《もの》　組《そ》織《しき》
識《しき》別《べつ》　知《ち》識《しき》

捨 拾
取《しゅ》捨《しゃ》　喜《き》捨《しゃ》
•拾《しゅう》得《とく》　収《しゅう》•拾《しゅう》

往 住
往《おう》復《ふく》　往《おう》来《らい》
住《じゅう》民《みん》　永《えい》住《じゅう》

績 積
成《せい》績《せき》　功《こう》績《せき》
積《せき》雪《せつ》　面《めん》積《せき》

税 説
税《ぜい》金《きん》　納《のう》税《ぜい》
説《せつ》明《めい》　学《がく》説《せつ》

組 祖
組《そ》織《しき》　番《ばん》組《ぐみ》
祖《そ》国《こく》　先《せん》祖《ぞ》

測 側 則
測《そく》定《てい》　観《かん》測《そく》
側《そく》面《めん》　外《そと》側《がわ》
校《こう》則《そく》　原《げん》則《そく》

率 卒
•率《そっ》直《ちょく》　比《ひ》率《りつ》
卒《そつ》業《ぎょう》　新《しん》卒《そつ》

脈 派
動《どう》脈《みゃく》　文《ぶん》脈《みゃく》
派《は》生《せい》　党《とう》派《は》

標 票
標《ひょう》的《てき》　目《もく》標《ひょう》
票《ひょう》決《けつ》　投《とう》票《ひょう》

腹 複 復
腹《ふく》痛《つう》　中《ちゅう》腹《ふく》
複《ふく》雑《ざつ》　複《ふく》数《すう》
復《ふく》習《しゅう》　回《かい》復《ふく》

福 副
福《ふく》利《り》　幸《こう》福《ふく》
副《ふく》業《ぎょう》　副《ふく》作《さ》用《よう》

未 末
未《み》来《らい》　未《み》満《まん》
末《まっ》期《き》　粉《ふん》末《まつ》

輪 輸
輪《りん》作《さく》　車《しゃ》輪《りん》
輸《ゆ》出《しゅつ》　空《くう》輸《ゆ》

録 緑
録《ろく》音《おん》　記《き》録《ろく》
緑《りょく》地《ち》　新《しん》緑《りょく》

力だめしの問題

入試標準レベル

解答➡p.517

1 次の〔　〕の中に示《しめ》した漢字を、下の——線に一つずつあてはめて熟語《じゅくご》をつくりなさい。

(1) 〔末・未〕　ア ミ知　イ 結マツ

(2) 〔拾・捨〕　ア シュウ得《とく》　イ 取シャ

(3) 〔減・域〕　ア 区イキ　イ ゲン量

(4) 〔官・宮〕　ア カン庁《ちょう》　イ 王キュウ

(5) 〔因・困〕　ア 原イン　イ コン難《なん》

(6) 〔卒・率〕　ア ソツ業　イ 確《かく》リツ

(7) 〔貨・貸・賃〕　ア 銀カ　イ 運チン　ウ タイ借

(8) 〔輸・輪・論〕　ア 年リン　イ ユ出　ウ 討《とう》ロン

2 次の文の——線を漢字に直したとき、〔　〕の中のどちらのほうが正しいか。記号で答えなさい。

(1) ルイジ〔ア 類似　イ 類以〕の品。

(2) ショウジュン〔ア 照準　イ 昭準〕をあわせる。

(3) チシキ〔ア 知織　イ 知識〕を得《え》る。

3 次の文の——線を漢字に直しなさい。【和洋国府台女子中】

(1) 講《こう》どうで先生のお話をうかがう。

(2) はげしい労どうにつかれはてた。

(3) あの人はりっぱな人かくの持ち主だ。

(4) 正かくな地図がないと道にまよう。

(5) とう校下校の道すじ。

(6) 一つのおかしを三とう分する。

(7) 台風で近くの川がぞう水した。

(8) ぞう船所を見学する。

(9) 日本の歴《れき》しを学ぶ。

(10) 会合のし会者にえらばれる。

4 次の文の――線を漢字に直しなさい。

(1) ①ケイサツに②トドける。
(2) ③カンソな④カマえ。
(3) ⑤ショクヨクが⑥ゲンタイする。
(4) ⑦コクモツや⑧ヤサイを育てる。
(5) ⑨コンザツが⑩ヨソウされる。
(6) ⑪ソッチョクに⑫ミトめる。
(7) ⑬ショウガイを⑭ノゾく。
(8) みずみずしい⑮シンリョクの⑯ジュモク。
(9) ⑰コウヘイな⑱ハンダン。
(10) ⑲ショウタイジョウを⑳インサツする。

【フェリス女学院中】

---

5 次の文の――線を漢字に直しなさい。

(1) たてに並《なら》ぶ。
(2) 仕事をまかす。
(3) あきないをする。
(4) とうしを燃《も》やす。
(5) 水をあびる。
(6) 苦難にたえる。
(7) 病気をなおす。
(8) ふうきがみだれる。
(9) どうせいをさぐる。
(10) はげしくひなんされる。

【横浜雙葉中】

4 難読語《なんどくご》・熟字訓《じゅくじくん》

ココがポイント

漢字には、熟語になると、**定められた音訓とはちがう読み方**をするものがある。また、**ふだん使う音訓以外の読み方**もあるので、ここでしっかり学んでおくこと。

1 難読語・熟字訓

次のようなものに気をつけて覚えましょう。

●音か訓かまぎらわしい読み方

音はおもに熟語に使われるので、それを手がかりにします。

●音・訓が二つ以上ある字

訓が二つ以上あるときは、意味・用法がちがうことが多いです。

例　省（はぶく…省略《しょうりゃく》／かえりみる…反省）　着（つく…着席／きる…着物）

音が二つ以上あるものは熟語で覚えます。

例　形（ケイ…形式／ギョウ…形相）　重（ジュウ…重責《じゅうせき》／チョウ…貴重《きちょう》）

音読みとまちがえやすい訓読み

訓読みの中には、音読みとまちがえやすいものがあるので注意しましょう。（　）内は訓読み。カタカナが音読み。

夕《セキ》（ゆう）　屋《オク》（や）
何《カ》（なん）　夏《カ》（なつ）
荷《カ》（に）　灰《カイ》（はい）
月《ゲツ》（つき）　関《カン》（せき）
口《コウ》（くち）　戸《コ》（と）
黄《オウ》（き）　幸《コウ》（さち）
四《シ》（よん）　子《シ》（こ）
矢《シ》（や）　市《シ》（いち）
七《シチ》（なな）　歯《シ》（は）
手《シュ》（て）　実《ジツ》（み）
十《ジュウ》（とお）　初《ショ》（はつ）
場《ジョウ》（ば）　松《ショウ》（まつ）
新《シン》（にい）　身《シン》（み）
千《セン》（ち）　世《セイ》（よ）
息《ソク》（いき）　巣（す）
背《ハイ》（せ）　湯《トウ》（ゆ）
粉《フン》（こ）　問《モン》（とん）
夜《ヤ》（よ）　野《ヤ》（の）

●熟語になると読みの変わる字

熟語になると読みが変わるものがあります。

例 ・学校(ガク＋コウ)＝ガッコウ
・金物(かね＋もの)＝かなもの

●熟字訓

漢字一字ずつの読みとは関係なく、熟語全体に読みをあてたもの。入試でもよく問われます。

海女	あま	清水	しみず	博士	はかせ
意気地	いくじ	砂利	じゃり	二十日	はつか
田舎	いなか	上手	じょうず	波止場	はとば
海原	うなばら	素人	しろうと	日和	ひより
叔父・伯父	おじ	師走	しわす	下手	へた
乙女	おとめ		(しはす)	迷子	まいご
叔母・伯母	おば	太刀	たち	土産	みやげ
母屋・母家	おもや	立ち退く	たちのく	息子	むすこ
神楽	かぐら	七夕	たなばた	眼鏡	めがね
河岸	かし	一日	ついたち	紅葉	もみじ
仮名	かな	梅雨	つゆ	木綿	もめん
心地	ここち	手伝う	てつだう	最寄り	もより
早乙女	さおとめ	読経	どきょう	八百長	やおちょう
雑魚	ざこ	時計	とけい	八百屋	やおや
五月	さつき	友達	ともだち	大和	やまと
五月雨	さみだれ	仲人	なこうど	浴衣	ゆかた
時雨	しぐれ	名残	なごり	行方	ゆくえ
竹刀	しない	野良	のら	若人	わこうど

訓読みとまちがえやすい音読み

音読みにも訓読みとまちがえやすいものがあるので注意しましょう。( )内は音読み。

一(イチ) 肉(ニク)
茶(チャ) 下(ゲ)
絵(エ) 気(キ・ケ)
五(ゴ) 四(シ)
詩(シ) 字(ジ)
七(シチ) 象(ゾウ)
図(ズ) 素(ソ)
地(ジ・チ) 敵(テキ)
頭(ズ) 熱(ネツ)
八(ハチ) 法(ホウ)
本(ホン)

力だめしの問題

入試標準レベル

解答➡p.518

1 次の熟語《じゅくご》の読み方のうち、正しいものを選んで書きなさい。

(1) 町角
[ちょうかく　ちょうかど　まちかく　まちかど]

(2) 直筆
[ちょくひつ　じきふで　じきひつ　ちょくふで]

(3) 真顔
[しんがん　しんがお　まがお　まがん]

(4) 禁物
[きんぶつ　きんもの　きんもつ　きんぶん]

(5) 屋外
[おくがい　おくそと　やがい　やそと]

(6) 典型
[てんがた　てんけい　てんけん　てんぎょう]

(7) 故国
[ふるこく　ふるくに　こぐに　ここく]

(8) 田舎
[でんしゃ　たしゃ　いなか　たんぼ]

(9) 丸太
[まるぶと　がんたい　まるた　がんぶと]

(10) 土産
[つちさん　みやげ　つちうみ　どうみ]

2 次の(1)~(3)の――線の漢字の読みと同じ読みをふくむ熟語を、ア~エから選び、記号で答えなさい。 【実践女子学園中】

(1) 伝言
ア 格言
イ 無言
ウ 言論
エ 言明

(2) 大工
ア 工芸
イ 加工
ウ 細工
エ 工業

(3) 不用心
ア 不公平
イ 不健康
ウ 不衛生
エ 不作法

3 次の熟語に読みがなをつけなさい。

(1) 七夕　(2) 川原
(3) 八百屋　(4) 果物
(5) 眼鏡　(6) 迷子

4 次の漢字の読み方を、ひらがなで書きなさい。

(1) ア 去年　イ 過去
(2) ア 貿易　イ 容易
(3) ア 興味　イ 興奮
(4) ア 便利　イ 便乗

5 熟語には、訓読みすることばと、音読みすることばがあるが、次のことばを訓読みと音読みに分けて、その番号で答えなさい。

(1) 花形　(2) 姿勢　(3) 誠実　(4) 厚紙
(5) 身内　(6) 苦手　(7) 人形　(8) 坂道
(9) 障子　(10) 留守

6 次の(1)の熟語は音読み、(2)の熟語は訓読みになる。それぞれの読み方を書きなさい。

(1) ① 絵画
② 由来
③ 都合
④ 無難
⑤ 読点

(2) ① 問屋
② 七日
③ 音色
④ 家主
⑤ 雨水

ヒント

5 訓読みは日本語のもともとの意味をあてはめたものですので、意味が理解《りかい》しやすいのが訓読みです。

5 送りがな

ココがポイント

送りがなは漢字を正しく読むためのものである。ここでは**送りがなの決まり**を学び、正しく書けるようにする。

1 活用のある語の送りがな

活用語尾《ごび》(形の変わる部分)を送るのが基本《きほん》です。

例 **〈動詞《どうし》〉** 実《みの》る (**みのら**ナイ・**みのり**マス・**みのる**。・**みのれ**バ……)

〈形容詞《けいようし》〉 短《みじか》い (**みじかかろ**ウ・**みじかかっ**タ・**みじかく**ナル・**みじかい**。…)

〈形容動詞〉 急《きゅう》だ (**きゅうだろ**ウ・**きゅうだっ**タ・**きゅうで**ナイ・**きゅうだ**。…)

▼**注意**①…語幹《ごかん》(形の変わらない部分)が「し」で終わる形容詞は、「し」から送る。

例 楽《たの》しい　美《うつく》しい　新《あたら》しい

活用語尾以外の部分にほかの語をふくむ語

活用語尾以外の部分に**ほかの語をふくんでいる語**は、ふくまれている語の送りがなにしたがって送ります。

例
- 動《うご》かす(⬆動く)
- 生《う》まれる(⬆生む)
- 向《む》かう(⬆向く)
- 勇《いさ》ましい(⬆勇む)
- 晴《は》れやかだ(⬆晴れる)
- 確《たし》かめる(⬆確かだ)
- 暖《あたた》かい(⬆暖かだ)

二つ以上の語が結びついた複合語《ふくごうご》

二つ以上の語が結びついた複合語は、もとの語それぞれの送りがなにしたがって送ります。

例
- 打《う》ち合《あ》わせる(⬆打つ＋合わせる)
- 話《はな》し合《あ》う(⬆話す＋合う)
- 聞《き》き苦《ぐる》しい(⬆聞く＋苦しい)
- 生《い》き物《もの》(⬆生きる＋物)
- 入《い》り江《え》(⬆入る＋江)
- 落《お》ち葉《ば》(⬆落ちる＋葉)
- 後《うし》ろ姿《すがた》(⬆後ろ＋姿)

▼**注意②**…活用語尾の前に「か」「やか」「らか」のある形容動詞は、**「か」「やか」「らか」から送る。**

例 暖《あたた》かだ　健《すこ》やかだ　朗《ほが》らかだ

2 名詞の送りがな

送りがなをつけないのが基本です。

例 月《つき》　鳥《とり》　花《はな》　山《やま》　男《おとこ》　女《おんな》

▼**注意①**…数をいくつと表す名詞は、「つ」を送る。

例 一《ひと》つ　二《ふた》つ　三《みっ》つ

▼**注意②**…活用のある語から転じてできた名詞や、「さ」「み」「げ」などがついて名詞となったものは、**もとの語の送りがなにしたがって送る。**

例 暑《あつ》さ（⬆暑い）　晴《は》れ（⬆晴れる）　重《おも》み（⬆重い）

▼**注意③**…活用のある語から転じてできた名詞でも、もとの語の送りがなにしたがわないものがある。

例 頂《いただき》（⬆頂《いただ》く）　光《ひかり》（⬆光《ひか》る）　話《はなし》（⬆話《はな》す）

3 副詞・連体詞・接続詞《せつぞくし》の送りがな

最後の一音を送るのが基本です。

例 必《かなら》ず　少《すこ》し　再《ふたた》び　全《まった》く　最《もっと》も　来《きた》る　去《さ》る

ただし、複合語の名詞で、**送りがなをつけないまま使いなれてきた語**は、送りがなをつけません。

例 関取《せきとり》　小包《こづつみ》　夕立《ゆうだち》　日付《ひづけ》　番組《ばんぐみ》
植木《うえき》　建物《たてもの》　受付《うけつけ》　木立《こだち》　立場《たちば》

送りがなの例外

例外的な送りがなに次のようなものがあります。覚えておきましょう。

例
- 味《あじ》わう　教《おそ》わる〈**動詞**〉
- 明《あか》るい　冷《つめ》たい〈**形容詞**〉
- 平《たい》らだ〈**形容動詞**〉
- 後《うし》ろ　情《なさ》け〈**名詞**〉
- 大《おお》いに　直《ただ》ちに〈**副詞**〉
- 例《たと》えば〈**副詞**《ふくし》〉

力だめしの問題

入試標準レベル

解答➡p.518

1 次のア〜ウから送りがなの正しいものを選び、記号で答えなさい。

(1) おさない　ア 幼さない　イ 幼ない　ウ 幼い

(2) あらわれる　ア 現われる　イ 現れる　ウ 現る

(3) きこえる　ア 聞こえる　イ 聞える　ウ 聞る

(4) もちいる　ア 用ちいる　イ 用いる　ウ 用る

(5) こころよい　ア 快ろよい　イ 快よい　ウ 快い

(6) みじかい　ア 短じかい　イ 短かい　ウ 短い

(7) あたたかだ　ア 暖たかだ　イ 暖かだ　ウ 暖だ

(8) はげしい　ア 激げしい　イ 激しい　ウ 激い

(9) かならず　ア 必ならず　イ 必らず　ウ 必ず

2 次の文の——線の語に、送りがなをつけなさい。

(1) ア 砂《すな》のつぶはとても細（　　）。
イ 糸のように細（　　）雨がふる。

(2) ア よくきく薬は苦（　　）という。
イ 高熱で、息をするのも苦（　　）。

(3) ア 制服《せいふく》を着（　　）。
イ 飛行場に着（　　）。

(4) ア 音もなく雪が降｜（　　）。
イ 車から降｜（　　）。

(5) ア 風でろうそくの火が消｜（　　）。
イ 水をかけて火を消｜（　　）。

(6) ア ガラスを割《わ》った責任《せきにん》を負｜（　　）。
イ 大事な試合に負｜（　　）。

(7) ア 強い光を放｜（　　）。
イ ボールを放｜（　　）。

3 次の□の中にひらがなを一字ずつ入れて、例にならってそれぞれの漢字の訓読みを示《しめ》しなさい。【東京学芸大附小金井中・改】

例 治［お］［さ］［め］る

(1) 唱□□□る　(2) 兼□□る

(3) 供□□□る　(4) 任□□□る

---

4 次の文の（　）の中に、例にならって送りがなをつけなさい。【静岡英和女学院中】

例 石が落（ちる）――ペンを落（とす）

(1) 煙《けむり》が立（　　）――旗を立（　　）

(2) 川が流（　　）――うわさを流（　　）

(3) 車が続（　　）――練習を続（　　）

(4) 文が乱（　　）――列を乱（　　）

5 次の漢字を訓読みに読んで、（　）の中に送りがなをひらがなで入れなさい。【青山学院中等部・改】

例 寒（い）…「寒（く）」「寒（かった）」などの形ではなく基《き》本《ほん》の形（辞書に出ている形）で答えなさい。

(1) 帯（　　）　(2) 率（　　）

(3) 推（　　）　(4) 商（　　）

(5) 営（　　）　(6) 補（　　）

(7) 沿（　　）　(8) 快（　　）

(9) 臨（　　）　(10) 険（　　）

第2章 部首・画数・筆順

1 漢字の成り立ち・部首

ココがポイント

漢字の成り立ちや**部首**は、漢字を深く理解《りかい》するのにかかせない知識《ちしき》である。ここでは、**成り立ちの原則《げんそく》**を学び、**おおよその意味を表す部首**について学ぶ。

1 漢字の成り立ち

漢字のでき方や使い方には六つの原則があり、**六書《りくしょ》**といいます。

〈漢字のでき方の原則〉

● **象形《しょうけい》文字**

物の形をかたどった文字。

例

↓月

↓日

↓川

漢字の分類

古代中国の後漢《ごかん》の時代に、許慎《きょしん》という人が、「説文解字《せつもんかいじ》」という漢字字典を著《あらわ》しました。今から千九百年ほど前のことです。その中で許慎は、九三五三字の漢字を、六種類に分けました。その分類を**六書**といいます。そのうち**四つ（象形・指事・会意・形声）**は、**漢字のでき方（造字《ぞうじ》法《ほう》）**で、**残りの二つ（転注・仮借）**は**漢字の用い方（運用法）**です。

部分に分けて覚えよう

会意・形声文字は、**それぞれの部分が、それぞれの意味をもっています**。そうした部分を意識すると、漢字やその意味が覚えやすくなります。

また、**形声文字の音を表している部分も、意味の助けになっている**ことがあります。

●指事《しじ》文字

形で表せない数や位置などを、**点や線で示《しめ》した文字。**

例  ⬇上  ⬇下  ⬇中 一 二 三

●会意《かいい》文字

複数《ふくすう》の文字を組み合わせた文字。

例 田＋力→男 日＋月→明 木＋木→林

●形声《けいせい》文字

意味を表す部分と音《おん》を表す部分を組み合わせた文字。大部分（約九割《わり》）の漢字がこれにあたります。

例 氵（意味＝水）＋羊（音＝ヨウ）→洋 口（意味＝口）＋門（音＝モン）→問

〈漢字の使い方の原則〉

●転注《てんちゅう》文字

その漢字本来の意味を、**似《に》た意味に変えて用いる方法。**

例 悪（わるい）⬇にくむ 好（よい）⬇このむ

●仮借《かしゃ》文字

その漢字本来の意味に関係なく、**音《おん》が同じということで、別の意味に用いる方法。**

例 世《せ》話《わ》 阿《あ》弥《み》陀《だ》 亜《ア》米《メ》利《リ》加《カ》

例 晴《セイ》・清《セイ》
⬇青…青くすみきる。
青くすみきった空＝晴《は》れ
青くすみきった水＝清《きよ》い

国字

会意文字と同様の方法で、**日本でつくられた漢字**があります。これを**国字《こくじ》**といいます。**国字は普通《ふつう》訓読みだけしかありません。**

例
・峠《とうげ》⬇山の上《のぼ》りと下《くだ》りのさかい。
・辻《つじ》⬇道が十字に交わったところ。

2 部首

漢字を字形の組み立てから**分類するときの目印となる部分**を、**部首**といいます。
（⬇次ページ参照）

● 
へん＝左をつくっている部分。
例 休　校　計

● 
つくり＝右をつくっている部分。
例 利　部　頭

● 
かんむり＝上をつくっている部分。
例 安　草　答

● 
あし＝下をつくっている部分。
例 無　思　益

● 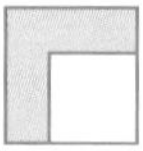
たれ＝上から左下へたれている部分。
例 厚　広　病

● 
にょう＝左から下へめぐっている部分。
例 近　延　起

● 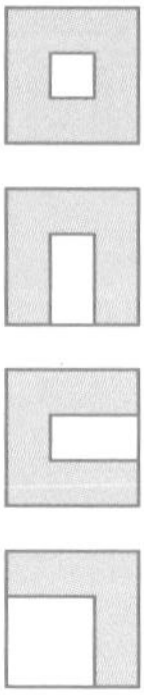
かまえ＝まわりをかこんでいる部分。
例 国　間　区　包

部首の意味

部首は、もともとが象形《しょうけい》文字で、何らかの物の形を表していました。そのため、それぞれの部首にはもともとの意味があります。その意味からかなりはなれた意味になってしまっている漢字もありますが、部首の意味を覚えておけば、漢字の意味がつかみやすくなります。

例 欠（あくび）…大きな口をあける
⬇歌・欲・歓

部首の画数

漢字（漢和）辞典では、漢字は部首の画数ごとにまとめられています。部首の画数には「阝」（こざとへん・三画）、「辶」（しんにょう・三画）などまぎらわしいものがあるので、確《たし》かめておきましょう。

差がつく部首

（部首の画数や例の漢字も、よく確かめておきましょう。）

へん（左側につく）

部首	名前	画数	例
亻	にんべん	②	仕・体
冫	にすい	②	冷・凍
氵	さんずい	③	海・池
口	くちへん	③	吹・味
扌	てへん	③	打・折
阝	こざとへん	③	防・陸
弓	ゆみへん	③	強・張
彳	ぎょうにんべん	③	往・役
忄	りっしんべん	③	快・性
土	つちへん	③	地・坂
女	おんなへん	③	姉・妹
犭	けものへん	③	独・狩
木	きへん	④	村・林
日	ひへん	④	明・晴
月	にくづき	④	腸・肥
歹	かばねへん	④	残・死
礻	しめすへん	④	社・祖
火	ひへん	④	焼・燃
方	ほうへん	④	旅・族
牛	うしへん	④	物・特
目	めへん	⑤	眼・眠
衤	ころもへん	⑤	複・補
禾	のぎへん	⑤	秋・私
石	いしへん	⑤	砂・確
糸	いとへん	⑥	紙・細
耳	みみへん	⑥	聴・職
米	こめへん	⑥	粉・精
舟	ふねへん	⑥	航・船
言	ごんべん	⑦	計・話
貝	かいへん	⑦	財・貯
車	くるまへん	⑦	転・輪
金	かねへん	⑧	鉄・銀
食	しょくへん	⑧	飲・飯
馬	うまへん	⑩	駅・験
魚	うおへん	⑪	鮮・鯨

つくり（右側につく）

部首	名前	画数	例
力	ちから	②	助・功
刂	りっとう	②	刊・別
卩	ふしづくり	②	印・卵
阝	おおざと	③	郡・都
彡	さんづくり	③	形・影
攵	ぼくにょう のぶん	④	数・教
欠	あくび	④	歌・欲
殳	るまた	④	殺・段
隹	ふるとり	⑧	雄・雑
頁	おおがい	⑨	順・頭

かんむり（上につく）

部首	名前	画数	例
亠	なべぶた	②	京・交
冖	わかんむり	②	写・冠
宀	うかんむり	③	守・定
艹	くさかんむり	③	草・花
耂	おいかんむり	④	老・考
癶	はつがしら	⑤	発・登
穴	あなかんむり	⑤	空・窓
罒	あみがしら	⑤	罪・置
竹	たけかんむり	⑥	答・筆
雨	あめかんむり	⑧	雪・雲

あし（下につく）

部首	名前	画数	例
儿	ひとあし にんにょう	②	元・兄
灬	れんが れっか	④	熱・照
心	こころ	④	思・志
皿	さら	⑤	益・盛

たれ（上から左にたれる）

部首	名前	画数	例
厂	がんだれ	②	原・厚
广	まだれ	③	広・底
疒	やまいだれ	⑤	病・痛

にょう（左から下にめぐる）

部首	名前	画数	例
辶	しんにょう しんにゅう	③	進・連
廴	えんにょう	③	延・建
走	そうにょう	⑦	起・越

かまえ（外側をかこむ）

部首	名前	画数	例
勹	つつみがまえ	②	包・匂
匚	かくしがまえ	②	区・医
囗	くにがまえ	③	国・図
行	ぎょうがまえ	⑥	術・衛
門	もんがまえ	⑧	開・間

力だめしの問題　入試標準レベル

解答➡p.519

1 次の漢字の成り立ちの種類をあとから選び、記号で答えなさい。

(1) 田　(2) 魚
(3) 花　(4) 鳴
(5) 清　(6) 上
(7) 明　(8) 楽しい
(9) 校　(10) 馬
(11) 阿弥陀《あみだ》　(12) 巴里《パリ》

ア 象形《しょうけい》文字　イ 指事《しじ》文字　ウ 会意《かいい》文字
エ 形声《けいせい》文字　オ 転注《てんちゅう》　カ 仮借《かしゃ》

2 次の漢字の部首にあたる部分とその名前を、例にならって答えなさい。

例 休　イ・にんべん

(1) 快　(2) 防
(3) 残　(4) 都
(5) 雑　(6) 発
(7) 病　(8) 医
(9) 建　(10) 関
(11) 空　(12) 功
(13) 卵　(14) 補
(15) 起　(16) 包

3 漢字の成り立ちには次の四つの種類がある。それぞれの種類にあてはまる漢字をあとのア～シからそれぞれ三つずつ選び、記号で答えなさい。【立教女学院中】

(1) 物の形を簡単《かんたん》な絵にかいたもの。たとえば、山の形や川の流れを写して、「山」「川」という字を作ったもの。
(2) 「二」や「上」などのように、形のない事がらを形にあらわしたもの。
(3) 「話(言と舌)」「明(日と月)」などのように、二つの漢字の意味を合わせて作ったもの。
(4) 「河」「銅《どう》」のように、一方(この場合は氵・釒)はその意味が「水」「金」に関するものであることを示《しめ》して、他方(可・同)はその文字の音をあらわしたもの。

ア 林　イ 末　ウ 鳴　エ 月
オ 下　カ 持　キ 飯　ク 信
ケ 口　コ 三　サ 晴　シ 鳥

4 次の部首の名前をあとのア～シから選んで記号で答え、それぞれの部首の漢字を一つずつ書きなさい。【海城中】

(1) 亠　(2) 冖
(3) 厂　(4) 刂
(5) 頁　(6) 辶
(7) 灬

ア うかんむり　イ れんが(れっか)
ウ まだれ　エ なべぶた
オ したごころ　カ りっとう
キ がんだれ　ク しんにょう
ケ わかんむり　コ えんにょう
サ あくび　シ おおがい

---

5 次の□に、漢字の一部分を入れて完成させたときに、あてはまらない偏《へん》を一つ答えなさい。【日本大二中】

(1) □反
ア 阝　イ 木　ウ 貝　エ 土　オ 糸

(2) □青
ア 禾　イ 忄　ウ 氵　エ 米　オ 日

(3) □刂
ア 貝　イ 倉　ウ 車　エ 干　オ 害

ヒント

③ それぞれ(1)は象形文字、(2)は指事文字、(3)は会意文字、(4)は形声文字のことです。

2 画数

ココがポイント

漢字は点や線によって組み立てられている。その点や線を漢字の**画**《かく》といい、その漢字の画の数の合計を**総画数**《そうかくすう》という。ここでは正しい字の書き方とともに、画数についての知識《ちしき》を深める。

1 漢字の点画のつながりをおさえる

漢字は、もともとは毛筆で書かれていたものですので、点画のつながりも毛筆で書くことを想定しています。**「上から下」**と**「左から右」**の大原則《だいげんそく》があることに注意しましょう。

一画で書く

入試ではよく注意書きで「楷書《かいしょ》で、丁寧《ていねい》に」とあります。漢字はくずさないように気をつけて書きましょう。

「画」の大原則

人間の手のしくみと、毛筆の性質《せいしつ》から、漢字は線を**「上から下」**に引くことと**「左から右」**に引くことが大原則になります。なので、「左上から始まり、下へ折れる」場合は一画です。

例  ＝一画

「下から上」は「はね」、「右上から左下」は「はらい」になります。

漢字の書体

● **楷書**…形をくずさずに書く書体。

● **行書**《ぎょうしょ》…楷書を少しくずして書く書体。

● **草書**《そうしょ》…行書をさらにくずし、点や線をはぶいて書く書体。

2 画数の多い字は分解《ぶんかい》して足そう

十画を超《こ》えてくると数えまちがいも多くなります。**漢字をいくつかの部分に分けて、最後に合計する**のもよい方法です。

例 **曜**

$$4+3+3+8$$

曜＝日＋ヨ＋ヨ＋隹＝十八画

●画数をまちがえやすい部首

画数をまちがえやすい漢字は、**画数のまぎらわしい部首をもっている**ことが多いです。つまり、部首の画数をしっかり覚えておけば、漢字の画数をまちがえることはぐっと少なくなります。次にあげるような部首の画数は覚えておきましょう。また、よく使う部首の画数も覚えておくと便利です。

乙	おつ	1
凵	うけばこ	2
廴	えんにょう	3
辶	しんにょう しんにゅう	3
阝	こざとへん	3
幺	いとがしら	3

木	きへん	4
禾	のぎへん	5
火	ひ(へん)	4
水	みず	4
口	くち(へん)	3
日	ひ(へん)	4

月	つき(へん)	4
目	め(へん)	5
田	た(へん)	5
貝	かい(へん)	7
言	ごんべん	7
隹	ふるとり	8

画数をまちがえやすい字

次にあげるものは**画数をまちがえやすい漢字の例**です。実際《じっさい》に書いて確《たし》かめてみましょう。

(○内の数字は画数)

乃② 子③ 弓③
比④ 収④ 氏④
片④ 母⑤ 世⑤
写⑤ 糸⑥ 成⑥
争⑥ 考⑥ 毎⑥
印⑥ 衣⑥ 孝⑦
災⑦ 歩⑧ 承⑧
段⑨ 派⑨ 帯⑩
骨⑩ 衆⑫ 貿⑫
極⑫ 蒸⑬ 興⑯

力だめしの問題

入試標準レベル

解答➡p.520

1 次の漢字の総画数《そうかくすう》を算用数字で答えなさい。

(1) 糸　(2) 弓
(3) 己　(4) 子
(5) 口　(6) 水
(7) 母　(8) 建
(9) 机　(10) 級
(11) 道　(12) 限
(13) 直

2 次の(1)〜(10)の――線のカタカナの部分にあてはまる漢字の画数を算用数字で答えなさい。

(1) キョウざめな話。
(2) ジョウ気機関車。
(3) リョク地公園。
(4) ムネをときめかす。
(5) 実力を発キする。
(6) ひもをムスぶ。
(7) ヒ用をかける。
(8) ボウ易《えき》収《しゅう》支《し》。
(9) 確リツを上げる。
(10) 天サイは忘《わす》れたころにやってくる。

3 次の(1)〜(6)の画数とちがうものをア〜エの中から選び、記号で答えなさい。また、その漢字の画数を算用数字で書きなさい。

(1) 5画〔ア 右　イ 氷　ウ 礼　エ 同〕
(2) 6画〔ア 衣　イ 囲　ウ 再　エ 地〕
(3) 7画〔ア 改　イ 協　ウ 求　エ 初〕
(4) 8画〔ア 軍　イ 参　ウ 周　エ 姉〕
(5) 9画〔ア 昨　イ 食　ウ 員　エ 紀〕
(6) 10画〔ア 望　イ 流　ウ 航　エ 殺〕

4 次の熟語《じゅくご》のカタカナのところにあてはまる漢字を、例にならって画数を表す数字の下に書きなさい。【東北学院中】

例　シャ真機　5（写）

文化サイ　東京エキ　労ドウ者
研キュウ所　ヒ行機　乗車ケン
北キョク海　火山ミャク　地平セン
キ険物《けんぶつ》

6（　　） 7（　　） 8（　　）
9（　　） 10（　　） 11（　　）
12（　　） 13（　　） 14（　　）
15（　　）

5 次の漢字の部首名および総画数を例にならって書きなさい。

例 仁（にんべん・4）

(1) 慣 (2) 痛
(3) 障 (4) 盛
(5) 純 (6) 誤
(7) 劇 (8) 犯
(9) 混 (10) 康

6 次の部首の画数を算用数字で書きなさい。

(1) えんにょう
(2) かくしがまえ
(3) こへん
(4) ゆみへん
(5) のぎへん
(6) くにがまえ
(7) はつがしら
(8) ふるとり
(9) おおざと
(10) しんにょう

ヒント
画数は、「上から下」「左から右」という大原則《だいげんそく》にそって考えましょう。

3 筆順

ココがポイント

漢字は点や線を組み合わせた文字で、その点や線を書く順序《じゅんじょ》を**筆順**という。ここでは正しい筆順について学び、整った字を書けるようにする。

1 筆順の原則《げんそく》

筆順は「上から下」「左から右」が大原則となります。そのほか次のような原則に注意して正しい筆順を覚えましょう。

❶上から下に書く

・上の点や線を先に　例 丶 亠 亠 亠 言

・上の部分を先に　例 士 吉 吉 壴 喜

❷左から右に

・左の点や画から　例 丿 川 川

・左の部分から　例 氵 沽 湖　木 校

❸横の画が先

例 一 十　冂 月 用　一 二 于 开 形

❹❸の例外で、横の画があと

例 冂 冂 田　冂 巾 曲 曲　一 丅 王

注意すべき筆順の漢字

筆順をまちがえやすい漢字をあげておきます。しっかりと覚えておきましょう。○内は画数。

九＝丿 九 ②
上＝丨 卜 上 ③
片＝丿 丿 片 片 ④
区＝一 フ ㄨ 区 ④
可＝一 口 可 ⑤
母＝L 口 母 母 ⑤
氷＝亅 亅 氺 氷 ⑤
必＝丶 ソ 必 必 ⑤
出＝丨 屮 屮 出 ⑤
犯＝ノ 犭 犭 犯 犯 ⑤
皮＝丿 厂 广 皮 皮 ⑤
成＝丿 厂 万 成 成 成 ⑥
再＝一 厂 冂 再 再 ⑥
耳＝一 丅 E 耳 ⑥
求＝一 十 才 求 求 ⑦
我＝丿 二 千 手 我 我 我 ⑦
臣＝丨 厂 厂 臣 臣 臣 ⑦
長＝丨 ㇄ 三 長 長 長 ⑧
店＝丶 广 广 广 店 ⑧
非＝丿 ヨ 非 非 ⑧

❺中心から左右へ

例 土 赤 赤　白 泊 泊 楽

❻外から内へ

例 冂 司 司　冂 国 国　丿 冂 月

❼左はらいから右はらいへ

例 ハ 父 父

❽字の全体をつらぬく縦画《たてかく》は最後に

例 丶 口 中

❾字の全体をつらぬく横画は最後に

例 く 女 女

❿横の画と左はらいのあと先は

・横の画が長いときは、それがあと　例 ノ ナ 右

・左はらいが長いときは、それがあと　例 一 ナ 左

【例外】 決まりでは説明できないものがいくつかあります。

・「処」は、「夂（にょう）」を先に書く。　例 夂 処

・「及」は、「丿（左はらい）」を先に書く。　例 ノ 乃 及

・「方」は、「丿（左はらい）」をあとに書く。　例 亠 亐 方

武＝二 亍 亍 正 武 武 ⑧

制＝ノ 𠂉 告 制 制 ⑧

面＝丆 丙 而 而 面 ⑨

逆＝丷 䒑 屰 屰 逆 逆 ⑨

発＝ク 癶 癶 癶 発 発 ⑨

飛＝乁 飞 飞 飛 飛 ⑨

馬＝丨 厂 F 馬 馬 ⑩

歯＝丨 卜 止 歯 歯 歯 ⑫

善＝丷 䒑 羊 善 善 ⑫

無＝𠂉 無 無 無 ⑫

衆＝血 血 衆 衆 衆 ⑫

感＝丿 厂 后 咸 咸 感 ⑬

蔵＝艹 芦 芦 蔵 蔵 蔵 ⑮

興＝丨 ｆ 興 興 興 興 ⑯

識＝言 諳 諳 識 識 識 ⑲

力だめしの問題

入試標準レベル

解答➡p.520

1 次の漢字は、あとのア〜キの「筆順の原則《げんそく》」のどれに注意して書けばよいか。正しいものをそれぞれ選び、記号で答えなさい。

【日本大豊山中・改】

(1) 国　(2) 丸

(3) 小　(4) 事

ア　上から下へ
イ　左から右へ
ウ　中を先に
エ　横画を先に
オ　外を先に
カ　左はらいを先に
キ　つらぬく縦画《たてかく》・横画は最後に

2 次の漢字の筆順のうち、正しいものを選び、記号で答えなさい。

(1) 土　ア　一　十　土
　　　　イ　丨　十　土

(2) 火　ア　丶　丷　火
　　　　イ　ノ　人　火

(3) 田　ア　丨　冂　巾　田
　　　　イ　丨　冂　冃　田

(4) 医　ア　一　匚　医
　　　　イ　一　矢　医

(5) 右　ア　一　ナ　右
　　　　イ　ノ　ナ　右

(6) 世　ア　一　廿　世
　　　　イ　一　七　世

(7) 楽　ア　冫　冫白　冫白冫　楽
　　　　イ　白　冫白　冫白冫　楽

(8) 門　ア　丨　卩　門　門
　　　　イ　𠃍　ヨ　卩　門

(9) 再　ア　一　冂　帀　再
　　　　イ　一　冂　冉　再

3 次の漢字の筆順を、例にならって答えなさい。

例 耳＝

(1) 必　(2) 可
(3) 発　(4) 氏
(5) 万　(6) 兆

4 次の漢字の黒くぬった部分は何画目に書くか。算用数字で答えなさい。

(1) 返　(2) 友
(3) 収　(4) 非
(5) 衆　(6) 興
(7) 乗　(8) 町
(9) 進　(10) 臣
(11) 片　(12) 垂

5 次の漢字に矢印をつけて示《しめ》した番号は筆順を表します。あとの問いに答えなさい。【富山大附中】

ア 情 2　イ 級 7　ウ 歯 1
エ 円 3　オ 馬 2　カ 氷 2
キ 延 7　ク 飛 4

問一 筆順を示した番号のあやまっている漢字が二つある。その漢字の記号を答えなさい。

問二 総画数《そうかくすう》が九画の漢字が二つある。その記号を答えなさい。

ヒント

2 筆順の原則を思い出しながら考えましょう。「上から下」「左から右」が大原則です。

第3章　二字熟語

1　二字熟語《にじじゅくご》の組み立て

ココがポイント

熟語とは、漢字と漢字を組み合わせてつくられた新しいことばである。ここでは、**二字熟語**の組み立てを学び、**熟語の意味**をさぐる練習をする。

1　二字熟語の組み立て

二字熟語の組み立てには次のような種類があります。

❶同じような意味の漢字を重ねた熟語

例・人人（人々）　まったく同じ漢字を重ねたもの

・海洋　意味が似《に》た漢字を重ねたもの

・見聞　関連のある漢字を重ねたもの

※「々」は同じ漢字を使うという記号である。「人々」でも「人人」でもよい。ただし、「広島県県知事」を「広島県々知事」とすることはできない。

❶に分類される熟語の例

続々　堂々《どうどう》　山々　洋々

安易《あんい》　暗黒　意義《いぎ》　永久《えいきゅう》　円満　温暖《おんだん》

絵画　開始　回転　学習　過失《かしつ》　河川《かせん》

価値《かち》　歓喜《かんき》　願望　貴重《きちょう》　希望　救助《きゅうじょ》

許可《きょか》　禁止《きんし》　計算　結果　減少《げんしょう》　幸福

困難《こんなん》　指示《しじ》　支持《しじ》　周囲《しゅうい》　省略《しょうりゃく》　切断《せつだん》

尊敬《そんけい》　増加《ぞうか》　調整　道路　秘密《ひみつ》　表現《ひょうげん》

変化　豊富《ほうふ》　満足　容易《ようい》　連続　類似《るいじ》

❷に分類される熟語の例

因果《いんが》　有無《うむ》　遠近　往復《おうふく》　往来　親子

開閉《かいへい》　加減　寒暑　強弱　苦楽　公私《こうし》

呼吸《こきゅう》　古今《ここん》　賛否《さんぴ》　始終　自他　師弟《してい》

集散　収支《しゅうし》　取捨《しゅしゃ》　前後　上下　勝敗

勝負　新旧《しんきゅう》　進退《しんたい》　出欠　出没《しゅつぼつ》　善悪《ぜんあく》

増減　早晩《そうばん》　損得《そんとく》　貸借《たいしゃく》　断続《だんぞく》　長短

難易《なんい》　売買　表裏《ひょうり》　貧富《ひんぷ》　本末　明暗

❷反対や対《つい》になる意味の漢字を重ねた熟語

例
- 左右「左と右どちらも」
- 黒白「黒か白どちらか」
- 異同《いどう》「異《こと》なること」（「異」を強めている）

❸上の漢字が下の漢字に対して、様子・程度《ていど》・関連などをくわしく説明した熟語

例
- 高山「高い山」
- 最長「最も長い」
- 活用「活《い》かして用いる」

❹上の漢字が主語で、下の漢字が「どうする・どうである」と述《の》べている熟語

例 国立「国が立てた」

❺上の漢字に対して下の漢字がその内容《ないよう》を補《おぎな》っている熟語

例
- 読書「書を読む」
- 有効《ゆうこう》「効《き》き目《め》が有る」

❻特定の意味を表す漢字が上、または下につく熟語

例
- 不足　無限《むげん》　非運《ひうん》　未来
- 悪化　整然　公的　酸性《さんせい》

❼その他

例
- 特急「特別急行（列車）」の略《りゃく》
- 蛇足《だそく》「よけいなつけたし」という意味の故事成語《こじせいご》

名実　問答　優劣《ゆうれつ》　利害　老若《ろうにゃく》　和洋

❸に分類される熟語の例

異国　雨天　大雨　外国　海底　黒板
国旗　急病　強打　血管　再会《さいかい》　最大
死人　弱点　少量　深海　新人　精読《せいどく》
他人　低温　南下　難問　北上　本心

❹に分類される熟語の例

国営《こくえい》　地震《じしん》　私立　人造《じんぞう》　頭痛《ずつう》　日没

❺に分類される熟語の例

延期《えんき》　開会　改心　開店　帰国　挙手
決意　採点《さいてん》　作文　失業　就職《しゅうしょく》　消火
乗車　断念　着席　着陸　投球　得点《とくてん》
登山　納税《のうぜい》　発光　犯罪《はんざい》　預金《よきん》　録音

❻に分類される熟語の例

不安　不幸　不正　不便　不満　無害
無言　無実　無理　無事　非行　非才
非常《ひじょう》　非情《ひじょう》　未開　未知　未定　未満
強化　電化　美化　全然　必然　平然
私的　詩的　知的　悪性　急性　天性

力だめしの問題

入試標準レベル

解答➡p.521

1 次の(1)～(10)の各組の熟語《じゅくご》のうち、組み立てがほかとちがうものを一つ選び、記号で答えなさい。

(1) ア 旅客《りょかく》 イ 年末 ウ 児童 エ 悪事
(2) ア 寒冷 イ 増加《ぞうか》 ウ 解放《かいほう》 エ 着席
(3) ア 遠近 イ 教育 ウ 苦楽 エ 明暗
(4) ア 未開 イ 乗車 ウ 従事《じゅうじ》 エ 注意
(5) ア 無実 イ 不要 ウ 欠点 エ 非情《ひじょう》
(6) ア 言語 イ 学習 ウ 通行 エ 利害
(7) ア 卒業 イ 帰国 ウ 予防《よぼう》 エ 決心
(8) ア 入学 イ 開店 ウ 演奏《えんそう》 エ 洗面《せんめん》
(9) ア 商品 イ 温泉《おんせん》 ウ 視覚《しかく》 エ 尊敬《そんけい》
(10) ア 健康 イ 関心 ウ 利益 エ 可能《かのう》

2 次の(1)～(5)の二字熟語と同じ組み立てのものを、あとから二つずつ選び、記号で答えなさい。

(1) 反対の意味を重ねたもの
例 前後
(2) 似《に》た意味を重ねたもの
例 森林
(3) 上の字が下の字を打ち消すもの
例 不幸
(4) 上の字が下の字を説明するもの
例 綿花《めんか》
(5) 「～を～する」という意味になるもの
例 読書

ア 木炭 イ 無罪《むざい》 ウ 長短 エ 競争
オ 用心 カ 永久《えいきゅう》 キ 歩道 ク 投石
ケ 天地 コ 未定

3 次の(1)～(5)の条件《じょうけん》に合った構成《こうせい》の熟語を、あとから二つずつ選び、記号で答えなさい。

(1) 動作を表す語の下に、「～を」にあたる語がくるもの
(2) 意味が似ている漢字を重ねたもの
(3) 反対の意味の漢字を重ね、上と下で一対《いっつい》になるもの
(4) 主語と述語《じゅつご》の関係になっているもの
(5) 上の語が下の語のかざりことばになっているもの

ア 進退《しんたい》 イ 高価《こうか》 ウ 公営《こうえい》 エ 絵画
オ 登山 カ 形成 キ 損得《そんとく》 ク 保養《ほよう》
ケ 発熱 コ 水面

4 熟語の組み立てには次のようにいろいろな種類があります。これを読んで、あとの問いに答えなさい。 【立教女学院中】

A 同じような意味の字を組み合わせて、一つの意味をはっきりさせたもの。
B 反対・対立の意味の字を組み合わせて、両方の意味を表したもの。
C 上の字が下の字の意味をうち消しているもの。
D 上の字の意味が、下の字の意味を修飾《しゅうしょく》して(かざって)いるもの。
E ちがった意味の二つの字を組み合わせて、一つの意味を表したもの。
F 動作を表す字の下に、目的を表す字のついたもの。

問 次の(1)~(4)の中から組み立て方のちがうものを一つずつ選び、記号で答えなさい。

(1) **ア** 授業《じゅぎょう》 **イ** 学問 **ウ** 休校
エ 欠席 **オ** 始業

(2) **ア** 東西 **イ** 上下 **ウ** 善良《ぜんりょう》
エ 公私《こうし》 **オ** 得失

(3) **ア** 善行 **イ** 高山 **ウ** 親友
エ 家庭 **オ** 大海

(4) **ア** 未完 **イ** 不備《ふび》 **ウ** 無益《むえき》
エ 有益 **オ** 非常《ひじょう》

2 二字熟語《にじじゅくご》の書きとり

ココがポイント

熟語は漢字を組み合わせてつくられたことばである。ここでは、**熟語の書きとり**とともに、**熟語の意味**も学ぶ。

1 二字熟語の書きとり——熟語は一つのことば

熟語は漢字の組み合わせですが、まとまってある意味をもっています。**熟語は一つのことばであるという意識《いしき》をもって書く**といいです。ただし、それぞれの漢字のもつ意味（訓読みに注目して考える）には注意しておきましょう。

例 専門《せんもん》…｛専（＝もっぱら。一つのことに集中すること）
　　　　　　　　　　門（＝分野・ジャンル）

⬇「専門」は「二つの分野を集中して研究・担当《たんとう》すること」。「専門」には「問う」という意味はないので、「専問」としないように。

2 二字熟語の組み立てに注意する

二字熟語は、**それぞれの漢字を訓読みにしてみると**、その組み立てや意味がわかりやすくなり、覚えやすくなります。

例 ・改善《かいぜん》＝**改**めて**善**《よ》くする

漢字の意味のとらえかた

漢字の意味をとらえるには、**訓読み**に注意するのがいちばんですが、中には訓のない字もあります。そのときは**ほかの熟語からおおよその意味をとらえる**といいでしょう。

例 精読《せいどく》

⬇「読」は「よむ」であるが「精」はどうか？「精密《せいみつ》」などから「こまかくくわしい」という意味があるとわかります。

三字以上の熟語の組み立て

三字以上の熟語でも、**二字熟語が基本《きほん》となって組み立てられている**ものが多いです。

□□＋□　週刊誌《しゅうかんし》　積極的
□＋□□　立候補《りっこうほ》　未成年
□□＋□□　海外旅行　空前絶後《くうぜんぜつご》
□□＋□□＋□□　安全《あんぜん》保《ほ》障条約《しょうじょうやく》

・林立＝**林**のように**立**っている

3 辞典をこまめに調べて漢字の意味に強くなる

熟語の中には**あまり知られてない意味**で使われている漢字があります。**辞典をこまめに調べる**と、音・訓だけではわからなかった漢字の意味が見えてきます。

例・貿易《ぼうえき》＝「易」には「やさしい」だけでなく、「ものを交換《こうかん》する」という意味がある。

・割愛《かつあい》＝「愛」には「おしむ」という意味がある。

4 熟語はワンセットで練習しよう

前にも説明したように、熟語はまとまってある意味をもっています。二字熟語を一字ずつばらばらに練習しても身につきません。**熟語はワンセットで書く**ようにしましょう。

意外な意味をもつ漢字

熟語の中で**意外な使われ方をしている漢字**をまとめてみました。熟語の意味もきちんと調べておきましょう。

円…おだやか	円満
切…さしせまる	切実
図…はかる	意図
客…旅・旅人	旅客
待…もてなす	接待《せったい》
進…さしあげる	寄進《きしん》
書…本・手紙	投書
検…とりしまる	検挙《けんきょ》
絶…すばらしい	絶景

力だめしの問題

入試標準レベル

解答➡ p.521

1 次の(1)~(5)のそれぞれの意味にあたる二字の熟語《じゅくご》を(　)内に示《しめ》した漢字が上になるようにしてつくりなさい。

(1) 世間の人や友達などのつきあい。(交)

(2) 心に浮《う》かんだくふう。(着)

(3) たやすく、わけのないこと。(容)

(4) 自分で新しくつくり出すこと。(独)

(5) 心がたかぶり、ふるいたつこと。(興)

2 次の(1)~(7)の各文の□に入ることばを、(　)内の意味にあてはまるように考え、漢字で書きなさい。

(1) もはや、試験のことなどは□□になかった。
(目に入っていないこと。問題にしていないこと。)

(2) 子供《こども》を□□しておくことはよくない。
(ほうっておいて、したいようにさせること。)

(3) 二人の争いに、やっと□□がついた。
(正しいか正しくないかの判断《はんだん》を色にたとえたもの。)

(4) 「克己《こっき》」、これが前田先生の□□の銘《めい》である。
(いつも身近なところにおいて、いましめとすることば。)

(5) あの会社では社員を□□名募集《ぼしゅう》している。
(少し。数がはっきりしないときに使う。)

(6) 雨天の場合は□□します。
(期日を一日ずつのばしていくこと。)

(7) 日本人は□□な国民だといわれている。
(一生懸命《いっしょうけんめい》つとめはげむこと。)

3 次の□の中に適切《てきせつ》な漢字一字を入れ、文の意味が通るようにしなさい。

(1) 法律《ほうりつ》の専《せん》□書を読む。

(2) 多くの文章を集めて□集した文集ができあがった。

(3) 山頂《さんちょう》にたどり着くと、目の前にみごとな景色が□開した。

(4) □雑《ざつ》な問題を解《と》く。

(5) それはたいへんに結□な話です。

(6) 水分が□発してしまった。

(7) 指定した時間を□守すること。

4 **次の⑴～⑽の意味にあたる熟語を、あとの漢字を組み合わせてつくりなさい。また、つくった熟語に読みがなをつけなさい。同じ漢字を二度使ってもよい。**

⑴ 仕事などのはかどるわりあい。
⑵ 産業などの原材料になるもの。
⑶ その土地に長年伝わる生活や行事などのならわし。
⑷ もとから分かれて出ること。
⑸ 物事に応《おう》じてしまつをつけること。
⑹ 力を活用して目ざましい働きをすること。
⑺ 相手に応じてとる手段《しゅだん》・方法。
⑻ まちがって判断すること。
⑼ あきらかで疑《うたが》う余地《よち》がまったくないこと。
⑽ 表面はうやまうようにしてなるべく近づかないこと。

〔白 借 遠 対 能 発 源 派 風
資 警 敬 解 作 策 揮 貴 率
生 語 誤 習 成 明 処〕

ヒント
熟語の意味をよく考えて答えましょう。

第4章 同音異義語・同訓異字

1 同音異義語《どうおんいぎご》

ココがポイント

二字熟語《にじじゅくご》の中には、読みがまったく同じで、意味の異《こと》なることば（**同音異義語**）がある。ここでは、同音異義語の覚え方と、よく出題されるものをまとめる。

1 同音異義語とは

二字熟語の中には、**読みがまったく同じで、意味の異なることば**があります。これを**同音異義語**といいます。同音異義語は、文脈《ぶんみゃく》に合うように正しく使い分ける必要があります。

例　**ちゅうしゃ**｛家の前に駐車する。／病院で注射する。

「駐車」と「注射」では意味がまったくちがうので、文脈によってどちらを使うかわかりやすいですが、中にはひじょうにまぎらわしいものもあるので注意しましょう。

漢字の意味に強くなる

同音異義語を覚えるためには、**漢字一つ一つの意味に強くなる**ことが大切です。勉強するときにはいつも漢字辞典を手のとどくところに置いておき、こまめに辞典を引くようにしましょう。

ことばの使われ方にも注意する

同音異義語は、その使われ方にも注意しましょう。とくに「**する**」がつくのか、「**な**」がつくのかはしっかりと確《たし》かめましょう。

例
- **いじょう**｛異状／異常**な**
- **かんしん**｛関心／感心**する・な**

例 **せいさん**
- 駅で料金を精算する。
- 過去《かこ》の罪《つみ》を清算する。

2 同音異義語の覚え方

●例文ごと覚える

まぎらわしい同音異義語も、実際《じっさい》にどういう文の中で使うかということを考えれば、区別しやすくなります。したがって、**もっとも代表的な使い方の文をそのまま覚える**のが、同音異義語の区別のいちばんよい方法です。

例 **ついきゅう**
- 責任《せきにん》を追及する。
- 利益《りえき》を追求する。

●意味を理解《りかい》する

例文を覚えると同時に、その**熟語がもつ意味をきちんと覚える**と、一歩進んだ学習になります。

●下に「する」がつくか、「な」や「の」がつくか、ということを知っておく

単に、「～する」「～な」「～の」などという形になるかどうかということだけで区別できることもあります。同音異義語の区別にかぎらず、熟語を覚えるときにはぜひとも、こういう使い方に関する知識《ちしき》も覚えましょう。

例 **けんとう**
- ○検討する　×検討をつける
- ×見当する　○見当をつける

別のことばに置きかえる

意味をおさえて、**別のことばで置きかえる**と同音異義語の力がつきます。

- 精算……細かく計算する。
- 清算……きれいさっぱりゼロにする。

よく出る組み合わせを覚えておく

「駐車」と「注射」、「精算」と「清算」のように、入試でよく出題される同音異義語は、それほど多くあるわけではありません。一つ一つしっかり覚えていけば、出題されたときに「ああ、これか」となじみの深い問題のようになります。とくによく出題される同音異義語は次ページにまとめたので、一つ一つ覚えていきましょう。

差がつく 同《どう》音《おん》異《い》義《ぎ》語《ご》（赤字は重要）

イガイ
- 以外　人間以外の生物。
- 意外　意外なできごと。

イギ
- 異議　異議をとなえる。
- 異義　同音異義語。
- 意義　意義のある仕事。

イコウ
- 意向　人の意向をきく。
- 以降　明日以降に延期《えんき》。
- 移行　新制度《しんせいど》への移行。

イジョウ
- 以上　五年生以上。
- 異状　異状が見つかる。
- 異常　異常な暑さ。

イドウ
- 異同　字句《じく》の異同。
- 異動　四月の人事異動。
- 移動　教室を移動する。

エイセイ
- 衛生　衛生状態《じょうたい》が悪い。
- 衛星　人工衛星。
- 永世　永世中立国。

カイシン
- 改心　罪人《ざいにん》が改心する。
- 会心　会心のでき。
- 改新　大化《たいか》の改新。

カイセツ
- 開設　窓口《まどぐち》を開設する。
- 解説　ニュースの解説。

カイソウ
- 回送　回送列車。
- 回想　回想にふける。
- 改装　店内を改装する。

カイトウ
- 回答　質問《しつもん》に回答する。
- 解答　入試の解答例。

カイホウ
- 解放　人質《ひとじち》を解放する。
- 開放　窓を開放する。
- 快方　快方に向かう。

カクシン
- 革新　革新的な意見。
- 確信　確信がもてない。
- 核心　核心にせまる。

カテイ
- 過程　成長過程。
- 課程　高校の課程。
- 家庭　家庭学習。
- 仮定　条件《じょうけん》を仮定する。

カンシュウ
- 観衆　観衆が見つめる。
- 慣習　わが家の慣習。

カンショウ
- 感傷　感傷にひたる。
- 干渉　他国に干渉する。
- 鑑賞　名画を鑑賞する。
- 観賞　観賞用の植物。
- 観照　人生を観照する。

カンシン
- 関心　歌に関心がある。
- 感心　感心な子供《こども》。

カンセイ
- 完成　ビルが完成する。
- 歓声　歓声があがる。
- 官製　官製はがき。
- 慣性　慣性の法則。

キカイ
- 機械　工作機械。
- 機会　彼《かれ》に会う機会。
- 器械　測定《そくてい》器械。

キカン
- 機関　蒸気《じょうき》機関車。
- 期間　夏休みの期間。
- 器官　消化器官。
- 気管　気管がつまる。
- 既刊　既刊本を見る。

キショウ
- 気象　気象情報《じょうほう》。
- 気性　気性があらい。

キセイ
- 寄生　寄生虫。
- 帰省　帰省ラッシュ。
- 気勢　気勢をあげる。
- 規制　交通規制。

キチ
- 基地　宇宙《うちゅう》基地。
- 機知　機知に富《と》む。

キヨウ
- 器用　指先の器用な人。
- 起用　新人を起用する。

キョウソウ
- 競争　生存《せいぞん》競争。
- 競走　百メートル競走。

キョウチョウ
- 強調　太字で強調する。
- 協調　人と自然の協調。

キリツ
- 起立　全員が起立する。
- 規律　規律を守る。

ゲンショウ
- 現象　自然現象。
- 減少　人口が減少する。

ケントウ
- 見当　見当をつける。
- 検討　議題を検討する。

コウエン
- 公園　公園で遊ぶ。
- 公演　演劇《えんげき》の公演。
- 講演　政治家《せいじか》の講演。
- 好演　女王役を好演。

サイカイ
- 再開　作業を再開する。
- 再会　二年ぶりの再会。

サイゴ
- 最後　最後のチャンス。
- 最期　最期をとげる。

シジ
- 支持　与党《よとう》を支持する。
- 指示　部下に指示する。
- 師事　先生に師事する。

シュウカン
- 習慣　早起きの習慣。
- 週刊　週刊誌《し》。
- 週間　週間予報。

シュウシュウ
- 収拾　収拾がつかない。
- 収集　ゴミを収集する。

ショウメイ
- 証明　無実を証明する。
- 照明　照明をつける。

セイサン
- 清算　借金を清算する。
- 精算　旅費《りょひ》を精算する。
- 生産　お米を生産する。

ゼンカイ
- 全快　かぜが全快する。
- 全開　窓を全開にする。
- 前回　前回の続き。

タイショウ
- 対照　対照的な性格《せいかく》。
- 対象　研究の対象。
- 対称　左右対称。

タイセイ
- 体制　社会主義《しゃかいしゅぎ》体制。
- 体勢　体勢を立て直す。
- 態勢　着陸態勢に入る。
- 大勢　時代の大勢。

ツイキュウ
- 追及　責任《せきにん》を追及する。
- 追求　理想を追求する。
- 追究　真理を追究する。

ホケン
- 保険　生命保険。
- 保健　保健室で休む。

ホショウ
- 保障　安全保障条約。
- 保証　身元を保証する。
- 補償　損害《そんがい》を補償する。

ヨウイ
- 用意　書類を用意する。
- 容易　容易ではない。

力だめしの問題

入試標準レベル

解答➡p.522

1 次の――線を漢字に直しなさい。

(1)
A 当番イガイは帰ってよい。
B イガイな事実を耳にする。

(2)
A 提案《ていあん》にイギをとなえる。
B イギのある仕事。

(3)
A 五人イジョウ集まった。
B イジョウ気象《きしょう》が発生している。

(4)
A 人工エイセイの打ち上げ。
B 台所のエイセイ状態《じょうたい》が悪い。

(5)
A その質問《しつもん》に対してはカイトウできません。
B 問題のカイトウがわからない。

(6)
A 苦しみからカイホウされる。
B 窓《まど》をカイホウする。

(7)
A 科学にカンシンを示《しめ》す。
B 科学の発展《はってん》ぶりにカンシンする。

(8)
A 外国船が神戸《こうべ》にキコウする。
B 漁《りょう》を終えてキコウする。

(9)
A 彼《かれ》は私《わたし》のよいキョウソウ相手だ。
B 百メートルキョウソウに出場する。

(10)
A 問題点をケントウする。
B 犯人《はんにん》がだれかケントウがついた。

(11)
A 欲望《よくぼう》にはサイゲンがない。
B 昔のままにサイゲンした。

(12)
A あえないサイゴをとげた。
B サイゴに笑うのはまじめな人だ。

(13)
A サイシンの設備《せつび》をととのえる。
B サイシンの注意を払《はら》う。

(14)
A 先生のシジをよく聞きましょう。
B 国民のシジを得《え》て、当選した。

(15)
A ジシンで確認《かくにん》しなさい。
B ジシンをもって行動しなさい。

(16)
A 深刻《しんこく》なジタイになった。
B それジタイが問題だ。

(17)
A 早寝《はやね》早起きのシュウカン。
B シュウカン誌《し》を読む。

(18)
A 混乱《こんらん》をシュウシュウする。
B 切手をシュウシュウする。

(19)
A 新しい文化や価値《かち》をソウゾウする。
B 未来の姿《すがた》をソウゾウする。

(20)
A タイショウ的な性格《せいかく》の二人。
B 興味《きょうみ》のタイショウが広い。

(21)
A 観衆《かんしゅう》が決勝戦をチュウシする。
B 試合は雨でチュウシされた。

(22)
A 犯人をツイキュウする。
B 効率《こうりつ》をツイキュウしてきた近代科学。

---

2 次の(1)~(5)の（ア）・（イ）には同じ読み方をする別の二字熟語《にじじゅくご》が入る。その熟語を答えなさい。

(1)
（ア）体操《たいそう》の得意《とくい》な子。
（イ）があればまた会いましょう。

(2)
一定の（ア）休養しましょう。
蒸気《じょうき》（イ）の発明。

(3)
父の人事（ア）で転居《てんきょ》した。
教室の座席《ざせき》を（イ）する。

(4)
安全を（ア）する。
利益《りえき》を（イ）します。

(5)
最近の世界情勢《じょうせい》を解説した（ア）を読む。
上等の（イ）を使って服をつくる。

ヒント
同音異義語《どうおんいぎご》は、文中での意味をよく考えて答えましょう。

2 同訓異字《どうくんいじ》

ココがポイント

漢字の中には、字はちがうが同じ訓読みをもつもの（**同訓異字**）がある。意味も似通《にかよ》ったものが多く、入試でもよく出題される。ここでは同じ訓読みをもつものを覚え、使い分けを学ぶ。

1 同じ訓読みの漢字――意味も少し似ている

「暑い」「熱い」「厚《あつ》い」のように、**同じ訓読みをもった漢字**を**同訓異字**といいます。

また、同訓異字は、「暑い」と「熱い」がともに「温度が高い」という意味をもつように、**意味の似たものも多く、まぎらわしい**ので、以下のような方法で使い分けをマスターしましょう。

2 同訓異字の使い分け

●「何を」で使い分ける

「何を」に注目して、使い分けを覚えましょう。

絶対《ぜったい》暗記！　「はかる」と「おさめる」

入試でとくによく出るのが、「はかる」と「おさめる」です。ここでしっかりと意味をおさえておきましょう。

測る…長さ・面積を調べる
計る…数や時間を調べる
量る…重さや体積を調べる
図る…意図する・くふうする

収める…自分のものにする
納める…税金《ぜいきん》などをはらう
治める…安定させる・統治《とうち》する
修める…学んで身につける

熟語をつくって覚えよう

意味の微妙なちがいは熟語《じゅくご》をつくって覚えていくのもいいでしょう。

例　「収める」と「納める」
収める→**収集《しゅうしゅう》・収穫《しゅうかく》・収益《しゅうえき》**
納める→**納税《のうぜい》・納品・納金**

例 **はかる**
- 長さを測る。
- 時間を計る。
- 重さを量る。

●対義語《たいぎご》を考えてみる

対義語を見れば、**それぞれの意味のちがいがはっきりする**ので、対義語に注目して、使い分けを覚えましょう。

例 **あつい**
- 暑い ⇕ 寒い
- 熱い ⇕ 冷たい
- 厚い ⇕ うすい

●微妙《びみょう》な意味は例文で覚える

右の二つの方法で区別しにくい場合は、**例文**を使って、使い分けを覚えましょう。

例 **のぼる**
- エスカレーターで上る。
- 山に登る。

⬇「登る」は「上る」に比《くら》べて、「だんだんと高いところへ行く」という意味合いが強くなっています。

意味がまるっきりちがうもの

右にあげた「図る」は、「測る・計る・量る」のような「何かを調べる」という意味をもっていません。このように同じ訓読みをもっていても意味がまるっきりちがうものは、無理にまとめて覚えようとせず、別のものとして覚えたほうがいいでしょう。

例「たつ」
- 立つ・建つ…ものがたちあがる
- 断つ・絶つ・裁つ…ものを切る

差がつく 同訓異字《どうくんいじ》（赤字は重要）

あう
- 会　人に会う。
- 合　かぎが合う。

あける（あく）
- 明　夜が明ける。
- 空　家を空ける。
- 開　窓《まど》を開ける。

あげる（あがる）
- 上　値段《ねだん》を上げる。
- 挙　手を挙げる。
- 揚　凧《たこ》を揚げる。

あたたかい（あたためる）（あたたまる）
- 温　温かい料理。
- 暖　暖かい気候。

あつい
- 厚　厚い紙を切る。
- 暑　暑い夏。
- 熱　熱い湯。

あやまる
- 誤　操作《そうさ》を誤る。
- 謝　手をついて謝る。

あらわす
- 著　本を著す。
- 表　図で表す。
- 現　姿《すがた》を現す。

※「表・現」は「あらわれる」とも読む。

いたむ（いためる）
- 痛　足が痛む。
- 傷　果物《くだもの》が傷む。

※「痛」は「いたい」とも読む。

うつす（うつる）
- 写　写真を写す。
- 移　場所を移す。
- 映　鏡に姿を映す。

うむ
- 生　よい考えを生む。
- 産　卵《たまご》を産む。

おう
- 負　責任《せきにん》を負う。
- 追　うさぎを追う。

おかす
- 犯　罪《つみ》を犯す。
- 侵　領土《りょうど》を侵す。
- 冒　危険《きけん》を冒す。

おくれる
- 後　流行に後れる。
- 遅　電車が遅れる。

おさめる（おさまる）
- 修　学問を修める。
- 収　成功を収める。
- 治　国を治める。
- 納　税金《ぜいきん》を納める。

おもて
- 表　表と裏《うら》。
- 面　面を上げる。

おる
- 折　枝《えだ》を折る。
- 織　布《ぬの》を織る。

かえる
- 帰　家に帰る。
- 返　正気に返る。

かえる（かわる）
- 代　命に代える。
- 変　場所を変える。
- 替　係を替える。

かた
- 型　大きな型紙。
- 形　卵形の石。
- 方　あの方をよぶ。

きく
- 聞　声を聞く。
- 効　薬が効く。
- 利　気が利く。

きる
- 切　紙を切る。
- 着　服を着る。

こえる
- 肥　目が肥える。
- 越　山を越える。
- 超　百円を超える。

さす
- 差　光が差す。
- 指　針《はり》が北を指す。

さめる（さます）
- 冷　熱が冷める。
- 覚　目が覚める。

すすめる
- 勧　入会を勧める。
- 進　兵を進める。

すむ
- 住　東京に住む。
- 済　仕事が済む。

せめる
- 責　過《あやま》ちを責める。
- 攻　敵《てき》を攻める。

そなえる
- 供　仏前《ぶつぜん》に供える。
- 備　台風に備える。

※「備」は「そなわる」とも読む。

たつ
- 立　席を立つ。
- 建　家が建つ。
- 断　酒を断つ。
- 絶　命を絶つ。
- 裁　布を裁つ。

つく
- 着　駅に着く。
- 突　やりで突く。
- 付　気が付く。
- 点　明かりが点く。

つぐ
- 次　相次ぐ事件。
- 継　家を継ぐ。
- 接　骨《ほね》を接ぐ。

つくる
- 作　おもちゃを作る。
- 造　船を造る。

つとめる
- 勤　郵便局《ゆうびんきょく》に勤める。
- 務　局長を務める。
- 努　温暖《おんだん》化《か》防止《ぼうし》に努める。

とく
- 解　問題を解く。
- 説　道理を説く。
- 溶　薬を水に溶く。

とまる（とめる）
- 止　車が止まる。
- 留　目に留まる。

とる
- 取　メモを取る。
- 採　こんぶを採る。
- 捕　虫を捕る。

なおす（なおる）
- 直　機械を直す。
- 治　病気を治す。

のぞむ
- 望　遠くに海を望む。
- 臨　試験に臨む。

のびる（のばす）
- 延　寿命《じゅみょう》が延びる。
- 伸　背《せ》が伸びる。

のぼる
- 上　坂を上る。
- 登　山に登る。
- 昇　日が昇る。

はかる
- 図　再起《さいき》を図る。
- 測　距離《きょり》を測る。
- 量　水かさを量る。
- 計　時間を計る。

はじめ
- 初　来月の初め。
- 始　仕事始め。

※「始」は「はじめる・はじまる」とも読む。

はやい
- 早　朝が早い。
- 速　新幹線《しんかんせん》は速い。

へる
- 減　数が減る。
- 経　年月を経る。

まわり
- 回　回り道をする。
- 周　池の周り。

もと
- 元　火の元に注意。
- 下　法の下の平等。
- 本　大本を正す。
- 基　体験を基にした小説。

※「基」は「もとづく」とも読む。

やぶれる
- 破　紙が破れる。
- 敗　戦いに敗れる。

※「破」は「やぶる」とも読む。

力だめしの問題

入試標準レベル

解答➡p.522

1 次の文に合う漢字を〔　〕から選んで、答えなさい。

(1) 算数の計算が〔会・合〕う。

(2) 糸の結び目を〔解・説〕く。

(3) こおろぎが〔泣・鳴〕く。

(4) 体重が〔経・減〕る。

(5) 走るのがとても〔速・早〕い。

2 次の文の――線を漢字に直しなさい。

(1)
ア 髪《かみ》をキる。
イ 服をキる。

(2)
ア あやまちをセめる。
イ 城をセめる。

(3)
ア 夕日がサす。
イ 南の方をサす。

(4)
ア 学問をオサめる。
イ 成果をオサめる。

3 次の――線を、あとの（　）にあてはまる適切《てきせつ》な漢字にそれぞれ直しなさい。

(1) さめる
ア 料理が（　）める。
イ 目が（　）める。

(2) やぶれる
ア 堤防《ていぼう》が（　）れる。
イ 勝負に（　）れる。

(3) すすめる
ア 入会を（　）める。
イ 会議を（　）める。

(4) あやまる
ア 選択《せんたく》を（　）る。
イ 手をついて（　）る。

4 次の文の□には、それぞれ訓読みが同じで別の漢字を一字入れることとする。例にならってその漢字を書き、さらにその音読みを示《しめ》しなさい。　【慶應中等部】

例
ア 東京の夏は□い。　暑・しょ
イ この本はだいぶ□い。　厚・こう

(1)
ア 君とぼくとは気が□う。
イ 駅で父と□う。

(2)
ア 災害《さいがい》に□える。
イ 仏前《ぶつぜん》に花を□える。

(3)
ア カメラで友人を□す。
イ 木を庭のすみに□す。

(4)
ア 水の□に木の葉が浮《う》かぶ。
イ 七回の□の攻撃《こうげき》に球場はわいた。

(5)
ア 父が家に□ってきた。
イ 貸《か》した本がやっと□ってきた。

(6)
ア 私《わたし》は先生に名を呼《よ》ばれて□った。
イ 近所に家が□った。

(7)
ア 税金《ぜいきん》を□める。
イ 広大な領地《りょうち》を□める。

5 **次の各組の□には、同じ訓読みの異《こと》なる漢字が入る。その漢字を書きなさい。**

(1)
ア 戸を□ける。
イ 席を□ける。
ウ 夜が□ける。

(2)
ア 電車が終点に□く。
イ 気が□く。
ウ 痛《いた》いところを□く。

(3)
ア 問題の解決《かいけつ》を□る。
イ 目方を□る。
ウ 時間を□る。
エ 水深を□る。

(4)
ア 病気を□す。
イ まちがいを□す。

(5)
ア 草花を□る。
イ 手に□る。

(6)
ア 会社に□める。
イ 解決に□める。

(7)
ア 物音を□く。
イ 薬が□く。

第5章 類義語・対義語

1 類義語《るいぎご》

ココがポイント

意味や使われ方が同じようなことばを、**類義語**（**同義語・同意語**）という。ここでは代表的な類義語の組み合わせを覚え、その応用《おうよう》として**類義語どうしの細かい意味のちがい**も学ぶ。

1 類義語のいろいろ

意味や使われ方が同じようなことばを類義語といいます。類義語には、次のようなさまざまな組み合わせのものがあります。

●二字熟語《にじじゅくご》どうしの組み合わせ

例　方角＝方向　景色＝風景　準備《じゅんび》＝用意

●二字熟語と和語の組み合わせ

例　風景＝ながめ　生活＝くらし

類義語の組み立て

二字熟語の類義語の組み立てには次のようなものがあります。

●一字が共通するもの

例　永久《えいきゅう》＝永遠　改良＝改善《かいぜん》

●二字とも異《こと》なるもの

例　手段《しゅだん》＝方法　消息＝音信

似《に》た意味の漢字の組み合わせ

熟語ではないが、**漢字自体が似た意味であるものがあります**。このような漢字の類義語にも強くなりましょう。

また、これらはそれぞれ組み合わせると、二字熟語になることにも注意しておきましょう。

安＝易　絵＝画　永＝久
増＝加　減＝少　思＝考
希＝望　生＝産　豊＝富

●熟語・和語と外来語の組み合わせ

例 投手＝ピッチャー　好機＝チャンス

●和語どうしの組み合わせ

例 しきたり＝ならわし　ひいでる＝すぐれる
ねだる＝せがむ　あやまり＝しくじり

2 類義語どうしの細かな意味のちがい

類義語の中にも、**細かな意味のちがい**があるものがあります。例文などを活用してちがいを覚えておきましょう。使い分けの難《むずか》しいものも、下にくることばなどが決まっている場合がほとんどです。

例 体験…そばづくりを体験する。（実際《じっさい》にやってみる）
経験《けいけん》…学級委員の経験がある。（体験して身につける）

例 未然…○ 事故《じこ》を未然に防《ふせ》ぐ。（まだそうなっていない）
事前…× 事故を事前に防ぐ。（物事が起こる前）

3 類義語を使って置きかえる

類義語の知識《ちしき》があると、文章を読んでいて難しいことばに出会ったとき、**自分のよく知っていることばに置きかえる**ことができ、文章の理解《りかい》も進みます。また、記《き》述《じゅつ》の問題で字数制限《せいげん》があるときなどにも役に立ちます。

困＝難　救＝助　満＝足
歓＝喜　表＝現　幸＝福
戦＝争　許＝可　周＝囲
改＝革　価＝値　過＝失
省＝略　秘＝密　委＝任

類義語の組み立て

上で述《の》べたように、類義語の使い分けを覚えるには**例文を使う**のがいちばんです。

例 ・材料　素材《そざい》の形がわかる場合
牛乳《ぎゅうにゅう》パックを材料にした工作。
・原料　素材の形がわからない場合
ワインの原料はぶどうです。

力だめしの問題

入試標準レベル

解答➡p.523

1 次の(1)～(3)の各組の熟語《じゅくご》の中から、類義語《るいぎご》を一組選び、記号で答えなさい。

(1) ア 欠点　イ 長所　ウ 終点　エ 短所　オ 起点

(2) ア 少量　イ 豊富《ほうふ》　ウ 損失《そんしつ》　エ 売買　オ 多量

(3) ア 試合　イ 試験　ウ 考査《こうさ》　エ 成績《せいせき》　オ 成功

2 次の(1)～(7)の熟語の類義語を、あとのア～キの中から選び、記号で答えなさい。

(1) 決心　(2) 同意
(3) 勤勉《きんべん》　(4) 刊行《かんこう》
(5) 有益《ゆうえき》　(6) 平生《へいぜい》
(7) 異国《いこく》

ア 外国　イ 有用　ウ 決意
エ 努力　オ 賛成《さんせい》　カ 平素《へいそ》
キ 出版《しゅっぱん》

3 次の(1)～(10)の□にあとの漢字一字を入れて、上の熟語と同じような意味の熟語をつくりなさい。

(1) 永遠《えいえん》＝永□　(2) 消息＝音□
(3) 天然＝自□　(4) 真心＝誠□
(5) 納得《なっとく》＝承□　(6) 結果＝結□
(7) 手段《しゅだん》＝方□　(8) 志願《しがん》＝志□
(9) 失礼＝□礼　(10) 不平＝不□

〔意・法・信・非・満・望・久・知・然・末〕

4 次の(1)～(8)の熟語と意味の似《に》ている熟語を、あとのカタカナの中から選んで漢字に直して書きなさい。

(1) 心配　(2) 有名
(3) 書簡《しょかん》　(4) 親切
(5) 準備《じゅんび》　(6) 留守《るす》
(7) 知己《ちき》　(8) 辞任《じにん》

テガミ　コウイ　ファン
チョメイ　ヨウイ　シンユウ
フザイ　タイショク

5 次の⑴～⑽の熟語が、それぞれほぼ同じ意味になるように、□に入る漢字を考えて答えなさい。

⑴ 進歩＝□上

⑵ 主要＝□要

⑶ 改良＝改□

⑷ 倹約《けんやく》＝□約

⑸ 区別＝□別

⑹ 方角＝方□＝方□

⑺ 規則《きそく》＝規□＝規□

⑻ 祖国＝□国＝□国

⑼ 適当《てきとう》＝適□＝適□

⑽ 最高＝最□＝最□

6 次の⑴～⑽の文の――線のことばとあとのことばが類義語になるように、□には漢字一字を、○にはひらがなかカタカナ一字を答えなさい。

⑴ 彼《かれ》は有名な音楽家だ。（□高《だか》い）

⑵ この仕事を君一人にまかせるのはどうも心もとない。（不□だ）

⑶ 突然《とつぜん》大声を出したのでびっくりした。（○○ぬけに）

⑷ けさの電車は非常《ひじょう》にこみあっていた。（□□して）

⑸ 自分の力をできるかぎり出してみよう。（□大□に）

⑹ なんとか命だけは助かった。（か○○じて）

⑺ エースの完璧《かんぺき》なピッチングで勝利を得《え》た。（○ーフェ○○な）

⑻ 教室内にはいやなふんいきがただよっていた。（○ー○）

⑼ 自分の苦手なことにチャレンジしてみよう。（○○んで）

⑽ 電車の中では静かにするのがマナーだ。（□儀《ぎ》）

2 対義語《たいぎご》

ココがポイント

あることばに対して、**意味が反対になることば**（**対意語**）や、**一対《いっつい》のことばとして用いられることば**（**対応語《たいおうご》**）をまとめて**対義語**という。ここでは、代表的な対義語の組み合わせを覚えて、読解《どっかい》などに役立てることを学ぶ。

1 対意語とは

あることばに対して、**意味が反対になることば**を**対意語**といいます。対意語には次のような組み合わせのものがあります。

● **一字の漢字の組み合わせ**

例　因《いん》⇔果　損《そん》⇔得《とく》　利⇔害

● **二字熟語《にじじゅくご》の組み合わせ**

A　共通する一字がふくまれるもの

例　以上⇔以下　最初⇔最後　善意《ぜんい》⇔悪意

B　共通する字がふくまれないもの

例　過去《かこ》⇔未来　戦争⇔平和

● **和語どうしの組み合わせ**

例　細かい⇔粗《あら》い　うやまう⇔さげすむ

対義語の視点《してん》に気をつける

一口に対義語といっても、**どのような視点から対義語になっているか**がポイントになります。それによって、対義語となることばが変わります。

例　**「父」の対義語**

①「両親」の視点に立つと「母」

②「親子」の視点に立つと「子」

また、いくつもの意味をもったことばの場合にも、注意が必要です。

例　**「和」の対義語**

①「足し算の答え」の意味だと「差」

②「平和」の意味だと「戦」

③「日本」の意味だと「洋」

●外来語どうしの組み合わせ

例　メリット ↔ デメリット　プロフェッショナル ↔ アマチュア

2 対応語とは

意味が反対というわけではないが、二つで一つの組となるものを対応語といいます。色の組み合わせなどでよく見られます。

例　予習 ↔ 復習《ふくしゅう》　赤字 ↔ 黒字　赤信号 ↔ 青信号

3 対義語を使って対比《たいひ》表現《ひょうげん》を読《よ》み解《と》く

対比《たいひ》がたくさん使われている論説文《ろんせつぶん》などでは、対義語の知識《ちしき》が役に立ちます。また、「許可《きょか》できない」という表現を「禁止《きんし》する」と言いかえるなど、記述《きじゅつ》のときのちょっとした表現のくふうなどにも使えます。

熟語以外での対義語の組み合わせ

熟語以外での対義語の組み合わせには、次のようなものがあります。

愛する ↔ にくむ
あおぐ ↔ ふす
明ける ↔ 暮《く》れる
与《あた》える ↔ うばう
集める ↔ 散らす
あわい ↔ こい
生かす ↔ 殺《ころ》す
信じる ↔ 疑《うたが》う
美しい ↔ みにくい
教える ↔ 習う
縮《ちぢ》む ↔ のびる
増《ま》す ↔ 減《へ》る
いまだに ↔ すでに
はやる ↔ すたれる
鋭《するど》い ↔ にぶい
すみやか ↔ おもむろ
差し出す ↔ 受けとる

三八五ページの「和語の対義語」の資料《しりょう》も参照しておきましょう。

差がつく 対義語《たいぎご》（赤字は重要）

反対・対《つい》を組み合わせた熟語《じゅくご》

因果《いんが》…原因と結果。
有無《うむ》…あることとないこと。
遠近…遠いか近いか。
往復《おうふく》…行きと帰り。
開閉《かいへい》…開くことと閉《と》じること。
加減《かげん》…加えることと減《へ》らすこと。
可否《かひ》…よいかよくないか。
寒暖《かんだん》…寒いか暖《あたた》かいか。
苦楽…苦しいことと楽しいこと。
軽重…軽いか重いか。
公私《こうし》…おおやけとわたくし。
攻守《こうしゅ》…攻《せ》めることと守ること。
賛否《さんぴ》…賛成と不賛成。
自他…自分と他人。
縦横《じゅうおう》…縦《たて》と横。
集散…集まることと散らばること。

収支《しゅうし》…収入と支出。
取捨《しゅしゃ》…取ることと捨《す》てること。
勝敗…勝つか負けるか。
新旧《しんきゅう》…新しいものと古いもの。
進退《しんたい》…進むことと退《しりぞ》くこと。
善悪《ぜんあく》…善《よ》いことと悪いこと。
送迎《そうげい》…送ることと迎《むか》えること。
増減《ぞうげん》…増《ふ》えることと減ること。
損益《そんえき》…損失と利益。
貸借《たいしゃく》…貸《か》すことと借りること。
得失《とくしつ》…得《え》ることと失うこと。
濃淡《のうたん》…濃《こ》いか淡《あわ》いか。
売買…売ることと買うこと。
発着…出発と到着《とうちゃく》。
表裏《ひょうり》…表と裏《うら》。
貧富《ひんぷ》…貧《まず》しいことと富むこと。
明暗…明るいか暗いか。
名実…名前と実質《じっしつ》。
問答…問いと答え。
優劣《ゆうれつ》…優《すぐ》れているか劣《おと》っているか。
利害…利益と損害。

反対・対となる熟語

●共通する一字がふくまれるもの

赤字—黒字
安価《あんか》—高価
安心—不安
以上—以下
以前—以後
一部—全部
緯度《いど》—経度《けいど》
益虫《えきちゅう》—害虫
横断《おうだん》—縦断《じゅうだん》
開会—閉会《へいかい》
可決《かけつ》—否決《ひけつ》
干潮《かんちょう》—満潮
巻頭《かんとう》—巻末
完備《かんび》—不備
既知《きち》—未知
起点—終点
希望—絶望《ぜつぼう》
偶然《ぐうぜん》—必然

夏至《げし》—冬至《とうじ》
幸運—不運
好況《こうきょう》—不況
肯定《こうてい》—否定
好評《こうひょう》—悪評
幸福—不幸
公用—私用《しよう》
最高—最低
最初—最後
始業—終業
自転—公転
重視《じゅうし》—軽視
就任《しゅうにん》—辞任《じにん》
主観—客観
出港—入港
出席—欠席
順調—不順
乗車—降車《こうしゃ》

上品―下品
自力―他力
進化―退化《たいか》
清潔《せいけつ》―不潔
成熟《せいじゅく》―未熟
正常《せいじょう》―異常《いじょう》
積極―消極
絶対―相対
善意―悪意
早熟《そうじゅく》―晩熟《ばんじゅく》
多量―少量
単数―複数《ふくすう》
暖流《だんりゅう》―寒流
長期―短期
長所―短所
直接《ちょくせつ》―間接
直線―曲線
直流―交流
登校―下校
当選―落選
登山―下山

入荷《にゅうか》―出荷《しゅっか》
入場―退場
能動《のうどう》―受動
発車―停車《ていしゃ》
発信―受信
美点―欠点
敏感《びんかん》―鈍感《どんかん》
平凡《へいぼん》―非凡《ひぼん》
豊作《ほうさく》―凶作《きょうさく》
北極―南極
満足―不満
満腹《まんぷく》―空腹
有名―無名
有利―不利
有料―無料
輸出《ゆしゅつ》―輸入
予習―復習《ふくしゅう》
与党《よとう》―野党《やとう》
楽観―悲観
和風―洋風

●共通する字がふくまれないもの

安全―危険《きけん》
一般《いっぱん》―特殊《とくしゅ》
移動《いどう》―固定
運動―静止
炎暑《えんしょ》―厳寒《げんかん》
延長《えんちょう》―短縮《たんしゅく》
円満―不和
遠洋―近海
温暖―寒冷
開始―終了《しゅうりょう》
解放《かいほう》―閉鎖《へいさ》
拡大《かくだい》―縮小
過去《かこ》―未来
過剰《かじょう》―不足
過失―故意《こい》
加入―脱退《だったい》
華美《かび》―質素《しっそ》
感情《かんじょう》―理性《りせい》
強固―軟弱《なんじゃく》
許可《きょか》―禁止《きんし》

勤勉《きんべん》―怠惰《たいだ》
具体―抽象《ちゅうしょう》
形式―内容《ないよう》
軽率《けいそつ》―慎重《しんちょう》
欠如《けつじょ》―完全
原因―結果
健康―病弱
建設《けんせつ》―破壊《はかい》
原則《げんそく》―例外
権利《けんり》―義務《ぎむ》
公開―秘密《ひみつ》
合成―分解《ぶんかい》
興奮《こうふん》―冷静
困難《こんなん》―容易《ようい》
賛成《さんせい》―反対
自然―人工
子孫―先祖《せんぞ》
質疑《しつぎ》―応答《おうとう》
弱小―強大
借用―返済《へんさい》

集合―解散
集中―分散
収入―支出
出発―到着《とうちゃく》
需要《じゅよう》―供給《きょうきゅう》
上昇《じょうしょう》―下降《かこう》
勝利―敗北
親切―冷淡《れいたん》
垂直《すいちょく》―水平
成功―失敗
生産―消費《しょうひ》
精神《せいしん》―肉体
節約―浪費《ろうひ》
前進―後退
戦争―平和
増加《ぞうか》―減少《げんしょう》
創造《そうぞう》―模倣《もほう》
単純《たんじゅん》―複雑《ふくざつ》
誕生《たんじょう》―死亡《しぼう》
淡泊《たんぱく》―濃厚《のうこう》
超過《ちょうか》―未満

統合《とうごう》―分裂《ぶんれつ》
得意―苦手
難解《なんかい》―平易《へいい》
入学―卒業
反抗《はんこう》―服従《ふくじゅう》
部分―全体
富裕《ふゆう》―貧乏《びんぼう》
分析《ぶんせき》―総合《そうごう》
分離《ぶんり》―結合
冒頭《ぼうとう》―末尾《まつび》
保守《ほしゅ》―革新《かくしん》
幼稚《ようち》―老練
利益―損失
理想―現実《げんじつ》
理論《りろん》―実践《じっせん》
臨時《りんじ》―定例

力だめしの問題

入試標準レベル

解答➡p.523

1 次の(1)～(16)の漢字と対《つい》の意味をもつ漢字を、あとの語群から選びなさい。

(1) 寒　(2) 乗
(3) 集　(4) 縦
(5) 神　(6) 発
(7) 損　(8) 増
(9) 夫　(10) 長
(11) 得　(12) 難
(13) 表　(14) 利
(15) 老　(16) 労

〔散　使　失　短　暑　益　易　若
降　横　仏　減　着　害　裏　妻〕

2 次の(1)～(15)の□に反対の意味をもつ漢字を入れて、熟語《じゅくご》をつくりなさい。

(1) 善□　(2) 開□
(3) 遠□　(4) 貸□
(5) □楽　(6) □果
(7) 可□　(8) □支
(9) 公□　(10) 動□
(11) 自□　(12) 往□
(13) □続　(14) □退
(15) □実

---

3 次の(1)～(10)の語の対義語《たいぎご》を、あとのア～コの中から選び、記号で答えなさい。

(1) 過去《かこ》　(2) 運動
(3) 直接《ちょくせつ》　(4) 希望
(5) 重視《じゅうし》　(6) 原因《げんいん》
(7) 支出《ししゅつ》　(8) 人工
(9) 困難《こんなん》　(10) 禁止《きんし》

ア 結果　イ 軽視　ウ 収入《しゅうにゅう》
エ 許可《きょか》　オ 容易《ようい》　カ 未来
キ 静止　ク 間接　ケ 絶望《ぜつぼう》
コ 自然

4 次の(1)~(5)の熟語の対義語を、あとの漢字を組み合わせてつくりなさい。

(1) 失敗　(2) 安全
(3) 単純《たんじゅん》　(4) 平和
(5) 損失《そんしつ》

〔臨・益・特・争・倍・戦・危・利
真・功・複・険・実・成・招・雑〕

5 次の(1)~(4)の熟語の対義語を漢字で書きなさい。

(1) 形式　(2) 反対
(3) 主観　(4) 理性《りせい》

6 次の(1)~(12)の熟語と反対の意味を表す熟語を、あとのア~ソの中から選び、記号で答えなさい。

(1) 質素《しっそ》　(2) 安心
(3) 文明　(4) 楽観
(5) 到着《とうちゃく》　(6) 好意
(7) 独創《どくそう》　(8) 権利《けんり》
(9) 理想　(10) 建設《けんせつ》
(11) 快楽《かいらく》　(12) 服従《ふくじゅう》

ア 現実《げんじつ》　イ 破壊《はかい》　ウ 温暖《おんだん》
エ 義務《ぎむ》　オ 未開　カ 出発
キ 華美《かび》　ク 低地　ケ 敵意《てきい》
コ 反抗《はんこう》　サ 苦痛《くつう》　シ 悲観
ス 革新《かくしん》　セ 心配　ソ 模倣《もほう》

---

❶ ヒント
対になる漢字どうしを組み合わせると、二字熟語になります。

3 類義語《るいぎご》・対義語の応用《おうよう》

ココがポイント

類義語・対義語は、単に語句《ごく》の知識《ちしき》を広げるだけでなく、文章の読みとりにも役立つ。
ここでは、**文章の中で役立てる**ことを目的として、類義語、対義語を復習《ふくしゅう》する。

1 類義語の応用――豊《ゆた》かな表現力《ひょうげんりょく》をつける

文章を書くときに、同じことばをくり返すかわりに、類義語に置きかえることがあります。これは、**文章がくどくなることをさけるため**です。類義語を使って**豊かな表現力**を身につけましょう。

2 対義語の応用――読解《どっかい》も記述《きじゅつ》もすっきり

「容易《ようい》ではない」とあれば「困難《こんなん》である」と対義語に置きかえてみると表現がすっきりします。文章の読解のときに理解しやすくなるし、**記述問題などで字数が短く設定《せってい》されているときにも役に立ちます。**

例題　**次の文章を読んで、あとの（　　）にあてはまることばを答えなさい。**

ことばづかいにはその人の全体がはっきりと反映する。人柄《ひとがら》が上品で優雅《ゆうが》なら、何をどう話そうと、その人の話し方は上品で優雅であるはずである。

類義語・対義語は連想力

文章を読《よ》み解《と》き、自分の考えを表現する力のうち、**ことばの連想力**は大いに役立ちます。

ここであつかっていることば以外にも、一つのキーワードから、いろいろなことばを考えつくように、連想力をきたえておきましょう。

例「走る」

同じような意味

駆《か》ける　ランニング

ジョギング　暴走《ぼうそう》する

走行する　ドライブする

反対の意味　**対《つい》になる意味**

歩く　止まる　転ぶ

心根を美しく雅《みやび》やかに品よくもとうとする努力こそ何にも増《ま》して大切なことなのではあるまいか。

① ことばづかいはその人の行動の一（　　　　）にすぎないが、そこから、その人全体が見えてくる。

② ことばづかいが（　　　　）なら、その人自身も品のない人だと考えられる。

例題の場合、本文中のことばではうまくあてはまりません。対義語を考える必要があります。①にあてはまるのは**「全体」**の対義語である**「部分」**、②にあてはまるのは**「上品」の対義語**なので**「下品」**です。

記号選択《せんたく》の問題などでも、本文のことばを類義語で言いかえて使っていることが多くあります。**ふだんから類義語・対義語を意識して文章を読んでいく**ようにしましょう。

「〜ない」は置きかえる

「豊かでない」なら「貧《まず》しい」、「困難でない」なら「容易である」というように、**できるだけ簡潔《かんけつ》な表現に置きかえておく**と、文章がすっきりと理解しやすくなります。

とくに、「〜でないわけではない」のような**二重否定《ひてい》の文は、強い肯定《こうてい》の意味になる**ので注意しておきましょう。

類義語・対義語で設問を解く

説明・論説文《ろんせつぶん》では、本文の内容《ないよう》を問う設問が出ることが多いです。本文のことばを使った選《せん》択肢《たくし》がない場合でも、**本文中のキーワードの類義語や対義語に注目する**と、すんなり答えが見つかることがあります。

力だめしの問題

入試標準レベル

解答➡p.524

1 次の熟語《じゅくご》と意味が対《つい》になる熟語を答えなさい。

(1) 悪意
(2) 拡大《かくだい》
(3) 安全
(4) 順境《じゅんきょう》
(5) 収益《しゅうえき》
(6) 勝利
(7) 上昇《じょうしょう》
(8) 進化
(9) 成功
(10) 積極
(11) 否決《ひけつ》
(12) 平和
(13) 有名
(14) 理想
(15) 保守《ほしゅ》

2 次の各グループからもっとも意味が似《に》ている熟語を二つずつ選び、記号で答えなさい。

(1) ア 好意　イ 注意　ウ 熱意　エ 意志《いし》　オ 親切
(2) ア 改善《かいぜん》　イ 善良　ウ 良心　エ 改良　オ 改心
(3) ア 例外　イ 案内　ウ 案外　エ 意外　オ 意中
(4) ア 同意　イ 同情《どうじょう》　ウ 反対　エ 賛成《さんせい》　オ 意見
(5) ア 確認《かくにん》　イ 許可《きょか》　ウ 認可　エ 可能《かのう》　オ 認識《にんしき》

---

3 次の文の（　）には、右側の文中のあることばの対義語《たいぎご》が入ります。それを二字の熟語で答えなさい。

【神戸女学院中学部・改】

(1) ｛手紙の形式は平易《へいい》なようで分かりにくい。
　　外観は良くても（　）が悪ければ価値《かち》がない。
(2) ｛日本での石油の供給量《きょうきゅうりょう》は減少《げんしょう》している。
　　（　）が増加《ぞうか》して、生産者は満足顔である。
(3) ｛偶然《ぐうぜん》にも私《わたし》は原因《げんいん》を事前に知っていた。
　　こうなったのにも（　）的な理由がある。

4 次のAには対義語を、Bには類義語を、それぞれあとのア〜クから選び、記号で答えなさい。【青山学院中等部】

A (1) 安心 (2) 解散《かいさん》 (3) 許可 (4) 原則《げんそく》

B (1) 向上 (2) 納得《なっとく》 (3) 欠点 (4) 未開

ア 進歩　イ 承知《しょうち》　ウ 例外
エ 心配　オ 原始　カ 集合
キ 短所　ク 禁止《きんし》

5 次のA・BまたはA・B・Cのことばをあとの文の□にあてはめてみたとき、Bのことばだけがあてはまる文を一つずつ選び、記号で答えなさい。【普連土学園中】

(1) A「経験《けいけん》」 B「体験」
ア □を生かす。
イ □が浅い。
ウ かさを忘《わす》れた□はない。
エ サマースクール□記。

(2) A「好意」 B「好感」
ア □を抱《いだ》く。
イ □を与《あた》える。
ウ □にこたえる。
エ □を無にする。

(3) A「対等」 B「同等」 C「同列」
ア 男女を□にあつかう。
イ 強敵《きょうてき》と□に戦う。
ウ 高卒と□以上の学力。
エ AとBとを□に論《ろん》じる。

(4) A「要点」 B「要所」 C「要旨《ようし》」
ア 論文《ろんぶん》の□。
イ □をまとめる。
ウ □をおさえる。
エ 交通上の□。

(5) A「別」 B「外《ほか》」 C「他《た》」
ア □にきらいではない。
イ □の品。
ウ □に例のない方法。
エ 君の□に適当《てきとう》な人はいない。

第6章　三字熟語・四字熟語

1 三字熟語《さんじじゅくご》

ココがポイント

三字熟語は、二字熟語と同じく、**漢字を組み合わせたことば**である。三字熟語で特《とく》徴的《ちょうてき》なのは二字熟語に**はたらきをもつ字がついた組み立て**のものである。ここでは三字熟語の組み立てを中心に学習する。

1 三字熟語の組み立て

三字熟語は、二字熟語に一字が加わってできたものが多いといえます。組み立てには次のような形があります。

● □＋□□ **二字熟語の上に一字をつけたもの（上の字が下の熟語をくわしく説明している）。**

例　新製品《しんせいひん》　長期間　犬小屋　最高潮《さいこうちょう》

● □＋□□ **上に打ち消し（否定《ひてい》）の意味をもつ「不・非・無・未」の字がつくもの。**

例 ・「不」がつくもの…不平等　不自由　不公平

三字熟語の組み立て

三字熟語は、**二字熟語の部分を一つの字として考える**とずいぶんわかりやすくなります。

例 ・新幹線《しんかんせん》＝新しい幹線
・再利用《さいりよう》＝再《ふたた》び利用する

とくに「不熱心」「未成年」などの打ち消しをともなった三字熟語は、「不明」「未定」などの二字熟語と同じように考えましょう。

対義語になる「不」「非」「無」「未」

「不」「非」「無」「未」はそれぞれ熟語について**打ち消しの意味をつけ加える**ので、もとの熟語の**反対語**になります。

例 ・平等 ⟷ 不平等
・常識 ⟷ 非常識
・責任《せきにん》 ⟷ 無責任
・完成 ⟷ 未完成

・「非」がつくもの…非常識《ひじょうしき》　非公式　非売品

・「無」がつくもの…無理解《むりかい》　無意識《むいしき》　無関心

・「未」がつくもの…未成年　未完成　未解決

➡上につく字は、どれも打ち消しの意味をもっていますが、それぞれの二字熟語につく字は決まっているので注意しましょう。

● □□＋□　**二字熟語の下に一字をつけたもの（上の熟語が意味をつけ加えている）。**

例　満足感　音楽会　年賀状《ねんがじょう》　愛読書

● □□＋□　**下に意味をそえる「的・性・化・然」の字がつくもの。**

例
・「的」がつくもの…人工的　積極的　合理的

・「性」がつくもの…可能性《かのうせい》　人間性　合理性

・「化」がつくもの…近代化　国際化《こくさいか》　合理化

・「然」がつくもの…学者然　得意然

➡とくに「□□的」の熟語は重要なので、意味・用法もふくめてしっかり覚えること（➡三三二ページ参照）。

● □＋□＋□　**三つの字が対等に並《なら》んでいるもの。**

例　上中下　衣食住　雪月花　天地人

下につく「的」「性」「化」「然」

「的」「性」「化」「然」は、熟語の下について、それぞれ次のような意味をそえます。

的…「～について」「～のような」などの意味をそえる。

性…「～の性質《せいしつ》」という意味をそえる。

化…「～になる」「～する」などの意味をそえる。

然…「～らしい」「～のような」などの意味をそえる。

論説文《ろんせつぶん》のポイントになる「的」

「～的」の形の三字熟語は、論説文で使われることが多く、ぜひマスターしておいてほしいものです。

また、「～化」の形のものは「～化する」「～化された」の形になることが多いです。

差がつく 三字熟語《さんじじゅくご》 （赤字は重要）

●三字熟語① ――線部の漢字に注意。

朝飯前《あさめしまえ》…朝食の前にできるほど簡単《かんたん》なこと。
意気地《いくじ》…物事をやりとげようとする気力。
衣食住《いしょくじゅう》…着ること、食べること、住むこと。人の生活。
氏素性《うじすじょう》…家がらや経歴《けいれき》。
有頂天《うちょうてん》…喜《よろこ》びで、夢中《むちゅう》になる様子。
絵空事《えそらごと》…おおげさであること。ありもしないうそ。
紙一重《かみひとえ》…わずかなちがいやへだたり。
紅一点《こういってん》…男の人の中に一人だけ女の人がまじること。
小手先《こてさき》…ちょっとした技能《ぎのう》や才能。
御法度《ごはっと》…かたく禁《きん》じられていること。
最高潮《さいこうちょう》…状態《じょうたい》や気持ちがもっとも高まったとき。
試金石《しきんせき》…物のねうちや力をためすもとになる物事。
松竹梅《しょうちくばい》…松と竹と梅。めでたいしるしとして祝いごとなどに使う。
正念場《しょうねんば》…ひじょうに大事な場面。重要なところ。
正統派《せいとうは》…学説や教義を正しく受けついでいる流派。
雪月花《せつげつか》…雪と月と花。日本の四季の美しい風物。

先入観《せんにゅうかん》…前もってもっている思いこみ。
走馬灯《そうまとう》…絵をかいた筒型《つつがた》のものが回るにつれて、影絵《かげえ》が回って見えるしかけ。
大黒柱《だいこくばしら》…家のまん中に立っている太い柱。家や団体の中で中心となっている人。
太公望《たいこうぼう》…釣《つ》りの好きな人。釣り人。
第三者《だいさんしゃ》…そのことに直接《ちょくせつ》関係していない人。
大団円《だいだんえん》…めでたく解決《かいけつ》して終わる最後の場面。
高飛車《たかびしゃ》…人をおさえつけるような様子。
知情意《ちじょうい》…人間の心の基本的《きほんてき》な三つの働き。知性《ちせい》・感情《かんじょう》・意志《いし》。
天地人《てんちじん》…天と地と人。宇宙《うちゅう》の万物《ばんぶつ》。
天王山《てんのうざん》…勝敗や運命の大きな分かれ道。
度外視《どがいし》…問題にしないこと。
生兵法《なまびょうほう》…未熟《みじゅく》なわざや知識《ちしき》。
不世出《ふせいしゅつ》…めったに世に現《あらわ》れないほどすぐれている。
仏頂面《ぶっちょうづら》…あいそがない顔つき。ふくれっつら。
無造作《むぞうさ》…簡単に物事をする様子。
八百長《やおちょう》…勝ち負けをあらかじめ決めておき、うわべは真剣《しんけん》そうにみせかけること。いんちき。
優越感《ゆうえつかん》…ほかよりすぐれていると思う心。[対]劣等感《れっとうかん》
理不尽《りふじん》…理屈《りくつ》に合わないことをする様子。

劣等感《れっとうかん》…ほかよりおとっていると思う心。対優越感《ゆうえつかん》

●三字熟語② 「○○的」の形のもの

一般的《いっぱんてき》…広くいきわたっている様子。対特殊《とくしゅ》

肯定的《こうていてき》…そのとおりだと認《みと》める様子。対否定的《ひていてき》

個性的《こせいてき》…その人だけがもっている特別な様子。対画一的《かくいってき》

消極的《しょうきょくてき》…進んで行動しない様子。対積極的

積極的《せっきょくてき》…進んで行動する様子。対消極的

潜在的《せんざいてき》…表面には出ないが、内側に可能性《かのうせい》などをもっている様子。

対照的《たいしょうてき》…二つのことがはっきり異《こと》なっている様子。

比較的《ひかくてき》…ほかと比《くら》べて。わりあいに。

画一的《かくいってき》…すべてが同じようである様子。対個性的《こせいてき》

具体的《ぐたいてき》…実際《じっさい》に形をともなってはっきりしている様子。対抽象的《ちゅうしょうてき》

個人的《こじんてき》…全体とはなれて、その人だけのことに関する様子。対全体的

人工的《じんこうてき》…人間がつくり出したり、自然に手を加えたりしている様子。

絶対的《ぜったいてき》…ほかのものと比較《ひかく》できないほど確《たし》かである様子。対相対的

画期的《かっきてき》…今までになく、新時代を開くほどすぐれている様子。

相対的《そうたいてき》…物事が、ほかとの比較において成り立っている様子。対絶対的《ぜったいてき》

理想的《りそうてき》…もっとも望ましい状態。

理論的《りろんてき》…筋道《すじみち》を立てて考えている様子。

物理的《ぶつりてき》…実際に物事としてとらえられる様子。

楽観的《らっかんてき》…物事のなりゆきをよいほうに考え、くよくよしない様子。対悲観的

利己的《りこてき》…自分の利益《りえき》だけを考え、他人や全体のことを考えない様子。対利他的

論理的《ろんりてき》…筋道が通っていて、理屈におかしいところがない様子。

客観的《きゃっかんてき》…だれが見ても正しいような判断《はんだん》やとらえ方をする様子。対主観的

合理的《ごうりてき》…道理にかなっていて、むだのない様子。

主観的《しゅかんてき》…個人的《こじんてき》な判断をする様子。ひとりよがりな様子。対客観的

生理的《せいりてき》…理屈ではなく、本能にかかわる様子。

保守的《ほしゅてき》…これまでのやり方にこだわって、新しいことに取り組まない様子。対革新的《かくしんてき》

典型的《てんけいてき》…同類のものの中で、その特徴《とくちょう》をもっともよく備《そな》えている様子。

必然的《ひつぜんてき》…必ずそのようになる様子。

力だめしの問題

入試標準レベル

解答⬇p.524

1 次の［　］の中に、あとの熟語《じゅくご》のどれかを入れると、一続きのことばができます。そのことばを⑴～⑷の文中の（　）にあてはめて書きなさい。

再［　］・好［　］・［　］界・［　］色

熟語［成績《せいせき》　地方　自然　確認《かくにん》］

⑴ 全国から集まった人々が（　）豊《ゆた》かなそれぞれの祭りの様子をみんなに話して聞かせる。

⑵ 遠足が終わって解散《かいさん》する直前に先生は人数の（　）を班長《はんちょう》に命じた。

⑶ （　）には複雑《ふくざつ》なしくみがあり、森林の中に道路を一本通しただけでも大きな影響《えいきょう》が出ます。

⑷ 今度の試合では、私《わたし》たちの学校の選手たちはなかなかの（　）を収《おさ》めたようだ。

---

2 次の⑴～⑸の各文の（　）に入る三字熟語を答えなさい。ただし、例にならって、あとの漢字を組み合わせてつくること。

例 （　）に変わっても、すぐには飛び出すな。　（　青信号　）

⑴ この辺りには、まだ（　）が残っているから、小鳥が多い。

⑵ 優勝《ゆうしょう》の喜《よろこ》びで、選手も観客も（　）になった。

⑶ ほぼ定員どおりに（　）なく人を集めることができた。

⑷ 苦労の末、徒歩で初めて（　）に到達《とうたつ》した。

⑸ 断《ことわ》りもなしに帰るとは、（　）きわまる行動だ。

〔天　不　木　号　北　有　足　青　非
林　信　点　常　頂　過　極　雑　識〕

3 **次の(1)〜(5)の□に漢字一字を入れて、縦《たて》・横ともに三字熟語になるようにしなさい。**

(1)
　運
自□車
　手

(2)
　図
加□品
　室

(3)
　責
委□状
　者

(4)
　化
光□成
　物

(5)
　名
水□物
　地

4 **次の(1)〜(4)の□に入るもっとも適切《てきせつ》な漢字一字を考えて書きなさい。**

(1) その会議は、□公開で行われた。
(2) この研究はどうも□意味に思われる。
(3) 子供《こども》の能力《のうりょく》は□知数です。
(4) そんな□規則《きそく》な生活は、体をこわすもとだ。

5 **次の(1)〜(5)の熟語が三字の熟語になるように、□に「非・不・無・未」のどれかを入れなさい。**

(1) □完成　(2) □可能《かのう》
(3) □成年　(4) □分別
(5) □公式

6 **次の(1)〜(5)の（　）に入る「□□的」の形の三字熟語をあとから選び、漢字に直して答えなさい。**

(1) 追加点が入って、勝利は（　）になった。
(2) 電話は（　）な発明だった。
(3) きまじめな父とは（　）な性格《せいかく》の母。
(4) 平和を口にするだけでなく、それを（　）な行動に移《うつ》すべきだ。
(5) 復習《ふくしゅう》は早めにやるといっそう（　）だ。

・カッキテキ　・グタイテキ
・ケッテイテキ　・テンケイテキ
・コウカテキ　・タイショウテキ

2 四字熟語《よじじゅくご》

ココがポイント

四字熟語は、**故事成語《こじせいご》**などのように特別な意味合いをもつものが多い。ここでは、四字熟語のしくみとともに、意味や用法を学ぶ。

1 四字熟語は特別な意味をもっている

四字熟語の中には、「宇宙開発《うちゅうかいはつ》」（宇宙を開発する）や「交通安全」（交通の安全）、または「春夏秋冬」（四季）のように、**単純《たんじゅん》に漢字や熟語を組み合わせたもの**があります。

しかし、ここで覚えてほしいのは、故事成語などの**特別な意味合いをもった四字熟語**です。

例　我田引水《がでんいんすい》

「我田」…自分の田んぼ　「引水」…水を引きこむ

⬇「自分の田んぼに水を引きこむ」ことから、「自分の都合のいいように話をもっていく」という意味で用いられる。

漢字・熟語は組み合わせられる

漢字や熟語は一つ一つが意味をもっているので、文章のように**意味を組み合わせて使う**ことができます。

例
- 集団登校（集団で登校する）
- 日本列島縦断《じゅうだん》
- 直角二等辺三角形

漢字をまちがえやすい四字熟語

入試では、**漢字をまちがえやすい四字熟語**が出題されます。よく出るものは、どこをどんな字とまちがえやすいのかまでおさえておくと、得点《とくてん》につながります。

例
- 異口同音《いくどうおん》…×異句同音
- 意味深長《いみしんちょう》…×意味慎重
- 単刀直入《たんとうちょくにゅう》…×短刀直入
- 言語道断《ごんごどうだん》…×言語同断
- 危機一髪《ききいっぱつ》…×危機一発

2 四字熟語の覚え方

四字熟語を覚えるときには、その組み立てを意識《いしき》していくようにしましょう。

●□+□+□+□になっているもの

例
・喜《き》怒《ど》哀《あい》楽《らく》(人間の感情《かんじょう》)
・花《か》鳥《ちょう》風《ふう》月《げつ》(自然の美しい景物)

●□⇕□+□⇕□になっているもの

例
・老《ろう》若《にゃく》男《なん》女《にょ》(年齢《ねんれい》、性別《せいべつ》をとわないすべての人間)
・古《こ》今《こん》東《とう》西《ざい》(むかしもいまも、どこでも)

●□□=□□になっているもの

例
・完《かん》全《ぜん》無《む》欠《けつ》(まったく欠点がない)
・私《し》利《り》私《し》欲《よく》(自分の利益《りえき》のためにだけ)

●□□+□□になっているもの

例
・徹《てっ》頭《とう》徹《てつ》尾《び》(初めから終わりまで)
・異《い》口《く》同《どう》音《おん》(みんなそろって同じことを言う)

●その他(故事成語など)

例
・泰《たい》山《ざん》北《ほく》斗《と》(ある分野でもっともすぐれた人)
・呉《ご》越《えつ》同《どう》舟《しゅう》(仲の悪い者どうしが一緒《いっしょ》に行動すること)

数字をふくんだ四字熟語

数字をふくんだ四字熟語も入試ではねらわれやすいものです。次ページの資料《しりょう》を参考にしてしっかりと覚えておきましょう。

例
・一《いっ》石《せき》二《に》鳥《ちょう》
・一《いっ》朝《ちょう》一《いっ》夕《せき》
・一《いち》日《じつ》千《せん》秋《しゅう》
・三《さん》寒《かん》四《し》温《おん》
・二《に》束《そく》三《さん》文《もん》
・七《しち》転《てん》八《ばっ》倒《とう》
・千《せん》差《さ》万《ばん》別《べつ》
・千《せん》変《ぺん》万《ばん》化《か》

差がつく　四字熟語《よじじゅくご》（赤字は重要）

――線部の漢字に注意。

悪口雑言《あっこうぞうごん》…口にまかせていろいろ悪口を言うこと。
暗中模索《あんちゅうもさく》…手がかりのないまま探《さが》し求《もと》めること。
意気消沈《いきしょうちん》…がっかりして元気が出なくなること。
意気投合《いきとうごう》…たがいの気持ちがぴったりと合うこと。
異口同音《いくどうおん》…みんながそろって同じことを言うこと。
以心伝心《いしんでんしん》…話さなくても気持ちが通じ合うこと。
一意専心《いちいせんしん》…一つのことにひたすら集中すること。
一言居士《いちげんこじ》…何にでも口を出さないと気がすまない人。
一期一会《いちごいちえ》…一生に一度の出会い。
一日千秋《いちじつせんしゅう》…一日が千年のように長く感じられること。
一部始終《いちぶしじゅう》…物事の最初から最後まで。
一挙両得《いっきょりょうとく》…一つのことから二つの利益《りえき》を得《え》ること。
一刻千金《いっこくせんきん》…わずかな時間でも大切であること。
一朝一夕《いっちょういっせき》…わずかな時間。
一刀両断《いっとうりょうだん》…きっぱりと決断《けつだん》すること。
意味深長《いみしんちょう》…深い意味がふくまれている様子。
因果応報《いんがおうほう》…行いには、かならずむくいがあるということ。

雲散霧消《うんさんむしょう》…雲や霧《きり》のように、あとかたもなく消えてなくなること。
栄枯盛衰《えいこせいすい》…栄えたり衰《おとろ》えたりすること。
我田引水《がでんいんすい》…自分の利益となるように物事を行うこと。
完全無欠《かんぜんむけつ》…まったく欠点がないこと。
危機一髪《ききいっぱつ》…ひじょうに危《あぶ》ないこと。
危急存亡《ききゅうそんぼう》…生きるか死ぬかのせとぎわ。
起死回生《きしかいせい》…絶望的《ぜつぼうてき》な状態《じょうたい》から盛《も》り返《かえ》すこと。
起承転結《きしょうてんけつ》…文章や物事の順序《じゅんじょ》や組み立て。
疑心暗鬼《ぎしんあんき》…疑《うたが》い始《はじ》めると、何でもないことまで疑わしく思えてくること。
牛飲馬食《ぎゅういんばしょく》…たくさん食べたり飲んだりすること。
急転直下《きゅうてんちょっか》…物事の様子が急に変わること。
空前絶後《くうぜんぜつご》…ひじょうに珍《めずら》しいこと。
呉越同舟《ごえつどうしゅう》…仲の悪い者どうしが一緒《いっしょ》に行動すること。
五里霧中《ごりむちゅう》…見通しが立たないこと。
言語道断《ごんごどうだん》…もってのほか。
自画自賛《じがじさん》…自分で自分をほめること。
自業自得《じごうじとく》…自分でしたことのむくいを受けること。
質実剛健《しつじつごうけん》…かざりけがなく、心身がたくましいこと。
縦横無尽《じゅうおうむじん》…自由自在《じゆうじざい》にふるまうこと。
取捨選択《しゅしゃせんたく》…よいものを取り、悪いものを捨《す》てること。

枝葉末節《しようまっせつ》…重要でない細かなことがら。

心機一転《しんきいってん》…あることをきっかけに、気持ちがよいほうに変わること。

針小棒大《しんしょうぼうだい》…物事をおおげさに言うこと。

晴耕雨読《せいこううどく》…自由気ままな生活。

絶体絶命《ぜったいぜつめい》…せっぱつまって逃《のが》れようのない様子。

千載一遇《せんざいいちぐう》…めったにないすばらしい機会。

千差万別《せんさばんべつ》…さまざまなちがいがある様子。

前代未聞《ぜんだいみもん》…今までに一度も聞いたことがないようなこと。

千変万化《せんぺんばんか》…さまざまに変化すること。

大器晩成《たいきばんせい》…大人物は遅《おく》れて大成すること。

大言壮語《たいげんそうご》…実力以上の大きなことを言うこと。

大同小異《だいどうしょうい》…少しのちがいはあるがだいたい同じこと。

単刀直入《たんとうちょくにゅう》…前置きなしで本題に入ること。

適材適所《てきざいてきしょ》…ある仕事や地位に、それに適した人を配すること。

同工異曲《どうこういきょく》…見かけはちがうようだが、中身は同じであること。

得意満面《とくいまんめん》…ほこらしげな様子。

独断専行《どくだんせんこう》…自分の考えだけで、思いのままに物事を行うこと。

独立独歩《どくりつどっぽ》…他人に頼《たよ》らず、自分一人で進めること。

二束三文《にそくさんもん》…ひじょうに値段《ねだん》が安いこと。

日進月歩《にっしんげっぽ》…絶《た》え間《ま》なく進歩すること。

破顔一笑《はがんいっしょう》…顔をほころばせて笑うこと。

馬耳東風《ばじとうふう》…人の言うことを聞き流す様子。

半信半疑《はんしんはんぎ》…信じてよいのか迷《まよ》っている様子。

不言実行《ふげんじっこう》…あれこれ言わずに実行すること。

付和雷同《ふわらいどう》…自分の意見をもたずに他人の意見にわけもなく従《したが》うこと。

傍若無人《ぼうじゃくぶじん》…自分勝手にふるまうこと。

無我夢中《むがむちゅう》…我《われ》をわすれて熱中すること。

無味乾燥《むみかんそう》…味もそっけもないこと。

優柔不断《ゆうじゅうふだん》…決断力にとぼしい様子。

有名無実《ゆうめいむじつ》…名ばかりりっぱで、中身がともなわない様子。

用意周到《よういしゅうとう》…準備《じゅんび》が行き届《とど》き、手抜《てぬ》かりがない様子。

羊頭狗肉《ようとうくにく》…見かけと中身が一致《いっち》しないこと。

利害得失《りがいとくしつ》…もうけと損《そん》。

理路整然《りろせいぜん》…筋道《すじみち》がきちんと通っている様子。

竜頭蛇尾《りゅうとうだび》…初めは盛《さか》んだが、終わりはふるわなくなること。

臨機応変《りんきおうへん》…時や場に適した手段をとること。

力だめしの問題

入試標準レベル

解答➡p.525

1 次の□の中に漢字一字を入れて、四字熟語《よじじゅくご》を完成し、それぞれの読みをひらがなで答えなさい。【相模女子大中学部】

(1) 言語□断
(2) 単刀□入
(3) 千差□別
(4) 日□月歩
(5) 一石二□

2 次のことばに続く語をあとから選び、記号で答えなさい。【聖徳大附女子中・改】

(1) 意味　(2) 前代
(3) 急転　(4) 臨機《りんき》
(5) 自由

ア 万別　イ 自在　ウ 深長　エ 坊主《ぼうず》
オ 一体　カ 直下　キ 一日　ク 実行
ケ 応変《おうへん》　コ 未聞

3 次の□に漢字を一字入れて、四字熟語を完成させなさい。【東京純心女子中・改】

(1) 千客万《ばん》□
(2) 一言一□
(3) 一挙《いっきょ》一□
(4) □想天外
(5) 喜怒哀《きどあい》□

4 次の(1)～(10)の□の中に漢字一字ずつを入れ、四字熟語を完成させなさい。【清風中】

(1) 有名□実
（名前や評判《ひょうばん》ばかりで実質《じっしつ》のともなわないこと）

(2) 独立《どくりつ》独□
（他人の力に頼《たよ》らず、自分の信じるとおりに実行すること）

(3) 大同□異《い》
（ちがいがわずかで、だいたい同じであること）

(4) 心機一□
（心の持ち方ががらりと変わること）

(5) 空前絶《ぜつ》□
（過去《かこ》にも例がなく将来《しょうらい》にもありそうにないまれなこと）

(6) 一心不□
(一つのことに集中して、他のことで心がみだれないこと)

(7) □肉強食
(力の強いものが勝ち、栄えること)

(8) 創《そう》□工夫《くふう》
(物事を新たに考え出し、くふうすること)

(9) 南船□馬
(絶《た》えずあちこちに旅を続けること)

(10) □往《おう》左往
(混乱《こんらん》した人々があちこちとうろたえまわること)

5 下の意味に合うように四字熟語を完成させなさい。 【大西学園中・改】

(1) □口□音(みなが同じことを言うこと)

(2) 自画□□(自分で自分のことをほめること)

(3) 我《が》□引□(自分に有利なように言うこと)

(4) □挙《きょ》□得《とく》(一つのことをして二つの得をすること)

(5) 再《さい》□再□(何度も何度も)

---

6 次の(1)~(4)の語の□に適切《てきせつ》な漢字一字を入れて、四字熟語を完成させなさい。 【灘中・改】

(1) 晴耕《せいこう》雨□

(2) □耳東風

(3) 博覧《はくらん》□記

(4) 油断大□

ヒント

1 四字熟語は、漢字とともに読み方にも注意しましょう。

2 上の二字と下の二字の対応《たいおう》を考えてみましょう。

3 三字熟語《さんじじゅくご》・四字熟語のまとめ

ココがポイント

三字熟語と**四字熟語**は、入試でもよく問われる。ことばの力をつける意味でも、しっかり復習《ふくしゅう》して、どんな形で問われても正解《せいかい》できるようにしておく。

1 三字熟語は対義語《たいぎご》に注意

三字熟語は、**対義語の問題がよく出ます**。とくに**「〜的」の形のものがねらわれる**ので、対義語の知識《ちしき》と組み合わせて覚えましょう。論説文《ろんせつぶん》などでよく問われます。

例
- 理性的《りせいてき》 ↔ 感情的《かんじょうてき》
- 個性的《こせいてき》 ↔ 画一的
- 機械的 ↔ 人間的（論説文でよく見られる組み合わせ）

また、「〜な」「〜する」などがつくことも多いので、使われ方に注意しましょう。

例
- 殺風景な（＝味わいがない）部屋。
- 採算《さいさん》を度外視《どがいし》する（＝考えに入れない）。

2 四字熟語は穴《あな》うめ形式で出題される

四字熟語は、次のような特徴的《とくちょうてき》な形のものが多く、**穴うめ形式で出題されやすい**です。それぞれの特徴に注意して覚えましょう。

その他の四字熟語

次にあげる四字熟語は、四字熟語の問題として問われることは少ないですが、語句《ごく》の知識として覚えておいてほしいものです。

一網打尽（いちもうだじん）
一度に全部捕《つか》まえること。

一目瞭然（いちもくりょうぜん）
一目見るだけではっきりわかること。

一蓮托生（いちれんたくしょう）
行動や運命をともにすること。

紆余曲折（うよきょくせつ）
こみ入って複雑《ふくざつ》な経過《けいか》をたどること。

快刀乱麻（かいとうらんま）
物事をあざやかに処理《しょり》すること。

冠婚葬祭（かんこんそうさい）
結婚《けっこん》や葬式《そうしき》などの儀式《ぎしき》。

謹厳実直（きんげんじっちょく）
おとなしくつつましいこと。

軽挙妄動（けいきょもうどう）
軽はずみな行動をとること。

軽佻浮薄（けいちょうふはく）
考えや人がらがうわついていること。

● **一文字目と三文字目が同じ**

例 一《いっ》長《ちょう》一《いっ》短《たん》　百《ひゃっ》発《ぱつ》百《ひゃく》中《ちゅう》　自《じ》画《が》自《じ》賛《さん》　再《さい》三《さん》再《さい》四《し》

● **二文字目と四文字目が同じ**

例 四《し》苦《く》八《はっ》苦《く》　三《さん》拝《ぱい》九《きゅう》拝《はい》　海《うみ》千《せん》山《やま》千《せん》

● **同じ漢字の組み合わせをふくんでいるもの**

例
- 千《せん》差《さ》万《ばん》別《べつ》　千《せん》客《きゃく》万《ばん》来《らい》　千《せん》変《ぺん》万《ばん》化《か》
- 一《いっ》心《しん》同《どう》体《たい》　一《いっ》心《しん》不《ふ》乱《らん》

3 ことわざ・慣用句《かんようく》との組み合わせで出題される

四字熟語は慣用句のような性質《せいしつ》をもっているので、**同じ意味、もしくは反対の意味をもった慣用句と組み合わせて出題される**ことがあります。

例
- 一日千秋《いちじつせんしゅう》 ＝ 首を長くする
- 一知半解《いっちはんかい》 ⟷ 一を聞いて十を知る

孤軍奮闘（こぐんふんとう）
たった一人で懸命《けんめい》に努力すること。

支離滅裂（しりめつれつ）
筋道《すじみち》がなくばらばらなさま。

新陳代謝（しんちんたいしゃ）
新しいものが古いものにとってかわること。

美辞麗句（びじれいく）
美しくかざりたてたことば。

力だめしの問題　入試標準レベル

解答➡p.525

1 次の□に合う漢字一字をあとの語群から選んで書き入れ、三字または四字の熟語《じゅくご》を完成させなさい。

(1) □自然　(2) □責任《せきにん》
(3) □後策《さく》　(4) 有頂《うちょう》□
(5) 一部□終　(6) 自給自□
(7) 適《てき》□適所　(8) 前代□聞

〔始　有　非　足　不　材　下　無　善
前　末　点　天〕

2 次の意味になるように三字熟語を完成させなさい。

(1) ひじょうに重要な場面。　正□□
(2) 敵《てき》として申し分のない相手。　□敵□
(3) 関係のない人物。　第□□
(4) 考えに入れないこと。　度□□
(5) ひじょうに調子がいいこと。　□□調

3 次の(1)~(5)の熟語が三字の熟語になるように、□に「非・不・無・未」のどれかを入れなさい。

(1) □理解《りかい》
(2) □消化
(3) □常識《じょうしき》
(4) □売品
(5) □着色

4 次の四字熟語を漢字に直しなさい。

(1) ごんごどうだん
(2) そういくふう
(3) いっちょういっせき
(4) かちょうふうげつ
(5) どうこういきょく

5 次の(1)~(5)の四字熟語の□に入るもっとも適切な漢字を、あとのア~ソの中から選び、記号で答えなさい。

(1) 危機《きき》一□
(2) 臨《りん》□応変《おうへん》
(3) 一念□起
(4) 意味□長

(5) 絶《ぜっ》□絶命

ア 慎　イ 気　ウ 夢　エ 体
オ 務　カ 起　キ 信　ク 態
ケ 機　コ 発　サ 深　シ 対
ス 髪　セ 初　ソ 霧

6 次の(1)〜(8)の意味にあてはまる四字熟語を（　）の中の熟語を組み合わせてつくりなさい。

(1) どうしたらよいかわからない状態《じょうたい》。
（五里　四里　霧中《むちゅう》　夢中《むちゅう》）

(2) あわてさわぐこと。
（南船　右往《うおう》　北馬　左往）

(3) 自分の思うままにすること。
（平等　自在《じざい》　主義《しゅぎ》　自由）

(4) すばやい行いのたとえ。
（花火　石火　電灯　電光）

(5) 数多くあっても値打《ねう》ちのないこと。
（一文　三文　二足　二束《にそく》）

(6) いろいろ。さまざま。
（多様　多数　多種　絶対《ぜったい》）

(7) 多くの人が口をそろえて、同じ考えをいうこと。
（異議《いぎ》　同音　異口　多数）

(8) なりゆきが急にかわって解決《かいけつ》すること。
（直撃《ちょくげき》　直下　急転　急行）

ヒント

3 上に「非」「不」「無」「未」のつく三字熟語は、まちがえやすいので注意しておきましょう。

5 (1)(4)(5)はとくに漢字に注意しましょう。

入試のアドバイス②

「ぬき出し」こそ慎重《しんちょう》に！

最近の入試では、四十字ぐらいの少し長めの文章をぬき出させる問題が増《ふ》えてきました。これは、文章の読解力《どっかいりょく》だけではなく、「丁寧《ていねい》さ」や「注意力」も問われているものと考えられます。つまり、本文を正確《せいかく》に書き写す能力《のうりょく》も試《ため》されているのです。

　まず、答えになるところに線を引いてみましょう。そして、しっかりと書き写していきましょう。誤字《ごじ》や写し落としなどはもってのほかですし、漢字なのかひらがななのか、読点があるのかないのかなどにまで注意しなくてはいけません。せっかく答えがわかっているのに、つまらないところで減点《げんてん》されないようにしてください。

　答えが見つかると、ついあわてて書こうとしてしまいがちですが、そういうときこそちょっと落ち着くことが肝心《かんじん》なのです。

設問《せつもん》も「読解」しよう！

設問は、すべてが「もっとも適切《てきせつ》なものを一つ選んで答えなさい」という形ではありません。「あてはまるものを二つ選んで答えなさい」かもしれませんし、「あてはまらないものを答えなさい」かもしれません。

　また、文章の内容《ないよう》に合っているかどうかを判《はん》定《てい》させる問題でも、いつも「○」「×」で答えさせるとは限《かぎ》りません。「A」「B」で答えさせたり、合っている記号をすべて選ばせたりと学校によってさまざまです。

　本文の「読解」がいくら正しくできていても、設問の「読解」でまちがってしまうと点数はありません。まずは、何をどういう形で答えるのかをはっきりさせておきましょう。答えの形にかかわる部分には線を引くぐらいの心構《こころがま》えで、設問もきちんと「読解」するくせをつけておきましょう。

ことば・文学史編

第1章 かなづかい

1 かなづかい

ココがポイント

かなづかいの原則《げんそく》は、**発音どおりに書く**ことである。ここでは入試でまちがえやすいものをまとめる。

1 「を」「は」「へ」

ことばとことばをつなぐ「を《オ》」「は《ワ》」「へ《エ》」は、「を」「は」「へ」と書きます。

例　ぼくは弟を学校へ連れていった。

2 「おお」と「おう」

のばす音のうちオ段《だん》は「う」と書くのが普通《ふつう》ですが、「お」と書く場合がありま す。**「お」となるのは、和語(訓読み)のみ**です。

例　こおり(氷)　おおどおり(大通り)　とおか(十日)
おおやけ(公)　とおい(遠い)　おおせになる(仰せになる)

かなづかい

原則は**発音どおりに書くこと**です。上の1〜3のまちがえやすいかなづかいは、**発音は同じですが、表記が異《こと》なるかなづかい**です。

「おう」となる場合

次の場合は「おう」になります。

おうじ(王子)
とうげ(峠)
どうりで(道理で)
ようやく
ほうき
友達どうし(同士)

ほお(頬)　こおろぎ(昆虫《こんちゅう》の名)

3 「じ」「ず」と「ぢ」「づ」

「じ《ジ》」「ず《ズ》」の音は「じ」「ず」と書くのが普通ですが、「ぢ」「づ」と書く場合もあります。次のような場合に注意しましょう。

●「ぢ」「づ」は単語の初めにこない。

例 じしん(地震)　ずつう(頭痛)

●単語が明らかに二つに分かれて、あとの単語が「ち」「つ」で始まるときには「ぢ」「づ」と書く。

例 はなぢ(鼻＋血)　みかづき(三日＋月)　まぢか(間＋近)

●くり返しの「ちぢ」「つづ」は特定の語のみ。

例 ちぢむ(縮む)　つづく(続く)

4 漢字の音読みをかなで書くときの注意点

漢字の音読みをかなで書くときは、**その音をいかします。**

例 先生(セン＋セイ)　敬礼(ケイ＋レイ)

⬇「せんせえ」「けえれえ」と書かないこと。

例 授業(ジュ＋ギョウ)　体育(タイ＋イク)
雰囲気(フン＋イ＋キ)

⬇「じぎょう」「たいく」などと書かないこと。

まちがえやすい「じ」「ず」と「ぢ」「づ」

「じ・ぢ」「ず・づ」でまちがえやすいものに次のようなものがあります。

うなずく
つまずく
さかずき
きづく(気付く。「きずく」は「築く」)
もとづく(基づく)
ぬのじ(布地)
いちじるしい(著しい)
いちじく(くだものの名)
せかいじゅう(世界中)
もみじ

「ゆう」と「いう」

「ゆう《ユウ》」の音は「ゆう」と書きますが、動詞の「言う」は「いう」と書きます。

例 • ゆうがた(夕方)
• 「やあ」という(言う)。

力だめしの問題

入試標準レベル

解答⬇p.526

❶ 次の各文の□に、「ズ」または「ジ」と発音するかなを、かなづかいの決まりにしたがって入れなさい。

(1) 一人□つ順に答えなさい。
(2) あとかた□けをする。
(3) □しんで家がたおれる。
(4) のぼせてはな□を出す。
(5) くつ□れができて足がいたい。

❷ 次の各文の□に適切《てきせつ》なかなを入れ、意味が通じるようにしなさい。

(1) こ□つみを出す。
(2) 目的地までには、ほどと□い。
(3) あまりのおそろしさに身もち□む思いがした。
(4) 私《わたし》はまちがっていたので□あるまいかと思った。
(5) 親子□れに出会った。
(6) 私のいうと□りにしなさい。
(7) こんにち□とあいさつをする。
(8) やむ□えないことだ。
(9) だまってうな□いた。
(10) 朝からはたらき□めだ。

❸ 次の各文にかなづかいのまちがいがあれば、その部分をぬき出し、正しく直して答えなさい。まちがいがなければ○と答えなさい。

(1) 秋のもみぢは美しい。
(2) おもてどうりがにぎやかだ。
(3) 池にこうりがはっている。
(4) 思ったことを文につづる。
(5) 選手を元気ずける。
(6) とおくの山々が見える。
(7) てえねいなことばづかいをする。
(8) 山田とゆう人が家へみえた。

4 次の各文のうち、正しいものには○、あやまっているものには×を答えなさい。

(1) 「続く」は、「つずく」と書くのが正しい。
(2) 「地面」は、「ぢめん」と書くのが正しい。
(3) 「時計」は、「とけえ」と書くのが正しい。
(4) 「三人づつ歩く」ではなく、「三人ずつ歩く」と書くのが正しい。

5 見出し語が五十音順に並《なら》べてある国語辞典では、次のことばはどういう順に並んでいるか。並んでいる順に記号で答えなさい。

ア 気強い　イ 通り雨　ウ 討論
エ 傷口　オ 築く

6 次の——線部の読みがなを答えなさい。

(1) 王子
(2) 布地
(3) 公の学校
(4) 公立学校
(5) そこ力
(6) 勉強机
(7) 敬礼
(8) 氷菓子《がし》
(9) 仰せにしたがう
(10) 高利貸《が》し

ヒント
❶❷ 二つのことばが組み合わさったものは、もとのことばを考えてみましょう。
❺ まずかなで書いてみましょう。

第2章 ことわざ・故事成語

1 ことわざ

ココがポイント

ことわざとは、**古くから言いならわされたことば**である。内容《ないよう》に諭《さと》しや戒《いまし》めなどの**人生の教訓**がふくまれていて、人の心にふれるものがある。ことわざは昔の人たちが伝えている**社会生活の知恵《ちえ》**であり、**教え**である。

1 ことわざの種類

ことわざには次のような種類のものがあります。

- **うまく人生を送るこつを伝えたもの**
- **人の失敗や弱点を戒めたもの**
- **人間の生活をほかのものにたとえたもの**

そのほか、「犬が西向けば尾《お》は東」（当たり前のこと）など**語調をおもしろく整えたもの**や、「月がかさをかぶると雨」など**生活の知恵を教えているもの**もあります。

ことわざにふくまれている教訓は今でも受けつがれています。

うまく人生を送るこつを伝えたもの

人生経験《けいけん》の中で、**うまく人生を送るためのこつ**として身につけたことを、のちの人に伝えることわざがあります。「努力や忍耐《にんたい》の大切さ」などが代表的です。

石の上にも三年…どんなことでも、我慢《がまん》して努力すれば成功するということ。

ちりも積もれば山となる…わずかなものでも積み重なると大きなものになるということ。

人の失敗や弱点を戒めたもの

人の失敗や、**本人も気づかないような欠点**を伝えることわざがあります。「欲《よく》ばりや口がすべることのこわさ」などが代表的です。

2 ことわざのとらえ方

ことわざは、次のような点に注意してとらえていきましょう。

●**ことわざにえがかれている情景《じょうけい》を想像《そうぞう》する。**

日常《にちじょう》の中でのどんな場面をえがいたものかをおさえる。

例 **二階から目薬**➡二階から目薬をさす様子を想像しよう。そんな高いところからではうまくいくはずがない。

●**二つに分けてとらえる。**

意味を二つに分けて理解《りかい》するとよいものがたくさんある。

例 **どろぼうをとらえて縄《なわ》をなう**➡どろぼうをつかまえてから、どろぼうをしばる縄をつくってもおそすぎる。

●**使われている「たとえ」をとらえる。**

何をたとえたものかをしっかり考えよう。

例 **うりのつるになすびはならぬ**➡「なすび」は「うり」よりもよいもののたとえ。

●**ユーモアを味わう。**

そのおもしろさこそ、ことわざが言い伝えられてきたもとである。

例 **犬が西向けば尾は東**➡当たり前のことがわざわざことわざになっているおもしろさを味わおう。

あぶ蜂《はち》とらず…あれもこれもと欲ばると、かえって何も手に入らないこと。

口は災《わざわ》いの門《かど》…うっかりしたことを言うと、思わぬ災いをまねくものだ、ということ。

人間の生活をほかのものにたとえたもの

日常起こるいろいろなできごとを**ほかのものにたとえたことわざ**があります。たとえの的確《てきかく》さやユーモラスさから、ことわざとして伝えられました。動物を使ったものもたくさんあります。

とび(とんび)がたかを生む…平凡《へいぼん》な親から、すぐれた才能《さいのう》をもった子供《こども》が生まれること。

鬼《おに》に金棒《かなぼう》…強い者が、よい条件《じょうけん》によってさらに強くなること。

力だめしの問題

入試標準レベル

解答➡p.526

1 次のそれぞれのことわざの□に入る植物名を、あとの語群から選びなさい。【甲南中・改】

(1) 雨後の□
(2) うりのつるに□はならぬ
(3) 火中の□をひろう
(4) □の大木
(5) □食う虫も好き好き

〔さんしょう　たで　たけのこ　くり
うど　なすび　どんぐり　しょうが〕

2 次の□に漢字一字を入れてことわざを完成させ、そのことわざの意味として適切《てきせつ》なものをあとから選び、それぞれ記号で答えなさい。【大阪桐蔭中】

(1) 年寄《としよ》りの□や水
(2) 住めば□
(3) 知らぬが□
(4) 三つ子のたましい□まで
(5) 焼け石に□

ア　幼《おさな》いころの性格《せいかく》は年をとっても変わらない。
イ　やせがまんをして無理をすること。
ウ　努力がわずかで効果《こうか》がないこと。
エ　どんな所でも慣《な》れてみると、それなりのよさがある。
オ　知れば腹《はら》の立つことでも、知らなければ平静でいられる。

3 次の(1)～(4)のことわざの□の中に入れるのに適切な漢数字を答えなさい。また、それぞれのことわざの意味として適切なものをあとから選び、記号で答えなさい。【鎌倉学園中】

(1) □の足を踏《ふ》む
(2) 石の上にも□年
(3) □聞は一見にしかず
(4) 十人□色

ア　自分の目で見るのが、一番確《たし》かである。
イ　物事にはしんぼうが大事である。
ウ　人それぞれに好みや考えがちがうこと。
エ　ひといきに仕事をやりとげること。
オ　しりごみして、ためらうこと。

4 次の⑴〜⑷のことわざの意味をあとから選び、記号で答えなさい。【昭和女子大附昭和中・改】

⑴ 宝《たから》のもちぐされ
⑵ 郷《ごう》に入っては郷に従《したが》え
⑶ 情《なさ》けは人のためならず
⑷ 猫《ねこ》に小判《こばん》

ア 何の役にもたたないこと。
イ 利用する値打《ねう》ちがあるものを持っているのに使わないこと。
ウ しんぼうすれば、必ず成功すること。
エ その土地に行ったら、その土地の習慣《しゅうかん》にしたがうこと。
オ やがて自分によいむくいがあること。

5 次のことわざは、⑴「こうすればよろしい」という意味のものか、⑵「こうしてはいけない」という意味のものか。それぞれ四つずつ、記号で答えなさい。【土佐中・改】

ア 虻蜂《あぶはち》とらず
イ 三人寄れば文殊《もんじゅ》の知恵《ちえ》
ウ 思い立ったが吉日《きちじつ》
エ 好きこそものの上手なれ
オ 転ばぬ先の杖《つえ》
カ 船頭《せんどう》多くして船山にのぼる
キ 井の中の蛙《かわず》(「かわず」は「かえる」のこと)
ク やぶをつついて蛇《へび》を出す

ヒント

ことわざは、日常《にちじょう》の光景を題材としたものが多いです。情景《じょうけい》を思《おも》い浮《う》かべて考えていくようにしましょう。

5 えがかれている情景が「よい情景」なのか「悪い情景」なのかを考えます。

2 ことわざ・故事成語《こじせいご》

ココがポイント

同じ意味を表すことわざと、**反対の意味を表すことわざ**は入試でもよくあつかわれる。
また、**故事成語**についても学ぶ。

1 同じ意味のことわざ

●同じ意味をちがうたとえで表したもの

例 ・猿《さる》も木から落ちる ＝ かっぱの川流れ
・猫《ねこ》に小判《こばん》 ＝ 豚《ぶた》に真珠《しんじゅ》

●同じ教訓をちがう表現《ひょうげん》で表したもの

例 ・石橋をたたいて渡《わた》る ＝ 転ばぬ先のつえ
・短気は損気《そんき》 ＝ せいては事をしそんじる

2 反対の意味のことわざ

●反対の意味を表したもの

例 ・とび（とんび）がたかを生む ⇔ うりのつるになすびはならぬ
・うどの大木 ⇔ 大は小をかねる
・ちりも積もれば山となる ⇔ 焼け石に水

同じ意味のことわざ

たとえているものの**共通点**に注意すると理解《りかい》しやすくなります。

●猿も木から落ちる
●かっぱの川流れ

なら、「猿」「かっぱ」は**「その道の達人」**を、「木から落ちる」「川流れ」は**「失敗すること」**をたとえたものです。

反対の意味のことわざ

表している意味が反対のものは、**それぞれの言い分**をしっかり理解しましょう。

●とび（とんび）がたかを生む
●うりのつるになすびはならぬ

は、**「普通《ふつう》の親からすぐれた子が生まれる」**と、**「つまらない親からはすぐれた子は生まれない」**という正反対の言い分です。

また、程度によって反対になるものは、**一つにまとめることができます**。つまり、教訓としてはどちらも**「何事もほどほどがよい」**ということになることがあります。

●**程度《ていど》のちがいによって反対になるもの**

例 ・思い立ったが吉日《きちじつ》 ↕ 急がば回れ

・三人寄《よ》れば文殊《もんじゅ》の知恵《ちえ》 ↕ 船頭《せんどう》多くして船山に登る

3 故事成語――意外な意味にびっくり

昔のできごと(＝故事)から**慣用《かんよう》表現(＝成語)**がつくられることがあります。これを**故事成語**といいます。**故事成語は、ことばと意味がはなれているものが多い**ので、故事についてある程度の知識《ちしき》をもっておくと意味も覚えやすいといえます。

例 **矛盾《むじゅん》**…話のつじつまが合わないこと。

⬇「矛」とは「ほこ(＝武器《ぶき》)」、「盾」とは「たて(＝防具《ぼうぐ》)」のこと。昔、商人が「どんなたても突《つ》き通《とお》すほこ」と「どんなほこも防《ふせ》ぐたて」を売ろうとしたが、客から「では、そのほこで、そのたてを突くとどうなるか」と問いただされて困《こま》ったことから。

ことわざを正しく使う

ことわざをまちがって使うと、**自分の言いたいことが伝わらないばかりか**、相手に対しても失礼になります。辞典などを使って、正しい意味を理解しておきましょう。

●**情《なさ》けは人のためならず**

⬇「人をあまやかすので、あまり情けをかけてはいけない」の意味に使われることがある。正しくは、**「情けをかけるとめぐりめぐって自分のためにもなる」**という意味である。

●**住めば都**

⬇「どうせ住むなら都のほうがよい」の意味に使われることがある。正しくは、**「どんなところでも住んでみれば住みよくなる」**という意味である。

差がつく　ことわざ・故《こ》事《じ》成《せい》語《ご》

悪事千里を走る…悪い行いはすぐに知れわたってしまう。

あとは野となれ山となれ…あとのことや結果はどうなろうとかまわない。投げやりな気持ちを言う。

あぶ蜂《はち》とらず…二つのものを取ろうとして、どちらもだめになる。「二《に》兎《と》を追う者は一《いっ》兎《と》をも得《え》ず」と同じ。

雨だれ石をうがつ…雨だれが長い間に石に穴《あな》をあけるように、少しずつでも長い間努力を続ければ、きっと成功する。

雨降《ふ》って地《じ》固まる…もめごとの起こったあとは、かえって前よりも落ち着いた状態《じょうたい》になる。

石の上にも三年…何事でもしんぼう強くすれば、成功する。

石橋をたたいて渡《わた》る…丈《じょう》夫《ぶ》な石の橋でも、たたいてみて、大丈夫かどうかを確《たし》かめてから渡るように、用心のうえにも用心する。

急がば回れ…回り道をしてでも、安全な道を行くほうが早い。

一石《いっせき》二《に》鳥《ちょう》…一つの石で二羽の鳥をうち落とすように、一つのことをして、同時に二つの利益《りえき》を得る。一挙両得《いっきょりょうとく》。

犬も歩けば棒《ぼう》にあたる…出歩けば、思わぬ幸運や、また災難《さいなん》にぶつかることがある。

井《い》の中のかわず大海《たいかい》を知らず…井戸の中にいるかえるが広い海を知らないでいばっているように、自分のせまい知《ち》識《しき》や考えにとらわれて、広い世の中のことを知らない。 故事成語

魚心《うおごころ》あれば水心《みずごころ》…相手の出方によって、こちらの対応《たいおう》も決まる。

うどの大木《たいぼく》…うどの木はくきが長くて大きいが、やわらかくて役に立たないように、大きいばかりで、なんの役にも立たない。

馬の耳に念仏《ねんぶつ》…いくらありがたいことを聞かせてもわからない。ききめがない。

生みの親より育ての親…自分を生んだ親よりも、自分を育ててくれた親のほうが、恩《おん》が大きい。

うりのつるになすびはならぬ…つまらない親からはすぐれた子は生まれない。血《ち》筋《すじ》はあらそえない。

江《え》戸《ど》のかたきを長崎で討《う》つ…思いがけない所や、筋《すじ》ちがいのことでしかえしをする。

鬼《おに》の目にも涙《なみだ》…鬼のように情《じょう》がなくひどい人でも、ときにはやさしい気持ちをもつこともある。

おぼれる者はわらをもつかむ…おぼれている者が一本のわらにでもすがって助かろうとするように、危《き》険《けん》な目にあっている者はどんなものでも頼《たよ》りにする。

思い立ったが吉日《きちじつ》…ものごとは思いついたときに始めたほうがよい。

かえるの子はかえる…子はどんなこと

でも親に似《に》る。

勝ってかぶとの緒《お》をしめよ…勝っても油断《ゆだん》しないで、ますます心を引きしめ、いざというときに備《そな》えよ。

かっぱの川流れ…泳ぎのうまいかっぱでも流されることがあるように、油断をすると失敗する。

壁《かべ》に耳あり、障子《しょうじ》に目あり…どこで、だれが聞いているかわからないから、秘《ひ》密《みつ》の話などはもれやすい。

果報《かほう》は寝《ね》て待て…幸せは、あせらないで待っていれば、自然とめぐってくる。

亀《かめ》の甲《こう》より年《とし》の功《こう》…長年の経験《けいけん》は尊《とうと》いものである。

枯《か》れ木《き》も山のにぎわい…つまらないものでも、ないよりはましだ。

かわいい子には旅をさせよ…愛する子《こ》供《ども》には、旅の苦労をさせ、世の中の様子を知らせるのがよい。

木によりて魚《うお》を求む…方法がまちがっているので、得ようとしても得られない。

杞憂《きゆう》…無用な心配をすること。 故事成語

漁夫《ぎょふ》の利《り》…しぎとはまぐりが争っているすきに、漁夫（漁師《りょうし》）が両方ともつかまえたという中国の故事から、両者が争っている間に、ほかの者が利益を横どりすること。 故事成語

口は災《わざわ》いの門《かど》…うっかりしゃべったことが、あとで困《こま》るもとになることがあるから、ことばにはよく気をつけよ。

君子《くんし》あやうきに近よらず…りっぱな人は自分の身をつつしみ、危険なことや場所には近寄《ちかよ》らないで、これを避《さ》ける。

後悔先《こうかいさき》に立たず…やってしまったことを、あとからいくら悔《く》やんでも、取り返しがつかない。

弘法《こうぼう》(に)も筆のあやまり…すぐれた者でも失敗することがある。

紺屋《こうや》の白《しろ》ばかま…他人のことばかり気にして自分のことがおろそかになる。

五十歩百歩《ごじっぽひゃっぽ》…少しのちがいはあるが、大きなちがいはない。 故事成語

転ばぬ先《さき》のつえ…物事に失敗しないように、前もって用心しておく。

猿《さる》も木から落ちる…よくできるものでも油断していると失敗することがある。

山椒《さんしょう》は小粒《こつぶ》でもピリリとからい…体は小さくとも、すぐれた能力《のうりょく》をもっている。

三人寄れば文殊《もんじゅ》の知恵《ちえ》…知恵のない者でも三人で相談すればよい考えが浮《う》かぶものだ。

朱《しゅ》に交われば赤くなる…人は、ふだんつきあう友達によって、よくもなれば悪くもなる。

上手の手から水がもれる…どんな上手な人でもたまには失敗することもある。

推敲《すいこう》…文章をつくるとき、もっともふさわしいことばを考えて、練りあげること。 故事成語

好きこそものの上手なれ…好きなことは、何でも熱心にやるので、上達が早い。

過《す》ぎたるはなお及《およ》ばざるがごとし…物事の程度《ていど》をこすのは、足りないのと同

じようによくない。

すずめ百まで踊《おど》り忘《わす》れず…子供《こども》のときに覚えたことは大人になっても忘れない。

住めば都…どんなところでも住んでみれば住みよくなる。

せいては事《こと》をしそんじる…あまり急いではかえって失敗しやすい。

船頭《せんどう》多くして船山に登る…指図する人が多くてまとまりがつかず、物事がうまく進まない。

千里の道も一歩から…どんなに大きな計画でも、着実に手近なところから行うのがよい。

他山の石…よその山から出たつまらない石でも、自分の宝《たから》である玉をみがくのに役立つという中国の故事《こじ》から、どんなことでも自分をみがく助けになるということ。 故事成語

蛇足《だそく》…あっても役に立たないもの。よけいなもの。 故事成語

立つ鳥あとをにごさず…飛び立つ水鳥があとをにごさないように、去る者はあとを見苦しくないように始末していかなければならない。

棚《たな》からぼたもち…思いがけない幸せにめぐり合う。

短気は損気《そんき》…短気を起せば、結局は自分が損をするということ。

ちりも積もれば山となる…わずかなものでも、それが積もり重なると大きなものになる。

出るくいは打たれる…学問や才能《さいのう》がすぐれている者は、とかく人からにくまれやすい。

灯台もと暗し…ろうそくを立てた台の真下が暗いように、身近なことは、かえってわかりにくい。

時は金《かね》なり…時間はお金のように大切であるから、むだにしてはならない。

とび(とんび)がたかを生む…普通《ふつう》の親からすぐれた子が生まれることがある。

虎《とら》の威《い》を借《か》るきつね…強い者の力を利用して弱い者がいばる。 故事成語

どろぼうをとらえて縄《なわ》をなう…どろぼうをとらえてから、どろぼうをしばる縄をなうように、前もって準備《じゅんび》をしておかず、その場になってからあわてて準備をする。

どんぐりの背《せい》くらべ…どれもみな同じように平凡《へいぼん》で、とくにすぐれたものがない。

飛んで火にいる夏の虫…自分から危険《きけん》なところに飛びこむ。

長いものには巻《ま》かれよ…強いものには勝てないから、従《したが》うほうがよい。

泣き面《つら》に蜂《はち》…困《こま》ったことがあるうえに、さらに悪いことが重なる。

情《なさ》けは人のためならず…情けをかけるとめぐりめぐって自分のためにもなる。

二兎《にと》を追う者は一兎《いっと》をも得《え》ず…欲《よく》ばって、同時に二つのことをしようとする者は、結局そのどちらもうまくやりとげることができない。

ぬかに釘《くぎ》…少しも手ごたえがなく、ききめがない。

ぬれ手で粟《あわ》…苦労しないで、たやすく利《り》益《えき》を得る。

猫《ねこ》に小判《こばん》…どんな値打《ねう》ちのあるものでも、使い方を知らないものには役に立たない。

能あるたかは爪《つめ》をかくす…実力や才能のある人は、やたらにそれを人の前であらわそうとしない。

のどもと過《す》ぎれば熱さを忘れる…どんな苦しいときでも、それが過ぎてしまうと、そのつらさを忘れてまた油断《ゆだん》をする。

のれんに腕押《うでお》し…こちらがいくら力を入れても、少しも手ごたえがない。

花よりだんご…見かけのきれいなものより、本当に役に立つもののほうがよい。実利主義《じつりしゅぎ》。

針《はり》の穴《あな》から天をのぞく…小さい針の穴から天をのぞいてもよく見えないように、自分のせまい考えで大きなことをおしはかっても、正しくはわからない。

人を見たらどろぼうと思え…人は信用できないものだから、人の言うことを軽々しく信用してはいけない。

火のない所に煙《けむり》は立たぬ…原因《げんいん》が何もなければ、うわさが立つはずがない。

百聞《ひゃくぶん》は一見《いっけん》にしかず…何度も人から聞くよりも、一度実際《じっさい》に自分の目で見るほうがよくわかる。 故事成語

豚《ぶた》に真珠《しんじゅ》…どんなに値打ちのあるものでも、その価値《かち》がわからないものには無意味であること。

まかぬ種は生えぬ…何もしないで、よい結果は得られない。

負けるが勝ち…むりをして争うよりは、相手に勝ちをゆずるほうが、よい結果になる。

待てば海路の日和《ひより》あり…じっくり待てば、やがて幸運がおとずれる。

身から出たさび…自分がした悪いことが原因で、自分自身が苦しむこと。

矛盾《むじゅん》…理屈《りくつ》に合わないこと。話のつじつまが合わないこと。 故事成語

目の上のたんこぶ…うるさくてじゃまになるもの。

焼け石に水…助けがわずかなため、効果《こうか》が上げられないこと。

やぶをついて蛇《へび》を出す…しなくてよいことをして、かえって騒《さわ》ぎを起こす。

弱《よわ》り目《め》にたたり目《め》…運の悪いときに、また運の悪いことが重なる。

楽《らく》は苦《く》の種、苦は楽の種…今、楽をすれば、将来《しょうらい》苦労しなければならず、今、苦労すれば、将来楽をすることができる。

渡《わた》る世間に鬼《おに》はない…世間は思いやりがないように見えるが、必ず親切な人はいる。

笑う門《かど》には福きたる…いつも明るく暮《く》らしている人のところへは、自然に幸福がやってくる。

力だめしの問題　入試標準レベル

解答➡p.527

1

同じ意味を表すことわざがならんでいる。空欄《くうらん》にひらがなを入れ、完成させなさい。

【青山学院中等部】

(1) □□□の不養生＝紺屋《こうや》の白□□□

(2) 太鼓判《たいこばん》を□□＝□□□□をつける

(3) □を追う者は一兎《いっと》をも得《え》ず＝□□□□とらず

(4) 火のないところに□□□は立たぬ＝□□□種は生《は》えぬ

2

次の(1)～(7)の（　）に適切《てきせつ》なことばを入れ、下の意味に合うことわざにしなさい。また、そのことわざと同じ意味のことばをあとから選び、記号で答えなさい。

【明治大付明治中・改】

(1) （　）にかすがい…手ごたえのないこと。

(2) （　）の川流れ…達人もときには失敗すること。

(3) 石の上にも（　）…がまんすれば、やがて報《むく》われること。

(4) 泣《な》き面《つら》に（　）…不運に不運が重なること。

(5) ねこに（　）…値《ね》のはるものをあたえても効果《こうか》がないこと。

(6) 身から出た（　）…自分の行為《こうい》の報いとしての災《わざわ》い。

(7) 勝って（　）の緒《お》をしめよ…成功しても心を許《ゆる》さず、用心深く事にあたれということ。

ア　待てば海路の日和《ひより》あり
イ　油断大敵《ゆだんたいてき》
ウ　豚《ぶた》に真珠《しんじゅ》
エ　弱り目にたたり目
オ　弘法《こうぼう》も筆のあやまり
カ　ぬかに釘《くぎ》
キ　自業自得《じごうじとく》

3

次のア～ソのことわざについて、反対の意味をもつことわざの組を五つつくり、それぞれ記号で答えなさい。

ア のれんに腕押《うでお》し
イ 月とすっぽん
ウ 船頭多くして船山に登る
エ 花より団子《だんご》
オ 時は金なり
カ 善は急げ
キ どんぐりの背《せい》くらべ
ク 竹馬《ちくば》の友
ケ とびがたかを生む
コ せいては事をしそんじる
サ 渡る世間に鬼はない
シ うりのつるになすびはならぬ
ス 三人寄《よ》れば文殊《もんじゅ》の知恵《ちえ》
セ 猿《さる》も木から落ちる
ソ 人を見たらどろぼうと思え

4 次の故事成語《こじせいご》の意味を、あとから選び、記号で答えなさい。 【江戸川学園取手中】

(1) 杞憂《きゆう》　(2) 他山の石
(3) 推敲《すいこう》　(4) 呉越同舟《ごえつどうしゅう》

ア 文章を練り直すこと。
イ 取《と》り越《こ》し苦労。
ウ 負《ま》け惜《お》しみの強いこと。
エ どんなものでも自分をみがくのに役立つこと。
オ 似《に》たり寄ったり。
カ 仲の悪いもの同士が同じところにいること。

5 次の例文に合う故事成語を、あとから選び、記号で答えなさい。

(1) 予定どおりの内容《ないよう》でよかったのに、いいところを見せようとして、余計《よけい》なことを言って恥《はじ》をかいた。
(2) 初めは優勝《ゆうしょう》しそうなチームだったのに、後半にズルズルと後退《こうたい》してしまったね。
(3) うそをつくと、話の筋《すじ》が通らなくなってばれてしまうよ。
(4) お金を拾って喜《よろこ》んでいたら、買ったケーキでおなかをこわした。

ア 竜頭蛇尾《りゅうとうだび》　イ 蛇足《だそく》
ウ 矛盾《むじゅん》　エ 塞翁《さいおう》が馬

第3章 慣用句

1 慣用句《かんようく》①

ココがポイント

体の一部を使った慣用句は、入試にもよく出題される。ここでは体の一部を使った慣用句を覚え、その使い方を学ぶ。

1 慣用句とは

昔から言いならわされ、**二つ以上の語が結びついて特別な言いまわしになったことば**が**慣用句**です。慣用句は、生活のある一面を短く的確《てきかく》に言いあてているものが多く、決まり文句として長く使われています。

2 体の一部を使った慣用句

人間の動作や様子をたとえたものが多く、実際《じっさい》のしぐさから考えると理解《りかい》しやすくなります。どんな動作や様子が、どんな意味にたとえられているかをおさえておきましょう。

ことわざと慣用句のちがい

ことわざも慣用句も昔から言いならわされてきたことばですが、**ことわざには教訓がふくまれている**のに対して、**慣用句には教訓がふくまれていない**のが普通《ふつう》です。

慣用句の覚え方

慣用句をマスターするには、**例文を考えて使い方を覚える**のがいちばんです。そして、ふだんから慣用句になじむことが大切です。

慣用句は日常《にちじょう》よく起こることがらを言い表したものなので、よく見かける光景に慣用句をあてはめてみましょう。

例　弟のいたずらには先生も困《こま》っている。

⬇弟のいたずらには先生も手を焼いている。

例 ・**目を細める**⬇うれしくて笑《え》みをうかべる。人をかわいがるときの笑みをうかべた表情《ひょうじょう》から。

・**顔から火が出る**⬇はずかしい。はずかしくて顔が真っ赤になる様子から。

・**首を長くする**⬇待ちこがれる。遠くを見ようとするしぐさから。

体の各部には、その**はたらきなどに関係する意味**があります。これを覚えておくと、体の一部を使った慣用句が覚えやすくなります。

手…物をとる。行動する。 例 手をつける　手を出す

舌《した》…味わう。話す。 例 舌が肥《こ》える　舌が回る

目…見る。表情のかなめ。 例 目に余《あま》る　目に角《かど》を立てる

耳…聞く。うわさを聞く。 例 耳を疑《うたが》う　耳が早い

腹《はら》…本心。気持ち。 例 腹を割《わ》る　腹を決める

鼻…プライド。におう。 例 鼻が高い　鼻につく

腕《うで》…腕前・技量《ぎりょう》。 例 腕をみがく　腕をふるう

頭…考え・悩《なや》み。 例 頭が痛《いた》い　頭をかかえる

顔…その人の評判《ひょうばん》・名声。 例 顔が広い　顔が利《き》く

口…話す。 例 口が軽い　口車《くちぐるま》に乗る

よく似《に》た慣用句に気をつけよう

一見よく似た慣用句でも、**体の部位がちがうと意味もずいぶんちがってきます**。こういったものは入試でもねらわれやすいといえます。辞典などで調べて、正しい意味を身につけるようにしましょう。

手に余る…自分の力ではどうにもできない。
目に余る…だまって見ていられない。

足をのばす…さらに遠くまで行く。
手をのばす…今までしなかったこともやってみる。

顔から火が出る…はずかしくて顔が真っ赤になる様子。
目から火が出る…頭や顔を強く打って、火花のようなものが見える様子。

差がつく　慣用句《かんようく》①

体の一部を使った慣用句

●**「足」を使った慣用句**

足が出る…予算をこえて、お金が足りなくなる。

足が棒《ぼう》になる…つかれてしまって足がこわばる。

足もとを見る…人の弱みにつけこむ。

足をひっぱる…他人のじゃまをする。

●**「頭」を使った慣用句**

頭が上がらない…従《したが》うほかはない。

頭が下がる…感心して、敬《うやま》う気持ちになる。

●**「腕《うで》」を使った慣用句**

腕が鳴る…自分の腕前を見せたくて、はりきる。

腕によりをかける…十分に準備《じゅんび》してはりきる。

腕を上げる…技術《ぎじゅつ》や実力がつく。

●**「顔」を使った慣用句**

顔が広い…多くの人を知っている。また、よく知られている。

顔に泥《どろ》をぬる…恥《はじ》をかかせる。

顔を立てる…相手の体面を保《たも》たせる。

●**「肩《かた》」を使った慣用句**

肩で風を切る…いばって歩く。

肩の荷がおりる…自分の責任《せきにん》になっていたことが終わり、ほっとする。

肩を並《なら》べる…同じような勢《いきお》いや力をもつ。

肩を持つ…味方をする。

●**「口」を使った慣用句**

口が重い…ことば数が少なくて、あまりものを言おうとしない。

口がかたい…言うべきでないことを決して言わない。

口が軽い…話してはいけないことまで人にしゃべる。

口がすべる…うっかりして、ついしゃべってしまう。

口車《くちぐるま》に乗る…口先だけのうまい話にだまされる。

口を割《わ》る…隠《かく》していたことを、しかたなしに話す。

●**「首」を使った慣用句**

首が回らない…借金が返せなくて、どうしようもない。

首になる…仕事をやめさせられる。

首をつっこむ…自分からそのことに関係する。

首を長くする…待ちこがれる。

首をかしげる…不思議に思う。

●**「舌《した》」を使った慣用句**

舌が回る…とてもよくしゃべる。

舌つづみを打つ…おいしいものを食べる。

舌を巻《ま》く…たいへん驚《おどろ》く。

●**「手」を使った慣用句**

手がつけられない…どうしようもない。方法がない。

手が届《とど》く…世話などが行き届く。能力《のうりょく》の範囲《はんい》にある。

手にあせをにぎる…危険《きけん》なことを見てはらはらする。

手につかない…ほかに心がうばわれて、集中できない。

手を打つ…話し合いの決着をつける。

手を切る…関係を絶《た》つ。

手をこまぬ(ね)く…自分からは何もしないで、ただ見ている。

手を焼く…手だてがなくて困《こま》る。

●「歯」を使った慣用句

歯が立たない…相手が強すぎて、かなわない。

歯に衣《きぬ》着せぬ…思ったとおり、ありのままにものを言う。

●「鼻」を使った慣用句

鼻が高い…得意《とくい》になる。

鼻であしらう…人をばかにしていいかげんにあつかう。

鼻にかける…自慢《じまん》する。

鼻につく…あきあきしていやになる。

鼻を明かす…出しぬいて、あっと驚かせる。

●「腹《はら》」を使った慣用句

腹がすわる…度胸《どきょう》がつく。物事にびくびくしない。

腹をすえる…覚悟《かくご》を決める。

腹を割る…隠さないで、心の中をすっかり打ち明ける。

●「骨《ほね》」を使った慣用句

骨が折れる…努力を要する。

骨を折る…一生懸命《いっしょうけんめい》働く。

●「耳」を使った慣用句

耳が痛《いた》い…他人のことばが、自分の悪いところをついていて、聞くのがつらい。

耳が早い…人よりも早く聞きつける。

耳にたこができる…同じことを何回も聞いていやになる。

耳にはさむ…ちらっと聞く。

耳を貸《か》す…人の話を聞く。

耳をそろえる…お金や物を全部そろえる。

●「目」を使った慣用句

目が肥《こ》える…よいものを見なれていて、見分ける力がある。

目が高い…よしあしを見分ける力がすぐれている。

目がない…とても好きである。

目に角《かど》を立てる…怒《いか》りをふくんだ目で見る。

目に物見せる…こらしめのために、ひどいめにあわせる。

目の中に入れても痛くない…とてもかわいがる。

目も当てられない…ひどくて見ていられない。

目もくれない…見向きもしない。

目をぬすむ…人に見られないようにこっそりとする。

目を丸くする…驚いたり、感心したりする。

力だめしの問題

入試標準レベル

解答➡p.527

1 次の(1)〜(10)の□に人間の体の一部を示《しめ》す語を漢字一字であてはめ、慣用句《かんようく》を完成させなさい。また、完成した慣用句の意味としてもっとも適切《てきせつ》なものをあとから選び、記号で答えなさい。【市川中】

(1) □をくくる
(2) □がかかる
(3) □が立たない
(4) □をすくう
(5) □を張《は》る
(6) □がさがる
(7) □をつぶる
(8) □にかける
(9) □に泥《どろ》をぬる
(10) □にたこができる

ア 知らないふりをする
イ 名誉《めいよ》を傷《きず》つける
ウ 同じことを聞きあきる
エ ほこらしい態度《たいど》をとる
オ 感心させられる
カ 世話がかかる
キ 覚悟《かくご》を決める
ク 得意《とくい》がる
ケ 相手が強くてかなわない
コ すきをついて相手を負かす

---

2 次の慣用句の意味としてもっとも適切なものをあとから選び、記号で答えなさい。【熊本マリスト学園中】

(1) あごで使う　(2) 手に余《あま》る
(3) 腹《はら》をさぐる　(4) 舌《した》を巻《ま》く
(5) 骨《ほね》が折れる

ア 驚《おどろ》き、感心して、ことばもでない
イ 努力するが、苦労も多い
ウ いばった態度で人に指図をする
エ 心の中をかくさずに打ち明ける
オ すらすらとよくしゃべる
カ 物事が自分の能力《のうりょく》以上で処理《しょり》できない
キ 相手の心の中を知ろうとする

3 次の□に体の一部を表す漢字を一字入れて慣用句を完成させなさい。 【暁星国際中】

(1) 目から□にぬける
(2) □塩にかける
(3) 背《せ》に□はかえられない
(4) □が棒《ぼう》になる

4 次の文が完成するように、□に体の一部を表す漢字をそれぞれ書き入れなさい。 【金光学園中・改】

(1) いつも助けてくれるので、彼《かれ》には□が上がらない。
(2) 妹は□が立つので、私《わたし》はいつも言い負かされる。
(3) 久《ひさ》しぶりに孫に会って、祖母《そぼ》は□を細めた。
(4) 弟はいたずらばかりしているので、母はいつも□をやいている。

5 次の各文の――線の「足」は、あとのア～クのうち、どの意味・用法にもっとも近いか。それぞれ一つずつ選び、記号で答えなさい。 【大阪教育大附天王寺中】

(1) なまものは足が早いのですぐにいただこう。
(2) 大雪のため、足をうばわれた。
(3) 足に合うくつを選ぶ。
(4) 買いすぎて予算から足が出た。
(5) にげていた犯人《はんにん》も電話で足がついた。
(6) 子供《こども》の足だと二十分かかる。

ア 動物の胴《どう》をささえ、歩くための部分
イ 足首から下の部分
ウ 足で歩くこと
エ 歩き回った道すじ、足取り
オ 交通の手段《しゅだん》
カ 不足の分
キ 食べ物がくさる度合い
ク 歩調

ヒント 人の体の部位によって、それぞれ意味することがちがいます。その部位にどんなはたらきがあるのかをおさえて考えましょう。

2 慣用句《かんようく》②

ココがポイント

ここでは**体の一部を使ったもの以外の慣用句**を学ぶ。いろいろな分野のことばが慣用句として使われていて、初めて聞いたときは意味がわからないものが多い。しかし、このような慣用句にも深い味わいがある。

1 いろいろな慣用句

目の前の様子をうまく言い表したものが多い。中には**昔の暮《く》らしで使われていたが、今では使われていないものもあり**、しっかりと意味を調べておく必要があります。

例 ・**しっぽをふる**…人の言いなりになる。人になつく犬の様子から。
・**かぶとをぬぐ**…降参《こうさん》する。昔のいくさの様子から。

中にはもともとの語源《ごげん》がわかりにくいものもありますが、調べてみると興味深《きょうみぶか》いものも多くあります。

例 **関《せき》の山**…せいぜいのところ。三重県関町《せきちょう》（現在《げんざい》は亀山市《かめやまし》）にある八坂《やさか》神社の山《だ》車《し》が立派《りっぱ》で、それを上回ることが難《むずか》しいことから。

慣用句を生み出した暮らし

今でも愛好者が多い、**将棋《しょうぎ》**や**相撲**、そして日本の伝統芸能《でんとうげいのう》である**歌舞伎**などは慣用句をたくさん生み出しました。

王手《おうて》…あと少しで勝てる様子（将棋の用語）。
金星《きんぼし》…格上《かくうえ》の相手を倒《たお》すこと（相撲の用語）。
花道《はなみち》を飾《かざ》る…最後にはなばなしい活躍《かつやく》をして引退《いんたい》する（歌舞伎の用語）。

新しい慣用句

慣用句は古いものだけではありません。**現代のスポーツやできごとからも慣用句は生まれています**。新聞などにしっかり目を通していると、新しい慣用句を見つけることができます。

バトンを渡《わた》す…仕事などをひきつぐ（リレー競技《きょうぎ》の用語）。
メスをいれる…根本的な解決《かいけつ》を図《はか》って、くわしく調べる。「メス」は手術《しゅじゅつ》に使う小刀。

2 専門《せんもん》用語からできた慣用句

歌舞伎《かぶき》や相撲《すもう》などの**専門用語や特定の分野で使われていたことば**が、そのまま日《にち》常《じょう》生活に使われるようになり慣用句になったものがある。

例
・**十八番（おはこ）**…得意《とくい》技《わざ》（歌舞伎の用語）。
・**軍配があがる**…勝負がつく・勝つ（相撲の用語）。

3 悪いイメージをもつ慣用句に気をつけよう

慣用句が示《しめ》すものには、**悪いイメージがふくまれているもの**もある。他人に対して使うときは気をつけよう。

例
・**図に乗る**…調子にのってつけ上がる。
・**片棒《かたぼう》をかつぐ**…（おもに悪いことの）手助けをする。

慣用句のもとをたずねる

慣用句のもとになったことがらには、**昔の人の暮らしがふくまれていることが多い**といえます。辞典などを調べると、慣用句のもとも記されています。

釘《くぎ》をさす…念をおす。もとは、家を建てるときに、木を組み合わせただけでなく、釘で止めたことから。

さばをよむ…年齢《ねんれい》や数をごまかす。もとは、魚市場でくさりやすいさばを急いで数えるときに、ごまかしが多かったことから。

差がつく 慣用句《かんようく》②

その他のよく使われる慣用句

● あ行の慣用句

あいづちを打つ…人の話に調子を合わせてうなずく。

青菜《あおな》に塩…すっかり元気をなくす。

味をしめる…前のよさが忘《わす》れられず、また期待する。

あとの祭り…時機をのがして、どうしようもない。

油を売る…むだ話などをして仕事をなまける。

油をしぼる…あやまちや失敗などを、厳《きび》しくしかる。

あわを食う…びっくりしてあわてる。

息が合う…調子が合う。

息を殺《ころ》す…息をするのをおさえて、じっとしている。

板につく…仕事や役柄《やくがら》がぴったりと合う。

一目《いちもく》置く…相手を、自分よりすぐれた人として尊敬《そんけい》する。

色を失う…驚《おどろ》いて、顔色が青くなる。

うり二つ…二つに割《わ》ったうりのようによく似《に》ている。

大船《おおぶね》に乗ったよう…信じきって、安心している。

お茶をにごす…いいかげんにその場をごまかす。

折り紙をつける…確《たし》かだと保証《ほしょう》する。

● か行の慣用句

かたずを飲む…ことのなりゆきを心配して見守る。

角《かど》が立つ…物事がおだやかでなくなる。

かぶとをぬぐ…自分の力がおよばず、降参《こうさん》する。

気がおけない…気をつかう必要がなく、うちとけられる。

気がひける…なんとなく遠慮《えんりょ》したくなる。

木で鼻をくくる…たいへん無愛想にもてなす。

雲をつかむ…とらえどころがない。

けがの功名《こうみょう》…失敗したことが思いがけなくよい結果をもたらす。

心を鬼《おに》にする…相手のためにわざと厳しくする。

ことばをにごす…あいまいな言い方をする。

● さ行の慣用句

さじを投げる…物事にうまくできる見こみがなくなって、途中《とちゅう》でやめる。

座《ざ》が白《しら》ける…その場の雰囲気《ふんいき》がおもしろくなくなる。

しっぽをつかむ…ごまかしを見ぬいて証拠《しょうこ》をおさえる。

しのぎをけずる…はげしく争う。

しびれを切らす…待ち遠しくて、我《が》慢《まん》ができなくなる。

白羽《しらは》の矢をたてる…たくさんの中から、とくに見こんで選び出す。

白い目で見る…冷たい目で見る。

すずめの涙《なみだ》…ごくわずかなこと。

図に乗る…調子づく。つけ上がる。

せきを切る…物事が一時にどっと起こる。

●た行の慣用句

たかをくくる…みくびる。

竹を割《わ》ったよう…物事にこだわらないで、さっぱりしている。

立て板に水…立てた板に上からかけた水が流れるように、すらすらとものを言う。

玉にきず…すばらしい中に少しだけ欠点がある。

血も涙もない…人としての思いやりがない。

飛ぶ鳥を落とす…とても勢《いきお》いがよい。

とほうにくれる…よい方法がなくて、困《こま》りはてる。

●な行の慣用句

涙を飲む…くやしいのをじっと我慢する。

苦虫《にがむし》をかみつぶしたよう…ふきげんそうな顔つき。

二《に》の舞《まい》…同じ失敗をくり返す。

ねこをかぶる…うわべだけおとなしいように見せかける。

根も葉もない…理由や根拠《こんきょ》がない。

乗りかかった船…一度始めた以上、途中ではやめられない。

●は行の慣用句

幅《はば》をきかせる…勢力《せいりょく》をふるう。

非《ひ》のうちどころがない…完璧《かんぺき》で非難《ひなん》する点がない。

日の目を見る…世間に知られる。

ふに落ちない…納得《なっとく》できない。

棒《ぼう》にふる…せっかくの努力をむだにしてしまう。

●ま行の慣用句

間《ま》が悪い…きまりが悪い。

右に出る…ほかよりもすぐれる。

水いらず…内輪《うちわ》の者だけで、他人を交えない。

水に流す…これまでのもめごとをなかったものとする。

水をさす…横あいからじゃまをする。

三日坊主《ぼうず》…物事にあきやすく、長続きのしない人。

身もふたもない…あまりにはっきりしていて味気ない。

身を粉《こ》にする…骨《ほね》おしみをしないで、一生懸命《いっしょうけんめい》に働く。

虫が知らせる…何かよくないことが起こりそうに感じる。

虫が好かない…なんとなくきらいだ。

●や行の慣用句

焼け石に水…少しの努力や手助けなどでは、ききめがない。

やぶから棒…だしぬけに物事をする。

横車《よこぐるま》を押《お》す…無理だと知りながら、物事を押し通す。

●わ行の慣用句

輪をかける…程度《ていど》がひどくなる。

力だめしの問題　入試標準レベル

解答⬇p.528

1 **次の各文の中から、――線部のことばが正しく使われているものを三つ選び、記号で答えなさい。**【智辯学園中学部・改】

(1) ごちそうさま、もうさじを投げるほど食べました。
(2) 道もわからず、暗くなり、とほうにくれてしまった。
(3) ぼくも今度は腹《はら》をすえて、やりぬいてみせる。
(4) 油断《ゆだん》すると負けるので、気がおけない試合だ。
(5) けわしい山道にあげ足をとられながらも登りきる。
(6) 夕食後のひととき、みんなでお茶をにごす。
(7) 宿題がむずかしくて、手をやいてしまった。
(8) 火のないところにけむりは立たないから、火の元には注意しよう。

2 **次のことばの意味としてもっとも適切《てきせつ》なものを次から選び、記号で答えなさい。**【昭和女子大附昭和中・改】

(1) かぶとをぬぐ
(2) 折り紙をつける
(3) くちばしが黄色い
(4) 針《はり》のむしろにすわる
(5) 手塩にかける

ア 大切　イ 保証《ほしょう》　ウ 未熟《みじゅく》
エ 降参《こうさん》　オ 苦痛《くつう》

3 **次の(1)~(5)のそれぞれの□にあてはまる漢字一字を答えなさい。**【帝京中】

(1) 長い避難所《ひなんじょ》での生活が終わり、家族□いらずの食事をした。
(2) 友情《ゆうじょう》と正義《せいぎ》の□ばさみで苦しむ。
(3) 彼《かれ》は日本人として初めてアメリカで活躍《かつやく》した野球選手で、日本人大リーガーの□分けと言える。
(4) 偶然《ぐうぜん》、好きなタレントが家の近くで映画《えいが》のロケをするという□よりな情報《じょうほう》を手に入れた。
(5) 急激《きゅうげき》な改革《かいかく》に対する□あたりが強く、首相《しゅしょう》の指導力《しどうりょく》が注目されている。

4 **次の短文の（　）に、生き物の名前をひらがなで入れなさい。** 【大妻中・改】

(1) インフレで物価《ぶっか》は（　　　）のぼりだ。

(2) 犯人《はんにん》は札束を（　　　）づかみにしてにげた。

(3) （　　　）の子の貯金《ちょきん》をくずして望遠鏡を買う。

(4) 人の言ったことを（　　　）がえしに言うのは失礼だ。

5 **次の文の□に適切な漢字を一字入れ、慣用句《かんようく》を完成させなさい。また、その慣用句の意味としてふさわしいものを選び、その記号を答えなさい。** 【神奈川学園中・改】

(1) 彼のゆくえを□のたよりで聞いた。
ア 町のようす
イ 手紙の内容《ないよう》
ウ 世間のうわさ
エ 友人の伝言

(2) 卒業後の□のふり方を考える。
ア 理想を追求する態度《たいど》
イ 生き方の方針《ほうしん》
ウ 頼《たよ》ることのできる相手
エ 将来《しょうらい》の職業《しょくぎょう》の研究

(3) おつかいもすませずに、本屋で□を売る。
ア むだに時間をつぶすこと
イ いろいろと関心をもつこと
ウ きょろきょろと周囲《しゅうい》を見ること
エ あれこれと話しこむこと

(4) 就職《しゅうしょく》して一年、仕事ぶりが□についてきた。
ア ほめられるようになること
イ しっくり調和していること
ウ わき目もふらずに行うこと
エ けんめいに努力すること

ヒント 慣用句はひじょうに種類が多く、意味用法もさまざまなので、例文を使って確認《かくにん》しておきましょう。

第4章 多義語・和語・外来語

1 いろいろなことば・多義語《たぎご》

ココがポイント

一つのことばが**いろいろな意味**で使われることがある。これを**多義語**という。それぞれの使われ方に注意して多義語を学ぶ。

1 多義語――使い方をしっかりチェック

ことばには、**使い方によって意味がさまざまに変わることば**があります。これを**多義語**とよびます。

例 **破《やぶ》る**

・手紙を破る(＝引きさく)
・約束を破る(＝守らない)
・敵《てき》を破る(＝打ち負かす)

問題を解《と》く手順

多義語を区別するには、辞典を活用し、**ことばの意味を正しくとらえること**が大切です。**同じ読みをすることばでも、意味のちがいから漢字が異《こと》なる場合があります**。こうしたものをとくに「同訓《どうくん》異字《いじ》」(➡三〇八ページ参照)といいます。

辞典を活用する

多義語をはじめとしてことばに強くなるには、**とにかく辞典を引くこと**です。簡単《かんたん》なことばでもこまめに辞典を引くと、今まで知らなかった意外な意味をもっていることに気づくことがあります。

2 多義語を身につけるコツ——例文と言いかえ

多義語は、「**〜を**」「**〜が**」などに注意して、**例文**を使ってまとめて覚えてしまうと誤用《ごよう》が少なくなります。また、**ほかのことばに置きかえてみるのもよい**でしょう。

例 **立つ**

- 柱が立つ（＝縦《たて》になる）
- 煙《けむり》が立つ（＝上へあがる）
- 席を立つ（＝離《はな》れる）

3 簡単《かんたん》なことばほど使い方に注意

「あがる」「とる」「のばす」などだれでも知っていることばほど広く使われるので、**使い方によってことばの意味がさまざまに広がっていきます**。次ページにおもな「多義語」をあげたので覚えておきましょう。

また、**慣用句《かんようく》やことわざとして特別な意味で用いられていることもある**ので注意しておきましょう。

例 **のばす**

- かみをのばす（＝長くする）
- 勢力《せいりょく》をのばす（＝さかんにする）
- 足をのばす（＝さらに遠くまで行く）〈慣用句〉

その他のまぎらわしいことば

よく似《に》た意味のことばでも、使い分けが必要なことがあります。

例 **あがる** と **のぼる**

- 腕前《うでまえ》があがる。
- 応募総数《おうぼそうすう》は二十万にものぼった。

⬇どちらも「上にいく」という意味のことばであるが、「腕前がのぼる」「二十万にもあがった」とは言わない。使われ方によって「あがる」と「のぼる」を使い分けなくてはいけない。

差がつく　多義語《たぎご》

あおぐ(仰ぐ)
①上を向く。例空を**仰ぐ**。
②とうとぶ。例先生として**仰ぐ**。
③お願いして求める。例教えを**仰ぐ**。

あがる(上がる)
①下から上へいく。例煙《けむり》が**上がる**。
②出る。例ふろから**上がる**。
③上手になる。例腕前《うでまえ》が**上がる**。
④家などに入る。例どうぞお**上がり**ください。
⑤終わる。やむ。例雨が**上がる**。
⑥のぼせる。例人前で**上がる**。
⑦食べる。飲む。例たくさんお**上がり**ください。

あく(開く・空く)
①自然にひらく。例戸が**開く**。
②始まる。例店が**開く**。
③すきまができる。例席が**空く**。
④ひまになる。例手が**空く**。
⑤からになる。例びんが**空く**。

いただく(頂く)
①頭の上にのせる。例頂上《ちょうじょう》に雪を**頂く**。
②もらう。例おみやげを**頂く**。
③食べる。飲む。例ごはんを**頂く**。

いたむ(痛む・傷む)
①体に痛いと感じる。例腕が**痛む**。
②心に苦しみを感じる。例胸《むね》が**痛む**。
③ものがこわれる。例机《つくえ》が**傷む**。
④食べ物がくさる。例りんごが**傷む**。

おす(押す)
①向こうへ動かす。例車を**押す**。
②おさえつける。例ボタンを**押す**。
③無理にする。例病気を**押して**出かける。

かう(買う)
①お金をはらって品物を自分のものにする。例本を**買う**。
②受ける。例うらみを**買う**。
③よい点をみとめる。例彼《かれ》のまじめさを**買う**。

かつぐ(担ぐ)
①肩《かた》にのせる。例荷物を**担ぐ**。
②だます。例人を**担ぐ**。
③迷信《めいしん》を気にする。例えんぎを**担ぐ**。
④おしたてる。例会長に**担ぎ**上げる。

きざむ(刻む)
①切って細かくする。例大根を**刻む**。
②ほりつける。例仏像《ぶつぞう》を**刻む**。
③よく覚えておく。例先生の注意を心に**刻む**。
④時間がたつ。例時を**刻む**。

こす(越す)
①上を通りすぎる。例ボールが屋根を**越す**。
②まさる。例それに**越した**ことはない。
③〜以上になる。例年齢《ねんれい》が六十を**越す**。
④すごす。送る。例冬を**越す**。
⑤ほかに移《うつ》る。例静かな所に**越す**。
⑥追いぬく。例先を**越す**。

しのぐ

①乗りこえる。例危険《きけん》を**しのぐ**。
②まさる。例相手を**しのぐ**。
③我慢《がまん》する。例寒さを**しのぐ**。
④防《ふせ》ぐ。例雨を**しのぐ**。

つぶれる

①こわれる。例地震《じしん》で家が**つぶれる**。
②役に立たなくなる。例声が**つぶれる**。
③滅《ほろ》びる。例会社が**つぶれる**。
④むだにすぎる。例病気で一日**つぶれ**た。
⑤面目《めんぼく》をなくす。例顔が**つぶれる**。

なげる（投げる）

①手でほうる。例ボールを**投げる**。
②あきらめる。例試験を**投げる**。
③飛びこむ。例川に身を**投げる**。
④そそぐ。例光を**投げる**。
⑤差し出す。例話題を**投げる**。

はる（張る）

①広がる。広げる。例根を**張る**。
②一面におおう。例池に水が**張る**。
③いっぱいにする。例たらいに水を**張る**。
④こる。例肩が**張る**。
⑤心が引きしまる。例気が**張る**。
⑥つき出す。例胸を**張る**。
⑦押《お》し通《とお》す。例意地を**張る**。
⑧平手で打つ。例ほっぺたを**張る**。
⑨高くなる。例値段《ねだん》が**張る**。

ひびく（響く）

①音が辺りに伝わる。例サイレンが**響く**。
②ゆれが伝わる。例トラックが通ると、窓《まど》ガラスに**響く**。
③通じる。例母のことばが胸に**響く**。
④広く伝わる。例全国に彼の名前が**響く**。
⑤あることがほかにもおよぶ。例寝《ね》不《ぶ》足《そく》は健康に**響く**。

ふれる（触れる）

①さわる。例手に**触れる**。
②そむく。例法律《ほうりつ》に**触れる**。
③感じる。例目に**触れる**。
④取り上げる。例問題に**触れる**。
⑤広く知らせる。例町中に**触れる**。

やぶる（破る）

①引きさく。例手紙を**破る**。
②そむく。例約束を**破る**。
③記録をあらためる。例記録を**破る**。
④相手を負かす。例敵《てき》を**破る**。

よる（寄る）

①集まる。例多くの人々が**寄る**。
②近づく。例そばへ**寄る**。
③立ち寄る。例友達の家に**寄る**。
④多くなる。例年が**寄る**。
⑤思いつく。例思いも**寄ら**ない。

力だめしの問題　入試標準レベル

解答➡p.528

1 **次のことばは各文の中でどういう意味に使われているか。あとの語群から選び、記号で答えなさい。**

とる

(1) ぼくは「小学生の友」という雑誌《ざっし》を毎月とっている。
(2) 君にそういうふうにとられると困《こま》るなあ。
(3) るすの間に百万円とられた。

ア　手に持つ・つかむ
イ　取りのぞく
ウ　ぬすむ・うばう
エ　えらぶ
オ　食べる
カ　書く
キ　あつかう
ク　思う
ケ　とりよせて買う
コ　ついやす・しめる

道

(4) 解決《かいけつ》の道がみつからない。
(5) 彼《かれ》はその道ではたいしたものだ。
(6) 彼のしていることは道にはずれている。

ア　人や車などが通る所・道路
イ　距離《きょり》・道のり
ウ　人としてしなければならないこと
エ　方法・やり方
オ　方面・分野

2 **次の各文の――線の「いただく」ということばは、それぞれどういう意味に使われているか。あとから選び、記号で答えなさい。**　【富山大附中】

(1) おじさんからお年玉をいただいた。
(2) 中村氏を会長にいただいている。
(3) 楽しく夕食をいただいている。
(4) 立山《たてやま》が白い雪をいただいている。

ア　高くさしあげる。
イ　頭にのせる。
ウ　うやまってつかえる。
エ　他人からもらう。
オ　食べる。

3 ものを「つくる」ということでも、何をつくるかでいろいろのことばが使い分けられる。あとのア～カの熟語《じゅくご》はその一例である。次の文の□にア～カのどれかを入れ、文の意味がわかるようにしなさい。【芦屋学園中】

(1) 山をくずして、宅地《たくち》が□される。

(2) 研究発表の文案を□した。

(3) 千円札を□した悪い人がいる。

(4) 教室を図書館に□した。

(5) 新しい文化の□につくす。

ア 偽造《ぎぞう》　イ 創造《そうぞう》　ウ 新設《しんせつ》

エ 造成　オ 作成　カ 改造

---

4 次の各文の（　）にあてはまることばを、あとから選び、つながるように形を変えて答えなさい。

(1) 親の目を（　　）でさぼるのはよくない。

(2) 彼は慎重《しんちょう》にことばを（　　）で話す。

(3) 先生のことばを心に（　　）で新学期をむかえる。

(4) ふだんから本に（　　）でことばの力をつけよう。

(5) 厳《きび》しい条件《じょうけん》を（　　）で仕事を続ける。

(6) うまくことを（　　）でほしいと思う。

(7) 弟は、さばを（　　）で母におやつの残りを報告《ほうこく》した。

(8) 母は妹に（　　）でふくめるような口調で注意している。

〔のむ　ぬすむ　かむ　よむ　えらぶ
きざむ　したしむ　はこぶ〕

ヒント

❶❷ 多義語《たぎご》は前後をよく読んで、その意味を考えるようにしましょう。

❹ よく知っていることばでも、慣用的《かんようてき》に、さまざまな意味で使われることがあるので注意しておきましょう。

2 和語①

ココがポイント

和語は**やまとことば**ともいい、**昔から日本にあることば**である。文章の中でもしっかり意味をつかんでおかなくてはいけないものが多く、入試にもよく出題される。

1 和語と漢語――訓読みと音読み

和語は**日本に古くからあることば**、**漢語**は**中国から伝わったことば**です。和語は漢字で書いても**訓**で読むことがほとんどで、漢語は**音**で読むことが多いといえます。

和語
- 意味が幅広《はばひろ》い。（おおまかである。）
- 聞いた感じがやわらかい。
- 話しことばとしてふさわしい。

漢語
- 意味が細かく、正確《せいかく》である。
- 聞いた感じがかたい。
- 改まった文章や、正確に表現《ひょうげん》するのにふさわしい。

和語に強くなる

和語の中には、**よく知っている漢字を用いて書く**ものがあります。たとえば、「もっぱら」は「専ら」と書きます。これなら、「何かを専《せん》門《もん》に行う」というイメージがわきやすいでしょう。

和語と漢語の文章例

〔**和語**〕　海に泳ぎに行くと、おびただしい人で、こみ合っていました。泳ぐのすら難《むずか》しいので、ひなたぼっこのみで帰ったようなものでした。妻《つま》や子供《こども》はつかれてしまって、家に着いたとたん寝《ね》てしまいました。

〔**漢語**〕　海水浴に行くと、多数の人で、混雑《こんざつ》していました。遊泳すら困難《こんなん》なので、日光浴のみで帰宅《きたく》したも同然でした。妻子《さいし》は疲労《ひろう》してしまって、帰宅と同時に就寝《しゅうしん》しました。

差がつく 和語①

あいにく…具合が悪いことに。残念ながら。
あえて…思い切って。わざわざ。
あくまで…どこまでも。とことんまで。
あたかも…まるで。ちょうど。
あながち…必ずしも。
あらかじめ（予め）…前もって。
ありきたり…珍《めずら》しくない。どこにでもある。
ありふれた…珍しくない。どこにでもある。
いうまでもない…言う必要もない。
いきさつ…ことのなりゆき。
いずれ…どっちみち。近いうちに。
うしろめたい…気がとがめる。
うろたえる…あわてふためく。
おのずから（自ずから）…ひとりでに。自然に。
おびただしい…ひじょうに多い。
かえって…予想に反して。
かろうじて（辛うじて）…ようやくのことで。何とか。

けがす…よごす。
こだわる…心がとらわれる。あきらめきれない。
ことに（殊に）…とくに。中でも。
こりる…（前の失敗を悔《く》いて）二度とやるまいと思う。
さりげない…何気ない。
しらじらしい（白々しい）…本心から出ていないことが明らかである。
すがすがしい（清々しい）…さわやかで気持ちがよい。
せつない…（さびしさ、悲しさなどで）苦しくてたえがたい。
せわしい…いそがしい。
ちぐはぐ…くいちがっている。
ついに…結局。とうとう。
どうやら…どうにか。やっと。なんとなく。
とてつもない…とんでもない。とほうもない。
ねたむ…（他人の長所・幸運などを）うらやみにくむ。

はかない…たよりにならない。消滅《しょうめつ》しやすい。
はぐくむ（育む）…養い育てる。
はなはだしい…程度《ていど》がはげしい。
はなばなしい…たいへんはなやかである。
ひいき…とくに好意をよせること。
ひいでる（秀でる）…ひじょうにすぐれる。
ひときわ…一段《いちだん》と。きわだって。
ふがいない…たよりにならず、だらしない。
ふぜい（風情）…風流な味わい。
ふるう…勢《いきお》いがさかんである。
ふるまい…行い。動作。
ほかならない…（〜に）まちがいない。
まれ…めったにない。
むしろ…どちらかといえば。いっそ。
もしくは…そうでなければ。あるいは。
もたらす…持ってくる。引き起こす。
もどかしい…思うようにならないでじれったい。
やむをえず…しかたなく。やむなく。
ゆだねる…信用して任《まか》せる。

力だめしの問題

入試標準レベル

解答⬇p.528

1　次の(1)～(5)の（　）に入る適切《てきせつ》なことばを、ア～オから選び、記号で答えなさい。

【愛知淑徳中】

(1)（　）考えたほうがよい
(2)（　）研究にうちこむ
(3)（　）無理な話
(4)（　）寒くなった
(5)（　）手につかない

ア　もっぱら　イ　さっぱり　ウ　もっと
エ　どだい　オ　にわかに

2　次の各文の――線を引いたことばの意味としてもっとも適切なものをあとから選び、記号で答えなさい。

【文京学院大女子中】

(1)　嵐《あらし》の中をあえて飛び出した。
ア　思いがけず突然《とつぜん》
イ　迷《まよ》いながらいやいや
ウ　きっぱりと勇ましく
エ　無理をおしきって

(2)　いたずらに歩きつづけた。
ア　ただむやみに
イ　一生けんめいに
ウ　ふざけながら
エ　くるしみながら

(3)　かたずをのんで見つめる。
ア　いやいやながら
イ　きんちょうしながら
ウ　おどろきながら
エ　びくびくしながら

(4)　つぶさに調べる。
ア　とても急いで
イ　とても苦労して
ウ　とてもくわしく
エ　とてもすばやく

(5)　はたして成功した。
ア　時間をかけて
イ　思いがけずに
ウ　いろいろ工夫《くふう》して
エ　思っていたとおり

3 次のそれぞれの文の□には、ひらがなが一字ずつ入る。（　）内の意味を参考にして、ふさわしいひらがなを答えなさい。【西大和学園中】

(1) よ□□ば水をかけたところで、もう火は消えないよ。
（たとえ仮《かり》に～したところで）

(2) この場から逃《に》げ出《だ》すことも、あ□が□悪くない。
（かならず～とはかぎらない）

(3) どんなにさそっても、か□□なに彼《かれ》はことわった。
（自分の考えや態度《たいど》を変えないさま）

4 次の（　）にあてはまることばを、あとのア～オから選び、それぞれ記号で答えなさい。【明治大付中野中】

(1) 兄は毎日時間を（　）過《す》ごしている。

(2) 神前で神主《かんぬし》が（　）おじぎをした。

(3) 弟は（　）母の言うことを聞いている。

(4) 新聞があの事件《じけん》について、（　）書きたてた。

(5) おぼれる子を見て、（　）も少年は川に飛《と》び込《こ》んだ。

ア ぎょうぎょうしく　イ いたずらに
ウ しおらしく　エ けなげに
オ うやうやしく

5 次の(1)～(8)のものの状態《じょうたい》を表す語は、それぞれア～コのどの動作と結びつくか。記号で答えなさい。【灘中】

(1) こそこそ　(2) ごそごそ
(3) かりかり　(4) がりがり
(5) ぐいぐい　(6) ぐつぐつ
(7) ごしごし　(8) わなわな

ア 引く　イ さがす　ウ ひっかく
エ みがく　オ 進む　カ ふるえる
キ 逃げる　ク いらだつ　ケ 煮《に》る
コ 走る

ヒント
❶ ❹ 例文をしっかりと読んで、どんな意味のことばがふさわしいか確《たし》かめましょう。

3 和語②

ココがポイント

動作を表す和語の中には、**意味がおしはかりにくく、読解《どっかい》でもつまずくもとになる**ものがある。ここではそのような動作を表す和語をしっかりと覚える。

1 動作を表す和語

動作を表す和語には、意味がおしはかりにくく、覚えにくいものがあります。言いかえと例文を使ってうまく覚えましょう。

例　**いそしむ**＝はげむ＝努力する

日々練習に**いそしん**でいた彼《かれ》は、ついに大会で優勝《ゆうしょう》した。

2 いろいろなことばにつながる和語

また、**特定の使い方をする和語**があります。まとめて覚えておきましょう。（➡三七六ページの「多義語《たぎご》」も参照）

例　**立つ**

・予定が立つ。
・面目《めんぼく》が立つ。

組み合わせが大切

和語は慣用表現《かんようひょうげん》に用いられることが多いので、**セットで覚えておく**とよいでしょう。

●**あながち**誤《あやま》りとはいえない。
➡必ずしもまちがいとはいえない。
●**はかない**夢《ゆめ》。
➡実現しそうにない夢。
●一芸に**ひいでる**。
➡一つのことにひじょうにすぐれている。

差がつく 和語②

和語の類義語《るいぎご》

誤《あやま》り ＝ しくじり
うそ ＝ いつわり
敬《うやま》う ＝ 尊《とうと》ぶ
おどろく ＝ たまげる
くわだて ＝ たくらみ
こっそり ＝ ひそかに
断《ことわ》る ＝ こばむ
さながら ＝ まるで
しきたり ＝ ならわし
だしぬけ ＝ いきなり
たびたび ＝ しばしば
だます ＝ あざむく
つきあい ＝ 交わり
にせもの ＝ まがいもの
ねたむ ＝ そねむ
ねだる ＝ せがむ
ねらい ＝ もくろみ
はげむ ＝ 努める
ひいでる ＝ すぐれる
わがまま ＝ 気まま

和語の対義語

会う ↔ 別れる
あおぐ ↔ ふす
あかつき ↔ たそがれ
明ける ↔ 暮《く》れる
遊ぶ ↔ 働く
あたえる ↔ うばう
温める ↔ 冷やす
集める ↔ 散らす
あわい ↔ こい
生かす ↔ 殺《ころ》す
いまだに ↔ すでに
失う ↔ 得《え》る
美しい ↔ みにくい
敬う ↔ さげすむ
うれしい ↔ 悲しい
うわべ ↔ なかみ
送る ↔ 迎《むか》える
起こす ↔ 倒《たお》す
おこたる ↔ はげむ
おさまる ↔ みだれる
教える ↔ 習う
おとる ↔ まさる
けなす ↔ ほめる

細かい ↔ 粗《あら》い
栄える ↔ おとろえる
ささやく ↔ さけぶ
差し出す ↔ 受け取る
さびれる ↔ にぎわう
親しむ ↔ うとんじる
しめる ↔ ゆるめる
信じる ↔ 疑《うたが》う
すみやか ↔ おもむろ
澄《す》む ↔ にごる
鋭《するど》い ↔ にぶい
せめる ↔ 防《ふせ》ぐ
助ける ↔ さまたげる
近づく ↔ 遠のく
縮《ちぢ》む ↔ 伸《の》びる
尊い ↔ いやしい
とぼしい ↔ 豊《ゆた》か
なやます ↔ なぐさめる
はやる ↔ すたれる
ほこる ↔ 恥《は》じる
増《ま》す ↔ 減《へ》る
貧《まず》しい ↔ 富む
珍《めずら》しい ↔ ありふれた
やさしい ↔ すげない

力だめしの問題

入試標準レベル

解答➡p.529

1 **次の（　）にあてはまることばを、あとの語群から選び、適切《てきせつ》な形に直して答えなさい。**

(1) 祖母《そぼ》は、両親の代わりに長年、私《わたし》を（　）で、育ててくれました。【愛光中】

(2) この湖に（　）悲しい伝説がアイヌの人たちによって現在《げんざい》まで語りつがれている。

(3) 父に何を聞かれても、兄は口を（　）だまま、一言もしゃべらなかった。

(4) おっちょこちょいの彼《かれ》は周りから（　）れると、すぐその気になってしまう。

(5) 貧《まず》しい暮《く》らしの中でも、勉学に（　）ば、夢《ゆめ》はかなうだろう。

・あおる　・いつくしむ　・まつわる
・つぐむ　・つむぐ　・いそしむ
・うけながす　・とじる

2 **次の各組のことばに共通なことばをつけ、意味の通る言い方にするには、あとのどのことばをつけたらよいか。それぞれ記号で答えなさい。**【聖セシリア女子中】

(1)（理性《りせい》が・盗《ぬす》みを・悪事を・知恵《ちえ》が）
(2)（例に・形式を・手間を・手玉に）
(3)（危害《きがい》を・説明を・改良を・仲間に）
(4)（決心が・うでが・出足が・頭が）
(5)（任務《にんむ》を・赤みを・現実《げんじつ》みを・使命を）

ア　とる　イ　たくす　ウ　まじえる
エ　かける　オ　ほのめかす　カ　はたらく
キ　おびる　ク　あらためる　ケ　まぎれる
コ　くわえる　サ　しきる　シ　にぶる

3 **次の（　）の中に「やる」「あげる」「もらう」「くれる」「ある」「いる」のうち、ふさわしい語をふさわしい形に直して入れなさい。**【雙葉中】

(1) 小さいころは両親によく動物園に連れて行って（　）た。

(2) 道に迷《まよ》っていたおばあさんを目的地まで連れて行って（　）た。

(3) 今も噴火《ふんか》して（　）山が（　）。

(4) ねこにかまれて死んで（　）ねずみ。
(5) 今に必ず見返して（　）ぞ。
(6) 電車の中でけがした足で立って（　）と、小学生が席をゆずって（　）た。

4 次の（　）にあてはまる語句をあとの語群から選び、適切な形に直して答えなさい。

(1) 彼は（　）と調子にのるから、厳《きび》しいことを言ったほうがいいよ。
(2) あまり彼の失敗ばかりを（　）ずに、みんなでこれからどうしたらいいか考えよう。
(3) 子供《こども》だからといって（　）ていると、本質《ほんしつ》をついたするどい質問をされて困《こま》ることがある。
(4) けがをした人を（　）のは、人の痛《いた》みがわからない人だ。

［からかう　あなどる　おだてる　せめる］

5 次のそれぞれの（　）に、ア～タの中からもっとも適切なことばを記号で選び、慣用句《かんようく》、または慣用的に使う言い方を完成させなさい。 【高知学芸中】

(1)（　）を落とす。
(2)（　）が走る。
(3)（　）が落ちる。
(4)（　）を運ぶ。
(5)（　）をたたく。
(6)（　）を投げかける。
(7)（　）を満たす。
(8)（　）がこぼれる。

ア 空　イ 条件《じょうけん》　ウ むだ口
エ 親　オ 痛《いた》み　カ ごはん
キ 疑問《ぎもん》　ク 命　ケ 笑《え》み
コ ぜいたく　サ 冗談《じょうだん》　シ 味
ス 先生　セ 紙くず　ソ 足
タ 攻撃《こうげき》

ヒント
⓮ 例文全体から意味をとらえましょう。

4 外来語

ココがポイント

古来から日本にある**和語**と、漢字の伝来により生まれた**漢語**のほかに、**西洋を中心とした外国**から新しくことばが入ってきた。これを**外来語**という。ここでは、外来語の性質《せいしつ》を学び、重要な外来語の意味を覚える。

1 外来語の使い方

外来語は外国語からとり入れたことばです。和語や漢語と区別して、**カタカナ**で表記されることが多いといえます。

例　はやさ（和語）　速度（漢語）　スピード（外来語）

もとになった外国語の発音により、いくつかの表記法をもつものがあります。

例　バイオリン（ヴァイオリン）　ウインドウ（ウインドー）

「～する」「～な」などをつけて使うことがあります。

例　コピーする　ハードな

外国から文化を学ぶ

かつては外国から新しい文化が入ってくると、それを理解《りかい》するために**漢字をあてはめていました**。そのため、古い外来語の中には漢字表記をもつものがあります。

例　ガラス（硝子）

外来語の表記法

外来語はもとは外国語ですから、発音を重視《じゅうし》して**カタカナ**で書きます。ただし、最近になって中国から入ってきたことばは、漢字表記をもっているので、漢字を使うこともあります。

例　炒飯（チャーハン）

また、日本語にない発音を表すために「**ヴ・ウィ・ウェ**」などが使われることがありますが、基本的には「**ブ・ウイ（イ）・ウエ（エ）**」などと表記します。

2 外来語の種類

外来語には次のような種類のものがあります。

●外国の文化や学問をとり入れたときに、あてはまる日本語がなかったため、外国語をそのままカタカナ表記にして使っているもの。

例 パン（ポルトガル語から）　カルテ（ドイツ語から）
クロワッサン（フランス語から）

●あてはまる日本語はあるが、外国語をそのままカタカナ表記にして使っているもの。

例 ソフト（やわらかい）　シンプル（単純《たんじゅん》な）
アドバイス（助言）　シンボル（象徴《しょうちょう》）

●英単語を組み合わせて日本で独自《どくじ》につくり出したもの。和製《わせい》英語とよばれている。

例 ナイター（英語では、ナイトゲーム）
ガソリンスタンド（英語では、ガスステーション）

●アルファベットの頭文字を使った略語《りゃくご》がそのまま使われているもの。

例 AI《エーアイ》（Artificial《アーティフィシャル》 Intelligence《インテリジェンス》 ＝人工知能《じんこうちのう》）
Eメール《イー》（Electronic《エレクトロニック》 ＝電子の）

外来語のはんらん

外来語があたえる**「最新のもの」**という印象《いんしょう》は、**テレビや新聞などで外来語がはんらんする**という現象《げんしょう》をまねいています。また、情報《じょうほう》が次々に入ってくる現代では、**日本語におきかえずに外国語を安易《あんい》に使う**ことも多くなっています。このような現象を問題視《もんだいし》する論説文《ろんせつぶん》も入試で多く出題されています。

頭文字を使った外来語

英語などの頭文字を使って表記する方法は、**本来は外国語で使われていた用法**です。しかし、最近では「J《ジェイ》リーグ」や「JR《ジェイアール》」などのように、日本でも名前をつけるときなどに使われることが多くなってきました。

差がつく 外来語

アート…芸術《げいじゅつ》。

アイデンティティー…自分らしさ。自《じ》己同一性《こどういつせい》。

アウトプット…出力。[対]インプット

アシスタント…助手。補佐《ほさ》。

アドバイス…助言。忠告《ちゅうこく》。

アナログ…数量の変化を連続した動きで表すこと。[対]デジタル

アプローチ…接近《せっきん》すること。

イニシアチブ…主導権《しゅどうけん》。

イベント…行事。もよおし物。

イメージ…心に思いえがく姿《すがた》。

インスピレーション…ひらめき。

インターナショナル…国際的《こくさいてき》な。

インフォメーション…情報《じょうほう》。案内。

インプット…入力。[対]アウトプット

エキスパート…専門家《せんもんか》。

エキゾチック…異国風《いこくふう》。

エコロジー…人間と自然の共存《きょうぞん》を目指す考え方。

エチケット…礼儀作法《れいぎさほう》。

エピソード…本筋《ほんすじ》にはさむ短い話。

エレクトロニクス…電子工学。

オーソドックス…正統的《せいとうてき》。伝統的。

オリジナル…独創《どくそう》。もとのもの。

カルチャー…文化。文明。

ギャップ…すき間。へだたり。

クオリティー…品質《ひんしつ》。性質《せいしつ》。

クライマックス…最高潮《さいこうちょう》。山場。

クラシック…古典。古めかしいさま。[対]モダン

グローバル…世界的。

ケア…注意。配慮《はいりょ》。世話。介護《かいご》。

コスト…費用《ひよう》。支出《ししゅつ》。

コミュニケーション…意思疎通《いしそつう》。情報《じょうほう》伝達手段《でんたつしゅだん》。

コメント…意見。解説《かいせつ》。

コラボレーション…共同作業。

コンセプト…全体をつらぬく基本的《きほんてき》な考え方。

コンディション…状態《じょうたい》。調子。

コントラスト…二つのもののちがい。対照。

コンプレックス…劣等感《れっとうかん》。

サポート…支援《しえん》。

システム…しくみ。組織《そしき》。体系《たいけい》。

シチュエーション…状態。場面。

シナリオ…筋書き。脚本《きゃくほん》。

シミュレーション…現実《げんじつ》に似《に》た状況《じょうきょう》を模擬的《もぎてき》につくり出すこと。

ジャンル…種類。分類。

ジレンマ…板ばさみ。

ジンクス…縁起《えんぎ》の悪い言い伝え。

シンボル…象徴《しょうちょう》。

スタンダード…標準的《ひょうじゅんてき》であるさま。

スローガン…ある団体《だんたい》の考えを短いことばで表したもの。標語。

セキュリティー…安全。防犯《ぼうはん》。

センチメンタル…感じやすく涙《なみだ》もろいさま。感傷的《かんしょうてき》。

ダイジェスト…要約。

タブー…禁止《きんし》されていること。禁制《きんせい》。

ダミー…身代わり。模造品《もぞうひん》。

ディスカッション…議論《ぎろん》。討論《とうろん》。

テーマ…中心となる考え。主題。

テクノロジー…科学技術《かがくぎじゅつ》。

デザイン…図案。設計《せっけい》。

デジタル…数量の変化を数字だけで表すこと。対アナログ

デフォルメ…物事をゆがめて表現すること。

デメリット…短所。欠点。対メリット

トレンド…傾向《けいこう》。流行。

ニーズ…必要。要望。

ニュアンス…微妙《びみょう》な意味合い。

ネガティブ…消極的。否定的《ひていてき》。対ポジティブ

ノウハウ…専門的な知識《ちしき》や技術。

ノーマル…普通《ふつう》。正常《せいじょう》。標準的な。

ノンフィクション…事実にもとづいた作品。対フィクション

バーチャル…仮想的《かそうてき》。

バイオテクノロジー…生物のはたらきを応用《おうよう》する技術。生命工学。

パイオニア…先駆者《せんくしゃ》。

パフォーマンス…演技《えんぎ》。性能《せいのう》。効率《こうりつ》。

パロディー…既存《きそん》の表現をまねて、批判《ひはん》やユーモアを表した作品。

ハンディキャップ…不利な条件《じょうけん》。

フィクション…作者の想像《そうぞう》でつくり出された作品。対ノンフィクション

プライバシー…個人《こじん》の秘密《ひみつ》。私生活《しせいかつ》。

プロセス…仕事の手順。過程《かてい》。

ポジティブ…積極的。肯定的《こうていてき》。対ネガティブ

マーケット…市場。

マスコミュニケーション…新聞、テレビなどを通じて、広く一般《いっぱん》に情報を伝達すること。マスコミ。

マナー…礼儀作法。

マニュアル…手引き書。操作《そうさ》が手動であること。

マンネリズム…同じことのくり返しで新鮮《しんせん》さを失うこと。マンネリ。

メッセージ…伝言。声明。

メリット…長所。利点。対デメリット

モダン…今風であるさま。対クラシック

モチーフ…創作の動機となった題材。主題。

モラル…道徳。倫理《りんり》。

ユニーク…独特《どくとく》な。独自の。

ランダム…無作為《むさくい》であること。

リアクション…反応《はんのう》。反動。

リアル…現実的。

リサイクル…再利用《さいりよう》すること。

レパートリー…演じることのできる種目。得意《とくい》とする分野や範囲《はんい》。

ローカル…地域特有《ちいきとくゆう》の。局地的。

力だめしの問題

入試標準レベル

解答⬇p.529

1 **次の各文の――線を引いた外来語が言い表している意味にもっとも近いことばを、それぞれあとから選び、記号で答えなさい。**

【大阪教育大附池田中・改】

(1) 研修会《けんしゅうかい》参加の申し出をオーケーする。
(2) 会議に出す書類をコピーしてください。
(3) 特に背番号《せばんごう》「3」の選手をマークして試合を見なさい。
(4) 報告書《ほうこくしょ》の書き方について、弟にアドバイスする。
(5) 社会問題に対する自分の意見を持たないと、入試面接《めんせつ》にはマイナスになる。
(6) かねてからの作戦を実行に移《うつ》すために目でサインを送った。
(7) 急に車がバックしてきた。

ア 合図　**イ** 不利　**ウ** 注目　**エ** 承知《しょうち》
オ 助言　**カ** 複写《ふくしゃ》　**キ** 後退《こうたい》

2 **次の各文の□にあてはまる外来語を、それぞれあとから選び、記号で答えなさい。**

【智辯学園中学部】

(1) 旅行に行く予定だったが、台風のため、宿泊《しゅくはく》を□した。
(2) 光と影《かげ》の□がすばらしい絵画だ。
(3) 他人には思いつかない□な考えですね。
(4) 会社の□を一新するため社名を変えた。
(5) 日本は各国との□をいっそう密《みつ》にしていかなければならない。

ア イメージ　**イ** コマーシャル
ウ キャンセル　**エ** コミュニケーション
オ アイテム　**カ** コントラスト
キ ユニーク　**ク** インスピレーション

3 **次のことばのアルファベットは、どのようなことを表しているものか。もっとも適切《てきせつ》なものをあとから選び、記号で答えなさい。**

(1) Jリーグ　(2) Eメール
(3) Uターン　(4) Lサイズ
(5) ウルトラC

ア 電子の　イ 難度《なんど》の等級
ウ 大きな　エ 日本の
オ 行って戻《もど》ってくる形

4 次の外来語の意味をそれぞれア～クから選び、記号で答えなさい。【灘中・改】

(1) マンション　(2) コスト
(3) ロビー　(4) キッチン
(5) インテリア　(6) ダイニング
(7) フロア

ア 室内装飾《そうしょく》　イ 広間　ウ 食堂《しょくどう》
エ 費用《ひよう》　オ 利益《りえき》　カ 床《ゆか》
キ 集合住宅《じゅうたく》　ク 台所

5 次の外来語を漢字表記のことばに直すとすればどれがいいか。もっとも適切なものをあとから選び、記号で答えなさい。【淳心学院中・改】

(1) スローガン
(2) スケジュール
(3) メッセージ
(4) レポート

ア 助言　イ 伝言　ウ 標語
エ 報告　オ 予定

ヒント

❶❷ 外来語は、使われている文例をしっかりと見て、その意味を考えたうえであてはめていきましょう。

第5章 辞典の使い方

1 辞典の使い方

ココがポイント

国語の基礎《きそ》となるのは**ことば**である。そのことばを調べるものが**辞典**である。ここでは**国語辞典**と**漢字（漢和）辞典の使い方**について学び、ことばの力をつける。

1 国語辞典の使い方

- **見出し語（項目《こうもく》）は五十音順に並《なら》んでいる。**
- **濁音《だくおん》（「が・だ・ば」など）や半濁音《はんだくおん》（「ぱ・ぴ・ぷ」など）は清音《せいおん》（「か・た・は」など）のあとにある。**
- **小さく書く字（「ゃ・ゅ・ょ・っ」など）は、普通《ふつう》の大きさの字（「や・ゆ・よ・つ」など）のあとにある。**
- **「アパート」のように長く伸《の》ばす音は、普通、「アパアト」と読むものとして並べられている。**

例　**「うちょうてん（有頂天）」**ということばを調べてみる。

もっともふさわしい意味を選ぶ

国語辞典でことばの意味を調べると、たくさんの意味がのっていることがあります。その場合は**文章にもっともふさわしい意味を選ぶ**ようにしましょう。

辞典によって配列がかわることがある

ことばの並び方は、それぞれ辞典により異《こと》なることがあります。辞典には、初めに並び方の決まりなどを記した**凡例《はんれい》**があるので見ておきましょう。

となりのことばにも注目しよう

辞典の楽しさはとなりのことばです。目的のことばのとなりにも興味深《きょうみぶか》いことばがのっているかもしれません。積極的に辞典を読んでみましょう。

(1) 第一字の「う」が始まるページを調べ、そこを開く。

(2) 第二字が「ち」なので、「うた――」のあとを探《さが》す。

(3) 第三字が「ょ」なので、「うちゅ――」（または「うちよ――」）のあとを探す。

2 漢字（漢和）辞典の使い方

● **「音訓索引《さくいん》」で引く**…読み方がわかっている場合に用いる。

● **「部首《ぶしゅ》索引」で引く**…読み方はわからないが、部首がわかっている場合に用いる。

● **「総画《そうかく》索引」で引く**…読み方も部首もわからない場合に用いる。

例 「住」という漢字を調べてみる。

▼ **「音訓索引」で引く場合**

「住」の音読みは「ジュウ」なので、音訓索引の「ジュウ」のところを探す。また訓読みの「すむ」でも調べられる。

▼ **「部首索引」で引く場合**

(1) 「住」の部首は「亻(にんべん)」で二画なので、部首索引の二画のところで「亻」部が何ページか調べる。

(2) 部首以外の部分「主」の画数は五画なので、「亻」部の五画のページを探す。

▼ **「総画索引」で引く場合**

「住」の総画数は七画なので、総画索引の七画のところを探す。

探してもなかなか見つからないとき

● **「おこたった」が見つからない。**

⬇ 「おこたる」で探す。形が変化することばの場合、もとの形にして探す必要がある。

● **「雨降《ふ》って地《じ》固まる」を調べる。**

⬇ 「雨」のところを探す。慣用句《かんようく》やことわざがそのままのっている辞典もあるが、**多くは一番上のことばの項目《こうもく》のところにのせられている。**

● **「相互依存《そうごいぞん》」を調べる。**

⬇ 「相互」と「依存」の二つに分解《ぶんかい》して**それぞれの意味を調べ、組み合わせて考える。**

その他の国語辞典の使い方

辞典によっては、漢字の意味をのせていたり、巻末《かんまつ》にさまざまな国語的資料《しりょう》がのせてあったりします。漢字の意味を一つ一つたずねていくとおもしろい発見がありますし、資料を活用すれば、辞典がさらに身近になっていくでしょう。

力だめしの問題

入試標準レベル

解答➡p.530

1 **五十音順に並《なら》べたとき、次の(1)〜(5)の語のすぐ次にくるものはあとの語群の中のどれか。それぞれ一つずつ選び、例にならってそれをひらがなに直して答えなさい。**

例　青空…明るい　答え(あかるい)

(1)　築く　　(2)　迷子

(3)　地面　　(4)　家路

(5)　試みる

[語群]

明るい　務める　著名　小包　敬う

営む　縮める　汽笛　設ける　難易

裁く　屋外　帰省　操作　七夕

逆らう　干満　交じる

2 **次のことばを、国語辞典に出てくる順に記号で答えなさい。**

(1)　ア　試験　イ　思想

ウ　姿勢　エ　視線

(2)　ア　遠回り　イ　当日

ウ　動物　エ　通り

(3)　ア　気候　イ　気持ち

ウ　気配　エ　気長

(4)　ア　復活　イ　複数

ウ　複雑　エ　復習

(5)　ア　実行　イ　実習

ウ　実験　エ　実際

(6)　ア　縮刷　イ　出血　ウ　私有

エ　周囲　オ　宿舎

(7)　ア　百薬の長　イ　批評　ウ　費用

エ　百貨店　オ　秘密

3 次の文の[A]〜[E]に入る適切《てきせつ》なことばや数字を答えなさい。【宮崎大附中】

ある物語を読んでいたら、「むしょうに心をかきたてられた」という文があり、「かきたて」の意味がわからないので、国語辞典で調べてみたら、「[A]」という見出しで出ていた。同じようにして、わからない言葉を調べてみた。「心がすさみ、なまけ心がつく」の「すさみ」は、「[B]」、「かれはわたしの願いをたやすくひきうけてくれた」の「たやすく」は、「[C]」と出ていた。「誤解《ごかい》」という字を漢和辞典で調べたら、「誤」という字は「言」の[D]画のところに書いてあり、ついでに「解」という字を調べてみたら、この部首は、[E]であることがわかった。

4 国語の勉強にもっとも関係の深い辞典としては、国語辞典と漢和辞典とがあげられる。この二つの辞典について、次の問いに答えなさい。【岡山大附中】

問一 あることばを漢字でどう書くのか調べたいときには、どちらの辞典を使うか。

問二 国語辞典では、次の五つのことばは、どんな順番で並べられているか。はやく並べられているものから順に記号で答えなさい。

ア たのしい　**イ** たび
ウ たてもの　**エ** たびびと
オ たてる

問三 「電」の字を漢和辞典の部首さく引を使ってひくには、「あめかんむり」の何画をみればよいか。

ヒント

2 まずはひらがなに直して、一字目から順番に比《くら》べていきましょう。

第6章 ローマ字

1 ローマ字

1 ローマ字とは

古代ローマでつくられた文字で、一字一字が**音《おん》を表す文字（表音文字）**です。アルファベットともよばれ、**字数は 26 字で、大文字と小文字があります。**

2 ローマ字のつづり方

ローマ字には〈第 1 表〉と〈第 2 表〉があり、私達《わたしたち》が、**普通《ふつう》国語を書き表す場合は、〈第 1 表〉のつづり方を用います。**

〈第　1　表〉

	A	I	U	E	O			
	a あ	i い	u う	e え	o お			
K	ka か	ki き	ku く	ke け	ko こ	kya きゃ	kyu きゅ	kyo きょ
S	sa さ	si し	su す	se せ	so そ	sya しゃ	syu しゅ	syo しょ
T	ta た	ti ち	tu つ	te て	to と	tya ちゃ	tyu ちゅ	tyo ちょ
N	na な	ni に	nu ぬ	ne ね	no の	nya にゃ	nyu にゅ	nyo にょ
H	ha は	hi ひ	hu ふ	he へ	ho ほ	hya ひゃ	hyu ひゅ	hyo ひょ
M	ma ま	mi み	mu む	me め	mo も	mya みゃ	myu みゅ	myo みょ
Y	ya や	(i)	yu ゆ	(e)	yo よ			
R	ra ら	ri り	ru る	re れ	ro ろ	rya りゃ	ryu りゅ	ryo りょ
W	wa わ	(i)	(u)	(e)	(o)			
N	n ん							
G	ga が	gi ぎ	gu ぐ	ge げ	go ご	gya ぎゃ	gyu ぎゅ	gyo ぎょ
Z	za ざ	zi じ	zu ず	ze ぜ	zo ぞ	zya じゃ	zyu じゅ	zyo じょ
D	da だ	(zi)	(zu)	de で	do ど	(zya)	(zyu)	(zyo)
B	ba ば	bi び	bu ぶ	be べ	bo ぼ	bya びゃ	byu びゅ	byo びょ
P	pa ぱ	pi ぴ	pu ぷ	pe ぺ	po ぽ	pya ぴゃ	pyu ぴゅ	pyo ぴょ

〈第　2　表〉

sha しゃ	shi し	shu しゅ	sho しょ	
		tsu つ		
cha ちゃ	chi ち	chu ちゅ	cho ちょ	
		fu ふ		
ja じゃ	ji じ	ju じゅ	jo じょ	
di ぢ	du づ	dya ぢゃ	dyu ぢゅ	dyo ぢょ
kwa くゎ	gwa ぐゎ	wo を		

＊〈第２表〉は、おもにヘボン式とよばれるつづり方で、駅名やかんばんによく用いられている。〈第２表〉を用いて書く場合でも、〈第２表〉にないものは、〈第１表〉のものを用いて書く。

3 ローマ字のつづり方の決まり

●文の初めや固有名詞《こゆうめいし》(地名・人名)の初めは大文字で書く。

例 Kare wa Yokohama e iku. (彼《かれ》は横浜《よこはま》へ行く。)

●「花を見る」「海は広い」「駅へ行く」などの「を・は・へ」は、発音どおり、「o(お)・wa(わ)・e(え)」と書く。

●つまる音「ッ」は、次にくる文字を二つ重ねる。

例 kitte(切手) zassi(雑誌《ざっし》) Nippon(日本)

●長くのばす音は、その母音《ぼいん》(a, i, u, e, o)の上に「＾」をつける。

例 okâsan(お母さん) Kyôto(京都) kûki(空気)

●はねる音「ン」は「n」で表す。この「n」の次に母音や「y」が続く場合は、まちがえやすいので「n」のあとに「'」を入れる。

例 sinbun(新聞) gen'in(原因《げんいん》) hon'ya(本屋)

●数字とものを数えることばの間には「－」(つなぎ)を入れる。

例 5-nen(5年) 1000-en(1000円) 3-satu(3冊《さつ》)

4 ローマ字の符号《ふごう》

● [.] ＝**とめ**…文の終わりや略字《りゃくじ》のしるしに用いる。
● [,] ＝**区切り**…文の意味の切れ目に用いる。
● [?] ＝**疑問《ぎもん》**…たずねかける文の終わりに用いる。
● [!] ＝**強意**…感動や命令の意味を強めるのに用いる。
● [“ ”] ＝**引用**…話しことばに用いる。
● [－] ＝**つなぎ**…複合語《ふくごうご》に用いる。

5 ローマ字のわかち書き

●一つのことばはひと続きに書き、ことばとことばの間ははなす。助詞(は・の・を・へ・に，など)や「です」も、はなして書く。

●「さん」「くん」は、はなして書く。ただし、「お父さん」「お母さん」は、一語に続けて書く。

力だめしの問題　入試標準レベル

解答➡p.530

❶ 次のことばをローマ字で書きなさい。

(1)　家　　(2)　愛

(3)　いか　　(4)　さめ

(5)　鳥　　(6)　風

(7)　かえる　　(8)　国語

(9)　ガラス　　(10)　ふでばこ

❷ 次の各組のことばを書いたとき、ローマ字のつづりが誤《あやま》っているものはどれか。記号で答えなさい。

(1)

ア	はと	イ	くじら	ウ	えんぴつ	エ	けしごむ
	hato		kusira		enpitu		kesigomu

(2)

ア	秋田	イ	福岡	ウ	静岡	エ	徳島
	Akita		Hukuoka		Sizuoka		Tokutima

❸ 次のことばをローマ字で書きなさい。

(1)　病気　　(2)　客席

(3)　注射《ちゅうしゃ》　　(4)　勝負

❹ 次のことばをローマ字で書きなさい。

(1)　切《きっ》符《ぷ》　　(2)　マッチ

(3)　百貨店　　(4)　スケッチブック

❺ 次のことばをローマ字で書きなさい。

(1)　慣用《かんよう》句《く》　　(2)　こんにゃく

(3)　森林浴　　(4)　京都

(5)　お母さん　　(6)　本屋

6 **次のア〜コの語の読み方をローマ字で書くと、例の「音」(oto)のように、同じ母音(a, i, u, e, o)の間に一つの子音をはさんで成り立っているものがほとんどである。ちがうものをすべて選んで記号で答えなさい。** 【灘中】

例 音(oto)

ア	息	イ	兄	ウ	うず	エ	意味	オ	朝
カ	池	キ	意義《いぎ》	ク	おの	ケ	枝《えだ》	コ	赤

7 **わかち書きに注意して次の短文をローマ字で書きなさい。**

(1) うさぎが走る。

(2) かめはずっと歩いた。

(3) 富士山は高い山です。

(4) 私《わたし》の生まれは大阪です。

8 **たかし君はローマ字で日記を書いてみた。これを漢字・かなまじりの文に直しなさい。**

Kyô wa otôsan to issyo ni syokubutuen ni ikimasita.
Sonotoki tikaku de kazi ga atte, syôbôsya ga yatte kimasita.

ヒント

7 「です」はわかち書きにします。また、地名や人名などの初めのアルファベットは大文字で書きます。

第7章 文学史

1 文学史《ぶんがくし》

ココがポイント

入試における文学史の比率《ひりつ》はそう高くはない。**文章題の関連知識《ちしき》**として問われることが多い。ここでは、**文学作品に関する知識**として文学史を学ぶ。

1 奈良時代

中国から**漢字**が伝わり、国語を書き表すくふうがなされるようになり、**国の事業として書物がつくられました。**

2 平安時代

文学にも日本独自《どくじ》の文化が表れるようになりました。**かな文字**の普及《ふきゅう》とともに、個人《こじん》の手による文学が多く残されました。初めての**物語**がつくられ、**女性《じょせい》によってすぐれた文学がつくられた時代**です。**和歌がもっとも発展《はってん》した時代**でもあります。

時代のポイントとなる作品

各時代には、ぜひ覚えておきたいポイントとなる作品があります。次のようなものはおさえておきましょう。

●**奈良時代**

古事記《こじき》
古い言い伝えをもとに、**太安万侶《おおのやすまろ》**が整理・記録したもの。

万葉集《まんようしゅう》
現存《げんぞん》する**最古の歌集**。**大伴家持《おおとものやかもち》**らの編集《へんしゅう》。さまざまな人たちの和歌を**約四千五百首**収録《しゅうろく》した。

●**平安時代**

竹取《たけとり》物語
現存する**最古の物語**。作者はわからない。「かぐや姫《ひめ》」の話として有名である。

3 鎌倉《かまくら》・室町《むろまち》時代

戦乱《せんらん》が続き、文学にも「**無常観《むじょうかん》（すべてのものは移《うつ》り変《か》わるという考え方）**」が表れたものが多いといえます。世の中をするどく見つめた**随筆《ずいひつ》**や、戦乱をテーマにした**軍記物語**が残されています。また、室町時代には、**能《のう》・狂言《きょうげん》**という舞台芸能《ぶたいげいのう》が完成されました。

4 江戸《えど》時代

戦乱がおさまり、京都、**大坂《おおさか》（大阪）、江戸など大きな都市が発展しました。**それとともに**文学が民衆《みんしゅう》（町人）の間に広まり、**作品もさまざまなジャンルに分かれるようになりました。**俳諧《はいかい》（俳句《はいく》）**がさかんに詠《よ》まれた時代でもあります。

5 明治・大正・昭和～現代《げんだい》

文明開化とともに生活が洋風化しました。文学も欧米《おうべい》の影響《えいきょう》を受け、人間のありかたなどを深く考えた作品がつくられるようになりました。また、昭和初期には第二次世界大戦の混乱《こんらん》を受け、**戦争をテーマにした作品が多く書かれました。書きことばと話しことばのちがいがなくなった**のも、この時代の特色の一つです。

枕草子《まくらのそうし》
清少納言《せいしょうなごん》の書いた随筆。宮廷内《きゅうていない》の暮《く》らしや、作者の心にふれたものが書かれている。

源氏《げんじ》物語
紫式部《むらさきしきぶ》の書いた最古の長編小説。「光源氏《ひかるげんじ》」とよばれる男性の、恋愛《れんあい》を中心とした一生をえがいた作品。

●鎌倉時代

平家物語
琵琶法師《びわほうし》によって語り広められた軍記物語。平家一族の興亡《こうぼう》をえがいた作品。

徒然草《つれづれぐさ》
兼好《けんこう》の書いた随筆。人間の内面について作者が感じたことを自由に書きつづった作品。

●江戸時代

東海道中膝栗毛《とうかいどうちゅうひざくりげ》
十返舎一九《じっぺんしゃいっく》による物語。「やじさん」「きたさん」の話として有名である。

奥《おく》の細道《ほそみち》
松尾芭蕉《まつおばしょう》による紀行文《きこうぶん》。奥羽《おうう》・北陸地方をたずねた道中を、すぐれた俳句とともに記している。

差がつく　文学作品の歴史《れきし》

※〔　〕は作者や編者。

奈良時代のおもな作品

古事記《こじき》〔**太安万侶《おおのやすまろ》**（「太安麻呂」とも表記する）〕

七一二年成立。

稗田阿礼《ひえだのあれ》という語部《かたりべ》が覚えていた古い神話や伝説を、太安万侶が記録したもの。「因幡《いなば》の白うさぎ」「ヤマタノオロチ」「天《あま》の岩戸《いわと》」などの神話・伝説が有名。

風土記《ふどき》

日本各地の地理・産物・伝説の記録。「浦島太郎《うらしまたろう》」の伝説が有名。

日本書紀《にほんしょき》〔**舎人親王《とねりしんのう》・太安万侶**　など〕

七二〇年成立。

神話の時代から、持統天皇《じとうてんのう》の時代までの日本の歴史を漢文体で書いた歴史書。

万葉集《まんようしゅう》〔**大伴家持《おおとものやかもち》**　など〕

八世紀《せいき》後半ごろ成立か。

現存《げんぞん》する最古の歌集。農民や兵士《へいし》から貴族《きぞく》・天皇まで、さまざまな身分の人々の歌約四千五百首を収《おさ》める。代表的歌人に柿本《かきのもとの》人麻呂《ひとまろ》・山上憶良《やまのうえのおくら》・大伴旅人《おおとものたびと》・大伴家持などがいる。

平安時代のおもな作品

竹取《たけとり》物語

九世紀末ごろ成立。

日本最古の物語。かなで書かれている。光る竹から生まれたかぐや姫《ひめ》が、成長し、月に帰るまでの話。

古今和歌集《こきんわかしゅう》〔**紀貫之《きのつらゆき》**　など〕

九〇五年成立。

勅撰《ちょくせん》和歌集（天皇の命令で編集《へんしゅう》された和歌集）として最初のもの。代表的歌人に、紀貫之・在原業平《ありわらのなりひら》・小野小町《おののこまち》などがいる。

土佐《とさ》日記〔**紀貫之**〕

九三五年成立。

役目を終えて土佐の国から京へ帰る旅の様子を書いた日記。かなで書かれている。

枕草子《まくらのそうし》〔**清少納言《せいしょうなごん》**〕

一〇〇一年ごろ成立。

宮廷《きゅうてい》生活を題材にした随筆《ずいひつ》。

源氏《げんじ》物語〔**紫式部《むらさきしきぶ》**〕

十一世紀初め成立。

すぐれた長編小説。光源氏《ひかるげんじ》の恋愛《れんあい》を中心とした人間関係をえがく。

今昔《こんじゃく》物語集

十二世紀前半成立。

インド・中国・日本の説話を集めたもの。

鎌倉《かまくら》・室町《むろまち》時代のおもな作品

新古今《しんこきん》和歌集 〔藤原定家《ふじわらのさだいえ》 など〕

一二〇五年成立。

代表的歌人に、藤原俊成《としなり》・藤原定家・後鳥羽上皇《ごとばじょうこう》・式子内親王《しょくしないしんのう》などがいる。

方丈記《ほうじょうき》 〔鴨長明《かものちょうめい》〕

一二一二年成立。

世の無常《むじょう》をなげき、閑居《かんきょ》する心境《しんきょう》を語った随筆。

平家《へいけ》物語

十三世紀ごろ成立。

源氏《げんじ》と平氏《へいし》の合戦をえがいた軍記物語。琵琶法師《びわほうし》によって語り広められた。

徒然草《つれづれぐさ》 〔兼好《けんこう》〕

一三三〇年ごろ成立。

『枕草子』『方丈記』と並《なら》ぶ代表的な随筆。題材は社会のことをはじめ、自然・人生など、さまざまである。

太平記《たいへいき》

一四世紀半ばごろ成立。

鎌倉幕府《ばくふ》の滅亡《めつぼう》、南北朝の争乱《そうらん》、室町幕府の成立などをえがいた軍記物語。

江戸《えど》時代のおもな作品

世間胸算用《せけんむねさんよう》 〔井原西鶴《いはらさいかく》〕

一六九二年刊《かん》。

町人たちの、大晦日《おおみそか》の様子をえがいたもの。

奥《おく》の細道《ほそみち》 〔松尾芭蕉《まつおばしょう》〕

一六九四年ごろ成立。

芭蕉と弟子《でし》の曾良《そら》の、奥羽《おうう》・北陸地方への五か月あまりの旅の道中を文章と俳諧《はいかい》でつづった紀行文。

国性爺合戦《こくせんやかっせん》 〔近松門左衛門《ちかまつもんざえもん》〕

一七一五年初演《しょえん》。

日本と中国を舞台《ぶたい》にしたスケールの大きな浄瑠璃《じょうるり》（あやつり人形劇《にんぎょうげき》の台本）。

雨月《うげつ》物語 〔上田秋成《うえだあきなり》〕

一七七六年刊。

九編からなる怪異談集《かいいだんしゅう》。

東海道中膝栗毛《とうかいどうちゅうひざくりげ》〔十返舎一九《じっぺんしゃいっく》〕

一八〇二～一八二二年刊《かん》。

弥次郎兵衛《やじろべえ》と喜多八《きたはち》が、東海道を江戸から京へ旅するこっけいな小説。

南総里見八犬伝《なんそうさとみはっけんでん》〔曲亭馬琴《きょくていばきん》〕

一八一四～一八四二年刊。

二十八年間を費《つい》やして完成した大長編《だいちょうへん》小説。中国小説の伝奇的《でんきてき》構想《こうそう》を利用し、八犬士《はっけんし》の活躍《かつやく》をえがいている。

おらが春〔小林一茶《こばやしいっさ》〕

一八一九年ごろ成立。

身の回りのことや折々の感想などを、日記風に文章と俳諧《はいかい》で書きとめたもの。

近代・現代《げんだい》のおもな作家と作品

森鷗外《もりおうがい》（一八六二～一九二二年）

作品　舞姫《まいひめ》・雁《がん》・阿部《あべ》一族・山椒大夫《さんしょうだゆう》・高瀬舟《たかせぶね》　など。

夏目漱石《なつめそうせき》（一八六七～一九一六年）

作品　吾輩《わがはい》は猫《ねこ》である・坊《ぼ》っちゃん・草枕《くさまくら》・三四郎《さんしろう》・それから・門・こころ　など。

樋口一葉《ひぐちいちよう》（一八七二～一八九六年）

作品　たけくらべ・にごりえ　など。

島崎藤村《しまざきとうそん》（一八七二～一九四三年）

作品　破戒《はかい》・夜明け前・若菜集《わかなしゅう》　など。

有島武郎《ありしまたけお》（一八七八～一九二三年）

作品　一房《ひとふさ》の葡萄《ぶどう》　など。

与謝野晶子《よさのあきこ》（一八七八～一九四二年）

作品　みだれ髪《がみ》　など。

斎藤茂吉《さいとうもきち》（一八八二～一九五三年）

作品　赤光《しゃっこう》　など。

小川未明《おがわみめい》（一八八二～一九六一年）

作品　赤いろうそくと人魚・野ばら　など。

高村光太郎《たかむらこうたろう》（一八八三～一九五六年）

作品　道程《どうてい》・智恵子抄《ちえこしょう》　など。

志賀直哉《しがなおや》（一八八三～一九七一年）

作品　清兵衛《せいべえ》と瓢簞《ひょうたん》・城の崎《きのさき》にて・暗夜行路《あんやこうろ》・小僧《こぞう》の神様　など。

下村湖人《しもむらこじん》（一八八四～一九五五年）

作品　次郎《じろう》物語　など。

北原白秋《きたはらはくしゅう》（一八八五～一九四二年）

作品　邪宗門《じゃしゅうもん》・思ひ出　など。

石川啄木《いしかわたくぼく》（一八八六〜一九一二年）
作品 一握《いちあく》の砂《すな》・悲しき玩具《がんぐ》　など。

山本有三《やまもとゆうぞう》（一八八七〜一九七四年）
作品 路傍《ろぼう》の石・真実一路　など。

坪田譲治《つぼたじょうじ》（一八九〇〜一九八二年）
作品 風の中の子供《こども》・子供の四季・正太《しょうた》の馬　など。

芥川龍之介《あくたがわりゅうのすけ》（一八九二〜一九二七年）
作品 羅生門《らしょうもん》・鼻・地獄変《じごくへん》・芋粥《いもがゆ》・杜子春《とししゅん》・魔術《まじゅつ》・トロッコ・蜘蛛《くも》の糸　など。

宮沢賢治《みやざわけんじ》（一八九六〜一九三三年）
作品 注文の多い料理店・銀河《ぎんが》鉄道の夜・風の又三郎《またさぶろう》・春と修《しゅ》羅《ら》・セロ弾《ひ》きのゴーシュ・なめとこ山の熊《くま》・よだかの星・オツベルと象《ぞう》・雨ニモ負ケズ　など。

井伏鱒二《いぶせますじ》（一八九八〜一九九三年）
作品 山椒魚《さんしょううお》・屋根の上のサワン・黒い雨　など。

川端康成《かわばたやすなり》（一八九九〜一九七二年）
日本人初のノーベル文学賞《ぶんがくしょう》を受賞。
作品 雪国・伊豆《いず》の踊子《おどりこ》・山の音・掌《てのひら》の小説　など。

壺井栄《つぼいさかえ》（一九〇〇〜一九六七年）
作品 二十四の瞳《ひとみ》・あしたの風　など。

椋鳩十《むくはとじゅう》（一九〇五〜一九八七年）
作品 大造《だいぞう》じいさんとガン・片耳《かたみみ》の大鹿《おおしか》　など。

井上靖《いのうえやすし》（一九〇七〜一九九一年）
作品 あすなろ物語・天平《てんぴょう》の甍《いらか》・しろばんば　など。

太宰治《だざいおさむ》（一九〇九〜一九四八年）
作品 走れメロス・人間失格《しっかく》・富嶽百景《ふがくひゃっけい》　など。

新美南吉《にいみなんきち》（一九一三〜一九四三年）
作品 ごんぎつね・おじいさんのランプ　など。

木下順二《きのしたじゅんじ》（一九一四〜二〇〇六年）
作品 夕鶴《ゆうづる》・彦市《ひこいち》ばなし　など。

安岡章太郎《やすおかしょうたろう》（一九二〇〜二〇一三年）
作品 サアカスの馬・宿題　など。

北杜夫《きたもりお》（一九二七〜二〇一一年）
作品 どくとるマンボウ航海記《こうかいき》　など。

大江健三郎《おおえけんざぶろう》（一九三五〜）
日本人二人目のノーベル文学賞を受賞。
作品 ヒロシマ・ノート　など。

参考《海外のおもな作家と作品》

イギリス

デフォー
作品　ロビンソン・クルーソー

スチーブンソン
作品　宝島《たからじま》

シェークスピア
作品　ハムレット・ベニスの商人　など

スウィフト
作品　ガリバー旅行記

キャロル
作品　不思議の国のアリス

フランス

ファーブル
作品　昆虫《こんちゅう》記《き》

サン＝テグジュペリ
作品　星の王子さま

デュマ
作品　三銃《さんじゅう》士《し》

ルナール
作品　にんじん

ユゴー
作品　レ＝ミゼラブル

アメリカ

バーネット
作品　小公《しょうこう》子《し》・小公女

トウェイン
作品　トム・ソーヤーの冒険《ぼうけん》

ヘミングウェイ
作品　老人と海

ドイツ

グリム兄弟
作品　グリム童話

エンデ
作品　モモ

フランク
作品　アンネの日記

その他

モンゴメリー（カナダ）

作品 赤毛のアン

アンデルセン（デンマーク）

作品 アンデルセン童話集

メーテルリンク（ベルギー）

作品 青い鳥

イソップ（ギリシャ）

作品 イソップ物語

トルストイ（ロシア）

作品 イワンのばか

力だめしの問題

入試標準レベル

解答➡p.531

1 次の作家に関係があるものをあとから選び、記号で答えなさい。【松蔭中】

(1) ファーブル
(2) 夏目《なつめ》漱石《そうせき》
(3) 芥川龍《あくたがわりゅう》之《の》介《すけ》
(4) アンデルセン
(5) サン＝テグジュペリ

ア はだかの王様　イ くもの糸
ウ 昆虫《こんちゅう》記《き》　エ 星の王子さま
オ 坊《ぼ》っちゃん

2 次の作品の作者と登場人物をあとから選び、記号で答えなさい。【プール学院中】

(1) 二十四の瞳《ひとみ》
(2) 山椒《さんしょう》大《だ》夫《ゆう》
(3) 杜《と》子《し》春《しゅん》
(4) 路《ろ》傍《ぼう》の石

作者　ア 森《もり》鷗《おう》外《がい》　イ 芥川龍之介
ウ 山本《やまもと》有三《ゆうぞう》　エ 壺《つぼ》井《い》栄《さかえ》

登場人物　い 仙人《せんにん》　ろ 大石先生
は 吾《ご》一《いち》　に 安《あん》寿《じゅ》

3 次はある作品についての説明です。その作品名とつくられた時代をあとから選び、記号で答えなさい。【追手門学院中】

(1) ある人の、幼年《ようねん》期《き》から青年期へかけての、こころの成長をえがいたもの。
(2) 古くからの言い伝えや記録をまとめた、日本で今に伝わる最も古い書物。
(3) ひらがなで書かれた、日本で最初の物語。
(4) ある一族の、最もはなやかな時代からほろびるまでのようすをえがいてあり、琵《び》琶《わ》法《ほう》師《し》によって語られた。

作品名　ア 万葉集《まんようしゅう》　イ 源氏《げんじ》物語
ウ 平家《へいけ》物語　エ 次郎《じろう》物語
オ 竹取《たけとり》物語　カ 古《こ》事《じ》記《き》

時代　い 奈良　ろ 平安　は 鎌倉《かまくら》
に 室町《むろまち》　ほ 江戸《えど》　へ 現代《げんだい》

4 次の作品の題名を答えなさい。

【帝塚山学院中・改】


ジョバンニは、ああ、と深く息しました。

「カムパネルラ、また僕《ぼく》たち二人きりになったねえ、どこまでもどこまでも一緒《いっしょ》に行こう。僕はもう、あのさそりのようにほんとうにみんなの幸いのためならば僕のからだなんか、百ぺん灼《や》いてもかまわない。」

「うん。僕だってそうだ。」

5 次の会話の[A]～[F]に入るものをあとから選び、記号で答えなさい。

【フェリス女学院中】

(1) 「日本最古の歌集は『古今《こきん》和歌集』だろう。」
「ちがうよ、『[A]』だよ。」

「そうか、『古今和歌集』のできたのは[B]時代だから、だいぶ時代が下るわけだ。」

「『古今和歌集』の歌人では[C]などがよく知られているね。」

A　ア 古事記　イ 金塊《きんかい》和歌集　ウ 万葉集
B　ア 奈良　イ 平安　ウ 鎌倉
C　ア 柿本人麻呂《かきのもとのひとまろ》　イ 源実朝《みなもとのさねとも》　ウ 紀貫之《きのつらゆき》

(2) 「芥川龍之介は、おもに[D]時代に活躍《かつやく》した作家だよ。」
「『[E]』は、みんなによく知られた作品だね。」

「[F]という少年の心の動きがよく描《えが》けていた。梅の花の咲《さ》く、ちょうど今ごろの季節のことだろうか。」

D　ア 明治　イ 大正　ウ 昭和
E　ア トロッコ　イ 小僧《こぞう》の神様　ウ みかん
F　ア 清兵衛《せいべえ》　イ 良平《りょうへい》　ウ 仙吉《せんきち》

入試のアドバイス③

記述《きじゅつ》だってこわくない！

あなたは、記述の問題が苦手だからと、白紙のまま答案を提出《ていしゅつ》していませんか？　記述の問題は、年を追うごとに入試でのウエイトが高くなっています。「読解力《どっかいりょく》」と同時に「表現力《ひょうげんりょく》」も問われているのです。

しかし、一つ一つの問題を見てみると、一から十まで自分のことばで書かなければならないものはほとんどありません。本文のことばをうまく使えば答えられるものばかりです。本文のポイントとなる箇所《かしょ》がおさえられていれば、満点とはいかなくても部分点がもらえるはずです。

設問《せつもん》を読んで、「〜から。」「〜こと。」のような答えの形を決める。そこに本文のことばをあてはめていって、答えを整えていく。そうした「書く技術《ぎじゅつ》」を身につけていれば、記述だってこわくありません。

最後まであきらめないで！

記述の問題でも漢字の問題でも、白紙で提出すれば0点です。難《むずか》しいから、わからないからと途中《とちゅう》であきらめないでください。最初はわからなかった問題でも、あきらめずにいろんな角度から考えているうちに、答えを思いつくこともあるものです。ほかの設問を解《と》いているうちに、思わぬヒントが見つかることもあります。

文章の内容《ないよう》が百パーセント理解できないからと不安に思う必要はありません。設問にかかわる部分がわかっていれば十分です。わからなければもう一度本文を見直してみましょう。

入試は、みなさんにとってとても大事な場面です。あとになって「あのときもう少しがんばっておけばよかった」なんて後悔《こうかい》することのないよう、最後までねばってねばって一点でも多くの点数をもぎとってください。

文法編

第1章 ことばの単位

1 文・文節・単語

ココがポイント

ここでは、**文・文節・単語**という**ことばの単位**を学ぶ。文章をそれぞれの単位に分けられるようにする。

1 文とは

ことばを並《なら》べて言い表した意味のまとまりを**文**といいます。一つの文の終わりには句点《くてん》「。」をつけます。

2 文節とは

文の意味をこわさない範囲《はんい》で小さく区切ったまとまりを**文節**といいます。

●文節の分け方

「ネ」や「サ」などが入るところが文節の切れ目になる。

ことばの単位

一つまたは二つ以上の**単語**が**文節**をつくります。その文節が、一つまたは二つ以上である意味を表し、**文**をつくります。その文がいくつか集まって一つのまとまった意味を表し、**段落《だんらく》**・**文章**をつくります。

大まかに、大きい順に並べると次のようになります。

文章（文の集まり全体）
≧
段落（一字下げで始まる文の集まり）
≧
文　（句点「。」で区切られたことばの集まり）
≧
文節（文の意味がわかる最小の部分）
≧
単語（一つ一つのことば）

例 今日、ぼくは公園に行った。

⬇今日＜ネ、ぼくは＜ネ 公園に＜ネ 行った。

ただし、次のような場合には注意。

▼**「ある」「この・その・あの・どの」などはそれだけで一文節。**

例 ある／人が／言った。 その／本は／彼《かれ》のです。

▼**「〜て（で）いる（ある・おる）」の形は二文節。**

例 ・鳥が／大空を／飛んで／いる。

・机《つくえ》に／置いて／あった／パン。

▼**「歩き回る」「見送る」「勉強する」などの複合《ふくごう》している動詞《どうし》は一文節。**

例 漢字を／やっと／思い出した。 ⬆ ×思い出した 。

▼**「〜そうだ（そうな）」「〜ようだ（ような）」は単独《たんどく》で一文節にならない。**

例 台風が／来るそうだ。 ⬆ ×来るそうだ 。

3 単語とは

文節をさらに、それ以上小さくすると意味がなくなるところまで細かく分けた、**ことばの最小単位**を**単語**といいます。

単語	単語	単語	単語	単語	単語	単語
さくら	の	花	が	美しく	さい	た。
文節		文節		文節	文節	

文の種類

文は意味のうえから次のように分類することができます。

●**平叙文《へいじょぶん》**…判断《はんだん》・推量《すいりょう》・決意などを述《の》べる文。普通《ふつう》、言い切りの形で終わる。

例 子犬が生まれた。

●**疑問文《ぎもんぶん》**…疑《うたが》いの気持ちを表す文。疑問の助詞「か」などが使われる。

例 今、何時ですか。

●**命令文**…命令・禁止《きんし》・希望・依頼《いらい》・さそいなどの意味を表す文。

例 集まれ。 静かにしてください。

●**感動文**…感動の気持ちを表す文。

例 ああ、ゆかいだな。

解答《かいとう》するときに

読解問題などで、設問《せつもん》に「一文でぬき出せ」などという指示《しじ》があることがあります。そうしたときに、正しく指示にしたがえるように、「文」「文節」「単語」に分けられるようになっておきましょう。

力だめしの問題　入試標準レベル

解答➡p.531

1 次の文はいくつの文節からできているか。算用数字で答えなさい。

(1) さわやかな秋風が吹《ふ》く。
(2) けさ、朝顔の花が咲《さ》いた。
(3) 図書室で童話の本を読みました。
(4) これが有名な「月光の曲」です。
(5) 毎年、紅葉《こうよう》の時期になると、このあたりは観光客であふれる。
(6) あるとき、とつぜん雪が降《ふ》ってきて、地面は一面まっ白になった。

2 次の文を文節に分けて、間に横線を引きなさい。

(1) いいものがあるよ。
(2) 宿題はできるときにやろう。
(3) そこにいるのはだれですか。
(4) こまったことになったとワトソン君は言った。
(5) そのとき君はいったいどこにいたんだね。
(6) ぼくらはみんな生きている。
(7) 前田君が走ってきてケーキを食べている。
(8) 知っていることをすべて話してみなさい。
(9) あなたはまだ合格《ごうかく》していないと言われてしまった。
(10) 走り続けてつかれきってもメロスは休もうとしない。

3 次の(1)~(10)が、一文節なら1と、二文節なら2と答えなさい。

(1) その人は
(2) うれしそうだった
(3) 楽しいことが
(4) あったのだろうね
(5) 笑っている
(6) 笑いたかったのだろうね
(7) 笑うことは
(8) いいことだ
(9) さあみんな
(10) 笑われたのか

4 次の文はいくつの単語からできているか。算用数字で答えなさい。

(1) 冬が来た。
(2) 今夜はいい月だ。
(3) さるが、一本の赤いろうそくをひろった。
(4) 柿《かき》の実が、すっかり色づく季節になりました。
(5) 向こうに見える白い建物が教会です。
(6) 漢字には、一字で音《おん》と意味とを表せるよさがある。
(7) 弟すずめも、元気に飛び立ちました。
(8) 雨がやんだら出発しましょう。

5 次の文の種類をあとから選び、記号で答えなさい。

(1) 水を飲ませてください。
(2) あなた、北海道へ行ったことある。
(3) ぼくは、まだ彼《かれ》を見たことがない。
(4) ほんとうに美しい夕焼けですこと。

ア 平叙文《へいじょぶん》　イ 疑問文《ぎもんぶん》
ウ 命令文　エ 感動文

6 次の文章を読み、あとの問いに答えなさい。 【慶應普通部】

雪に対する備《そな》えは、降雪量《こうせつりょう》の大小によってもちがってくるが、その土地の雪質《ゆきしつ》がかわいているかしめっているかで大きくちがう越後《えちご》や北陸の雪はしめって重い屋根に積もった雪の重さで家がつぶれることがあるそのため、あらかじめ補強《ほきょう》もし、冬のあいだ何度か屋根の雪を下ろす庭木も枝《えだ》折《お》れしないようにそえ木をしたりなわで枝をつったりする金沢《かなざわ》の兼六園《けんろくえん》の雪つりが冬の名景とされているが、あれも北陸の雪が重いので雪折れをふせぐための対策《たいさく》である

問 右の文章には句点《くてん》(。)を打たなければならない。句点を打つ前の字の順番として適切《てきせつ》なものを選び、記号で答えなさい。

ア う。↓い。↓る。↓す。↓る。↓る。
イ う。↓い。↓る。↓る。↓る。
ウ う。↓る。↓す。↓る。↓る。
エ る。↓う。↓い。↓る。↓す。↓る。
オ る。↓い。↓る。↓す。↓る。↓る。

2 文の構成《こうせい》

ココがポイント

文はおもに、**主語**、**述語**《じゅつご》と、それらをくわしく説明する**修飾語**《しゅうしょくご》で組み立てられている。
主語、述語を中心に、**文の構成**を学ぶ。

1 文を組み立てる成分

●主語

「何が」「だれが」にあたる文節を主語という。

●述語

主語に対して「どうする」「どんなだ」「何だ」にあたる文節を述語という。

●主語と述語の探《さが》し方

①まず、述語から決める。普通《ふつう》、文の終わりにある。

②述語に対する「何が(は)」「だれが(は)」の部分が主語になる。設問《せつもん》にとくに指示《しじ》がないかぎり一文節で答える。

例　青い鳥が《主語》、ぱたぱたと飛ぶ《述語》。

〈注意〉

▼主語になる…**が**・**は**・も・の・こそ・さえ・だけ・まで

文の構成の例外

倒置法《とうちほう》を使っている場合、**述語が文の終わりにこないこと**もあります。

例　ほえた《述語》、大きな犬が《主語》。

また、主語・述語が省略《しょうりゃく》されている場合もあります。

例　・あっ、動いた《述語》。（主語の省略）
　・君は《主語》どこに？（述語の省略）

二文節以上の主語・述語

主語・述語を二文節以上で答えることもあります。二文節以上からなる場合は**主部**・**述部**とよびます。

例　大きな　犬が《主部》　歩いて　いる《述部》。

▼**主語にならない…を・に・と・で・へ・や・から・より**

例 私《わたし》は（主語） 本を買った（述語）。

⬇「本を」は主語にならない。

●修飾語

ほかの文節に**説明を加え、内容《ないよう》がよくわかるようにする**文節を**修飾語**という。

また、くわしく説明されるほうの文節を**被《ひ》修飾語**という。**修飾語は被修飾語より必ず上にくる。**

例 無数の（修飾語）→星が（被修飾語）　きらきらと（修飾語）→光る（被修飾語）。

2 基《き》本《ほん》文《ぶん》型《けい》

主語と述語の関係は次の三つに分けられます。

何(だれ)が―どうする 例 犬が（主語） ほえる（述語）。

何(だれ)が―どんなだ 例 夕日が 美しい。

何(だれ)が―何だ 例 これが 水です。

組み立てのうえからの分類

文はその組み立てのうえから次のように分類できます。

●**単文**…一つの文の中に、対応《たいおう》する**主語と述語が一組だけある文**。

例 雲が（主語） 空を 流れる（述語）。

●**重文《じゅうぶん》**…一つの文の中に、対応する**主語と述語が二組以上あって、それらが対等の関係にある文**。文と文とが重なって一つになった文。

例 雲が（主語） 流れ（述語）、風が（主語） ふく（述語）。（対等）

●**複文《ふくぶん》**…一つの文の中に、対応する**主語と述語が二組以上あって、それらが対等の関係でない文**。修飾語の中に、さらに主語と述語をふくむような文。

例 花が（主語） さく（述語）（修飾語）→春が（主語）（被修飾語） 来た（述語）。

力だめしの問題　入試標準レベル

解答➡p.532

1 **次の文について、あとの問いに答えなさい。**【大阪桐蔭中・改】

①ぼんやり　②信号の　③変わるのを　④待っている　⑤少年の　⑥耳に、　⑦今まで　⑧たわいもない　⑨おしゃべりだった　⑩子《こ》供達《どもたち》の　⑪声が　⑫急に　⑬はっきりした　⑭意味を　⑮持った　⑯さけびに　⑰なって　⑱ひびいてきた。

問一　主語と述語《じゅつご》を①～⑱の中から一つずつ選び、それぞれ番号で答えなさい。

問二　①、④、⑫はどこにかかっているか。①～⑱の中からそれぞれ一つずつ選び、番号で答えなさい。

2 **次の文は、ア「何がどうする」、イ「何がどんなだ」、ウ「何が何だ」の三つの文型《ぶんけい》のうちどれにあたるか。記号で答えなさい。**

(1)　あの人が、この町の町長さんです。

(2)　春になると、たんぽぽは、黄色いきれいな花をさかせる。

(3)　秋の月は、一年のうちでも、ことにきれいです。

3 **次の文の――線の文節が修飾《しゅうしょく》している文節を答えなさい。**

(1)　さわやかな　秋風が　ふく。

(2)　遠くの　ほうから　かすかに　人の　声が　聞こえる。

(3)　美しい　鐘《かね》の　音が　ひびきわたる。

(4)　あの　背《せ》の　高い　男の　人が、私《わたし》たちの　学校の　校長先生です。

(5)　彼《かれ》は、ほえながら　逃《に》げる　白い　犬を　追いかけました。

4 **次の文の――線の文節を修飾している文節をすべて答えなさい。**

(1)　向こうの　赤い　花が　サルビアです。

(2)　短い　冬の　日が　とっぷりと　暮《く》れた。

5 次の文の種類をあとから選び、記号で答えなさい。

(1) トンボは昆虫類《こんちゅうるい》で、クモはクモ類です。

(2) はねにきれいなもようのあるチョウがいる。

(3) 美しい色のかわいい小鳥が、楽しそうにさえずっている。

ア 単文　イ 重文《じゅうぶん》　ウ 複文《ふくぶん》

6 次の文のことばの組み立て(ことばとことばとの関係)を、あとの図のように表すことができる。□A～Hにあてはまることばを答えなさい。【高知大附中・改】

グラウンドに出て、一日中、練習をながめている人がとても多い。

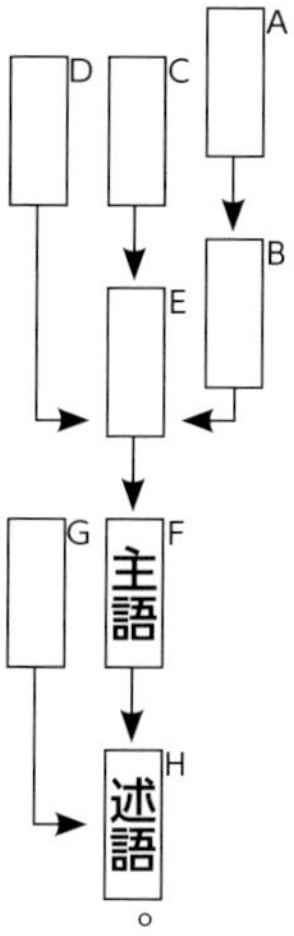

7 次の文の――線の説明にあたるものをあとから選び、記号で答えなさい。

(1) 君子さんは、その話を聞くと胸《むね》がざわざわするほどいやになりました。

(2) その漢字をわたしもはっきり読めました。

(3) 天気のいい日は、犬だって外で遊びたい。

(4) それは、ずっと前の話でした。

(5) 箱から、ぼろぼろのノートが出て来ました。

ア 文の主語です。

イ 主語に続く修飾語です。

ウ 主語と述語の関係です。

エ 述語に続く修飾語です。

オ どちらも述語です。

カ 主語でも述語でもありません。

キ どちらも主語です。

ク 修飾語に続く修飾語です。

3 品詞分類《ひんしぶんるい》

ココがポイント

入試では品詞名そのものを答えさせる問題が出ることは少ないが、**性質《せいしつ》の同じものやちがうもの**を選ばせる形で出題される。また、それぞれの品詞を学ぶうえでの基《き》本《ほん》となることなので、品詞分類をしっかりとマスターする。

1 品詞とは

文を単語に分けたとき、その単語をその**性質**や**活用**などによって十に分類することができます。これを**品詞**といいます。

❶**名詞**…人やものやことがらの名前を表す。

例 木 幸せ 人 私《わたし》 大阪《おおさか》

※**名詞**のことを**体言**ともいう。

❷**動詞**…動作・存在《そんざい》・状態《じょうたい》を表す。言い切りの形は「**ウ段《だん》**」の音で終わる。

例 買う 走る 飛ぶ ある

❸**形容詞《けいようし》**…物事の性質や様子を表す。言い切りの形は「**い**」で終わる。

例 熱い 低い 強い 楽しい

❹**形容動詞**…物事の性質や様子を表す。言い切りの形は「**だ**」「**です**」で終わる。

例 おだやかだ 元気だ 静かだ

言い切りの形

直後に「**。**」をつけ、**文を終わることのできる形**です。通常《つうじょう》、国語辞典で調べるときはこの形で調べます。ただし、形容動詞は「だ」をとった形で調べます。

例
- 飛んでいる⬇飛ぶ。
- 暑かった⬇暑い。
- 静かな湖⬇静かだ。

活用

あとに続くことばによって**語形が変わること**を活用といいます。

例
- 飛ぶ＋ない⬇飛ば・ない
- 熱い＋た⬇熱かっ・た
- おだやかだ＋う⬇おだやかだろ・う
- 買う＋ます＋た⬇買い・まし・た

※**動詞・形容詞・形容動詞**のことを**用言**ともいう。

⑤副詞…**おもに用言などを修飾《しゅうしょく》する。**状態や程度《ていど》などを表す。

例 きらきら(と)　とても　きっと　決して　まるで

⑥連体詞…**体言を修飾する。**

例 この　あの　大きな　あらゆる

⑦接続詞《せつぞくし》…ことばとことば、文と文をつなぐ。

例 だから　しかし　つまり　たとえば

⑧感動詞…感動・よびかけ・あいさつなどを表す。

例 おや　まあ　はい　おはよう

⑨助動詞…おもに用言の下について、意味をつけ加える。

例 食べられる(食べる＋られる)　遊びたい(遊ぶ＋たい)

⑩助詞…いろいろなことばについて、その関係を示《しめ》したり、微妙《びみょう》な意味をあたえたりする。また、文の終わりにつけることもある。

例 鳥が飛ぶ。　何をしているの。

活用するもの・しないもの

品詞を見分けるときに、**活用するのかしないのか**が大きなポイントになります。活用する品詞としない品詞を覚えておきましょう。

●活用する品詞

動詞・形容詞・形容動詞・助動詞

●活用しない品詞

名詞・副詞・連体詞・接続詞・感動詞・助詞

2 自立語と付属語《ふぞくご》

その単語だけで一文節をつくることができるものを自立語、文節になることができないものを付属語といいます。

3 品詞分類《ひんしぶんるい》の表

以上のことをまとめると、次の表のようになります。

- 単語
  - 自立語
    - 活用する（用言）
      - 動詞《どうし》
      - 形容詞《けいようし》
      - 形容動詞
    - 活用しない
      - （体言）名詞
        - （代名詞）
      - 副詞
      - 連体詞
      - 接続詞《せつぞくし》
      - 感動詞
  - 付属語
    - 活用する
      - 助動詞
    - 活用しない
      - 助詞

文節との関係

一文節に必ず一つの自立語があります。また、付属語から始まる文節はありません。

例

文節｜君の｜持って｜いる｜時計は｜スイス製《せい》だそうだね

君（自）の（付）／持っ（自）て（付）／いる（自）／時計（自）は（付）／スイス製（自）だ（付）そうだ（付）ね（付）

⬇右の例文は、五文節からなっていて、自立語の数も五つ。どの文節も自立語から始まっている。

代名詞

代名詞は、「私《わたし》・あなた・彼《かれ》ら・それ・あれ」など、人やものの名前を**直接言わずにかわりに指《さ》し示《しめ》す**単語です。代名詞を名詞とは別の品詞とすることもあります。

4 品詞分類をしてみよう

品詞分類をするときには、右ページの表でもまとめたように、**自立語であるか付属語であるか、活用するかしないか**を中心に次のような手順で見分けていきましょう。

●自立語なのか付属語なのかを見分ける。

●活用するのかしないのかを見分ける。

●自立語で活用するもの（用言）については、言い切りの形で見分ける。

ウ段《だん》の音で終わるもの⬇**動詞**

「い」で終わるもの⬇**形容詞**

「だ」「です」で終わるもの⬇**形容動詞**

●自立語で活用しないものについては、主語になるかならないかや、ほかのことばとのつながりなどに注目して見分ける。

主語になるもの⬇**名詞（代名詞）**

おもに用言を修飾《しゅうしょく》するもの⬇**副詞**

体言を修飾するもの⬇**連体詞**

ことばとことば、文と文などをつないでいるもの⬇**接続詞**

感動・よびかけなどを表すもの⬇**感動詞**

品詞を見分けるポイント

品詞を見分けるポイントは、そのことばの**「はたらき」**と**「つながり」**です。

文中でどんなはたらきをしているか（主語なのか、述語《じゅつご》なのか、修飾語なのかなど）、どういうふうなつながりなのか（何を修飾するかなど）に注意して見分けましょう。

主語になるかならないか

主語になるかならないかは、「が」や「は」をつけて調べます。

例
- **名詞**……◯ 暑さ**が**こたえる。
- **副詞**……× とても**が**暑い。
- **連体詞**…× あらゆる**が**方法。
- **接続詞**…× しかし**が**失敗した。
- **感動詞**…× まあ**が**驚《おどろ》いた。

力だめしの問題

入試標準レベル

解答⬇p.532

1 次の各組のことばのうち、ほかの三つと性質《せいしつ》の異《こと》なるものが一つずつある。そのことばを番号で答え、さらにその品詞《ひんし》をあとのア～コから選び、記号で答えなさい。

(1) ① テレビ　② 時間　③ フランス　④ 悲しい

(2) ① 走る　② さみしい　③ 楽しい　④ 深い

(3) ① 重い　② 味わい　③ つらい　④ 大きい

(4) ① 仕事だ　② 元気だ　③ 急用だ　④ 天気だ

(5) ① もしもし　② あら　③ そして　④ こんにちは

(6) ① あらゆる　② 大きな　③ 小さい　④ いろんな

(7) ① うろうろ　② いきなり　③ ピヨピヨ　④ いわゆる

(8) ① その　② これ　③ あっち　④ だれ

(9) ① ます　② そうだ　③ られる　④ うれしい

(10) ① から　② たい　③ ても　④ まで

ア 名詞　イ 動詞　ウ 形容詞《けいようし》

エ 形容動詞　オ 副詞　カ 連体詞

キ 接続詞《せつぞくし》　ク 感動詞　ケ 助動詞

コ 助詞

2 次の文章中の――線①～⑩の語について、同じ種類・性質をもつものを、例文の～～線ア～オから選び、それぞれ記号で答えなさい。

【帝塚山学院泉ケ丘中】

今でも美しいチョウチョウを見ると、折り折りあの①熱情《ねつじょう》が身にしみて感じられる。そういう場合、ぼくはしばしの間、子どもだけが感じることのできる、あのなんともいえぬ、むさぼるような、うっとりした②感じにおそわれる。少年のころ、はじめてキアゲハにしのびよった、あのとき味わった気持ちだ。③また、そういう場合、ぼくは④すぐに幼《おさな》い日の無数の瞬間《しゅんかん》を思《おも》い浮《う》かべるのだ。⑤強くにおう乾《かわ》いた荒《こう》野《や》のやきつくような昼さがり、庭の中の涼《すず》しい朝、神秘的《しんぴてき》な森のはずれの夕方、ぼくはまるで宝《たから》をさがす人のように、網《あみ》をもって待ちぶせていたものだ。⑥そして美しいチョウを見つけると、特別に⑦珍《めずら》しいのでなくったってかまわない、日なたの花にとまって、色のついた羽《はね》を呼吸《こきゅう》とともにあげさげしているのを見つけると、捕《と》らえる喜《よろこ》びに息も⑧つまりそうになり、⑨しだいにしのびよって、⑩かがやいている色の斑点《はんてん》の一つ一つ、すきとおった羽の脈《みゃく》の一つ一つ、触角《しょっかく》の細いとび色の毛の一つ一つが見えてくると、その緊張《きんちょう》と歓《かん》喜《き》ときたら、なかった。

(例文)

彼《かれ》が見せてほしいと言ったので、私《わたし》は収集《しゅうしゅう》のはいっているア軽い厚紙《あつがみ》の箱を取りに行った。最初の箱をあけて見て初めて、もうイすっかり暗くなっているのにウ気づき、私はランプを取ってマッチをすった。エすると、たちまち外の景色はオやみに沈《しず》んでしまい、窓《まど》いっぱいに不透明《ふとうめい》な青い夜色に閉《と》ざされてしまった。

ヒント

品詞の種類は、品詞分類の表を思い浮かべながら、自立語か付属語《ふぞくご》か、活用があるかないか、またどんなはたらきをしているのかなどを考えながら見分けていきましょう。

第2章 名詞

1 名詞《めいし》

ココがポイント

名詞は人やものやことがらの**名前を表す単語**で、**体言**ともよばれる。**主語**になることができる品詞である。ここでは名詞のはたらきと種類について学び、文の骨組《ほねぐ》みをつかむ手がかりとする。

1 名詞とは

人やものやことがらの名前を表す単語を**名詞**といいます。名詞は自立語で活用がなく、文の構造上《こうぞうじょう》、「が」などをつけることで主語になります。また、「**体言**」ともよばれます。名詞は次のように分けることができます。

●普通《ふつう》名詞

物事の名前を表す。

例 机《つくえ》 いす 時間 父 えんぴつ

十一品詞

この本では十品詞で説明していますが、名詞と代名詞を分けて十一品詞で考えることもあります。**名詞と代名詞を区別しているのかどうか**には注意しておきましょう。

形式名詞

普通名詞の特殊《とくしゅ》なものとして**形式名詞**とよばれるものがあります。これは、その語の**もとの意味がうすれて、形式的に用いられるようになったもの**です。物事の名前とは考えにくいが、主語となることができるので名詞と考えます。**「こと」「もの」「とき」などがあります。**

形式名詞はひらがなで

形式名詞は右で説明したように、意味そのものがあまりないので、ひらがなで書くようにし

●固有名詞

地名・人名・国名・書名など、原則《げんそく》として一つしかないものの名前を表す。

例 日本　神戸《こうべ》　ナポレオン　利根川《とねがわ》　『伊豆《いず》の踊《おどり》子《こ》』
東京スカイツリー

●数詞

数や量、順序《じゅんじょ》などを表す。

例 一つ　二本　三人　千円

●代名詞

人やものなどの名前を直接《ちょくせつ》言わずに**かわりに指《さ》し示《しめ》す。**人称《にんしょう》代名詞と指示《しじ》代名詞に分けられる。

人を指し示す（人称代名詞）

例 私《わたし》　あなた　君　彼《かれ》　彼女《かのじょ》たち　だれ　どなた

物事・方向・場所などを指し示す（指示代名詞）

例
- **物事**―これ　それ　あれ　どれ
- **方向**｛こちら　そちら　あちら　どちら／こっち　そっち　あっち　どっち
- **場所**―ここ　そこ　あそこ　どこ

ます。

例
- 大きい**こと**はいい**もの**だ。
- 寒い**とき**はこれを着なさい。

転成名詞

名詞以外の品詞が、そのままの形で、あるいは形を変えて名詞として用いられるようになったものを、転成名詞といいます。転成名詞は、普通名詞に分類されます。

例
- 動く（動詞）➡動き（名詞）
- 悲しい（形容詞《けいようし》）➡悲しさ（名詞）
- 静かだ（形容動詞）➡静けさ（名詞）

抽象名詞《ちゅうしょうめいし》

「勇気」「自由」などといった名詞は、形をもたないので「物事」とはいえません。このような名詞をとくに、「抽象名詞」とよぶことがあります。普通名詞に分類されます。

力だめしの問題

入試標準レベル

解答➡p.533

1 次の文から名詞《めいし》をぬき出しなさい。

秋の京都は、しっとりと落ちついた美しさを見せ、ここが千年の都であったことを改めて感じさせる。

2 次の文章を読んで、あとの問いに答えなさい。

父がイギリスで仕事をするようになって、もう三年になります。はじめはさびしさを感じることもありましたが、父は手紙をたくさんくれるので、かえって話をする機会が増《ふ》えたように思います。父の手紙を読んでいるときは、父がすぐそこにいるような気がします。

この十二月に父は日本に帰ってきます。カレンダーに赤い丸をつけて、その日がくるのを待っています。

問一　本文中から名詞をぬき出し、普通《ふつう》名詞・固有名詞・数詞・代名詞の四つに分類しなさい。ただし、同じものは二度書かないこと。

問二　本文中から形式名詞を二つぬき出しなさい。

3 次の文から代名詞をすべてぬき出し、ア「人」、イ「もの」、ウ「場所」、エ「方向」のどれを指《さ》し示《しめ》すかを記号で答えなさい。

(1) これは、あなたのものですか。

(2) あちらの席にいらっしゃるのは、田中先生です。

(3) そんなばかなことを言うのは、どこのだれだ。

(4) そこにこの絵をかけると似合《にあ》いそうだ。

4 次の(1)～(5)の中にはことばの性質《せいしつ》のちがうものが一つずつふくまれている。そのことばを答えなさい。

(1) やさしい　苦しい　つらさ　悲しい

(2) 夏目漱石《なつめそうせき》　ルーズベルト　東京　日本人

(3) あなた　母　彼女《かのじょ》　どなた

(4) 料金　二十人　三円　二つ

(5) えんぴつ　チャイム　時間　五時

5 次の各文の（　　）内のことばを、例にならって名詞の形に変えなさい。

例 最近の車は（丸い）をおびた形が多くなってきた。（　丸み　）

(1) 川の（流れる）が速いので、泳ぐときは気をつけなさい。

(2) ふくろの（重い）を量る。

(3) 日本の自然の（豊《ゆた》かだ）を絵で表現《ひょうげん》する。

(4) 手紙の（書き出す）には時候の挨拶《あいさつ》がふくまれる。

(5) 坂は（下る）のほうがかえってつかれる。

---

6 次の各文の――線をつけた名詞をふくむ文節は、どのようなはたらきをしているか。あとから選び、記号で答えなさい。

(1) 山が高くそびえる。

(2) これは外国の自動車です。

(3) ぼくはりっぱな学者になりたい。

(4) 今日は祝日です。

(5) お母さんがマフラーを編《あ》んでくれた。

(6) これはピカソがかいた絵です。

ア 主語　イ 述語《じゅつご》　ウ 修飾語《しゅうしょくご》

ヒント

4 名詞かそうでないか、名詞の種類は何かを考えてちがうものを見つけましょう。

6 文節どうしのつながりを確認《かくにん》し、そのはたらきを考えましょう。

第3章 動詞・形容詞・形容動詞

1 動詞《どうし》・形容詞《けいようし》・形容動詞

ココがポイント

物事の動作や性質《せいしつ》・様子を表すことばに、**動詞**・**形容詞**・**形容動詞**がある。それぞれの特徴《とくちょう》と活用を学ぶ。動詞・形容詞・形容動詞の三つを**用言**とよぶ。

1 動詞とは

物事の動作・存在《そんざい》・状態《じょうたい》などを表す単語です。言い切りの形は「ウ段《だん》」の音で終わります。

例　見る　来る　歌う

●動詞の活用

例　歩《ある》

か	ない
き	ます
く	。
く	とき
け	ば
け	。（命令）
こ	う

生《い》

き	ない
き	ます
きる	。
きる	とき
きれ	ば
きろ	。（命令）
きよ	。（命令）

可能《かのう》動詞

「〜できる」と可能の意味をもつ動詞を可能動詞といいます。「エ段」の音＋「る」の形になります。

例　歌える（⬆歌う）　走れる（⬆走る）

らぬきことば

次のようなものは「ら」を入れないといけません。これらは動詞＋助動詞「られる」の形で、可能動詞ではありません。

例　×見 くら れる　×食べ くら れる

自動詞と他動詞

動詞には**自分自身のはたらき**として表す**自動詞**と、**ほかへのはたらき**として表す**他動詞**があります。他動詞は「〜を〜する」という形をとることが多いといえます。

2 形容詞とは

物事の性質や様子を表す単語です。言い切りの形は「い」で終わります。

例 広い　大きい　楽しい

●形容詞の活用

例

暑《あつ》	**かろ**	う
	かっ	た
	く	ない
	い	。
	い	とき
	けれ	ば

苦《くる》し	**かろ**	う
	かっ	た
	く	ない
	い	。
	い	とき
	けれ	ば

3 形容動詞とは

物事の性質や様子を表す単語です。言い切りの形は「だ」「です」で終わります。

例 きれいだ　静かだ　元気だ

●形容動詞の活用

例

静《しず》か	**だろ**	う
	だっ	た
	で	ない
	に	なる
	だ	。
	な	とき
	なら	ば

おだやか	**だろ**	う
	だっ	た
	で	ない
	に	なる
	だ	。
	な	とき
	なら	ば

例 ・水**が**流れる。**（自動詞）**
・水**を**流す。**（他動詞）**

形容詞とまぎらわしいことば

次のようなものは形容詞ではありません。

×泣かない⬇動詞「泣く」＋助動詞「ない」

×きれい⬇形容動詞「きれいだ」の一部分

形容動詞の見分け方

●語尾《ごび》を「だ」「な」「に」にして意味が通るものが形容動詞。

例 ○元気だ　○元気な　○元気に ｜ ○父だ　×父な　×父に

⬇「元気だ」は形容動詞。「父だ」は名詞＋助動詞。

●上に「とても」を補《おぎな》って意味が通るものは形容動詞。

例 ○日本は(とても)平和だ。

×大切なのは(とても)平和だ。

⬇右の「平和だ」は形容動詞。左は名詞＋助動詞。

力だめしの問題

入試標準レベル

解答➡p.533

1 次の文の――線①～⑩の語は、ア「動詞《どうし》」、イ「形容詞《けいようし》」、ウ「形容動詞」のどれか。記号で答えなさい。三つのうちどれでもない語には×と答えなさい。

(1) ①赤い顔が、いっそう②赤らむ。
(2) ③寒い日の雨は、いっそう④寒さを⑤増《ま》すように思われる。
(3) 遠足に行か⑥ない人は⑦ない。
(4) 耳たぶというのは、耳の⑧やわらかなところです。
(5) ⑨小さな花が⑩きれいにさいた。

2 次の〔　〕の中に示《しめ》した語を、文中の□に合うように適切《てきせつ》な形に変えなさい。

(1) 〔降《ふ》る〕　もし雨が□ば、写生会は中止です。
(2) 〔くる〕　彼《かれ》は□ても、彼女《かのじょ》は□ないでしょう。
(3) 〔する〕　宿題を学校で□ば、家で□ないですむ。
(4) 〔赤い〕　花の色が□ば、それは、赤つめ草です。
(5) 〔すばらしい〕　音楽会はとても□た。
(6) 〔元気だ〕　□なれば散歩に出かけられるね。
(7) 〔静かだ〕　車が走らなければ□うと思う。

3 次の(1)～(4)の中にはことばの性質《せいしつ》のちがうものが一つずつふくまれている。そのことばを答えなさい。【大谷中】

(1) 少ない　言わない　もったいない　あどけない
(2) 名作だ　平和だ　複雑《ふくざつ》だ　広大だ
(3) あきらめる　眺《なが》める　読める　さめる
(4) あかい　きれい　ながい　たかい

4 次の文章の――線①～⑫の語は、あとのア～ウのどれに属《ぞく》すか。番号で答えなさい。

ふしぎなことです！　わたしは、なにかに①深く心を②動かされているときには、まるで両手と舌とが、わたしのからだにしばりつけられているような気持《きもち》になるのです。そしてそういうときには、心の中にいきいきと感じていることでも、それをそのまま絵にかくこともできなければ、言い表わすこともできないのです。しかし、それでもわたしは絵かきです。わたしの眼《め》が、わたし自身にそう言い聞かせています。それに、わたしのスケッチや絵を見てくれた人たちは、みんながみんな、そう認《みと》めてくれているのです。

　わたしは貧《まず》しい若者で、たいへんせまい小路《こうじ》の一つに③住んでいます。といっても、光がさしてこないというようなことはありません。なにしろ、まわりの屋根ごしに、ずっと遠くの方まで見わたすことができるほど、高いところに住んでいるのですから。この町にきた、さいしょのころは、ひどくせまくるしい気がして、④さびしい思いをしたものです。それもそのはず、⑤森やみどりの丘《おか》のかわりに、地平線に見えるものといえば、ただ灰色《はいいろ》の煙突《えんとつ》ばかりなのですからね。おまけに、ここには、友だち⑥ひとりいるわけではありませんし、あいさつの声をかけてくれるような顔なじみもなかったのです。

　ある晩《ばん》のこと、わたしはたいへん悲しい気持で、⑦窓《まど》のそばに立っていました。ふと、わたしは窓を⑧あけて、外をながめました。ああ、そのとき、わたしは、どんなに喜《よろこ》んだかしれません！　そこには、わたしのよく知っている⑨顔が、⑩まるい、なつかしい顔が、遠い故郷《こきょう》からの、いちばん⑪親しい友だちの顔が、⑫見えたのです。それは月でした。なつかしい、むかしのままの月だったのです。

ア　名詞（例＝本）

イ　動詞（例＝書く）

ウ　形容詞（例＝きよい）

第4章 副詞・連体詞

1 副詞《ふくし》・連体詞

ココがポイント

ここでは、自立語の中の**副詞**と**連体詞**を学ぶ。どちらもほかのことばを修飾《しゅうしょく》するが、副詞はおもに**用言**を、連体詞は**体言**を修飾するというちがいがある。とくに**呼応《こおう》する副詞**は入試によく出るので、しっかり覚えておく。

1 副詞とは

おもに用言(動詞《どうし》・形容詞《けいようし》・形容動詞)を修飾する単語です。**状態《じょうたい》や程度《ていど》をくわしく説明します**。活用はしません。

例
・犬が**ワンワンと**鳴く。
・**もっと**早く起きよう。

また、**上にくる副詞によって**、**下にくることばが決まってくる**ことがあります。これを**副詞の呼応**といいます。入試でよく出題されるので、おもなものは覚えてお

擬声語《ぎせいご》・擬態語《ぎたいご》

擬声語は、**動物の鳴き声や物の音をまねてつくった語**です。**擬態語**は、**動作や状態をそれらしく表した語**です。これらのことばはすべて副詞です。

例
・はとが低い声でクークー鳴く。 ⬇はとの声
・ザーッと雨が降《ふ》る。 ⬇雨の音
・ひょろひょろ歩く。 ⬇弱々しい動作
・ぐっすりねむる。 ⬇ねむりが深い状態

「大きな」は形容詞？ 形容動詞？

連体詞「大きな」は形容詞や形容動詞とまぎらわしいです。四三二ページの「形容詞の活用」「形容動詞の活用」を参照しましょう。

きましょう。

例
- **決して**話さ**ない**。⇩打ち消し
- **少しも**反省し**ない**。⇩打ち消し
- **たぶん**晴れるだろ**う**。⇩推量《すいりょう》
- **どうして**泣くの**か**。⇩疑問《ぎもん》
- **たとえ**死ん**でも**、⇩仮定《かてい》
- **まるで**雪の**ように**白い。⇩たとえ

2 連体詞とは

体言(名詞)を修飾する単語です。活用はしません。

例 この　ある　いわゆる　いかなる　大きな　小さな　おかしな　例の　わが

連体詞の中には、**ほかの品詞とまぎらわしい形のものが多くあります。**

例
- **この**本が私《わたし》のものです。
- これが私の本です。〈(代)名詞〉

- **ある**本を買った。
- 買った本がある。〈動詞〉

- **大きな**木。
- 大きい木。〈形容詞《けいようし》〉

- 形容詞の活用形には「な」で終わる形はない。
- 形容動詞ならば言い切りの形が「大きだ」となるはずだが、ならない。

よって**「大きな」は形容詞や形容動詞ではない**といえます。

こそあどことばの品詞

こそあどことばは形によって品詞が分かれます。

代名詞	これ	それ	あれ	どれ
	ここ	そこ	あそこ	どこ
	こちら	そちら	あちら	どちら
	こっち	そっち	あっち	どっち
形容動詞	こんなだ	そんなだ	あんなだ	どんなだ
副詞	こう	そう	ああ	どう
連体詞	この	その	あの	どの

力だめしの問題　入試標準レベル

解答⬇p.534

1 次の文の――線の語に注意して、□に合うことばを答えなさい。（解答欄《かいとうらん》の一ますは、ひらがな一字分を示《しめ》す。）

(1) たとえどんなことがあろう□、少しもくじけ□。
(2) そんなことは、私《わたし》にはとてもでき□。
(3) なぜ泣くの□、さっぱりわから□。
(4) まさか失敗するようなことはある□。
(5) おそらく彼《かれ》は欠席する□。
(6) まるで雪の□白くかがやいている。
(7) そんなことは、だんじて許《ゆる》さ□。

2 次の文の══線のことばを、――線の語に合うように直しなさい。

(1) たぶん、明日は雨が降《ふ》る。
(2) 私は、母の考えに必ずしも賛成《さんせい》である。
(3) 赤ちゃんの手は、ちょうどもみじの形をしている。
(4) あの沼《ぬま》のそばには、決して近づけばよい。
(5) どうぞ、早く来なさい。

3 次のA・Bのうち、連体詞《れんたいし》をふくむ文の記号を答えなさい。

(1)
A　そこにあるおじいさんがやってきました。
B　そこにある本をとってください。

(2)
A　小さな家が建っている。
B　小さい子が遊んでいる。

(3)
A　君の話はおかしい。
B　先生はおかしな顔をして笑った。

4 次の各文から連体詞をすべてぬき出し、また、その連体詞が修飾《しゅうしょく》していることばも一語でそれぞれぬき出しなさい。

(1) 大の大人が、子供《こども》みたいに電車でマンガを読むなんて、はずかしいったらありゃしない。

(2) 特定の個人《こじん》のはたらきによって、わが国の文化が発達したのではない。

(3) 高橋君は、いかなる困難《こんなん》にもめげず、ついに、あの名門とよばれる中学に合格《ごうかく》したのであった。

(4) この見事な油絵は、さる有名な画家が死ぬまぎわにえがいたものだそうだ。

5 次の文の（　）に合う語をあとから選び、記号で答えなさい。ただし、同じものをくり返し使ってはならない。

(1)（　）手をつくしてみたが、落とし物は見つからなかった。

(2)（　）災難《さいなん》に出会ったものだと困《こま》りはてる。

(3)（　）国は、島国である。

(4) 私は健康で、（　）大病というものは経験《けいけん》したことがありません。

(5)（　）日曜日のことだった。

(6)（　）三月二十五日、学級会を開く予定です。

(7) 走り終えた選手の顔は、（　）顔もいきいきとしている。

ア とんだ　イ いわゆる　ウ どの

エ きたる　オ あらゆる　カ わが

キ ある

ヒント

❶❷ 副詞の呼応《こおう》に関する問題は、どんな副詞がどんなことばと対応するのかを覚えておきましょう。

❹ 連体詞は数が少ないので、おもなものは覚えておきましょう。

第5章 接続詞・感動詞

1 接続詞《せつぞくし》・感動詞

ココがポイント

ここでは、自立語の中の**接続詞**と**感動詞**をあつかう。入試では接続詞の穴《あな》うめ問題などがよく出されるので、**順接**と**逆接**《ぎゃくせつ》を中心にしっかりと確《たし》かめておく。

1 接続詞とは

ことばとことば、文と文をつなぐ単語です。活用はしません。

例 ・今日のテストは国語**および**算数です。
・みんな走りだした。**しかし**、ぼくは走らなかった。

接続詞には次のような意味のものがあります。

順接	前のことがらがあとのことがらの理由や原因《げんいん》となる。 例 したがって　だから　それゆえ すると　そこで　それで　ゆえに

順接と逆接

読解《どっかい》の基礎編《きそへん》第3章の「2接続語を読みとる」（六四ページ）でもふれたように、**論理《ろんり》の流れをたどるうえで接続詞は重要なはたらきをします。**

中でも、順接と逆接はとくに重要で、きちんとおさえて文の前後の関係を正しくとらえなければなりません。

接続詞の例

●**順接**
例 君は努力家だ。**だから**、成績《せいせき》も優秀《ゆうしゅう》だ。

●**逆接**
例 みんながんばった。**しかし**、試合には負けた。

●**説明**
例 用言、**つまり**、動詞・形容詞《けいようし》・形容動詞は活用する。

逆接	前のことがらとは逆のことがらがあとにくる。 例 けれども　しかし　だが　ところが
説明	前のことについてあとで説明する。 例 すなわち　たとえば　つまり
補《おぎな》い	前のことについてあとで補って説明する。 例 ただし　だって　なぜなら
添《てん》加《か》	前のことがらにあとのことがらをつけ加える。 例 さらに　しかも　そのうえ　なお
並立《へいりつ》（並列《へいれつ》）	ことがらを並《なら》べる。 例 および　ならびに　また
選《せん》択《たく》	二つ以上のことがらからどれかを選ぶ。 例 あるいは　それとも　または
転《てん》換《かん》	話題を変える。 例 さて　では　ときに　ところで

2 感動詞とは

感動・よびかけ・返事・挨拶《あいさつ》などを表す単語です。活用はしません。

例 **まあ**、すてきな絵ですね。（感動）　**さあ**、行きましょう。（よびかけ）

はい、私《わたし》です。（返事）　**おはよう**。（挨拶）

●**補い**

例 料金は千円です。**ただし**、子供《こども》は半額《はんがく》です。

●**添加**

例 雨が強くなってきた。**さらに**、風までふきはじめた。

●**並立（並列）**

例 書類に住所**および**氏名を記入してください。

●**選択**

例 夕食は肉がいいですか。**それとも**魚がいいですか。

●**転換**

例 久《ひさ》しぶりだね。**ところで**、今日は何の用だい。

よびかけの名詞に注意

よびかけの意味を表すのは感動詞ですが、人によびかけるときには名詞を使うこともあるので注意しましょう。

例 ・**ねえ**、それとって。〈**感動詞**〉

・**木村君**、それとって。〈**名詞**〉

力だめしの問題　入試標準レベル

解答➡p.534

1 次の文の□に合う語をあとから選び、記号で答えなさい。

(1) 村人たちは先を争ってにげだした。□、ヤンはにげなかった。

(2) 道路が車でこんでいた。□、会合におくれてしまった。

(3) 森鷗外《もりおうがい》は、医師《いし》でもあり、□、文学者でもあった。

(4) 神社へお参りして、□、バスに乗って試験場へ行きます。

(5) やっと試験が終わった。□、これから何をしようかなあ。

(6) 霧《きり》が晴れた。□、今まで隠《かく》れていた湖が美しい姿《すがた》を現《あらわ》した。

(7) クラス会には、洋服で行こうか、□、和服で行こうか。

(8) 全員集合のこと。□、掃除《そうじ》当番は除《のぞ》く。

ア　また　イ　すると　ウ　けれども
エ　ただし　オ　さて　カ　だから
キ　それから　ク　それとも

2 次の文の A ～ D にあてはまる接続語《せつぞくご》としてもっとも適切《てきせつ》なものをあとから選び、記号で答えなさい。　【筑波大附駒場中】

遠くのものを取るには、うでをのばせばよい。A 私《わたし》たちのうでででは、いくらのばしても知れたものだ。B うでの代わりに柄《え》をのばすのだ。C 柄を長くすればするほど道具の先は遠くへとどくのだ。D 井戸《いど》のつるべや魚をとる網《あみ》などは私たちのうでの代わりとなってのびたものだ。

ア　それでも　イ　そこで　ウ　さて
エ　そのうえ　オ　しかし　カ　たとえば

3 次の文を、例にならって、適切な接続詞《せつぞくし》を使った二つの文に分けて書き直しなさい。

例 今日は暑かったが、すごしやすい日だった。
（今日は暑かった。しかし、すごしやすい日だった。）

(1) おこづかいを貯金《ちょきん》していたので、望遠鏡が買えた。

(2) おなかがすいているうえに、つかれがでてきた。

(3) おしゃべりをしてはいけない、ふざけるのもよくない。

(4) 昨日は勉強せずに寝《ね》てしまったけど、今日のテストはうまくいった。

---

4 次の——線の感動詞を、感動・よびかけ・返事・挨拶《あいさつ》の四つに分類して、記号で答えなさい。

(1) あら、きれいな花ですこと。

(2) もしもし、中野さんですか。

(3) わあっ、高いなあ。

(4) いいえ、ちがいます。

(5) ちょっと、そこのおじさん。

(6) うん、ぼくは小学生だよ。

(7) こんにちは、今日はいい天気ですね。

ヒント

❶❷ 接続詞は、前後の関係をよく考えて入れましょう。

第6章 助動詞・助詞

1 助動詞《じょどうし》・助詞

ココがポイント

助動詞・助詞は、いろいろなことばの下について、細かいはたらきやつながりを加える。ここでは、助動詞と助詞について学び、**細かな文の意味**をつかむ練習をする。

1 助動詞とは

おもに用言(動詞)の下について、**意味をつけ加えたり、限定《げんてい》したりする単語**です。**付属語《ふぞくご》で活用があります。**

例 歩か**せる** 読み**ます** 飛ん**だ**

助動詞は、**一つのことばにいくつもつく**ことができます。その場合、**助動詞は活用するので気をつけておきましょう。**

例
- 歩く ＋ せる ⬇ 歩か **せる**
- 笑う ＋ たい ＋ た ⬇ 笑い **たかっ** **た**
- 食べる ＋ られる ＋ そうだ ＋ ない ⬇ 食べ **られ** **そうに** **ない**

助動詞の意味

助動詞は過去《かこ》や推量《すいりょう》などさまざまな意味をつけ加えます。四四六ページで表にまとめたので確認《かくにん》しましょう。

助動詞の活用

助動詞の活用は、**用言の活用と似《に》たものが多い**です。

●**動詞の活用と似たもの**

「せる」「させる」「れる」「られる」など**「る」**で終わるもの。

例 見**せ**ない 見**せ**ます 見**せる**。 見**せる**とき 見**せれ**ば 見**せろ**

●**形容詞の活用と似たもの**

「ない」「たい」「らしい」の**「い」**で終わるもの。

例 見**たかろ**う 見**たかっ**た 見**たく**ない 見**たい**。

2 助詞とは

ことばについて、**その関係を示《しめ》したり、微妙《びみょう》な意味をあたえたりする単語**です。また文の終わりにつけたり、接続詞《せつぞくし》のかわりのはたらきをしたりするものもあります。**付属語で活用しません。**

例　桜《さくら》**の**花**が**さく。　どこ**に**いる**の**。

雨**が**降《ふ》った**から**、かさ**を**さした。

助詞はそのはたらきから、次の四つに分類できます。

●**格助詞《かくじょし》**…**おもに体言について**文節の関係を示す。

が・を・に・と・で・より・から・へ・の・や　など

●**接続助詞**…**用言や助動詞などについて**意味をあとに続ける。

し・て(で)・ても(でも)・ながら・つつ・から・ので・ば・と・けれど(も)・が・のに・ものの・たり(だり)・なり　など

●**副助詞**…**いろいろな語について**さまざまな意味を加える。

ほど・くらい(ぐらい)・ばかり・だけ・きり・まで・など・か・は・も・こそ・でも・さえ・しか・すら　など

●**終助詞**…**文末などについて**いろいろな意味を加える。

か・の・な・なあ・ね(ねえ)・わ　など

見た**い**とき　見た**けれ**ば

●**形容動詞の活用と似たもの**

「そうだ」「ようだ」など「だ」で終わるもの。

例　降り**そうだろ**う　降り**そうだっ**た

降り**そうで**ある　降り**そうに**なる

降り**そうだ**。　降り**そうな**とき

降り**そうなら**ば

その他、特別な活用をするものや、変化しないものもあります。

助詞が加える細かい意味

助詞がつくことで、**細かい意味がつけ加えられます**。そうした細かい意味を読みとることは、読解《どっかい》にも役立ちます。

例・子供《こども》**さえ**できる。

➡「大人なら当然できる」という意味が加わる。

・子供**だけ**できる。

➡「大人ではできない」という意味が加わる。

差がつく 助動詞《じょどうし》の種類と用法

（意味のちがいを見分けられるようになっておきましょう。）

【語】	【意味・用法】	【例文】
れる **られる**	①**受け身**…ほかから何かの動作を受ける意味を表す。 ②**自発**…動作が自然に起こる意味を表す。 ③**可能《かのう》**…「～できる」という意味を表す。 ④**尊敬《そんけい》**…動作を敬《うやま》って言う意味を表す。	●犬にかま**れる**。…① ●昔のことが思い出さ**れる**。…② ●なかなか早く起き**られ**ない。…③ ●先生が来《こ》**られる**。…④
せる **させる**	①**使役《しえき》**…ほかのものに、何かの動作をさせる意味を表す。	●弟に、新聞を取りに行か**せる**。 ●運転手に、むかえに来《こ》**させる**。
ない **ぬ（ん）**	①**打ち消し**…「～しない」という意味を表す。	●こんな難《むずか》しい字は読め**ない**。 ●鳴か**ぬ**なら、鳴かせてみよう。 ●この小鳥は、まだ飛べませ**ん**。
たい **たがる**	①**希望**…何かをしたいと希望する意味を表す。	●知らない町を、ひとりで歩いてみ**たい**。 ●どうしても学校に行き**たがら**ない。
た（だ）	①**過去《かこ》**…すでに動作がすんだという意味を表す。 ②**完了《かんりょう》**…ちょうどいま動作が終わったところだという意味を表す。 ③**存続《そんぞく》**…動作はすでに終わっているが、その結果が状態《じょうたい》として今も引き続き存在《そんざい》しているという意味を表す。「～てある」「～ている」で置きかえられるような用法。	●昨夜、九時に寝《ね》**た**。 ●この本は、去年読ん**だ**。　…① ●やっと、計画が完成し**た**。 ●宿題が、今、すん**だ**。　…② ●赤くぬられ**た**鳥居《とりい》が光る。…③

う **よう**	①**推量**《すいりょう》…「～ではないか」とおしはかる意味を表す。 ②**意志**《いし》…「～しよう」とする気持ちを表す。 ③**勧誘**《かんゆう》…「いっしょに～しようよ」と相手にさそいかける意味を表す。	●明日は、雨だろ**う**。…① ●りっぱなものを書**こう**。 ●明日は、早く起き**よう**。 }…② ●さあ、いっしょに行**こう**。…③
らしい	①**推定**…物事を、何らかの根拠《こんきょ》にもとづいておしはかる意味を表す。	●向こうにいるのは、どうやら妹**らしい**。
まい	①**打ち消しの推量**…打ち消しの内容《ないよう》をおしはかる意味を表す。 ②**打ち消しの意志**…「～しないようにしよう」という気持ちを表す。	●たぶん、雨は降《ふ》る**まい**。…① ●二度と失敗はくり返す**まい**。…②
そうだ **そうです**	①**様態**《ようたい》…そういう様子だという意味を表す。 ②**伝聞**…人から伝え聞いたという意味を表す。	●雨はやみ**そうだ(そうです)**。…① ●台風が来る**そうだ(そうです)**。…②
ようだ **ようです**	①**たとえ**…「まるで～のようだ」と似《に》かよった物事をたとえて言う意味を表す。 ②**例示**《れいじ》…例をあげて言う意味を表す。 ③**不確**《ふたし》**かな断定**《だんてい》…何らかの根拠にもとづいておしはかる意味を表す。「推定」とされることもある。	●まるで夢《ゆめ》の**ようだ(ようです)**。…① ●彼《かれ》の**ように**正直な人は少ない。…② ●今夜は寒い**ようだ(ようです)**。…③
だ **です**	①**断定**(だ)…「～である」とはっきり言い切る意味を表す。 ②**丁寧**《ていねい》**な断定**(です)…「だ」よりも丁寧な言い方。	●これは、杉《すぎ》の木**だ**。…① ●あれは、ひのき**です**。…②
ます	①**丁寧**…物事を丁寧に言う意味を表す。	●学校は、八時に始まり**ます**。

差がつく

助詞《じょし》の種類と用法

（赤字の見出し語の助詞にはとくに注意。）

格助詞《かくじょし》	が	●花**が**咲《さ》く。	（主語を示《しめ》す）
		●ロボット**が**ほしい。	（述語《じゅつご》の対象《たいしょう》を示す）
	を	●手紙**を**書く。	（対象）
		●上空**を**飛ぶ。	（場所）
	に	●運動場**に**出て遊ぶ。	（場所）
		●先生**に**結果を報告《ほうこく》する。	（相手）
		●午後から雨**に**なった。	（結果）
		●弟と本を買い**に**行く。	（目的）
		●書物**に**親しむ。	（対象）
		●ちょうど八時**に**学校に着いた。	（時間）
	と	●兄**と**話し合う。	（相手）
		●本**と**ノートを買う。	（並列《へいれつ》）
		●A君は賛成《さんせい》だ**と**いうことだ。	（引用）
		●苦学の末、博士《はかせ》**と**なった。	（結果）
	で	●運動場**で**遊ぶ。	（場所）
		●バス**で**通学する。	（手段《しゅだん》）
		●竹**で**かごを編《あ》む。	（原材料）
		●病気**で**欠席する。	（原因《げんいん》・理由）
	より	●鉄**より**かたい金属《きんぞく》。	（比較《ひかく》）
	から	●二階**から**落ちる。	（起点）
		●父**から**注意を受ける。	（相手）
	へ	●南**へ**向かって歩く。	（方向）
	の	●ぼく**の**ノートです。	（名詞《めいし》を修飾《しゅうしょく》）
		●気立て**の**いい人だ。	（主語を示す）
		●大きい**の**をください。	（「もの・こと」の意味）
	や	●電車**や**バスに乗って行った。	（並列）
接続助詞	し	●勉強もできる**し**運動もできる。	（並列）
	て（で）	●細く**て**長い針金《はりがね》。	（並列）
		●転ん**で**足をくじいた。	（原因・理由）
	ても（でも）	●走っ**ても**追いつけなかった。	（確定《かくてい》の逆接《ぎゃくせつ》）
		●急い**でも**間に合うまい。	（仮定《かてい》の逆接）
	ながら	●みんなで話し**ながら**お茶を飲む。	（同時）
		●父はやせてい**ながら**元気だ。	（逆接）
	つつ	●考え**つつ**話す。	（同時）
		●悪いことと知り**つつ**欠席した。	（逆接）
	から	●危険《きけん》だ**から**遠くから見なさい。	（原因・理由）
	ので	●この薬は苦い**ので**飲みにくい。	（原因・理由）
	ば	●急げ**ば**間に合うだろう。	（仮定の順接）
		●絵もかけれ**ば**字もうまい。	（並列）
	と	●梅雨《つゆ》になる**と**、むし暑い日が続く。	（条件《じょうけん》）
		●この試合に勝つ**と**優勝《ゆうしょう》だ。	（仮定の順接）
		●失敗しよう**と**やりぬくよ。	（仮定の逆接）
	けれど（も）	●くもっている**けれど（も）**暖《あたた》かい。	（逆接）

	助詞	用例
	が	●その話です**が**、私《わたし》も聞いた。……（単純《たんじゅん》な接続） ●探《さが》した**が**、見当たらない。……（逆接） ●私も健康だ**が**、君もそうだね。……（並列）
	のに	●知らない**のに**、知ったふりをする。……（逆接）
	ものの	●承知《しょうち》した**ものの**自信がない。……（逆接）
	たり（だり）	●書い**たり**消し**たり**する。……（並列） ●ふん**だり**、けっ**たり**だ。……（並列）
	なり	●顔を見る**なり**泣き出した。……（するや否《いな》や） ●洋服を着た**なり**寝《ね》る。……（存続《そんぞく》）
副助詞	**ほど**	●戸が破《やぶ》れる**ほど**たたいた。……（程度《ていど》）
	くらい（ぐらい）	●これ**くらい**のことができないのか。……（限定《げんてい》） ●長さ十センチ**ぐらい**に切りなさい。……（程度）
	ばかり	●天文学を二年**ばかり**研究した。……（程度） ●水**ばかり**飲んでいる。……（限定） ●列車は今着いた**ばかり**だ。……（まもない状態《じょうたい》）
	だけ	●一晩《ひとばん》**だけ**泊《と》めてください。……（限定） ●それ**だけ**できればすばらしい。……（程度）
	きり	●二人**きり**で相談しよう。……（限定）
	まで	●昼**まで**に終わろう。……（終点） ●夢《ゆめ》に**まで**見た国。……（強め）
	など	●杉《すぎ》・松**など**が多い。……（例示《れいじ》）
	か	●いつ**か**どこ**か**で会いましたね。……（不確《ふたし》か） ●行くの**か**行かないの**か**。……（並列）

	助詞	用例
	は	●人間**は**社会的動物である。……（題目） ●欠席**は**しないつもりだ。……（強め） ●梅**は**咲いたが、桜《さくら》**は**まだだ。……（取り立て）
	も	●山田君**も**賛成してくれた。……（同類） ●そんな話は聞きたく**も**ない。……（強め）
	こそ	●今度**こそ**がんばるぞ。……（強め）
	でも	●子供《こども》**でも**知っている。……（ほかを類推《るいすい》させる） ●コーヒー**でも**飲もう。……（大まかな取り上げ）
	さえ	●小学生で**さえ**わかる問題。……（ほかを類推させる） ●安く**さえ**あれば買う。……（限定）
	しか	●ぼくには妹**しか**いない。……（限定）
	すら	●小学生で**すら**解《と》ける問題。……（ほかを類推させる）
終助詞	**か**	●気分が悪くありません**か**。……（質問《しつもん》・疑問《ぎもん》）
	の	●いつ出発です**の**。……（質問・疑問）
	な	●一歩も退《しりぞ》く**な**。……（禁止《きんし》）
	な（なあ）	●君は元気だ**な（なあ）**。……（感動）
	ね（ねえ）	●すばらしい花だ**ね（ねえ）**。……（感動） ●ぼくはそう思う**ね**。……（念押《ねんお》し） ●よくわかった**ね**。……（感動）
	わ	●会いたかった**わ**。……（感動）
	ほかに、「～ぞ」「～とも」「～さ」「～よ」などがある。	

力だめしの問題 入試標準レベル

解答➡p.535

❶ 日本語の文は、文末によって、その表現《ひょうげん》の内容《ないよう》が大きく変わってくる。次の(1)〜(10)の文の場合、その内容は、あとのア〜コのどれにあてはまるか。一つずつ選び、記号で答えなさい。

(1) もっとたくさん本を読みなさい。
(2) 目によくないから、寝《ね》ながら本を読むな。
(3) ゲームに夢中《むちゅう》で、全然本を読まない。
(4) 珍《めずら》しく本を読んでいるらしい。
(5) おもしろい本を読みたいな。
(6) もうこの本は読みましたか。
(7) その本ならとっくに読んだ。
(8) 夏休みは、ぼくは本を十冊《さつ》読もう。
(9) 前田君もこの本を読んだそうだ。
(10) さっきからずっと本を読んでいる。

ア 質問《しつもん》 イ 意志《いし》 ウ 禁止《きんし》 エ 命令
オ 推定《すいてい》 カ 希望 キ 継続《けいぞく》 ク 伝聞
ケ 過去《かこ》 コ 打ち消し

---

❷ 次の①〜⑥のことばは用言について、さまざまに意味をつけ加える。例にならって正しくつながった形を答えなさい。

① た 過去を表す。
② られる 受け身・尊敬《そんけい》・可能《かのう》を表す。
③ ない 打ち消し(否定《ひてい》)を表す。
④ ようだ 不確《ふたし》かであることを表す。
⑤ たい 希望を表す。
⑥ らしい 推定を表す。

例 食べる＋②＋③＝(食べ られ ない)
(1) 読む＋⑤＋①
(2) おいしい＋③＋①＋④
(3) わかる＋③＋④＋①
(4) わかる＋③＋①＋④
(5) 行く＋⑤＋①＋④＋①
(6) 見る＋②＋③＋①＋⑥＋①

3 **次の(1)〜(4)の□に、［　］内に示《しめ》した意味になるひらがな一字を入れなさい。(3)は二通り答えなさい。**

(1) 野原に出かけて□草をつんでくる。［くり返し］

(2) そんなことを言うな□。［念をおす］

(3) 雪不足□スキー場は困《こま》っている。［原因《げんいん》］

(4) おもちを五つ□食べてしまった。［強調］

4 **次の文の意味を変えずに、——線部を別のことばに言いかえなさい。**

(1)
- ア 五分ばかりおくれた。
- イ 熱をだしたばかりに遠足に行けなかった。
- ウ 運動ばかりしている子。

(2)
- ア 雨さえ降《ふ》ってきた。
- イ 弟でさえできるのだから、ぼくにだってできる。
- ウ 食物さえあればよい。

5 **次の(1)〜(7)の□にもっとも適切《てきせつ》なひらがなを一字ずつ入れて、意味が通じるようにしなさい。同じ字をくり返して使ってはいけない。**

(1) このことを決して忘《わす》れはし□□だろうねと言った。

(2) 昨日、学級会が開けなかっ□のは残念です。

(3) やさしすぎて困るという□、それは本当かな。

(4) 努力がもの□いわないと人間やる気をなくしがちになる。

(5) とんでもない、そんなことがあるものです□。

(6) しゃべる□は、どうも苦手なんだ。

(7) A 「メリー、メリー。」とよん□□、メリーは家の中へはいってきま□□。

B 「メリー、メリー。」とよん□□、メリーは家の中へはいってきま□□。

（AとBの文は反対の意味になる。）

第7章 まぎらわしいことばの見分け方

1 まぎらわしいことばの見分け方

ココがポイント

ここでは入試によく出る**まぎらわしいことば**を学ぶ。一つ一つ丁寧《ていねい》に覚えること。

1 「の」の見分け方

●**連体修飾《れんたいしゅうしょく》の「の」…名詞《めいし》を修飾する文節をつくる。**

例 ぼく**の**本　真昼**の**太陽　算数**の**先生

●**主語を示《しめ》す「の」…「が」に置きかえられる。**

例 ぼく**の**えがいた絵　桜《さくら》**の**美しい季節

●**名詞と同じはたらきをする「の」**…「こと・とき・ひと・もの」などの**名詞に置きかえることができる。**

例 勉強する**の**は楽しい。　ケーキを食べた**の**はだれですか。

●**終助詞の「の」…文末につく。**

例 どうして全部食べない**の**。　まだ逆上《さかあが》りができない**の**。

ことばを見分けるポイント

ことばを見分けるときには、次のような方法で見分けていくといいでしょう。

●**ことばのつながりに注意する。**

例 桜**の**花

⬇「もの」と「もの」をつないでいる連体修飾の「の」。

例 遊ぶ**の**は楽しい。

⬇主語を示す名詞「こと」と同じはたらきをする「の」。

●**別のことばに置きかえる。**

例 わから**ない**＝○わから**ぬ**

⬇助動詞の「ない」は、「ぬ（ん）」に置きかえられる。

例 余裕《よゆう》が**ない**＝×余裕が**ぬ**

⬇形容詞の「ない」は、「ぬ（ん）」に置きかえられない。

2 「ない」の見分け方

助動詞の「ない」は、形容詞《けいようし》の「ない」と区別しましょう。

●**助動詞の「ない」**…おもに**動詞につく**。

例 勉強し**ない**と合格《ごうかく》し**ない**ぞ。　その字が読め**なかっ**た。

●**形容詞の「ない」**…**文節に分けると、すぐ上で切れる**。「有る」の反対の「無い」の意味。

例 もう時間が**ない**。　どこにもダイヤは**なかっ**た。

●**補助《ほじょ》形容詞の「ない」**…ほかの**形容詞や形容動詞、「たい」などにつながる**。

例 おいしく**ない**。　そんな話は聞きたく**なかっ**た。

3 「れる」「られる」の見分け方

意味が四種類あるので注意しましょう。

●**受け身**…ほかから何かの**動作を受ける**意味を表す。

例 雨に降《ふ》ら**れる**。　犬にほえ**られる**。

●**可能《かのう》**…**「〜できる」「〜することが可能だ」**の意味を表す。

例 歩いて行か**れる**。　このキノコは食べ**られる**。

●**尊敬《そんけい》**…他人の動作を**敬《うやま》って表現《ひょうげん》する**。

例 先生が話さ**れる**。　おじさんが来**られる**。

●**自発**…動作が**自然に起こる**意味を表す。

例 ふるさとが思い出さ**れる**。　春の息吹《いぶき》が感じ**られる**。

その他のまぎらわしいことば

「た」

●**過去《かこ》**…もう**すぎさったこと**であることを表す。

例 昨日、つりをし**た**。

●**完了《かんりょう》**…今、**ちょうど終わったこと**を表す。

例 やっと家につい**た**。

●**存続《そんぞく》**…その動作は終わっているが、その動作**の結果が状態《じょうたい》として続いていること**を表す。**「〜てある」「〜ている」に置きかえられる**。

例 赤いペンキをぬっ**た**へい。

「らしい」

●**助動詞の「らしい」**…**推定《すいてい》の意味**を表す。

例 どうやら無事**らしい**。

●**接尾語《せつびご》の「らしい」**…名詞について、**形容詞をつくる**。

例 彼《かれ》は男**らしい**人だ。

力だめしの問題

入試標準レベル

解答⬇p.536

1 次の各組の——線のうち、例文と同じ使い方のものを一つずつ選び、記号で答えなさい。【大谷中】

(1) これはわたしが借りた本だ。
ア　立っているのがつらい。
イ　これはわが家の犬だ。
ウ　行きたいが、行けない。

(2) もうちょっとで終わる。
ア　ちょっと見てごらん。
イ　ちょっと早すぎた。
ウ　ちょっと考えられない事故《じこ》だ。

(3) かれは大いに喜《よろこ》んだ。
ア　姉はいつもしとやかだ。
イ　森は静かだ。
ウ　百メートル泳いだ。

(4) 犬にほえられる。
ア　人に助けられる。
イ　それならぼくにも答えられる。
ウ　故郷《こきょう》の母のことが案じられる。

(5) 頭が痛《いた》いから何もできない。
ア　今日から野球が始まる。
イ　雨が降《ふ》るから外出できない。
ウ　あまりのこわさから泣きだした。

2 次の(1)〜(4)の——線の語には、使い方の異《こと》なるものがそれぞれ一つずつある。それをぬき出して、記号で答えなさい。【普連土学園中・改】

(1)
ア　彼《かれ》の姿が見えない。
イ　彼に負けるとは信じられない。
ウ　まだ海を見たことがない。
エ　この冬はあまり雪が降らない。

(2)
ア　学生らしい服装《ふくそう》をする。
イ　どうやら寝《ね》ているらしい人がいる。
ウ　友達がくれたパズルらしい。
エ　彼が買ったらしい本。

(3)
ア　これは驚《おどろ》くべき発明なのだ。
イ　試合に必要なのは根性《こんじょう》だ。
ウ　彼の長所は親切なことだ。
エ　とても貴重《きちょう》な時間だ。

(4)
ア 先生から言われた仕事だが彼はまだやっていない。
イ 彼女《かのじょ》の言うことが正しいとは思えない。
ウ 朝から何も食べていないがお腹《なか》がすかない。
エ だれが行こうがぼくには関係ないことだ。

3 **次の各組の――線のうち、例文と同じ使い方のものを一つずつ選び、記号で答えなさい。** 【南山中】

(1) ドライブに出かける。
ア 病気になる。
イ 母に手紙を書く。
ウ 雨に降られる。
エ 本を買いに行く。

(2) 病気で休んだ。
ア へやで待ちなさい。
イ 台風で家がたおれた。
ウ 十日でしめきりです。
エ 木で作る。

(3) 今年はあたたかいねと言った。
ア 友人と出かける。
イ 待てと追いかけた。
ウ 昨日とくらべてむずかしい。
エ 本とノートを買った。

4 **次の各組の――線のうち、例文と意味やはたらきが同じものを一つずつ選び、記号で答えなさい。** 【東邦大附東邦中】

(1) 海外へ出かける人が増《ふ》えているそうだ。
ア あの人は、いかにものんきそうだ。
イ 今にも雨が降りそうだ。
ウ 会場には、お昼までに着きそうだ。
エ 山田君は東京へ行くそうだ。

(2) 雪の降る朝はたいそう寒い。
ア これはどなたのですか。
イ 人間の生まれながらに持っている能力《のうりょく》。
ウ 働くのがめんどうだ。
エ この本はとてもおもしろい。

第8章 敬語

1 敬《けい》語《ご》

ココがポイント

敬語は、もともとは**身分・立場のちがい**がことばづかいのちがいとなってできあがったものだが、現代《げんだい》になって、**相手を尊重《そんちょう》する丁寧《ていねい》なことばづかい**へと変わってきた。ここでは、敬語のしくみを学び、正しい敬語の使い方を覚える。

1 尊敬語とは

相手の動作や物事を直接《ちょくせつ》高めることによって、相手への敬意を表します。

例　先生が言う　⬇　先生がおっしゃる

●**尊敬の意味をもつ特別なことば**（⬇下段《げだん》参照）

例・いらっしゃる（⬆いる・来る・行く）

・めしあがる　（⬆食べる）

●**「お(ご)～になる」の形で動詞《どうし》をはさんでいることば**

例　お持ちになる　お書きになる

常《つね》にだれの動作かに気をくばろう

尊敬語は自分の動作には使いません。その逆《ぎゃく》に謙譲語は相手の動作には使いません。だれの動作かに注意しましょう。

尊敬・謙譲の意味をもつ動詞

（　）内は敬語でない普通《ふつう》の動詞

尊敬動詞	謙譲動詞
いらっしゃる（いる・来る・行く） おっしゃる（言う）　なさる（する） ご覧《らん》になる（見る）　くださる（あたえる） めしあがる（食べる）	まいる（行く）　拝見する（見る） 申す（言う）　いたす（する） いただく（食べる・もらう） さしあげる（やる） うかがう（行く・聞く） うけたまわる（聞く）

●「れる・られる」のついたことば

例 彼《かれ》のお父さんは今度社長になられるそうだよ。

2 謙譲語《けんじょうご》とは

自分の動作や物事をけんそんして表現する（へりくだる）ことによって、相手への敬意を表します。

例 私《わたし》は賞状《しょうじょう》をもらう ⬇ 私は賞状をいただく

●謙譲の意味をもつ特別なことば（⬇右ページ下段参照）

例 ・拝見《はいけん》する　（⬆見る）

・うけたまわる（⬆聞く）

●「お（ご）～する」の形で動詞をはさんでいることば

例 お配りする　お待ちする

3 丁寧語《ていねいご》とは

尊敬語や謙譲語とは関係なく、聞き手に対して敬意を表します。「です・ます・ございます」という言い方を用いたり、ものや動作などを表すことばの初めに「お・ご」をつけたりします。

例 庭にお花が咲《さ》いています。

敬語表現の注意点

敬語表現では次のような点に注意しましょう。

●敬語表現は重ねて用いてはいけない。

例 ×おめしあがりになられる。

⬇〇めしあがる。

●相手の持ち物などにつく「お・ご」は尊敬語になることがある。

例 お手紙拝見しました。

●自分の家族など身内の人のことを他人に話すときには、謙譲語を用いる。

例 ×父は出席なさいます。

⬇〇父は出席いたします。

●「あげる」は謙譲語なので、動物などに対して用いてはいけない。

例 ×小鳥にえさをあげる。

⬇〇小鳥にえさをやる。

●会話の中の敬語に注意する。同じ人の動作でも、ことばを使い分ける。

例 A　こちらでめしあがりますか。

B　はい、いただきます。

力だめしの問題　入試標準レベル

解答⬇p.536

1 次のことばを、各文の□に合うような敬語《けいご》に直しなさい。【明治学院中】

(1) 見る

A 先生も野球を□になった。

B お手紙□しました。

(2) 行く

A あなたは今度いつ□ますか。

B 駅まで私《わたし》もいっしょに□ました。

(3) 言う

A 先生は私にこう□ました。

B 父がよろしくと□ました。

(4) 食べる

A どうぞ□ください。

B では、せっかくですから□ます。

---

2 次の――線部の敬語表現《ひょうげん》はだれに敬意を表したものか。それぞれ文中のことばで答えなさい。【関西学院中学部】

(1) 「山田先生、中村先生がおいでになる（ア）まで、もうしばらくお待ちください（イ）。」

(2) 「どうぞ、おめし上がりください（ウ）。」と母はお客さんに言った。

(3) 「父が明日おうかがいします（エ）。」と太郎は先生に言った。

(4) 「お母さんに、明日、学校へおいでくださる（オ）ように伝えてください。」と山田先生がおっしゃった。

3 次の文で敬語の使い方が誤《あやま》っているものを三つ選んで記号で答えなさい。【共立女子二中】

ア あなたからうかがった話をぜひみなさんに伝えたい。

イ 一時間も私をお待ちしたなんて申《もう》し訳《わけ》ありません。

ウ 父があなたにおっしゃったことを忘《わす》れないで下さい。

エ なるべく早くめしあがれ。

オ 先生は明日どんなことをいたしますか。

カ よくこの場所がおわかりになりましたね。

❹ 次の文章を読んで、あとの問いに答えなさい。

【昭和女子大附昭和中】

会議の席で、年上の人（Aさん）の言葉を引用して発言するとき、「Aさんが申しましたように…」と言う人があるが、これは（ ① ）の言い方で「Aさんが（ ② ）ましたように…」と言ったほうが適切《てきせつ》である。年上の人に自分の身内（親族）のことを話すときは、[1]「わたしのお父さんは会社にいらっしゃいました。」などとはいわないのである。劇場《げきじょう》内《ない》や博物館で人を呼《よ》び出《だ》す場合に[2]「Bさんいましたら受付までおいでください。」という言い方も誤りである。

問一　（ ① ）に入ることばを次の中から選んで記号で答えなさい。

ア　尊敬《そんけい》　　イ　謙譲《けんじょう》　　ウ　丁寧《ていねい》

問二　（ ② ）に適切なことばを入れなさい。

問三　――線1と2の文を正しい敬語に直して書きなさい。

ヒント

❶ だれの動作かを考えて、尊敬語を使うか謙譲語《けんじょうご》を使うかを見分けましょう。また、それぞれ敬意をふくんだ尊敬動詞《どうし》・謙譲動詞を用います。

入試のアドバイス④

入試本番にむけて

入試の本番が近づいたら、勉強以外の準備《じゅんび》も念入りに行いましょう。入試当日は、ただでさえ緊張《きんちょう》しているのに、予想していなかったことが起こったりすると、もう頭の中がパニックになってしまって、落ち着いて試験を受けられなくなってしまいます。

試験の時間を確認《かくにん》する。入試会場までの交通手段《しゅだん》と所要時間を調べる。入試の日の天気予報《よほう》を調べる。勉強以外にもやっておくことはたくさんあります。できれば、試験時間に合わせて、実際《じっさい》に入試の会場まで行ってみましょう。バスや電車は平日か休日かで時間がちがいますから、曜日を合わせて行くとなおよいでしょう。ついでに学校の雰囲気《ふんいき》を味わっておくと、本番の日に落ち着けると思います。

本番で実力を発揮《はっき》できるように、勉強以外の準備もきちんとしておきましょう。

自分を信じて！

入試本番はとにかく緊張するものです。落ち着こうとすればするほど、なおさら緊張してきます。あせると文章の内容《ないよう》が頭に入ってこないかもしれません。わかっているはずのことでもまちがえているのではないかと不安に思えてくるかもしれません。

みなさんは、なぜ緊張するか知っていますか？　それは、「失敗したらどうしよう」という不安があるからです。その不安をなくすためには、自分はがんばってきたから大丈夫《だいじょうぶ》だという自信が必要です。

この本でしっかりと学んだみなさんなら絶対《ぜったい》に大丈夫です。合格《ごうかく》するだけの実力はあるのですから、あとは実力を出すだけでよいのです。自分を信じて試験にのぞみましょう。がんばってください。

中学入試
総仕上げテスト

第1回 中学入試 総仕上げテスト

時間 40分　合格点 70点

解答➡p.537

1 **次の文章を読み、あとの問いに答えなさい。(問題の都合上、本文を一部改変しています。)** 【開智中】

「はーいみなさんこんにちは。ふれあいひろば担当《たんとう》の七森さやですっ」

七森さんはベンチに座《すわ》った子供《こども》たちとその傍《かたわ》らに立つ親たちを平等に見回し笑顔で手を振《ふ》る。普通《ふつう》の飼育員《しいくいん》はやらないタレントのごとき挨拶《あいさつ》だが、①実際《じっさい》に彼女《かのじょ》は楓《かえで》ヶ《が》丘《おか》動物園《どうぶつえん》のアイドルとして機能《きのう》しているため、園長からそのように振《ふ》る舞《ま》えと命令されているらしい。

彼女は新人の飼育員が皆《みな》そうであるように、最初はまず比《ひ》較的《かくてき》飼育のしやすい「ふれあいひろば」のモルモットやカイウサギ、ミニブタといった動物たちの担当になったのだが、「ふれあいタイム」に来てくれた親子に動物の扱《あつか》い方《かた》を説明するところを見ていた園長が彼女の才能――人前で喋《しゃべ》る技術《ぎじゅつ》、よく通る声、「動物のお姉さん」とでも言うべき明るく優《やさ》しいイメージ、ついでにちっちゃくて可愛《かわい》いことに――目をつけ、お客さんの前に出るガイドツアーや期間限定《きかんげんてい》イベントの仕事を重点的に割《わ》り振《ふ》り、ついでに地方局の番組にも飼育員代表として出演《しゅつえん》させた。そのため七森さんは勤続《きんぞく》六ヶ月くらいの時点でもう「楓ヶ丘動物園の美少女(大学出だが……)飼育係」として各方面に認知《にんち》されていた。そして二年目になった今では動画サイトで「七森さや」を検索《けんさく》すると彼女が出演したテレビ番組やお客さんが撮影《さつえい》した仕事中の彼女の映像《えいぞう》が大量にひっかかる。今のところ本人にどの程度《ていど》アイドルとしての自覚があるのかは分からないが、現《げん》に今も親子連れの後方から遠慮《えんりょ》がちな声で「さやちゃーん」と聞こえてきたりしているわけであり、その声の主が無邪気《むじゃき》な子供ではなく柵《さく》の前に並《なら》んだ五、六人の「大きなお友達」であることは彼女にも見えているだろう。「ふれあいひろば」を訪《おとず》れる子供たちからは「テレビで見たおねえさんだ！」と指さされるし、最近は「ふれあいタイム」の後に『一緒《いっしょ》に写真を』と求めるお客さんが来る。そういう申し出は絶対《ぜったい》に断《ことわ》るな、と園長に厳《げん》命《めい》されているとのことだったが、受《う》け応《こた》えを見る限《かぎ》り、彼女自身ももう慣《な》れっこになっているようだ。

とりあえず僕《ぼく》は②「えー、おまけの桃本《ももと》です」と続けて後ろのお兄さんたちの笑いをとる。七森さんは笑いながら「何ですかおまけって」とつっこみ、それから皆を見回しはっきりとした発音で喋る。「今から私《わたし》たちが動物さんたちの触《さわ》り方《かた》、どうやって抱《だ》っこしてあげるといいのかなーとかどこを持ったらいたいよーってなっちゃうのかとかを説明しますから、みんなよく聞いて覚えてくださいね」

七森さんは適度《てきど》に緩急《かんきゅう》をつけた口調で、ジェスチャーを交えながらモルモットやカイウサギの抱き方を説明する。僕はそれに合わせて適宜《てきぎ》、モルモットを持ち上げたりミニブタを追い回したりして実演する。抱いたモルモットが妙《みょう》にじたばたして僕のにおいを嗅《か》ぎたがったり、ヤギが横から乱入《らんにゅう》して舐《な》めてきたりといった台本外の事態《じたい》が必ずあるので、お客さんは大抵《たいてい》そこで笑顔《えがお》になり、子供たちも動物への警戒心《けいかいしん》を解《と》く。ほとんど喋らない僕も役には立っているようだ。

説明が終わると子供たちが動物の籠《かご》に集まる。興味津々《きょうみしんしん》でためらわずに手を出す子、怖《こわ》がってなかなか抱けない子、動物は親兄弟に抱っこしてもらって横から背《せ》を撫《な》でるだけの子。僕と七森さんは掃除《そうじ》をし、お客さんと話しながらそれを見守る。最近の子供は命の重さに対する理解《りかい》がどうのとか言われているようだが、動物を前にした子供たちはむしろ相手を傷《きず》つけることを怖がって手を出せないことが多い。そんな子であってもこちらが抱き方を教えて抱かせてあげると、ぱあっと笑顔に変わる。そういう時はつられてこちらも笑顔になる。(Ⅰ)我関《われかん》せずという顔で歩きまわるミニブタと尻《しり》をついて甘《あま》えてくるヤギをかわして歩きながら、動物を抱いててんでんばらばらに動く子供たちを見てまわる。モルモットの腹部《ふくぶ》を両手でがっちり握《にぎ》ってしまっている男の子を見つけ、ジェスチャーを交えながら両手でこうやって持ってあげてね、と説明する。事前に説明した扱い方を全部聞いている子は半分もいないので、子供たちが動き始めてからはさりげなく目を光らせていなければならない。男の子は僕の説明を聞くと掴《つか》んでいたモルモットを両手で抱き直し、こちらを見上げて目で訊《き》いてくる。腰《こし》をかがめて目線を同じにし、そうそう上手、と褒《ほ》めると男の子はにっこりと笑い、ママ、と呼《よ》びながらぱっと背を向けて母親の方へ駆《か》けていった。「ママー、ママ見て」

一見すると子供×動物という広告的微笑《ほほえ》ましさ溢《あふ》れる場面であるが、実のところ飼育員はけっこう神経《しんけい》を使っている。③動物たちから見れば、この「ふれあいひろば」は動物園で最も過酷《かこく》な修羅場《しゅらば》なのだ。もともと「不特定多数の人間に観察される」というだけでも動物たちは緊張《きんちょう》している。それなのに、ここの動物たちはそれに加えて触《さわ》られ抱《だ》きあげられ、時には追いかけられたりもする。何をしてくるか分からない見知らぬ人間たちにだ。体調の悪い個体《こたい》やストレスのたまっていそうな個体は休ませ、なるべく疲《つか》れさせないようにしてはいるのだが、完璧《かんぺき》にはいかない。抱かれているモルモットを見てあいつはストレスを感じているなと分かっても、子供《こども》から取り上げてしまうわけにはいかないから、黙《だま》って見ているしかない。それでも来てくれた子供が「モルモット抱っこできたよ」と笑顔《えがお》になればこちらとしては万々歳《ばんばんざい》なのだ。見かけ上、動物園の中で最も微笑《ほほえ》ましいこの「ふれあいひろば」は、動物たちに親しんで関心を持ってもらうために、当の動物たちにストレスを強《し》いなければならない――という、動物園の辛《つら》い部分を最も直截《ちょくせつ》に体現《たいげん》する悩《なや》ましいセクションである。

一時間ほどで「ふれあいタイム」は終了《しゅうりょう》になり、残っていた子供たちと大きなお友達が出口のゲートを開けて出てゆく。手を振《ふ》る子供たちに「バイバーイ。お手々洗《あら》ってねー」と手を振り返し、子供同様にいい笑顔で去る大きなお友達にいつの間に身につけたのか分からない商売用の笑顔でお辞儀《じぎ》をした七森さんと二人、とりあえず今回も子供たちが笑顔で出ていけたことに安堵《あんど》し、頷《うなず》きあう。それからすぐに動物の数を確認《かくにん》し、状態《じょうたい》をチェックする。

(中略《ちゅうりゃく》)

ウサギのケージを観察して異状《いじょう》がないのを確《たし》かめた僕《ぼく》は、腰《こし》を曲げてヤギとウサギのフンを掃《は》き集《あつ》めながら、箒《ほうき》を持ったままケージ内のモルモットたちを観察している七森さんに声をかけた。

「モルモット、大丈夫《だいじょうぶ》だった? 落っことした子がいたけど」

「……元気ですね。ショコラさんとモルコさんも、出ずっぱりだったわりには平気そうです」

動物相手でもなぜか「さん」をつけるのはこの人のいつもの癖《くせ》だが、なんとなく表情《ひょうじょう》に覇気《はき》がない。やはり普段《ふだん》の七森さんとは違《ちが》うな、と思った。

最近、彼女《かのじょ》は少し元気がないようだ。「ふれあいタイム」の間はいつも通り「明るく元気な飼育係《しいくがかり》のお姉さん」でいるし、普段通りの活発さでもある。だがそれが終わった後、すっと疲れたような表情を見せることがある。飼育員のつもりで就職《しゅうしょく》したのにアイドルにされてしまったことによる疲れだろうかとも思ったのだが、休園日でも微妙《びみょう》に影《かげ》がさしたような表情を見せることがあり、④原因《げんいん》が分からない。どうしようかな、と思ったが、ひと通り掃除《そうじ》を終え、箒を片付《かたづ》けるところで彼女と隣《とな》りあったので訊《き》いてみた。

「七森さん、体調悪い?」

七森さんはぱっとこちらを向いて目を見開き、言った。

「いえ……大丈夫です」

「そう。……おかしかったらすぐ言ってね」

「はい」七森さんは俯《うつむ》き加減《かげん》で応《こた》え、上目遣《うわめづか》いでちらりとこちらを見て「ありがとうございます」と付け加えた。

僕はゲートを開けてバックヤードに出ていった彼女の背中《せなか》を見ながら唸《うな》らざるを得《え》なかった。もともとそう多弁《たべん》な人ではないのだが、それにしてもさっきのやりとりは少し元気がなかったようだ。掃除中も俯き加減でいることが多かった。

飼育員は体調管理にも気を遣《つか》う。感染症《かんせんしょう》に気付かずにいて動物にうつしたらまずいからだ。そのことは彼女も分かっているはずだが、感染症でない体調不良やそれ以外の悩《なや》みかもしれない。困《こま》ったことがあるなら周囲《しゅうい》に相談してもらいたいのだが、どうしたものだろうか。

動物園は基本的《きほんてき》に(Ⅱ)男所帯《おとこじょたい》なので、その中で働く女性は頑張《がんば》りすぎて体を壊《こわ》したりしやすい——先輩《せんぱい》からはそう聞いているし、彼女は勤務《きんむ》二年目である。僕自身のことを思い出してみれば、一年目よりむしろ、新人でないこの時期の方が問題を自分一人で抱《かか》え込《こ》みやすかった。

ここですんなりと相談できる雰囲気《ふんいき》を作れれば立派《りっぱ》な先輩なんだけどなあ、と思うが、そういう雰囲気をどうやって作ったらいいのかが分からない。⑤傍《かたわ》らで熱心に柵《さく》のにおいを嗅《か》いでいるミニブタのサブローに「どうしようか?」と訊いてみるが、サブローは何を勘違《かんちが》いしたのか僕の指をちゅうちゅうと吸《す》い始《はじ》めた。だから、僕は食べ物じゃないというのに。

（似鳥鶏《にたどりけい》『午後からはワニ日和《びより》』〈文藝春秋〉より）

問一　‖線(Ⅰ)(Ⅱ)の意味としてもっとも適切《てきせつ》なものを次の中から一つ選び、記号で答えなさい。（各5点）

(Ⅰ)我関《われかん》せず

ア　少し怒《おこ》っている様子

イ　他者と仲良くなれない様子

ウ　物事にかかわらない様子

エ　じっくり考える様子

(Ⅱ)男所帯

ア　男ばかりで女のいない集団

イ　男だけが仲良しの家庭

ウ　男がリーダーの状態

エ　男が女よりも強い地帯

問二　——線①「実際《じっさい》に彼女《かのじょ》は楓《かえで》ヶ《が》丘《おか》動物園《どうぶつえん》のアイドルとして機能《きのう》している」とありますが、「アイドル」としての「彼

女」について述《の》べた次の文の中から、もっとも適切《てきせつ》なものを一つ選び、記号で答えなさい。（5点）

ア　現在《げんざい》は、新人が担当《たんとう》するべき「ふれあいひろば」の動物たちの飼育係《しいくがかり》をはずされ、「ふれあいタイム」でアイドルのようなことをしている。

イ　「ふれあいタイム」の後に写真撮影《しゃしんさつえい》を求める大人のファンをうっとうしく思っているが、園長の指示《しじ》に従《したが》って、仕方なくにこやかに対応《たいおう》している。

ウ　就職時《しゅうしょくじ》は、飼育員として仕事をしたいと思っていたが、今は動物園のアイドルとしての仕事のみならず、テレビでの歌手活動に意欲的《いよくてき》である。

エ　動物園のアイドルとなり、来園者の中に大人のファンも交じっているが、自分の現状《げんじょう》を受け入れ、仕事を熱心にこなしている。

問三　――線②「えー、おまけの桃本《ももと》です」とありますが、「桃本」は、「ふれあいタイム」で、普段《ふだん》どのような様子ですか。それがわかる箇所《かしょ》を探《さが》し、八字でぬき出しなさい。（5点）

問四　――線③「動物たちから見れば、この『ふれあいひろば』は動物園で最も過酷《かこく》な修羅場《しゅらば》なのだ」とありますが、それはなぜですか。四十字以内で説明しなさい。（10点）

問五　――線④「分からない」と文法的に同じ種類の「ない」をふくむことばを、次の中から一つ選び記号で答えなさい。（5点）

ア　夢《ゆめ》がない　イ　泣けない

ウ　やりたくない　エ　せつない

問六　――線⑤「傍《かたわ》らで熱心に柵《さく》のにおいを嗅《か》いでいるミニブタのサブローに『どうしようか？』と訊《き》いてみる」とありますが、このときの「桃本」の心情《しんじょう》を六十字以内で説明しなさい。（15点）

問七　この文章の特徴《とくちょう》について述べたものとしてもっとも適切なものを一つ選び、記号で答えなさい。（5点）

ア　最近元気のない七森さんの様子を心配し、彼女の悩《なや》みを解決《かいけつ》してあげようとする桃本の優《やさ》しさが、次第《しだい》に恋心《こいごころ》に変わるさまが、温かい視点《してん》で描《えが》かれている。

イ　一人で仕事の悩みを抱《かか》えるということは、就職二年目にはよくあることではあるが、それを先輩《せんぱい》として解決しようという桃本の奮闘《ふんとう》が、桃本の視点で描かれている。

ウ　一人仕事の悩みを抱える七森さんや、それを心配する桃本の苦悩《くのう》が、そうしたこととは無関心に振《ふ》る舞《ま》う自由な動物たちとの対比《たいひ》によって強調されている。

エ　元気のない七森さんへの配慮《はいりょ》や、動物園自体の抱える問題が、桃本の視点から淡々《たんたん》と描かれる中、お客さん達の、動物園を楽しんでいる姿《すがた》が描かれている。

2 **次の(1)~(5)のことわざと関係の深いものをあとから選び、記号で答えなさい。** (各3点)【甲南女子中】

(1) 石橋をたたいて渡《わた》る
(2) どんぐりのせいくらべ
(3) 朱《しゅ》に交われば赤くなる
(4) 時は金なり
(5) 鬼《おに》の目にも涙《なみだ》

ア 平凡《へいぼん》　イ 勤勉《きんべん》　ウ 同情　エ 謙《けん》そん
オ 友人　カ 用心　キ 忍耐《にんたい》

3 **次の(1)~(5)と似《に》た意味になるよう、①~⑤に人間の体の一部を表す漢字一字を補《おぎな》いなさい。** (各3点)【明治大付明治中】

(1) 話の腰《こし》を折る。　①をはさむ。
(2) 逃《に》げ腰《ごし》になる。　浮《う》き②立つ。
(3) 名が通る。　③が売れる。
(4) お手上げ。　④をかかえる。
(5) 陰口《かげぐち》を言われる。　後ろ⑤をさされる。

4 **次の各グループの□に、それぞれ読み方はちがうが、同じ漢字を使った二字熟語《にじゅくご》を入れなさい。** (各3点・完答)【灘中】

(1)
□がつくかつかないかのうちに両親と死別した。
□両面に充実《じゅうじつ》した生活を送る。

(2)
□にサインをしてもらう。
□で鶴《つる》を折る。

(3)
飼育中の豚《ぶた》の□はどれくらいですか。
引《ひ》っ越《こ》しに必要な□は集めた。

(4)
横綱《よこづな》が□から連敗した。
□の出を拝《おが》む。

(5)
□につきお早めにお召《め》し上《あ》がりください。
火星にも地球と同じように□はいるだろうか。

第2回 中学入試 総仕上げテスト

時間 40分 合格点 70点 解答➡p.538

1 次の文章を読んで、あとの問いに答えなさい。【桜蔭中】

今、私《わたし》たちは経済的《けいざいてき》な時間を生きている。そして、自分が自由に使える時間を欲《ほ》しがっている。しかし、自分の時間とはいったいどういう状態《じょうたい》のことをいうのだろう。それをどうすごしたら、幸せな気分になれるのだろうか。

どこの世界でも、人は時間に追われて生活している。私がゴリラを追って分け入ったアフリカの森でもそうだ。晩《ばん》に食べる食料を集めに森へ出かけ、[a]アサッテに飲む酒を今日仕こむ。昨日農作業を手伝ってもらったので、そのお礼として明日ヤギをつぶす際《さい》に肉をとり分けて返そうとする。それは、つきつめて考えれば、人間の使う時間が必ず他者とつながっているからである。

①時間は自分だけでは使えない。ともに生きている仲間の時間と速度を合わせ、どこかで重ね合わせなければならない。だから、森の外から流入する[b]ブッシや人の動きに左右されてしまう。

ゴリラといっしょに暮《く》らしてみて私が教わったことは、互《たが》いの存在《そんざい》を認《みと》め合《あ》っている時間の大切さである。野生のゴリラは長い間人間に追い立てられてきたので、私たちに強い敵《てき》意《い》をもっている。しかし、辛抱強《しんぼうづよ》く接近《せっきん》すれば、いつかは敵意を解《と》き、いっしょにいることを許《ゆる》してくれる。それは、ともにいる時間がケイカするにしたがい、信頼関係《しんらいかんけい》が増《ま》すからである。

ゴリラたち自身も、信頼できる仲間といっしょに暮らすことを好む。食物や繁殖相手《はんしょくあいて》をめぐるトラブルによって信頼が断《た》たれ、離《はな》れていくゴリラもいるが、やがてまた別の仲間といっしょになって群れをつくる。とくに、子どもゴリラは[c]シュウイのゴリラたちを引きつける。子どもが遊びにくれば、大きなオスゴリラでもよろこんで背中《せなか》を[d]カすし、悲鳴をあげればすっ飛んでいって守ろうとする。ゴリラたちには、自分だけの時間がないように見える。

人間も実はつい最近まで、自分だけの時間にそれほど＊固執《こしゅう》していなかったのではないだろうか。とりわけ、木や紙でつくられた家に住んできた日本人は、隣人《りんじん》の息遣《いきづか》いから完全に隔絶《かくぜつ》することはできず、常《つね》にだれかと分かち合う時間の中で暮らしてきた。それが原因《げんいん》で、うっとうしくなったり、ストレスを高めたりすることがあったと思う。だからこそ、戦後に高度経済成長をとげた日本人は、他人に邪魔《じゃま》されずに自分だけで使える時間をひたすら追い求めた。そこで、効率化《こうりつか》や経済化の観点から時間を定義《ていぎ》する必要が生じた。つまり、時間はコストであり、金に換算《かんさん》できるという考え方である。

しかし、ブッシの流通や情報技術《じょうほうぎじゅつ》の高度化を通じて時間を節約した結果、せっかく得《え》た自分だけの時間をも同じように効率化の対象《たいしょう》にしてしまった。自分の欲求《よっきゅう》を最大限《さいだいげん》満たすために、効率的なすごし方を考える。映画《えいが》を見て、スポーツを観戦し、ショッピングをたのしんで、ぜいたくな食事をする。自分で稼《かせ》いだ金で、どれだけ自分がやりたいことが可能《かのう》かを考える。でも、②それは自分が節約した時間と同じ考え方なので、③いつまでたっても満たされることがない。そればかりか、自分の時間が増《ふ》えれば増えるほど、孤独《こどく》になって時間をもてあますようになる。

それは、そもそも人間がひとりで時間を使うようにできていないからである。700万年の進化のeカテイで、人間は高い共感力を手に入れた。他者のなかに自分を見るようになり、他者の目で自分を定義するようなった。ひとりでいても、親しい仲間のことを考えるし、隣人たちのA怒哀《どあい》Bに大きく影響《えいきょう》される。ゴリラ以上に、人間は時間を他者と重ね合わせて生きているのである。仲間に自分の時間をさしだし、仲間からも時間をもらいながら、*互酬性《ごしゅうせい》にもとづいた暮らしを営《いとな》んできたのだ。幸福は仲間とともに感じるもので、信頼は金や言葉ではなく、ともに生きた時間によって強められるものだからである。

世界は今、多くの敵意に満ちており、孤独な人間が増えている。それは経済的な時間概念《じかんがいねん》によってつくりだされたものだ。それを社会的な時間に変えて、いのちをつなぐ時間をとりもどすことが必要ではないだろうか。ゴリラと同じように、敵意はともにいる時間によって解消《かいしょう》できると思うからである。

（山極寿一《やまぎわじゅいち》『ゴリラからの警告《けいこく》「人間社会、ここがおかしい」』〈毎日新聞出版〉より）

*固執＝こだわること。
*互酬性＝お互いに、してもらったことに対してお返しをし合う関係。

問一　a～eのカタカナを漢字に直して答えなさい。（各2点）

問二　‖線部の四字熟語《よじじゅくご》は、人間のさまざまな感情《かんじょう》を表しています。A・Bに入る漢字一字をそれぞれ答えなさい。（各2点）

問三　――線①とはどういうことですか。わかりやすく説明

しなさい。（8点）

問四　――線②について、「それ」とはどういうことかを明らかにして、――線②全体の言っていることを説明しなさい。（13点）

問五　――線③のように言えるのはなぜですか。（15点）

2　次の文で誤《あやま》って使われた漢字の部分をぬき出し、正しいものを書きなさい。

（各2点）【慶應普通部・改】

例　自然保護につくしたかれの功積は大きい。（積→績）

(1)　博物館は、ここからどの方行にあたるでしょうか。

(2)　この作品はまだ研究の余知がある。

(3)　広場で遊んでもいいが、後始末をちゃんとしなさい。

(4)　ムササビは夜光性の動物です。

(5)　文明開花のころ、かれは横浜に店を開いた。

(6)　観衆の感動は最高調に達した。

(7)　かれは結極、自分の信ずる道を歩むことにした。

(8)　いま近づいている台風には、厳重な注意を用する。

(9)　ぼくは運動部にはいって、健康な体と強い精心を養うつもりだ。

(10)　有勢な相手チームにもひるむことなく、ぼくたちは精いっぱい戦った。

3　次の(1)～(10)のひらがなを四字熟語《よじじゅくご》に直しなさい。また、その四字熟語が（　　）に入る文としてもっとも適切《てきせつ》なものをあとのア～コから選び、記号で答えなさい。

（各2点・完答）

【駒場東邦中】

(1)　ごしょうだいじ

(2)　いきとうごう

(3)　ひんこうほうせい

(4)　はくがくたさい

(5)　おんしんふつう

(6)　てんぺんちい

(7)　へいしんていとう

(8)　しんきいってん

(9)　りろせいぜん

(10)　たんとうちょくにゅう

ア　今回選ばれた議員は、変なうわさもなく、（　　）な人物として評判《ひょうばん》が高い。

イ　ずっと（　　）になっていた友人から、とつぜん、手紙がとどいた。

ウ　前置きは、ぬきにして、（　　）に言ったほうがわかりやすいだろう。

エ　うちのおばあちゃんは、若《わか》いころの手紙を今でも

（　）に持っている。

オ　残念ながら一回戦で敗れたが、（　　）、敗者復活戦《はいしゃふっかつせん》にのぞみ入賞を果たした。

カ　いつもながら、彼《かれ》の（　　）とした話しぶりには、感心させられてしまう。

キ　話しているうちに、出身地が同じであることが分かり、すっかり（　　）した。

ク　事故《じこ》の原因《げんいん》が判明し、責任者《せきにんしゃ》は（　　）してあやまった。

ケ　だれがどんなに難《むずか》しい質問《しつもん》をしても、（　　）な彼は、すべて答えてしまう。

コ　日本は豊《ゆた》かな自然にめぐまれているが、（　　）に見まわれることが多い。

4　**次の例は、文とその組み立て図を示《しめ》したものである。これを参考にして、(1)~(5)の文の組み立てをあとから選び、記号で答えなさい。**　(各2点)【甲陽学院中】

例　おいしそうなおかしが手ぎわよく作られていく。

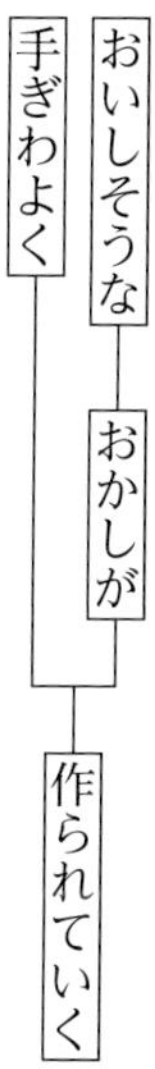

(1)　来年はのんびりと高原にでも旅行にいこう。

(2)　まじめな生徒が熱心におそくまで勉強している。

(3)　真夏の太陽に照りつけられた砂浜《すなはま》で遊んだ。

(4)　美しく整備《せいび》された町なみに夕日がしずんでいく。

(5)　むつかしそうな本が古い机《つくえ》においてある。

ア
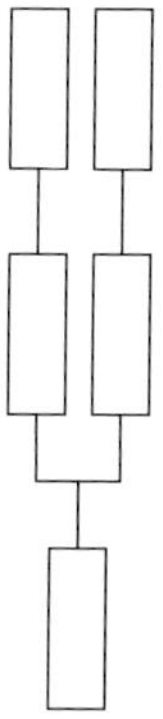

イ
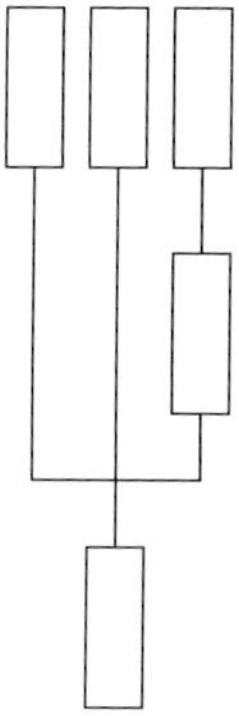

ウ
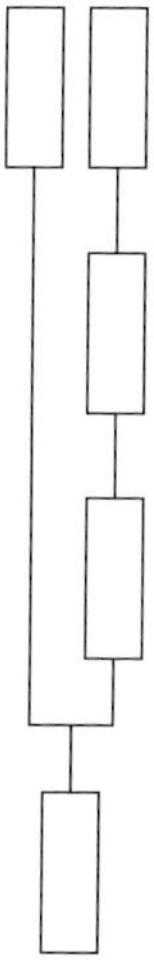

エ
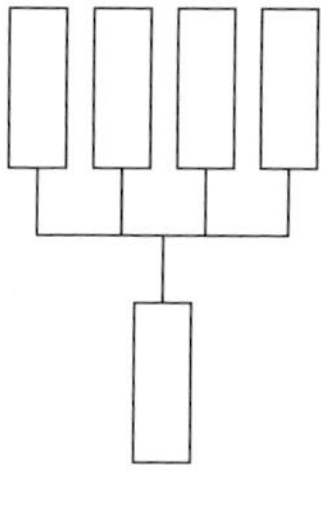

オ

第3回 中学入試 総仕上げテスト

時間 40分　合格点 70点

解答➡p.541

1 **次の文章は、有川浩《ありかわひろ》『明日の子供《こども》たち』の一節です。三田村慎平《しんぺい》は児童養護施設《じどうようごしせつ》『あしたの家』の児童指導職員《じどうしどうしょくいん》として働き始めました。和泉和恵《いずみかずえ》は同僚《どうりょう》の職員です。以下の文章を読んで、あとの問いに答えなさい。**【早稲田中】

奏子《かなこ》は三田村を無視《むし》しているわけではないし、態度《たいど》が悪いわけでもない。むしろ、表面的には愛想《あいそ》よく接《せっ》しているくらいだ。

ただ、慎平ちゃんとは呼《よ》ばないだけで。

——それだけなんだからいいじゃないか。

一体何がきっかけで壁《かべ》を作られているのか分からないが、九十人すべての子供たちに好かれるなんてことは不可能《ふかのう》だろうし、そりの合わない子供が奏子になったというだけだ。

愛想よく他人行儀《たにんぎょうぎ》な奏子のことが心の隅《すみ》に引っかかることを除《のぞ》いたら、仕事は概《おおむ》ね順調だった。日報《にっぽう》の書き方も分かってきて、和泉を残業に付き合わせてしまうことも少なくなった。

子供たちの小さな洋服を畳《たた》むのも慣《な》れてきた。

「じゃあ、わたし女子の洗濯物《せんたくもの》戻《もど》してくるから」

言いつつ和泉が、女子の洗濯物を詰《つ》めた洗濯籠《せんたくかご》を提《さ》げて立ち上がった。

「男子のほうはよろしくね」

男子の洗濯物を戻すとき、和泉は三田村に付《つ》き添《そ》わなくなった。誤配《ごはい》が減《へ》ったからだ。たったそれだけのことだが、少しは認《みと》めてもらえたようで無性《むしょう》に嬉《うれ》しい。

「任《まか》せてください!」

和泉を見送ってから男子の洗濯物を籠に詰め、三田村も多目的室を出た。

廊下《ろうか》を歩いていると、

「慎平ちゃん」

声をかけてきたのは平田久志《ひさし》、通称《つうしょう》ヒサである。もう普段《ふだん》着《ぎ》に着替《きが》えている。

「おー、お帰り」

「チビどもの洗濯物? 俺《おれ》も手伝うよ」

「大丈夫《だいじょうぶ》だよ、一人で」

大丈夫、の部分を誇示《こじ》したものの、久志は「まあまあ」と二つ提げた洗濯籠の一つを取り上げた。

配達先の部屋には子供たちが不在《ふざい》だった。宿題で学習室にでも行っているのだろう。子供たちがいないときは、箪笥《たんす》の中に洗濯物をしまってやることになっている。

三田村が洗濯物をしまい始めると、久志も倣《なら》った。特に「これ、誰《だれ》の？」などとは訊《き》かれない。奏子と並《なら》んで「問題のない子供」の代表格《だいひょうかく》である久志は、小学生たちの面倒《めんどう》も見慣れている。

（中略《ちゅうりゃく》）

①全員の洗濯物を片付《かたづ》けて、二つの空いた洗濯籠は三田村が持った。

「ありがとな」

「ううん。ところでさ」

先に部屋を出ながら、久志はごく何気ない口調で口を開いた。

「カナのこと、どうするの？」

部屋から一歩踏《ふ》み出《だ》したところで三田村は固まった。何気ない口調で、三田村にとっては爆弾《ばくだん》だった。

「……どうするって」

何気なく返そうとして声がかすれた。

「このままでいいのかってこと」

淀《よど》みない受け答えに、今度こそ言葉に詰まった。久志のほうが一枚上手《いちまいうわて》だ。

「……別に、特にこじれてるわけじゃないし」

ようやく押《お》し出《だ》した言葉は、まるでバツの悪いところを見つかった子供だ。久志も「またまた」と一蹴《いっしゅう》した。

「こじれてるわけじゃないけど、壁作られてるの分かってるでしょ」

「そんなのっ……」

相手は十七歳《さい》の高校生だ。こちらは十歳近く上の二十六歳だ。だが、年の差なんか空《むな》しく吹き飛《ふと》んだ。

「どこの会社だって全員と上手《うま》く行くわけじゃないんだから、仕方ないだろ」

「慎平ちゃんにとっては『あしたの家』って会社なんだ？」

からかうような口調は、むしろ諭《さと》すようにも響《ひび》いた。

「違《ちが》っ……」

「よかった、違うって言ってくれる人で」

②すっと背筋《せすじ》が冷たくなった。──この感覚を、もう知っている。『あしたの家』に来た初日だ。

無邪気《むじゃき》に人懐《ひとなつ》こく三田村を囲《かこ》んでいるように見えた子供たちを、和泉が「試《ため》してるのよ」と──子供たちは無邪気をaヨソオって、新顔の三田村が敵《てき》か味方か量っていた。

今は久志が量ったわけではなく、量られるような方向へ三田村が踏《ふ》み込《こ》んだ。

意固地になって返す言葉を間違《まちが》えていたら、決して味方の箱にはもう入れてもらえなかったのだろう。

「家じゃないけど、俺《おれ》たちにとっては生活の場所なんだ」

「……ごめん」

呟《つぶや》くと、久志《ひさし》が笑った。

「こういうときごめんって言っちゃう慎平《しんぺい》ちゃんが俺はけっこう好きだけど、カナは怒《おこ》るかもしれないな」

「……じゃあ、何て言えばいいんだよ」

「『分かった』くらいなら気に入るんじゃないかな」

「何か、素っ気ないような気がするけど」

「でも、それくらいが妥当《だとう》なんだよ。きっとね」

久志の笑顔《えがお》に無理をしている様子はない。しかし——自分たちの境遇《きょうぐう》に妥当という言葉を使ってしまうことが悲しい。そう思ってしまうことも、妥当ではないのだろうか。

「何で心配してくれるの、俺のこと」

「慎平ちゃんの心配は一割《いちわり》くらいかな」
[A]のが顔に出たのだろう、久志は「ごめんね」と笑った。
「家じゃないけど、生活の場所だからさ。嫌《きら》いな人は一人でも少ないほうが気分良く暮《く》らせるでしょ」


そうか、と腑《ふ》に落ちた。久志は奏子《かなこ》のことを心配しているのだ。

「仲いいんだな」

まあね、と久志も否定《ひてい》はしない。

「小さい頃《ころ》から一緒《いっしょ》だし、話も合うし」

（中略《ちゅうりゃく》）

「……でも、カナちゃんはもう俺とあまり話したくないんじゃないかな」

「まあ、そうだね」

あっさり言い放されて[B]なくなった。

「でも、壁《かべ》作られてさっさと諦《あきら》めるくらいなら、そもそもここに来なきゃよかったんじゃない？」

声に少し険《けん》が混《ま》じった。あっと思って顔を上げると、久志は「じゃあね」と自室のほうへ廊下《ろうか》を歩き出した。

呼《よ》び止《と》めようとした声が喉《のど》の奥《おく》で萎《しぼ》む。呆《あき》れさせたのか苛立《いらだ》たせたのか、最後の表情《ひょうじょう》は見定めることができなかった。

夕食の立ち会いを終えて、職員室《しょくいんしつ》に戻《もど》る途中《とちゅう》のことだった。

b ゴラク室の前を通りがかると、入り口の近くのソファに奏子と和泉《いずみ》が座《すわ》っているのが見えた。

　別のルートで戻ろうかと一瞬《いっしゅん》弱気が閃《ひらめ》いて、いやいや別に避《さ》けることはないと思い直し、だが微妙《びみょう》に二人の死角に回り込みながらそぉっと通《とお》り過《す》ぎる。

　すると、自分の名前が耳に飛び込んできた。

「三田村先生のことだけど」と切り出していたのは和泉だ。とっさに壁に貼《は》り付《つ》き、聞き耳を立てる。

「カナちゃん、どうして素っ気ないの？」

　素っ気なくされていることに和泉も気づいていたのだ、ということにまず打ちのめされた。


（中略）


「もう副担当《ふくたんとう》の先生なんだよ。もしわたしに何かあったら、三田村先生が繰《く》り上《あ》げで担当になるんだよ。わたしは、カナちゃんがここで息苦しくなったら悲しい」

「気が合わない人ってどうしてもいるじゃない」

「決めつけるのは早いと思うよ。三田村先生、まだ来たばっかりでしょ」

　いたたまれなくなって、足早にその場を離《はな》れた。最後はとうとう小走りになったが、まとわりつく不甲斐《ふがい》なさは振《ふ》り切《き》れない。

　自分は副担当だから、奏子と多少気が合わなくても大丈夫《だいじょうぶ》だと思っていた。どうせ奏子は和泉に懐《なつ》いているのだし、自分が直接《ちょくせつ》相手をすることはそんなにないだろうと高を括《くく》っていた。

　自分の気まずさだけをくよくよ気にかけ、自分が奏子との気まずさに目をつぶればいいのだと、それが大人の分別だと、単なる逃《に》げ腰《ごし》を正当化して。

　もし和泉に何かあったら、なんて全然考えていなかった。ある日突然《とつぜん》ぽきりと折れて辞《や》める人は多いと猪俣《いのまた》も言っていたのに。

　事故《じこ》や病気でリタイヤすることもあるし、家庭の事情で辞めざるを得《え》なくなることだってあるだろう。

　そんな折にも、自分が気まずさに目をつぶれば済《す》むと逃げ腰でいるつもりだったのか。

　ここが X である奏子の息苦しさにも目をつぶって。

「……ちくしょう」

　吐《は》き捨《す》てたのは、自分自身に対してだった。


　中学生が消灯して、高校生だけのささやかなヨフ[c]かしの時間がやってきた。

　三田村が奏子と杏里《あんり》の部屋に行くと、いたのは携帯《けいたい》をいじっている杏里だけだった。


（中略）

屋上に続く階段《かいだん》へ向かうと、果たして低い話し声が聞こえてきた。久志《ひさし》と奏子《かなこ》の声だ。

踊《おど》り場《ば》の下でしばらく立《た》ち尽《つ》くした。決意と弱気がせめぎ合う。二人が何を話しているのか、遠くて聞き取れない声に聞き耳を立ててしまう。

③——いいから踏《ふ》み出《だ》せ！

心で叫《さけ》んだ言葉の終《しま》いが強い息になって漏《も》れた。

二人を見上げる踊り場に、それこそ躍《おど》り出る。

二人は階段のてっぺんに並《なら》んで座《すわ》っていて、久志が先にこちらを向いた。一瞬《いっしゅん》その目を意外そうにしばたたき、それから眼差《まなざ》しが笑《え》みを含《ふく》む。

奏子は遅《おく》れてこちらに目を向け、三田村を認《みと》めた途端《とたん》に眼差しが険《けん》を含《ふく》んだ。——怯《ひる》むな。

「カナちゃん。俺《おれ》、話したいことがあるんだけど」

「何ですか？」

「多分、俺、カナちゃんと行《い》き違《ちが》っちゃってるよね」

「気のせいじゃないですか？」

奏子が立ち上がって階段を下りようとしたその前に、両手を広げて立《た》ち塞《ふさ》がる。

「気のせいじゃないよね。ちゃんと話そうよ」

（有川浩《ありかわひろ》『明日の子供《こども》たち』〈幻冬舎〉より）

問一　——線a～cのカタカナを漢字に直しなさい。（各2点）

問二　——線①「全員の洗濯物《せんたくもの》を片付《かたづ》けて、二つの空いた洗《せん》濯籠《たくかご》は三田村が持った」とありますが、ここまでの三田村の様子としてもっともふさわしいものを次から選び、記号で答えなさい。（8点）

ア　指示《しじ》に従《したが》わない奏子を注意できなかったことをバネに、さらなる成長を決意している。

イ　仕事を教えてくれることに感謝《かんしゃ》しつつも、心の底では自分を信じない和泉《いずみ》に壁《かべ》を作っている。

ウ　一人前の職員《しょくいん》となるには依然《いぜん》として課題はあるが、徐々《じょじょ》に仕事にも慣《な》れ、自らの成長を感じている。

エ　久志の方が子供たちの世話に慣《な》れているので、どうしても前向きに仕事をすることができないでいる。

問三　——線②「すっと背筋《せすじ》が冷たくなった」とありますが、三田村がこのような気持ちになったのはなぜですか。その理由としてもっともふさわしいものを次から選び、記号で答えなさい。（8点）

ア　奏子とこじれてしまった仲を改善《かいぜん》するのをもう諦《あきら》めたことを久志に見抜《みぬ》かれ、ずばりと指摘《してき》されたから。

イ　年下の久志がはるかに物事を深く考えていて、敵《てき》か味方かを確《たし》かめるべく誘導《ゆうどう》していることに気付いたから。

ウ　『あしたの家』が奏子や久志にとってはかけがえのない場所である、という認識《にんしき》をもっていなかったことを久志に馬鹿《ばか》にされたから。

エ　あくまでも働くためだけに『あしたの家』にいると久志に思われてしまうと、この先ずっと信用を得《え》られなかっただろう、と思ったから。

問四　[A]・[B]にもっともふさわしいことばを次から選び、それぞれ記号で答えなさい。（各2点）

A　ア　むだ骨《ぼね》を折った　　イ　拍子抜《ひょうしぬ》けした
ウ　空回りした　　エ　後手に回った
オ　しりごみした

B　ア　口火を切れ　　イ　重い口を開け
ウ　雄弁《ゆうべん》をふるえ　　エ　話に水をさせ
オ　二《に》の句《く》が継《つ》げ

問五　[X]にもっともふさわしいことばを本文中より三字以上五字以内で書きぬきなさい。（8点）

問六　――線③「――いいから踏み出せ！」とありますが、この時の三田村の気持ちはどのようなものですか。本文中のことばを用いて、四十五字以上五十字以内で説明しなさい。（12点）

問七　――線③以降《いこう》の奏子と久志の気持ちとしてふさわしいものを二つ選び、記号で答えなさい。（各8点）

ア　普段《ふだん》から関わりたくないと思っている三田村がやって来たので、奏子は不愉快《ふゆかい》になっている。

イ　久志は三田村を敵だと思っていたので、わざわざ自分と奏子を探《さが》してやって来たことに驚《おどろ》いている。

ウ　奏子が壁を作っていることにもかまわず、三田村が奏子と話をしようとしていることを、久志は内心で応援《おうえん》している。

エ　奏子は久志と二人きりでいるところをよりによって三田村に見つかってしまったので、一刻《いっこく》も早くこの場を立ち去りたくなっている。

オ　せっかく奏子と会うために三田村はやって来たのに、どうせ奏子にはぐらかされて逃《に》げられるのを、久志はかわいそうに思っている。

2　**次の俳句《はいく》の、それぞれの空欄《くうらん》にあてはまる語をあとの語群から選びなさい。**（各2点）

(1)　もらい来る茶わんの中の□かな
(2)　□すみ太鼓《たいこ》ころがしゆきにけり
(3)　夏河《なつかわ》をこすうれしさよ手に□
(4)　□をあおいであそぶうちわかな

(5) □の共に掃《は》かるる落葉かな

〔どんぐり　せんす　金魚　あさがお　祭
バッタ　七夕　花火　枯《か》れ草《くさ》　ぞうり〕

3 **次の(1)〜(5)の四《よ》字《じ》熟《じゅく》語《ご》の□には漢数字が入る。その漢数字と同じものが□に入る四字熟語をあとのア〜クから選び、記号で答えなさい。** (各2点)【帝京中】

(1) 一騎当□　(2) 朝三暮□
(3) 七転□倒　(4) □臓六腑
(5) 一朝□夕

ア □里霧中　イ □発百中　ウ □東三文
エ □触即発　オ □客万来　カ □方美人
キ □面楚歌　ク 二人□脚

4 **次の(1)〜(4)は四字熟語の組み立てについて説明した文である。その説明にしたがって、あとの語を四字熟語にし、答えは読みがなに直して答えなさい。** (各2点)【青山学院中等部】

(1) 上二字と下二字が似《に》た意味でくり返されているもの
(2) 上二字と下二字の意味が対立しているもの
(3) 上下の二字どうしがそれぞれ対立しているもの
(4) 四字が別々の意味をもち、対等の関係のもの

有名　草木　得失　無実　枝葉　利害　雨読　花鳥
山川　悪戦　末節　老若

5 **次の各文の（　）に入る適切《てきせつ》なことばを、それぞれア〜エの中から選び、記号で答えなさい。** (各2点)

(1) あの選手のけが（　）なければ、試合に勝っていただろうに。
ア しか　イ まで　ウ は　エ さえ

(2) 彼《かれ》のことを知ってはいる（　）、じっくり話したことはない。
ア ほど　イ ものの　ウ から　エ ように

(3) あのような危険《きけん》な場所にまさか一人で行く（　）。
ア まい　イ そうだ　ウ な　エ だろう

(4) どんなに努力し（　）、彼には勝てない。
ア て　イ たら　ウ ても　エ ながら

(5) 彼はアメリカに行った（　）帰ってこなかった。
ア ほど　イ きり　ウ なら　エ ところで

解答と解き方

読解の基礎編

第1章 国語の学習の基本

1 国語の学習　基本《きほん》の「キ」

力だめしの問題

❶ 問一 例 手作りの道具で朝夕の短い時間に日常生活の範囲内の猟場で行われるため、効率的で手間がかからないから。（四十九字）

問二 大聖寺の坂網猟…例 カモを江戸や東京へ出荷するため。（十六字）

種子島の突き網猟…例 害鳥として退治し自分たちで食べるため。（十九字）

解き方 問一 問いには「農家の人たちが農業のかたわら……できるのはなぜですか」とある。ことばを補《おぎな》って言いかえれば、いそがしい農業と両立できるのはなぜか、ということである。したがって、〝猟《りょう》をすることのハードルが高くない〟という系統《けいとう》の答えになるはずである。すなわち、「突き網猟《あみりょう》の場合」で始まる連続する二つの段落《だんらく》の内容《ないよう》を五十字以内で手際《てぎわ》よくまとめればよいということになる。〈道具〉〈時間帯〉〈場所〉を具体的に書き出して、要するにどういうことかをそえれば解答《かいとう》のようになる。

問二 対比《たいひ》が読みとれているかという問いであるから、直前の段落の冒頭《ぼうとう》にある「しかし」の前後に注目すればよい。「しかし」の直前に「……を退治《たいじ》するためのものでもありました」とあることから、種子島《たねがしま》の突き網猟の目的は、二つのポイントをおさえなければいけないことがわかる。

チャレンジ問題

❶ 問一 兄弟

問二 イ

問三 例 ほんとうに海が見えるかどうか自信がなく、もしも見えなかったときにアッシをがっかりさせたくなかったから。

問四 ウ

解き方 問一 第一段落《だんらく》「父はいつも平気な顔でアッシを後ろに乗せていた」などから、「少年」にとっても「アッシ」にとっても「父」であることがわかる。

問二 次段落に海を見に行こうとしていることが書かれているので、楽しみにしているのは海を見ることだとわかる。

問三 「自信はない」→「海を見られるかどうか自信がない」→「海を見られるかどうか自信がないので、アッシに過大《かだい》な期待をいだかせたくない」のように考えていくとよい。

問四 「気をつかわれているのがわかるから、嫌《いや》だった」とある。

第2章 物語・小説

1 あらすじ・設定《せってい》を読みとる

力だめしの問題

❶ 問一 例 仕事道具の旗をなくしたこと。（十四字）
問二 同情を誘う
問三 夕食の支度をするため（のエネルギー）（十字）

解き方 問一 僕《ぼく》の問いかけに対して、「なくしたのよ。集合用の旗を」と答えている。「集合用の旗」では、それをなくすことがなぜ「とんだ不覚」になるのかわからないので、「仕事道具の旗」とするとよい。

チャレンジ問題

❶ 問一 エ
問二 エ

解き方 問一 「……でない」のような打ち消しの表現《ひょうげん》が段落《だんらく》の冒頭《ぼうとう》にあれば、たいていの場合、〝ではどうなのか〟ということが同じ段落の残りの部分に書かれている。「誰《だれ》かと同じ場所へ向かって」に注目すると、**ウ**・**エ**にしぼれる。上原が言ったのは、「グラウンド以外も……」ということなので、**エ**に決まる。

問二 文字どおりの「レース」とはとれない。上原は「いつだって、どこだって、だいたい誰かが走ってる。それに、大田君を駆《か》り立《た》てるものだって、そこら中に転がってる」と述《の》べている。「駆り立てる」に注目する。

2 心情《しんじょう》を読みとる

力だめしの問題

❶ 問一 例 亡くなった妻の遺品の整理を長いあいだしていなかったことがはずかしかったから。
問二 例 作業がはかどらず途方にくれる気持ち。（十八字）
問三 エ

解き方 問一 言動や態度《たいど》、表情《ひょうじょう》などの理由をきかれたときは、心情を答える。

問二 直前の「途方《とほう》にくれた」がそのまま心情を表す表現《ひょうげん》として使える。直前の段落《だんらく》の「作業は、なかなかはかどらなかった」という事情もあわせて答える。

問三 「足立家の庭の……広がっていた」は場所の説明に過《す》ぎないが、さらにそのあとの「それが一層《いっそう》大きく見えた」は驚《おどろ》く理由として十分であろう。

チャレンジ問題

1 問一 エ
問二 イ
問三 エ
問四 ウ

解き方 問一 同じ段落《だんらく》には心情《しんじょう》は直接《ちょくせつ》書かれておらず、服装《ふくそう》の話などが書かれている。これが次の段落の「有頂天《うちょうてん》になり易《やす》い性《せい》質《しつ》」につながっている。

問二 校舎《こうしゃ》の話は「すべてにいい感じ」とまとめられているが、その直後、「そこにいる教師《きょうし》たちは私《わたし》をひどく迫害《はくがい》したのである」とある。

問三 「うなだれて見せた」の「見せた」という表現《ひょうげん》に注目する。この表現に合うのは、ウの「ふりをした」と、エの「装《よそお》った」であるが、教師の「偽《いつわ》りの優《やさ》しさを見抜《みぬ》いた」のであれば、その教師になぐられたからといって「いっそう傷《きず》つけられ」るはずがない。

問四 同じ段落の内容《ないよう》をふまえて考える。「落第する」と言われて「愕然《がくぜん》とした」場面である。

3 人物像《じんぶつぞう》を読みとる

力だめしの問題

1 問一 ウ
問二 イ

解き方 問一 本文中に「わたし」がア「母を気づかう」場面は見あたらない。イ「気の弱さ」、エ「人の話を聞かず」は、「わたし」と兄とのやりとりから考えてあてはまらない。

問二 母は、「わたしが憎《にく》い」から「お雛様《ひなさま》を売りたがったり、罪《つみ》もないお鶴《つる》をいじめたり」するのであって、本来ならば兄はそんなことをする人間ではないと考えている。したがって、ふさわしくないのは、いかにも「お雛様を売りたがったり、罪もないお鶴をいじめたり」しそうなイの性質《せいしつ》。

チャレンジ問題

1 問一 エ
問二 例 面倒をさけたがること。（十一字）
例 遅刻を気にしていること。（十二字）
問三 エ

解き方 問一 「僕《ぼく》」と「車夫」という二人の人物の姿《すがた》が対比的《たいひてき》にえがかれている。「僕」は「卑小《ひしょう》」だと述《の》べられているから、「車夫」はその反対。「仰《あお》ぎ見《み》るほど」ということばからも「大きさ」に関連することばであることがわかる。

問二 ＝線A「だいじょうぶさ。さあ行ってくれ！」の直前の段落《だんらく》に「自分から面倒《めんどう》を引き起こせば、僕も遅刻《ちこく》してしまう」とある。ここから「面倒はいやだ」という自分勝手さと、「遅刻したらまずい」という気の小ささを読みとる。

問三 「僕の生命力」が「凝固《ぎょうこ》し」たのは、「車夫」の行動を目にしたからである。アは「うったえるためのもの」が×。イの「身ぶるいするほどの感動」は本文に書かれていない。ウの「勇気づけられた」も「威圧《いあつ》」に合わない。オは「あわれな運命」「気《き》の毒《どく》」が論外《ろんがい》。

4 物語・小説のまとめ

力だめしの問題

❶ 問一 ウ
問二 イ

解き方 問一 「緊張《きんちょう》」という表現《ひょうげん》のあるウがもっともよさそうだが、イ「心配」、エ「不安」も悪くないので確認《かくにん》する。イは「日登美《ひとみ》に対する怒《いか》り」がおかしい。この段落《だんらく》から日登美を意識《いしき》している様子はうかがえない。エは「後悔《こうかい》」がおかしい。直前で「はりきってまいりましょう」と言っている。

問二 明らかに「適切《てきせつ》でないもの」を選ぶ。ア「目立ちたがり屋」の根拠《こんきょ》となるのは「両手を上げて、それにこたえた」の部分。ウ「距離《きょり》を置き」「関心を示《しめ》し」は、「さすがのあいつも無視《むし》できない」という部分に二つながらふくまれている。エ「正義感《せいぎかん》」が言《い》い過《す》ぎの感じもするが、「『先生っ、大変っ』と叫《さけ》びながら……走り去る」から、先生に知らせに行ったことは確《たし》か。これらに対して、イ「あきれている」は、「教室から下りてきたつーやんと合流し、着地側に陣取《じんど》った」という部分にそぐわない。

チャレンジ問題

❶ 問一 例 あせって本を読んでいたから。
問二 ノートをだいじそうにかかえて(十四字)
問三 例 自分の大好きな父親が弘子さんのことを好きになったのだから、自分も弘子さんを好きにならなければ、父親のことを大好きだといっていい資格ができないという思い。

解き方 問一 1行目に「明彦《あきひこ》くんは……ルパン全集にかじりついている」とあり、なぜそうしているのかについては「出発ぎりぎりまでルパンを読むことに決めた」とある。これで状況《じょうきょう》はわかるが、表現《ひょうげん》としては——線①直前の「あせって読むものじゃない」を利用すると書きやすいだろう。

問二 このノートは「林間学校日記」である。林間学校での思い出を大切にしたいという気持ちがあればこそ、「ノートをだいじそうにかかえ」るという行動になる。

問三 洋介《ようすけ》は明彦と自分を重ね合わせて考え、明彦にアドバイスをしたのだから、そのアドバイスがそのまま洋介自身にもあてはまることになる。「大好きなお父さんが大好きになった……大好きになるしかない」「それでこそはじめて……資格《しかく》ができる」の部分である。

第3章 説明・論説文

1 段落《だんらく》の中心文を読みとる

力だめしの問題

1 問一 ウ
問二 ウ
問三 イ

解き方 問一 「目で字面《じづら》を追っても、ぜんぜん頭に入らない」のはどういうときかを説明している部分。Ⅰのときと、「つまり、どういうこと?」と問いたくなるような場合と二つがあげられている。二つのケースに優先《ゆうせん》順位はないので、ア「さらに」は入らない。

問二 問一の解説《かいせつ》で述《の》べたように二つのケースがあげられているが、それらをまとめて段落の最後に「具体的に示《しめ》されている状況《じょうきょう》や内《ない》容《よう》が……」と書かれている。

問三 Ⅰは「読む気がしない」「気が散っている」といった状況にふさわしい表現《ひょうげん》になる。

チャレンジ問題

1 問一 (1) 新しい知恵
(2) ①…A ②…C ③…C ④…B

解き方 問一 (1) この問いは、——線部をふくむ段落冒頭《だんらくぼうとう》の一文が、段落全体の簡潔《かんけつ》なまとめという意味で中心文的な内容をもっている。とくにこの一文は、冒頭に「けれども」という逆接《ぎゃくせつ》の接《せつ》続詞《ぞくし》を伴《ともな》っており、文脈《ぶんみゃく》を理解《りかい》するうえで重要であることが明らかである。「新しい知恵《ちえ》が求められています」の「求められて」が、設問中《せつもんちゅう》の「……には求められない□を必要とし」という表現《ひょうげん》に対応《たいおう》していることにも注意を払《はら》いたい。

(2) ① 「人とペースを合わせ」るのだから、伴走者《ばんそうしゃ》がいるほうである。

② 選択肢中《せんたくしちゅう》で用いられているのとほぼ同じ語句《ごく》が本文中にあり、そこに「共通する技術《ぎじゅつ》」と書かれていた。

③ これも本文中に似《に》たことが書かれているところがあった。そこには「コーナーでは伴走が『壁《かべ》』になり、選手が外に膨《ふく》らむのを押《お》さえつけながら走る」とある。一方、選択肢に書かれているのは「できるだけ外にふくらまないように」ということだけである。すなわち、「外にふくらまないように」するという点は同じであるが、そのやり方が、目の見えない人の場合は、「伴走が『壁』に」なるということなのである。

④ 「よりはやくスタートすることだけを考え」と選択肢中にあるが、(1)で確認《かくにん》した中心文「けれども……新しい知恵が求められています」により、目の見えない人の競技《きょうぎ》においては「よりはやくスタートすることだけを考え」るわけにはいかないことがわかる。

2 接続語《せつぞくご》を読みとる

力だめしの問題

❶
問一　A…ア　B…ウ　C…オ　D…エ　E…イ
問二　しかしなが～なのです。
問三　例　全国どこでも通じればいいというていどの共通性があれば、どんな言語であってもいい(点。)（四十字）

解き方　問一　A　直前に「指導《しどう》がなされた」、直後に「標準語《ひょうじゅんご》と聞くと、自分の生活語を強制的《きょうせいてき》に弾圧《だんあつ》したものという暗いイメージが……」とある。B　「共通語を用いることにしました」を受けて、「共通語が……新時代語だという宣伝《せんでん》がさかんになされました」と続いている。C　話題が変わることを示すことばである。D　直後の「英語」は「共通語」の具体例。E　直前までの流れをせき止めるように「ここで注意したいのは……」と述べている。
問二　発想の転換《てんかん》が必要。「ほぼ同じ(＝ちがいがない)」というのも「ちがい」について述べている文であると言える。
問三　直後に「それは……言語です。……言語であってもいいわけです」とある。ここをまとめる。

チャレンジ問題

1
問一　A…イ　B…エ　C…ア　D…オ　E…ウ
問二　例　手作業をしている人とコンピュータやロボットを使う人を同じように大事にし、同じだけの報酬を払うこと。（四十九字）
問三　ウ

解き方　問一　Aは、「第一」「第二」に続いて「第三」を述《の》べるところ。Bは、「非常《ひじょう》に進んだ機械化」「それほど機械化の進んでいない」「全くの手づくり」を「働く三つのスタイル」とまとめているところ。Cのあとの「『手植え』でつくったお米」は具体例。Dの直前には「正しい労働のありよう」が書かれ、後ろには正しくない様子が書かれており、Eはその「正しくない様子」について条件《じょうけん》を並《なら》べている。
問二　「工場を例にして」とあるが、続く部分はしばらく米づくりの話である。「これまた、工場でも同じです」という段落《だんらく》を見つければ、「手作業をしている人よりも……多くもらえる」という部分を使えばよいということがわかる。
問三　一文は「だから」という接続詞《せつぞくし》で始まっている。その直前の文は「大切なのは、機械を使うか使わないかではなく、人の働きです」である。また、直前の段落の内容《ないよう》から「お金(＝報酬《ほうしゅう》)」の話が問題になっていることもわかる。

3 指《し》示《じ》語《ご》を読みとる

力だめしの問題

❶
問一 例「相手の立場」をある程度見極めること。（十九字）
問二 ウ
問三 「寂しくて〜ない」こと
問四 エ

解き方 問一 本文冒頭《ぼうとう》から——線①に至《いた》るまでの流れを記号を用いてまとめると、〝Aが大事だが、AはBに等しく、BのためにはCしなければならない〟となり、「これが、普通《ふつう》はけっこう難《むずか》しい」と続く。この流れをふまえれば、「これ」が指しているのはCということになる。流れをきちんとふまえたうえで答えたい。単に、指《し》示《じ》語《ご》だから直前の内容《ないよう》を書けばよいという考え方では通用しない問題もあるのである。さて、〝Cしなければならない〟は、本文では「『相手の立場』というものをある程《てい》度《ど》見極《みきわ》めていなければならない」である。まず文末を「……見極めること。」と決める。あとは字数調節をするだけである。

問二 選択肢《せんたくし》のうち「単に」からのつながりという観点から妥当《だとう》といえるのは、**イ・ウ・エ**である。次に「本当の意味での『親しさ』」ではない「上辺だけの関係」の説明として妥当かどうかを考える。**エ**の「名刺《めいし》」がおかしいのは明らかだが、**イ**の「仲が良いふりをしている」がわかりにくいかもしれない。しかし、「仲が良いふり」だと、仲が良くないことを自覚していることになってしまう。**ウ**の「なにかを交換《こうかん》」もわかりにくいが、たとえば、一緒《いっしょ》に遊んで時間をつぶすとかいったことを指していると考えれば「上辺だけの関係」の説明になりえているだろう。

問三 ——線③をふくむ部分は「そんなことは信じられない、と反発する」なので、筆者の言うことが信じられないのだとわかる。筆者が言っていることは「寂《さび》しくても悪くない」「友達がいても寂しいかもしれない」である。

問四 ——線④をふくむ部分は「自分の思《おも》い込《こ》みが悩《なや》みの原因《げんいん》だということに気づいてない（気づけない）状態《じょうたい》」である。「思い込み」の内容は「寂しいことは悪い状態だ」と「友達がいれば寂しくない」である。

チャレンジ問題

1
問一 例 自分と世界の関係がぴったりと合っておらず、自分は孤独であるという感覚。（三十五字）
問二 エ
問三 例 世界を対象化しており世界に閉じこめられていないといえるから。（三十字）
問四 世界を自分に合うようにつくり替える（こと）（十七字）
問五 例 自足できず、自分が生きる世界を絶えずつくり替えていかなければならないということ。（四十字）

解き方 問一 〝○○はどのようなものですか〟と問われたときの答えの文末は、「……もの。」でももちろんよいのだが、「……○○。」としたほうが答えやすいことが多い。文末が具体的であるほうが答えはイメージしやすい。この問題の場合だと「……感覚。」となる。そうすると、本文中の「……と感じられない」「……という感覚だ」といった表現《ひょうげん》が目につき、答えをまとめやすくなる。この問題に、指示語《しじご》だから直前を見ればよいという機械的な考え方で答えようとすると、「『自分一人でここに生きている』という感覚」しか出てこないかもしれないので要注意。

問二　「あらゆる未来の『種』」という表現に注意を払《はら》おう。これはプラスイメージの表現である。したがって、積極的にプラスイメージの内容《ないよう》をもっている選択肢《せんたくし》**ウ・エ・オ**から選ぶ。——線②をふくむ一文中に「この感覚こそ、学ぶことの根拠《こんきょ》に触《ふ》れている」とあり、学ぶことをするすべての人にあてはまるものを選ぶべきだということがわかる。つまり、「人より秀《ひい》でた」「人間の輝《かがや》かしい歴史《れきし》」のような、特別なものではないということである。

問三　——線③は段落冒頭《だんらくぼうとう》の二文であり、後続部分では、鳥が自由ではないと考えられる理由が述《の》べられる。その際《さい》、対比的《たいひてき》に「人間」ということばが頻出《ひんしゅつ》するので、これが手がかりになりそうである。一つ一つおさえていくと、「人間がするようには自分の住む世界を対象《たいしょう》として捉《とら》えることがない」「人間は言葉を用い……いわば世界と自分をはっきりと分けて認識《にんしき》している」「人間は、世界に閉《と》じこめられてはいない」等々が見つかる。今あげた最後の部分が、直接〝自由〟につながりそうなので、これを答えの末尾《まつび》にもってくるような形で答えを組み立てる。「世界に閉じこめられてはいない」といえる理由として、「世界と自分をはっきりと分けて認識」あるいは「世界を対象として捉える」のいずれかを書くとよい。

問四　問いが〝このことがもたらす帰結〟とでもなっていれば、直後の段落の初めの一文にある「人間はほかの動物のように自足することができず、自分が生きる世界を絶《た》えずつくり替《か》えていかなければならない」も答えになりうる。が、問いは「利点」をきいており、かつ、今あげた部分は世界をどのようにつくり替えるかを述べていないという点で具体性《ぐたいせい》に欠ける。そこで、似《に》た表現でありながら、マイナスイメージにならず、多少なりとも具体性のある表現を探《さが》す。

問五　問四の逆《ぎゃく》である。「閉じこめられている」だから、マイナスイメージの表現を利用するとよい。問四で初めに見つけた「人間は……自足することができず……ならない」の部分である。

4 対比《たいひ》・同意表現《ひょうげん》を読みとる

力だめしの問題

❶
問一　時間
問二　Ⅰ…エ　Ⅱ…オ　Ⅲ…イ
問三　例　値札をとり包装することで、同じチョコレートが商品ではなく贈り物になるということ。（四十字）

解き方　問一　直後に「チョコレートをもらって、すぐに相手にクッキーを返したとしたら……」とあるので、答えの見当はつく。通読時に A に何が入りそうか気にかけておいて、続く二つ目の段落《だんらく》に「商品交換《しょうひんこうかん》と贈与《ぞうよ》を分けているものは時間だけではない」とあることに気づくというのが理想的である。

問二 [Ⅰ] と [Ⅱ] は、本文冒頭《ぼうとう》の「商品交換と贈与を区別しているものはなにか?」という問いかけに対する答えを、具体例をとおして考えている部分である。段落全体が具体例になっており、前半が「交換」、後半が「贈与」という対比《たいひ》になっている。[Ⅲ] は、「値札《ねふだ》をはずす」だけでなく……という流れになっている。

問三 A「ほんの表面的な『印』の違《ちが》い」、B「歴然《れきぜん》とした差を生む」のそれぞれを具体的にする。問いの「具体的に」という指示《しじ》を、同じ段落の例を用いてという意味に解《かい》する。すると、Aは、〝値札がついているものと、値札がなく包装《ほうそう》されてリボンがついているものとの違い〟となり、Bは、〝商品と贈《おく》り物《もの》という差になる〟となる。

チャレンジ問題

1
問一 乾いた空気
問二 [例] 水を使わずに家やビルを建てる工法。(十七字)
問三 ③…イ ④…イ ⑤…イ ⑥…ア
問四 A…ウ B…ア
問五 イ

[解き方] 問一 ——線①に後続する部分に「湿《しめ》っている。じっとりと肌《はだ》にまとわりつく感じがする。合理的でない。古くさい。」とあるが、これらはすべて「情《じょう》というもの」が現在《げんざい》どのようにとらえられているかを表している。とすれば、その反対は〝乾《かわ》いている。さらさらしている。合理的である。新しい。〟のようなものになるだろう。本文に「乾いた空気を志向《しこう》している」とあるが、この「……を志向している」を、問いでは「……が好まれる」と言いかえているのである。

問二 「湿式工法《しっしきこうほう》から乾式工法《かんしきこうほう》への大転換《だいてんかん》」とあるので、直後の段落《だんらく》の「昔……」は湿式工法、その次の段落の「いまでは……」が乾式工法の説明であろう。そこには「まったく水を使わなくてもビルが建つ」とある。これを使う。ただし、このままでは「工法」にならないから、「……が建つ」は「……を建てる」とするべきだろう。また、「乾式工法」とは、「ビル」専門《せんもん》なのかという疑問《ぎもん》もわく。「湿式工法」の説明では、「家を建てるときには」とあった。そこで、〝ビルを〟の部分を〝家やビル〟としておく。

問三 ——線③は後続部に「乾いている」とある。——線④は「機械的な音質《おんしつ》」とありマイナスイメージである。——線⑤も後続部に「どこか乾いていて」とある。——線⑥は本文冒頭《ぼうとう》にもあるとおり、「情」なので、「湿っている」。

問四 [A] は、「乾いている」「地方の文化ホール」の説明として、[A] がないと述《の》べられている。[B] は、「犯罪《はんざい》に情をもとめるというのは、そもそも無理なのだろうが、それにしても」に続く部分である。

問五 ——線⑦の直前に「濃密《のうみつ》な熱い友情は、えてして壊《こわ》れやすいような気がする」とあることから考えればよい。

5 説明・論説文《ろんせつぶん》のまとめ

力だめしの問題

1 問一 これまで気付い
問二 「〜って」とい

解き方 問二 用法Bの例文に「高橋《たかはし》さん」「僕《ぼく》」「日本のアニメ」といったことばが出てくる。Bの例文に続く段落《だんらく》にも「高橋さん」などのことばがあるので、この段落は用法Bについての話になっているとわかる。

チャレンジ問題

1 問一 二番目…ミツバチ　三番目…そもそも
問二 ①…8の字のパターン　②…エサがここにある
問三 Ⅰ…認知　Ⅱ…反応　Ⅲ…推測

解き方 問一 人間のコミュニケーションと動物のコミュニケーションのちがいについて述《の》べている部分が二番目になる。三番目は、記号そのもののちがいについて。

問二 ——線①②をふくむ一文は「8の字のパターンは……記号の役《やく》割《わり》を果たしており」となっているので、「記号」＝「8の字のパターン」。「メッセージ」はその記号の意味するところである。

問三 動物のコミュニケーションの特徴《とくちょう》は、問一で見た二番目のまとまりに書かれている。「一定の対象《たいしょう》」ということばから「認知《にんち》」はすぐに見つかるだろう。また「仲間」「行動」ということばから「反応《はんのう》」も見つかる。「相手の考え」に続く部分は、「相手の思いや意図」に気づけば見つかる。

第4章 随筆

1 事実と意見を読みとる

力だめしの問題

1 問一 イ
問二 ウ
問三 キリンが座って寝（八字）
問四 エ

解き方 問一 3行目に「なんでこんなところに閉《と》じこめておくのだろう」とある。

問二 直前に「ぼくたちは……その恐怖《きょうふ》を実感できない」とある。「その恐怖」とは「食われる」恐怖である。一方、直後では「動物園では一二年も一六年も生きる」となっている。すなわち、実感としてわからないだろうが、恐怖から解放《かいほう》されるとこんなに長生きするくらい、その恐怖は強烈《きょうれつ》なのだという展開《てんかい》である。

問四 前の段落《だんらく》に、「野生動物は……『食うか、食われるか』の連鎖《れんさ》の中でお互《たが》いがギリギリのところで生きている」とあった。動物園の動物はその反対である。

チャレンジ問題

1

問一　定評にたよろうとする態度

問二　1…エ　2…イ

問三　例　絵本は子供が読むものだから幼稚なものだと決めつけ、たとえ読んでも深い意味に気づかないこと。

問四　例　知識や解説を優先したり定評にたよったりすることなく、自分が作品から受けた印象や感動を正当な価値判断の尺度とすること。（五十八字）

解き方　問一　随筆《ずいひつ》は、典型的《てんけいてき》には【事実・解釈《かいしゃく》・意見】という三《さん》段階《だんかい》で構成《こうせい》されている。この文章で【事実】にあたるのは、ある日国立博物館で見かけた小学生たちの様子である。それを「奇《き》妙《みょう》」ととらえたのは、筆者の【解釈】である。【解釈】には筆者の主観がふくまれているので、【事実】を紹介《しょうかい》した部分が終了《しゅうりょう》した直後、「おそらくこの少年たちは」以下の部分をたどっていくことになる。この部分は【解釈】であると同時に、芸術鑑賞《げいじゅつかんしょう》についての筆者の【意見】でもある。たどるときのポイントは、問いでは「姿勢《しせい》」を答えるように求められているということである。そうすると、「態度《たいど》」ということばが後続段落の末尾《まつび》にあるのが見つかる。問題作成者が、本文中で用いられている「態度」ということばをさけて、「姿勢」と書き直したということに注意を払《はら》っておこう。ほかの問題に取り組む際《さい》にも生かしたい。

問二　[1]は、「続けられてゆくうちに、いつしか……てしまう」という言い方から、〝意識《いしき》せずにいるうちに〟〝思いがけず〟といったニュアンスのことばがよさそうだとわかる。[1]に入ることばが「無自覚」であることがわかれば、[2]は、「規則《きそく》」や「定説」といった意識的なものではなさそうだとわかる。

問三　「知性《ちせい》」（＝「知識や解説」「定評《ていひょう》」）、「純粋《じゅんすい》な鑑賞」（＝「直接《ちょくせつ》強い印象《いんしょう》なり感動なりを受け」ること）、そして〝鑑賞の対象〟を一つ一つ具体化していこう。

問四　問一でも確認《かくにん》した【解釈・意見】の述《の》べられた部分に、筆者の考えは集約されている。「文章全体からわかる『私《わたし》』の考えを」と問いには書かれているが、無理をして文章全体からことばを取ってくる必要はない。

2　主題を読みとる

力だめしの問題

1

問一　イ

問二　イ

解き方　問一　「それは、治療《ちりょう》としての『やさしさ』から予防《よぼう》としての〝やさしさ〟へという変化でした」と直後に書かれている。「予防としての〝やさしさ〟」とは、「相手に傷《きず》をつけないようにすること」と書かれている。

問二　「予防的やさしさ」がむずかしいというのは、「予防」するのがむずかしいということであろう。

チャレンジ問題

1

問一 山菜やキノコの収穫(をすること)(九字)

問二 例 折れたり傷ついたりした個所から白い乳液を分泌するから。

問三 夏

問四 例 笹をキノコに刺しておくと手が汚れずに済むから。

問五 エ

問六 例 キノコの採取が禁じられた立て札がない点。

解き方 問一 「森の恵《めぐ》み」とは「チチタケ」に代表される「山菜やキノコ」のことである。

問二 「チチ」の部分がポイントである。

問三 段落《だんらく》の冒頭《ぼうとう》に「夏の到来《とうらい》とともに待《ま》ち焦《こ》がれるキノコ……」とある。

問四 ——線④の一文を読めば答えがふくまれている。「採《と》ったキノコは手を汚《よご》すので、細い笹《ささ》を折り、キノコの茎《くき》に何個《なんこ》も刺《さ》して……」となっている。これをまとめる。

問五 「ときには森の恵みもいただける」とはあるが、「いつでも収穫《しゅうかく》が思い通りになる」とは大ちがいである。

問六 ——線⑥をふくむ一文は「僕《ぼく》はそれだけでも気に入っている」だから、要するに「それ」が何を指しているかという問題とほぼ同じである。直前の「山梨県の森にはそのような立て札はない」を指しているので、次に「そのような立て札」が指している内容《ないよう》を……とたどっていってまとめる。

3 随筆《ずいひつ》のまとめ

力だめしの問題

1

問一 自分とまったく異なる情報環境の住人

問二 イ

問三 虫

解き方 問一 文頭の接続詞《せつぞくし》「だから」に注目して、直前の「どのような処置《しょち》をされるか見当がつかないからである」という文へとさかのぼる。この文の文末に「からである」とあるので、さらにその前の文へとさかのぼれば答えが見つかる。

問二 ア「直接会話をすること」はしようと思えば電話でできるはずだし、ウ「心が通じ合う関係が成り立たなくなる」、エ「外国の習慣《しゅうかん》になじんで」も、そういったことをうかがわせることは何も書かれていない。

問三 「虫がよい」は「自分の都合だけを考える」「身勝手である」といった意味。

チャレンジ問題

1

問一 死

問二 イ

問三 自分に向けての役者として(の視点)

問四 ウ

解き方 問一 続く文に「それでも、生きているかぎり」とある。

問二　続く段落《だんらく》には「自分をながめる観客の目」「少し喜劇的《きげきてき》だななどと、自分をながめながら進む」とある。他人ごとのように見るのである。

問三　「観客」以外の視点《してん》である。観客の話のあとに、「ときには、自分に向けての役者として、演技《えんぎ》をしちゃったりしてもよい」とある。

問四　「固有」という語の意味を考えてみよう。「きみに固有」とは、「きみだけのもの」ということである。

第5章　韻文

1　詩を読みとる

力だめしの問題

❶ 問一　いのち

問二　イ

解き方　問一　「世代交代」という、詩ではよく書かれるテーマである。ふるい葉が「落ちる」ということから考える。

問二　「今、お前たちは気が付かないけれど／ひとりでにいのちは延《の》びる。」という一文である。今は気が付かない→けれど→いのちが延びる→(すると)気が付く、という流れになっているので、成長すると気付くのだと考える。

チャレンジ問題

❶ 問一　A…エ　B…イ　C…ア

問二　(1)　小銭をのみこむ

(2)　ア・オ

解き方　問一　Aは小銭《こぜに》がちょきん箱の底にじかに落ちている状態《じょうたい》なのに対して、Bは入れた小銭が底一面にたまっている小銭の上に落ちている状態である。Cは落下距離《きょり》が短くなって音が小さくなっている。詩ではそれを「無口になっていった」と表現《ひょうげん》している。

問二　(1)　「怪物《かいぶつ》らしさ」であるから、無生物であるちょきん箱を動物的な存在《そんざい》にたとえているところを探《さが》す。生命のないものが生きているかのように動き出すと不気味である。

(2)　「怖《こわ》くなった」きっかけとして書かれているのが、「ずっしりと重すぎて」ということである。また、「怖くなった」気持ちの解説《かいせつ》として、「おかねをためるという欲望《よくぼう》」という表現が出てきていることに注意する。

2　短歌を読みとる

力だめしの問題

❶ (1)　イ　(2)　ア　(3)　オ　(4)　ウ　(5)　エ

解き方　(1)　「大筋《おおすじ》では意見がまとまった」が、「下敷《したじ》きを重ねるように同意する」の部分に対応《たいおう》している。

(2)　「便利さは何かと引《ひ》き換《か》えになっている」の「便利さ」に注目。水道があるので「水を運ぶということ」は「このごろ減《へ》っている。

(3)　「人は孤独《こどく》」にあたる表現《ひょうげん》が「誰《だれ》ひとりとして……知らぬ」の部分になる。

(4)　「この鍵《かぎ》をわたしは失《な》くしてしまう」というのが「予感」の中身である。

(5)　「本当には絶望《ぜつぼう》していない」とあるので、少し大げさに絶望しているかのような表現を用いているものを選ぶ。

チャレンジ問題

1
問一　エ
問二　また踏む。
問三　ア
問四　エ
問五　イ

解き方　問一　解説文中《かいせつぶんちゅう》に「誇《ほこ》り」ということばが出てくるが、自分の不注意である以上「とことん踏《ふ》まれるしかない」という形で表に出る誇りである。「自尊心《じそんしん》が傷《きず》つけられてしまうせつなさ」とは異《こと》なる。

問二　「作者には、それが分かる」の直前までになるはずである。

問三　「音絶《た》えて」という表現《ひょうげん》と矛盾《むじゅん》しないようにする。

問四　「手袋《てぶくろ》もせずに野原に出てきた」の続きであるから、短歌の中で「手袋も」と並列《へいれつ》されている部分である。

問五　四句目《よんくめ》は「手袋も用も」の部分。八音になっている。

3　俳句《はいく》を読みとる

力だめしの問題

1
問一　夏草
問二　や
問三　ウ
問四　ア

解き方　問三　「兵《つわもの》どもが夢《ゆめ》の跡《あと》」は「兵どもの夢の跡」ということ。

問四　松尾芭蕉《まつおばしょう》・奥《おく》の細道《ほそみち》・紀行文《きこうぶん》をセットで覚えておく。

2
(1)　オ　(2)　エ　(3)　イ　(4)　ア

解き方　(1)　「張《は》る」ものである。

(2)　「ふきあげて」がわかりにくいが、沸騰《ふっとう》のイメージでとらえるといいだろう。

(3)　赤んぼうなのでお年玉をあげなくても抱《だ》っこしてやるだけで上機《じょうき》嫌《げん》になる。

(4)　「つるす」ものである。

チャレンジ問題

1

(1) ウ　(2) エ　(3) オ　(4) カ　(5) イ
(6) コ　(7) キ

解き方　(1) 散りぎわが愛される花である。
(2) 山ではなく野に生えているもの。
(3) 美しい朱《しゅ》にそまるもの。
(4) 「しだるる」は「しだれる」。みずみずしく、枝垂《しだ》れているものである。
(5) 紫《むらさき》の花を咲《さ》かせる。
(6) 花がうつむいているもの。
(7) うぐいすとの取り合わせがよくうたわれるもの。

2

(1) 夕立　(2) 雪　(3) 聖樹　(4) 山桜
(5) 団扇　(6) 枯野　(7) 燕　(8) おち葉
(9) 梅　(10) 月見

解き方　(3) 「聖樹《せいじゅ》」はクリスマス・ツリーのことである。知っているかどうかの問題ではなく、「聖樹」という字面《じづら》と「冬」から見当をつけられるかどうかの問題である。
(4) 「うかれ」ているのは花見に来ているからであろう。
(5) 「月」は秋の季語である。夏の俳句《はいく》だとされているので、「団扇《うちわ》」を選ぶ。
(6)・(8) 「枯野《かれの》」「おち葉」はよく秋とまちがわれるが、冬である。秋の時点ではまだ枯《か》れたり落ちたりしておらず、「紅葉《こうよう》(黄葉)」ということになる。

3

(1) 季語…ほたる　季節…夏
(2) 季語…湯たんぽ　季節…冬
(3) 季語…菜の花　季節…春
(4) 季語…野菊　季節…秋

解き方　(1)から(4)まですべてその季節の代表的な風物ばかりである。とはいえ「湯たんぽ」はもはやあまり使われていないだろう。よく出題される季節の花としてほかに、春の梅、もも、桜《さくら》、秋の彼《ひ》岸花《がんばな》などがある。

4

(1) ウ　(2) イ　(3) ア　(4) エ　(5) オ

解き方　(1) 「夏木立」とあるので、「木枯《こが》らし」「時雨《しぐれ》(冬)」は季節が合わない。きつつきも、俳人《はいじん》の住むこの庵《いおり》はつつかないというのである。
(2) 蛙《かえる》がまるできちんと手をついてあらたまった姿勢《しせい》であるかのように見えるというのである。
(3) 二枚貝《にまいがい》なので、二つに分かれる。
(4) 風が海の上へと吹《ふ》いていく。
(5) 寒いのである。

4 韻文《いんぶん》のまとめ

力だめしの問題

❶
問一 (1) 倒置法　(2) 第三連、第四連
問二 例 人間に飼育され何の苦労もなくぬくぬくと暮らしている鶴の姿。
問三 例 豊かな陽光のもとで吉祥のしるしとして優雅な姿を見せるもの。
問四 (1) 14・15
(2) 例 厳しい宿命を受けとめて必死で生きているから。（二十二字）

解き方 問一 第二連は「……鶴《つる》のことを」「失望していた」とつながる。第三連「……鶴のことを」「思《おも》い違《ちが》いもしていたのだ」、第四連「……吹雪《ふぶき》のなかを」「飛んでいたのだ」も倒置法《とうちほう》。

問二 「日毎《ひごと》の餌《えさ》にことかかない檻《おり》のなかで」「優雅《ゆうが》な姿《すがた》を見せていた」の部分を、自分なりのことばに置きかえる。「安全と引きかえに自由を手放し」のような内容《ないよう》でもいいだろう。

問三 「詩中のことばを使って」なので、「豊《ゆた》かな陽光の……吉祥《きっしょう》のしるし」のあたりを利用する。

問四 (1) 「吹雪のなか」にかかっていく部分全体である。
(2) 問二のほぼ反対と言える。ある厳《きび》しさの中で生きていることがしっかり書けていないといけない。

チャレンジ問題

1
問一 ア
問二 (1) イ　(2) ウ
問三 さえずる島。　かくれた泉。　花のにおい。
問四 エ
問五 イ

解き方 問一 私《わたし》を島にたとえている（比喩法《ひゆほう》）。「ちいさい島。」は体言止め。「だれからも離《はな》れて」は最初の行の「立っている」にかかっていく倒置法《とうちほう》。

問二 (1) 「私は知っている／島の歴史《れきし》。」とあるので、「幼《おさな》く」は選べない。また、「役立つ」「経験豊《けいけんゆた》かな」といった肯定的《こうていてき》な内容《ないよう》も読みとれない。
(2) 「姿見《すがたみ》」で見えるものである。「寸法《すんぽう》」「ウエスト」「バスト」「ヒップ」といったことばからもわかる。「ちいさい島」の「島」の部分に、「体型《たいけい》」「身体」を入れてみると、「ちいさい体型」「ちいさい身体」となり、ウの「身体」のほうがよいとわかる。

問三 外側からは見えないものを探《さが》す。「さえずる島」が迷《まよ》うところだが、ある思いがことばとなって出てくると考えればいいだろう。

問四 魂《たましい》がずっと身体とともにあることはできない、ということである。

問五 アは「美しさを……みがいて」がおかしい。ウの「これから先への不安な気持ち」も詩からは読みとれない。エ「大きな理想」も同様である。

第6章 記録文・報道文

1 記録文・報道文《ほうどうぶん》を読みとる

力だめしの問題

❶ 問一　1…オ　2…ア　3…ウ

問二　例 電力のニーズが高まったから。（十四字）

例 発電の技術が進歩したから。（十三字）

例 国の規制が少なかったから。（十三字）

解き方 問一 [1]は「送電線を整備《せいび》する必要があります」→「送《そう》電網《でんもう》を張《は》りめぐらしました」のように、広い意味で【問題→解《かい》決《けつ》】のような組み立てになっている。このようなときは、順接《じゅんせつ》の接続詞《せつぞくし》のうちでもとくに「そこで」がよく用いられる。[2]では都市部と対比《たいひ》される形で山間部の様子が紹介《しょうかい》されている。逆接《ぎゃくせつ》の接続詞は対比も表す。[3]は直後に「……だけではなく」とあり、並列《へいれつ》・添加《てんか》になっていることがわかる。

問二　直後の段落《だんらく》が「当時は……」で始まっており、「全国に小さな電気事業者が増《ふ》えて」いった時期の説明になっていることがわかる。一文ずつ検討《けんとう》していく。一文目だけでは直接小さな電気事業者の増《ぞう》加《か》にはつながらない。二文目中の「電力のニーズ」は十分理由になる。三文目の「発電の技術《ぎじゅつ》」も理由になる。「送電できるエリア……」は「発電の技術」にふくまれると考えてよいだろう。四文目は理由になりそうだが、まとめにくい。五文目に「規制《きせい》」ということばが出てくるのでこれを利用する。

チャレンジ問題

1 問一　1…例 朝に明るくなるのを感じて（十二字）

2…例 暗くなりはじめてから約一〇時間後に（十七字）

問二　1…アサガオの鉢植え（八字）

2…暗くする時刻（六字）

問三　例 アサガオのツボミが開くのは、朝の明るさと関係があるのかどうかを確かめるため。

問四　エ

問五　ア

解き方 問一「よく思われがちな答え」をまず紹介《しょうかい》し、続いてそれを否定《ひてい》する形で「筆者が示《しめ》す答え」を紹介するという組み立てが一般的《いっぱんてき》である。——線①の後続部分が「……と思われがちです。でも、そうではないのです」となっているので、「よく思われがちな答え」がやはりまず出てくることがわかる。一方「筆者が示す答え」は実験結果をふまえたものになることが予想される。六段落《だんらく》後の「こうして」が実験結果をふまえてのまとめになっている。

問二 「一定時間ごとに」や「をずらす」といった言い方に気をつければ見つけられる。ただし（ 1 ）については、「鉢植《はちう》え」だけでは不十分なので「アサガオの鉢植え」としたい。

問三　実験はぼんやりと観察するものではなく、あることを確《たし》かめるために細かく条件《じょうけん》を設定《せってい》して行うものである。ここでの実験の目的は、筆者の見解《けんかい》を示すことと、「よく思われがちな答え」をきちんと否定することである。直後の部分を用いて〝暗闇《くらやみ》の中でもツボミが開くことを確かめるため〟のような答えもつくれるが、問一の答えをふまえた答えにしたほうが、実験のねらいがはっきりしてよいだろう。

問四　暗くしてから約一〇時間後に開花するのだから遅《おそ》く暗くすれば遅く開花し、早く暗くすれば早く開花するだろう。

問五　直後に「……約一〇時間後が、夏ではちょうど明るくなる朝の時刻《じこく》にあたる」とある。常識的《じょうしきてき》に考えれば、冬ではまだ暗いということもわかるだろう。

第7章 自由作文

1 文を書く——手紙・電子メールの書き方

力だめしの問題

❶
(1) 例 まさか雨が降るようなことはないだろう。
(2) 例 今日は決して雨は降らない。
(3) 例 どうか雨が降ってくれますように。
(4) 例 明日はおそらく雨が降るだろう。
(5) 例 このところ雨がぜんぜん降らない。

❷
(1) ウ・ろ　(2) ア・に　(3) イ・ほ
(4) オ・は　(5) カ・い

❸ 例

拝啓

寒さもいくぶんしのぎやすくなりました。ごぶさたをいたしまして申しわけございません。その後、おからだの調子はいかがですか。私は元気にしています。

さて、先生が二学期の終わりごろにお休みになってから、二か月になります。三学期の始業式には先生にお目にかかれると思って楽しみにしていましたが、教頭先生からまだしばらくお休みになるとうかがってがっかりしました。

今、学校では、卒業記念文集に取り組んでいます。ちょうど清書をしているところです。卒業式の日は先生といっしょにむかえられたらいいなあ、と友達と話しています。

では、今日はこれで失礼します。先生の一日も早いご回復を願っております。

敬具

二月十五日

木村優太

鈴木一郎先生

解き方　時候の挨拶《あいさつ》や先生の安否《あんぴ》を尋《たず》ねる前文、こちらの様子を伝える主文、終わりの挨拶の末文、年月日などの後付《あとづけ》という手紙文の形式にそって書く。末文に先生の回復《かいふく》を願うことばなどを入れると、先生への気持ちが伝わる。また、敬語《けいご》も正しく使う。

チャレンジ問題

1 (1) 例 私はうっかり口をすべらして、秘密をもらしてしまった。

(2) 例 彼は試験に合格して、鼻を高くしている。

2 (1) ウ　(2) ウ　(3) ア　(4) イ

解き方 それぞれ、(1)「出る」、(2)「思いがけず」、(3)「先生が」、(4)「起こった」などに直すとよい。

3 (1) 泣かせる→泣かせたりする

(2) 色が→色も

(3) ことが特徴です。→ことです。

(4) ときに→ときにも

解き方 ことばの係り受けに気をつける。

4 問一 a…ア　b…エ

問二 ②→④→①→③→⑤

問三 ウ

解き方 問二 前文→主文→末文という手紙の形式を考える。

問三 後付《あとづけ》の順番を覚えておく。相手の名前は高い位置に、自分の名前は低い位置に書く。

2 作文を書く――原稿用紙《げんこうようし》の使い方

力だめしの問題

1

霜柱

　学校へ行くとちゅうの畑には、真っ白に、霜が降りていました。道ばたの草も真っ白でした。

　やわらかい土の上を歩いていると、くつがザクッと土の中へ入りました。

「あ、霜柱だ。」

と、思わず声が出ました。

　霜柱は、新しいナイロンの歯ブラシのようにならんで、白く光っていました。

解き方 直すのは次の七か所。

①書き出しの「学校」は一マスあける。

②「学校え」は「学校へ」。

③「行く、とちゅう」は続ける。

④「降《お》りていました」のあとに句点《くてん》をうつ。

⑤「あ、霜柱《しもばしら》だ。」はかぎをつけて行を変える。

⑥「出しました」は「出ました」。

⑦「新らしい」は「新しい」。

2 (1) 私は笑いながら、絵を見ている父を見上げた。

(2) 私は、笑いながら絵を見ている父を見上げた。

3
(1) 登行→登校
(2) しました→されました[または、が→を]
(3) ので→けれど[または、ので→が]
(4) いらっしゃいません→おりません

解き方 (4) 自分の身内のことを他人に話すときには、尊敬語《そんけいご》を用いない。

チャレンジ問題

1 例 春になると、冬の間道のわきで寒さにふるえていた草木が新しい芽を出し、さくらやたんぽぽなどの花がさきだします。春は未来への豊かな希望を感じさせる季節です。私は、そんな春という季節が大好きです。（九十五字）

2 問一 例 春の雪
問二 例 私はこの文章を読んで、作者がちょっとした雪のちがいに春のけはいを感じていることにおどろきました。私は雪のあまり降らない地方に住んでいるので、こんなふうに雪を感じたことはありません。雪は雪でしかなく、雪が降れば雪だるまをつくったり雪合戦をしたりして遊ぶだけです。舞い落ちてくる雪に気持ちのよいめまいを感じ、愉快に雪かきをする姿に、この作者が春のおとずれをとても喜んでいるのだなあということを強く感じました。（二百二字）

解き方 雪の様子、春をむかえる喜《よろこ》びなどが、この文章から受ける印象《いんしょう》の中心になるだろう。

3 問一 1→5→2→(4)→6→8→3→7→9
問二 例 日なたと日かげでの葉のしおれ方のちがい。
問三 例 植物の葉からは水分の蒸発が行われ、その場合、日なたでは蒸発が多く、日かげでは蒸発がほとんどないことがわかった。植物の葉が水分を蒸発させるはたらきには、太陽の光が大きな役目を果たしているのだろう。（九十七字）
問四 C…用具　D…方法

解き方 問一 実験の動機→実験の場所・日時→実験方法→実験結果→わかったこと→反省、という順番になる。
問二 実験によって、何を調べようとしたのかを考える。
問三 「実験の結果」を読んで、日なたと日かげの袋《ふくろ》の中の水滴《すいてき》の様子から考えられることをまとめる。

第1章 入試頻出テーマ―物語・小説

1 家族

チャレンジ問題

1

問一 A…エ　B…ウ　C…ア　D…イ

問二 イ

問三 ア

問四 ウ

問五 エ

問六 ウ

問七 例 落ちこんでいる圭を気づまりな思いをさせずに元気づけたかった(から)(二十九字)

問八 例 四年の間はなれて暮らしていたため、姉に対して遠慮があるから。

解き方 問一 イ「ぎこちなく」は、緊張《きんちょう》や遠慮《えんりょ》でスムーズにできない様子を表す。問八で姉に敬語《けいご》を使っているのと、同じ様子と言ってよいだろう。

問二 前の段落《だんらく》に書かれているのは、圭《けい》がまだ帰っていないということだけである。

問三 ――線②部分だけでは答えが決まらないので、前後の様子も合わせて考える。後続部に「無理な感じで笑った」「たぶんお父さんにも自分の言葉が足りていないことがわかっていたんだと思う」とあり、「わたし」のこの推測《すいそく》を疑《うたが》う理由はないので、これをもとに考えてよい。**ア**の「全てを説明できない」が「自分の言葉が足りていない」に対応《たいおう》している。

問四 「何かあった?」という問いかけに対して返答がない場面である。その前の「涙《なみだ》を流したあとのように見えた」なども合わせて考えれば、そのとおり何かあったのだと考えるのが妥当《だとう》である。後続部で話しかけようとしていることも**ウ**を裏付《うらづ》けている。

問五 何かあったらしい圭に対して「どう話しかければいいのかわからなかった」理由として、「わたし」が圭のお姉さんのようになれていないこと、「わたしと圭のあいだには、いろんなものがはさまっている」ことがあげられている。リード文から、「わたし」と圭が四年間離《はな》れて暮《く》らしていたことがわかっているのでこれと関連づけることができる。とはいえ、それは**ウ**のような「生活習《しゅう》慣《かん》」のちがいではないことに注意したい。

問七 ――線④の言動はかなり意図的なものなので、実質的《じっしつてき》にはここで問われているのは、そのようにした〝目的〟である。したがって、普通《ふつう》は、「……ため。」の形で書くと答えやすいが、問いは「『～から』に続くよう」と指定している。目的を「～から」の形で答えるならば、「……たい(たかった)から」とするとよい。直前に「かえって圭に気づまりな思いをさせてしまう」とあるが、「気づまりな思いをさせたくなかったから」だけでは、目的の説明にならない。それだけの気持ちであれば、そもそも話しかけなければ済《す》む話である。あえて話しかけているのだから、「元気づけたい」のような表現《ひょうげん》を選びたい。あとは、そのように考える事情《じじょう》を説明すればよい。すなわち、圭がどのようであるから元気づけたいのかをまとめればよいということになる。

問八　問一の D と考え方は同じである。圭は姉である「わたし」に対して悪感情をもっているわけではないが、気安く打《う》ち解《と》けることもできていない。敬語を使うのは、距離感《きょりかん》の表れである。「遠慮」「気がね」といったことばが使えるとよい。あとは、なぜ遠慮しているのかの事情の説明が加わればよい。

2 生と死

チャレンジ問題

1

問一　ウ
問二　ア
問三　ウ
問四　すっかりのぼせ上がっている
問五　エ
問六　ア
問七　イ
問八　エ
問九　例 小さくて頼りない体に生命力が満ちていること。（二十二字）
問十　ウ
問十一　ア

解き方　問二・五・六・八・十はすべて「すみれちゃん」に関する問題である。リード文に「『私《わたし》』は祖母《そぼ》の『すみれちゃん』と鳥の卵《たまご》をかえそうとしている」と書かれているのだが、その具体的な方法が独特《どくとく》なので、正確《せいかく》に読みとるのに多少骨《ほね》が折れる。

本文通読時にまず引っかかるのは、「鏡に映《うつ》ったすみれちゃん」である。なぜ鏡ごしに見ているのか。次に引っかかるのは「私は、すみれちゃんのかぶっている帽子《ぼうし》にうんと耳を近づけた」。卵の中から音が聞こえてくるとして、なぜすみれちゃんの帽子に顔を近づけるのか。状況《じょうきょう》がつかめるのは、「ひばりさん、確《たし》かめてみてください」のあとである。すみれちゃんのお団子頭《だんごあたま》の髪《かみ》の毛《け》の中で卵をあたためていたらしいことがわかるのである。鏡は手鏡であろう。

卵を「私」の手のひらに移《うつ》したあと、まさに孵化《ふか》しようとする直前のすみれちゃんの様子は「すみれちゃんは卵の表面を見つめたまま、目に涙《なみだ》を浮《う》かべている」とえがかれ、孵化した直後の様子は「『⑦』／すみれちゃんが、まるで神様に祈《いの》りを捧《ささ》げるような神聖《しんせい》な声で、話しかけている」と書かれている。

こうした流れをふまえると、すみれちゃん自身、卵の孵化に感動していることがわかる。

問二　「私《わたし》」とは関係なく、卵の孵化を待ち望んでいるすみれちゃんの気持ちが表現《ひょうげん》されているアがふさわしい。

問四　直前に「緊張《きんちょう》」ということばがある。ひどくどきどきしているのである。「緊張」している様子を表している別の表現を探《さが》す。

問五　直後に「冷静」とあるが、これはイの「内心は冷め切っている」とはまったくちがう。「冷め切っている」だと、興味《きょうみ》・関心がないことになってしまう。後続部に「気がつくと、すでにすみれちゃんは左手に手鏡を持ってスタンバイしている」とあり、エの「何度も今日という日をイメージしてきた」に対応《たいおう》しているらしいことがわかる。

問六　待ち望んでいた卵の孵化を目の前にした気持ちである。

問七　※部分から心情《しんじょう》をうかがえる表現を拾い集める。「本当に鳥なのだろうかと疑問《ぎもん》になった」「雛のそれ（＝翼《つばさ》の部分らしきところ）は、将来《しょうらい》空を飛ぶための道具になるなんて、少しも想像《そうぞう》できない」「奇妙《きみょう》な角度」「不細工」などである。これらから感じとれるのは、〝とまどい〟であろう。

問八　「話しかけている」相手が「雛」であるので、エ「無事に誕生《たんじょう》してくれて、どうもありがとう」が答えになる。

問九　「ちゃんと命が詰《つ》まって生きている」と表現するのは、どのようなことを感じたからだろうか。本文では、雛が孵化するまでの様子が細かくえがかれていたが、何より強調されていたのは、思わず「がんばれ、がんばれ。」とエールを送りたくなるような必死さであった。また、具体的な様子としては、鳴き声と動きにスポットライトが当たっていた。こうしたことから、感じとれるのは、雛の生きようとする力、生命力だろう。「詰まって」という表現は、小さな体に凝縮《ぎょうしゅく》された感じである。

問十　ウの「言動は風変わり」が、お団子頭の髪の毛の中で卵をあためていたことなどに対応している。

問十一　比喩《ひゆ》と擬音語《ぎおんご》については本文でよく用いられていることが確《かく》認《にん》できる。問題は、作者が表現しようとしているのが、「神秘的《しんぴてき》な生命の誕生に立ち会った……感情」なのか、「読者に生命の尊《とうと》さをうったえる」ことなのか、「生命の神聖さに対する感情は人類共通のものである」ということなのか、ということである。問六・問八から確認《かくにん》できたすみれちゃんの心情、問七・問九から確認できた「私」の心情がこの物語の主題であろう。

3　災害《さいがい》

チャレンジ問題

1

問一　イ

問二　エ

問三　ア

問四　a…ア　b…ア　c…イ　d…イ　e…イ

問五　例　知識ばかり頭に詰めこんで不安にとらわれて生きているより、人はいつか死ぬということを胸にきざみ、今自分が生きている場所で懸命に生き、生き抜くための知恵をたくわえ、人を勇気づける人になりたいと思ったから。（百字）

解き方　問一　現在《げんざい》のリクがどのようになっているかは直前の段落《だんらく》に書かれている。「がんばっているお父さんや、優《やさ》しい岩本先生を、励《はげ》ましてあげたい。でも、リクの心に毒《どく》のようなものがどんどん流《なが》れ込《こ》んできて、リクの力を奪《うば》っていた」がそれである。さらに、選択肢《せんたくし》を吟味《ぎんみ》する前に、「毒のようなもの」が何かをはっきりさせておいたほうがよい。さかのぼって探《さが》していくと、順に「福島ナンバーの車がいたずらされたとか……そういう悪意」「新聞には日々の放射線量《ほうしゃせんりょう》が天気予報《てんきよほう》のように掲載《けいさい》されている」が見つかる。

問二　「『はいっ』『はいっ』と良い返事をしていると」に続く部分である。こうした返事がなぜ気持ちよいかは、そうでない返事との対比《たいひ》を参考にして考えるとよいだろう。「やる気なく返事をしたり……いやいや返事をしたり」の部分である。**エ**の「誠実《せいじつ》な受《う》け応《こた》え」「前向きな気持ち」が「やる気なく」や「いやいや」に対《たい》応《おう》していると考えることができる。「自分も気持ちいい」のだから、とくに「前向きな気持ち」は重要であろう。

問三　「食べられる動物は、鳴かない!」に続く部分なので、リクが驚《おどろ》いているのは確《たし》かだろう。これと似《に》ているのが少しあとの、「常《つね》に食べられてしまう危険《きけん》があるから、ウサギは遊ばない……。そうか!」である。すなわち、**ア**の「厳《きび》しい生存《せいぞん》関係」がここでの驚きの理由になっていることが読みとれる。

問五　問いに「本文全体から読みとり」とあるが、言われるまでもなく、北海道での体験①・野村さんの話、北海道での体験②・ゲンさんの話によって、リクが大きく変わったことがわかるので、この二つのエピソードから、リクの心を揺《ゆ》さぶったことばなり発見なりを見つけてきてまとめたい。問題作成者がこのように文章を切り取ったということは、その各部分に重要な情報《じょうほう》が盛《も》り込《こ》まれているということである。箇条書《かじょうが》きにするようなつもりで、それぞれから見つけたい。まず、野村さんの話からは、**問三**でも注目した、〝生存関係の厳しさ〟と、「生き物は、必ず死ぬだろう。どのように死ぬかは、自分では決められない。人間だって、同じだよ」の二点をおさえておきたい。前者の重要性《じゅうようせい》は、「リクの髪《かみ》が逆立《さかだ》った」の部分から明らかである。後者は、叔母《おば》との電話で「みどり叔母さんだっていつか死ぬんだよ」と言っていることからその重要性がわかる。一方、ゲンさんの話からは、知識《ちしき》ではなく知恵《ちえ》が大事であることをおさえておく。また、叔母さんとの話で語られていることがらも当然無視《むし》はできない。「ここの生活は大変だけど、こんな経験《けいけん》ができるって、すごいことだ」「ぼくは、人を勇気づける人になりたい」が、電話を切ったあとの父のことば「ここでしか学べないことがある。ここに来たのも運命なんだ」とも響《ひび》き合《あ》っていて重要である。

4 部活

チャレンジ問題

1

問一　ハ

問二　例　短くまとめるためにリフレインをさけ、感情を直接出す言葉はあまり使わず、必ず季語を入れる(四十三字)

問三　例　過去を大切にしすべての日々を受け止める(ため。)(十九字)

問四　ロ

問五　冬

問六　ハ

問七　ニ

問八　年の瀬

問九　1…一年を振り返っての感慨
2…新しい年への期待

問十　a…能　b…浴　c…帯

解き方　問一　A は、来島京《くるしまみやこ》が、河野女史《こうのじょし》の熱弁《ねつべん》を表情《ひょうじょう》のない声でさえぎったことばである。そのことばに対して河野女史は「あ、ごめん……ノウ書きばっかり言って」と返答している。ここから、河野女史の話の長さが問題になっていることは見当がつく。

問二　指定されている語の一つ目「リフレイン」については、直後に河野女史自身の解説《かいせつ》がある。「……リフレインは、俳句《はいく》ではあんまり使えない……俳句は短いから」である。二つ目の「感情」については、会話をたどっていくと少し先でやはり「……感情を直《ちょく》接《せつ》出す言葉はあまり使わない」と解説されている。ただし、この二つだけでは字数が足りない。そこで、指定語にこだわらず、「日記」ということばを用いた理由をさぐっていくと、「日記買ふ」が季語であるという話が出てくる。問いは、「『日記』ということばを『河野女史』が使った」理由であるから、当然、これが季語になっているのでちょうどよいという計算が働いたであろう。

問三　直前に書かれているのは、「自分の過去《かこ》を大切にする」〝これからの日々も全部自分のものだと受け止める〟の二点で、これに、「楽しいだけの毎日じゃなくても、つらいと泣いた日々でも」という条件《じょうけん》がついている。これを「十五字以上二十字以内」でまとめよ、という問題である。もっとも簡潔《かんけつ》にまとめれば、〝すべての日々を自分のものとして受け止める〟ということになるだろうが、抽《ちゅう》象的《しょうてき》すぎて気持ちが伝わりにくい。会話文の冒頭《ぼうとう》に「自分の過去を大切にすること」とあり、この部分が際《きわ》だっているのでこれを利用すると具体性《ぐたいせい》が増《ま》す。

問五　菜の花・春、涼風《りょうふう》・夏、虫の声・秋、雪残る・春である。「涼風」はすずしい風なのだから秋ではないか、とは考えない。「涼風」がうれしいのは暑い夏だろうと考える。

問九　航太《こうた》の感激《かんげき》の説明は後続部にあるが、「たったその五音に、自分の過去、これからの未来、どっちも受け入れる思いと、年《とし》の瀬《せ》の空気や新しい年への期待、それをみんな突《つ》っ込《こ》むのか」から二つのポイントを取り出すのが意外と難《むずか》しかったかもしれない。とりあえず、「自分の過去、これからの未来、どっちも受け入れる思い」と「年の瀬の空気や新しい年への期待」に分けてみるが、字数が合わない。字数だけで考えるならば、「新しい年への期待」が八字ちょうどである。そこで、二つのポイントを、〈過去〉と〈未来〉に分けたらどうかと考えてみる。「新しい年への期待」が〈未来〉である。もう一つが〈過去〉と決まれば、必ずしもここから見つける必要はなく、「自分の過去」「年の瀬の空気」に近い表現《ひょうげん》を本文から探《さが》せばよい。

5 友情《ゆうじょう》

チャレンジ問題

1

問一 例 きのちゃんが、恵里菜の話を聞いたときだけ「ばかじゃん」とばかにするような言葉を言うので、きらわれたのではないかなどとぐずぐず考え落ちこむ気持ち。

問二 例 きのちゃんがおこっているような、意地悪そうな表情で恵里菜を見ているので、思ったとおりきのちゃんにきらわれていると恵里菜が思ったということ。

問三 ア…×　イ…×　ウ…×　エ…○

問四 A…イ　B…ウ　C…エ　D…ア

問五 例 かおりとはたがいに相手のことを誤解して仲が悪くなり、そのままはなればなれになってしまったが、きのちゃんとは仲が悪くなる前に誤解をとくことができ、これからも友達でいられるということ。

解き方

問一 「深い穴《あな》に落ちていく」という表現《ひょうげん》なので、答えの末《まつ》尾《び》に置く、心情《しんじょう》を表すことばは「落ちこむ」などでよいだろう。この場面にも合っている。——線①をふくむ一文は「学校から帰り、自分の部屋で考えていると……」となっているので、「落ちこむ」理由として、「自分の部屋で考え」た内容《ないよう》を書けばよさそうだ。そうすると、〝きのちゃんは本当は明るくて親切な子ではない〟〝きのちゃんは慣《な》れてくると意地悪するタイプ〟〝きのちゃんはわたしのことがきらいになった〟〝きのちゃんはなにげなくいっているだけで気にする自分がおかしい〟と考えが続き、「ぐずぐず考える自分が、いやだ」となる。すべて書くことはできないので、〝きらわれているのではないかとぐずぐず考える〟のようにまとめてしまう。そのうえで、なぜきらわれていると思うのかという、事情の説明を入れておく。その際《さい》、「ばかじゃん」と言われた、だけで済《す》ますより、それが自分だけに言われていることをはっきりさせておきたい。みんなに言っているのであれば落ちこむ必要はないからである。実際、恵里菜《えりな》もそこにこだわっている。

問二 まずは単純《たんじゅん》にことばを補《おぎな》う。〝やっぱり自分はきのちゃんにきらわれているんだ〟のようになるだろう。続いて、「やっぱり」の説明を考える。なぜ「やっぱり」なのか、どう「やっぱり」なのか。「やっぱり」を単純に言いかえれば「思ったとおり」のようになるので、どのように思っていたのかを書きくわえる。そして、ここであらためて自分が思っていたことが正しいと思った理由を書きくわえる。直前の「おこっているような、意地悪そうな表情」がこれにあたる。

問三　アは〝祭りを楽しめるか楽しめないか〟のほうが、きのちゃんとの仲のことよりも重要な問題であるかのように読めてしまう。イ・ウは、父や弟への否定的《ひていてき》な感情を表しているが、本文中の父や弟について言及《げんきゅう》したところを確認《かくにん》してもそういった感情は読みとれない。エの前半は、かおりとの仲違《なかたが》い、後半は「あんまり行きたくない」に対応《たいおう》している。つまり、本文から確認がとれる。

問四　イの「口ごもる」ははっきり言えないでいる様子なので、「え、ああ。」のあとがよい。エの「はっとした」は、何かに気づいた様子を表すので、「もしかして……」の直前がよい。アを D に入れると、「あわてた」が、直後の「ごめん、そういう意味じゃないよ！」以下で、一生懸命《いっしょうけんめい》きのちゃんが弁解《べんかい》している様子によく合う。

問五　いくつのポイントをおさえて書くべきなのかを初めに確定しておこう。①〝間に合った〟とはどのようなことがらを指しているかを書く、②そのことがらに対して〝間に合った〟ということばを使えるのはなぜかがわかるようにする、そして、③〝今度は間に合った〟ということは、以前に間に合わなかったことがあるということなので、そこから書き起こすというように方針《ほうしん》を定める。①は、単純にきのちゃんへの誤解《ごかい》がとけたことを表す。②しかしそれだけでは〝間に合った〟ことになるかと考えて〝間に合う〟の説明にならないので、どうであれば〝間に合わなかった〟ことになるかと考えて〝間に合う〟の意味をはっきりさせる。③は、前の学校でのかおりとのことを書くが、〝間に合わなかった〟ことがはっきりするような書き方にしたい。〝誤解がもとで仲違いし、そのままはなればなれになってしまった〟ということである。

6 不思議な世界

チャレンジ問題

1

問一　A…ア　B…ウ

問二　エ

問三　ア

問四　例 コンクールで入賞できなかったのは南先生のせいではなく、自分の力不足のせいなので、がんばって練習して上手になってお母さんや先生を喜ばせたいと思っているが、自分の音には元気がないと気づいてしまい、どうしてもピアノを弾く気になれないでいるということ。

問五　イ

問六　香音の胸の

問七　例 香音の心の底には、賛美歌よりも大事な曲があること。

問八　ア

問九　エ

解き方　問二　「立ちつくしている香音《かのん》に……たずねた」のだから、〝オルゴールをひとつあげると言っているのに、どうして立ちつくしているのか〟という気持ちがあるのだろう。

問三　「聞き覚えのないメロディー」とイの「弾《ひ》いたことのない曲」を混同《こんどう》しない。また「流れ去り、潔《いさぎよ》く消えていく」から、ウもありえない。エは「旋律《せんりつ》がよくわからない」がおかしい。「メロディー」として聞くことはできているのである。

問四　次の段落《だんらく》の内容《ないよう》がまるごと、伝えたい内容になっているが、それだけでは足りないということが、段落最後の「……のに。」からわかる。つまり、「……のに……」の後半部分が省略《しょうりゃく》されているのである。省略されている内容は、〝ピアノの前に座《すわ》ろうという気になれない〟だろう。そうなる理由も合わせて書けば、香音の言いたいことを代弁《だいべん》したことになるはずである。

問六　リード文に「ある街に不思議なオルゴール店があった」と書かれていた。これを読んだときに、このオルゴール店のどこが不思議なのか読みとろうという意識《いしき》をもって読むことで、質《しつ》のよい読み方になるのである。その意識があれば、「わたしが店をのぞいた直前まで鳴らしていたはずなのに……」「実は僕《ぼく》も、耳は悪くないんです」「そこで突然《とつぜん》、彼《かれ》が眉《まゆ》をひそめた」などが気になり、最終的に「香音の胸《むね》の奥底《おくそこ》で響《ひび》いている音楽をみごとに聴《き》きとってみせた」に行き当たって、腑《ふ》に落ちるということになるだろう。

問七　問六がいわば誘導《ゆうどう》になっている。店員さんには「香音の胸の奥底で響いている音楽」が聞こえたのである。そこで選んできたオルゴールが、「素朴《そぼく》なバイエルの旋律」である。おそらく、香音がピアノを習い始めたころに弾いた曲であり、先生が「いい音ね」とほめてくれたなつかしい、初心にかえれる曲なのであろう。

問八　本文の最後で「わたし、ピアノを続けたい」とはっきり口にしている。そういう気持ちで走っているのである。

問九　香音が「新しく出してもらったほうを、指さした」ので、笑顔《えがお》になっているのである。

7 学校という場所

チャレンジ問題

1

問一　イ
問二　ウ
問三　エ
問四　オ
問五　例 寄ってたかって一人を責めていること。
問六　ア
問七　イ
問八　エ

解き方　問二　「みんなの［A］をくすぐる」様子がえがかれているのは前の段落《だんらく》である。「男子たちは栗原《くりはら》さんを指さして好き勝手にわめき、女子たちは……くすくす笑っている」と書かれている。女子たちが笑っているのはもちろん栗原さんのことである。「退《たい》屈《くつ》してた」みんなに話題を提供《ていきょう》している様子である。

問三　「余計《よけい》びっくりした」ということは、びっくりすることがあって、さらにそれに輪をかけてびっくりすることがあったということである。――線②をふくむ一文は、「金髪《きんぱつ》だけでもじゅうぶんなインパクトなのに、それをしてきたのが栗原さんだったことで

「……」となっている。**ウ**に引っかからないように気をつけよう。「あまりにも驚《おどろ》きすぎだ」だと、「びっくりした」ことに対して批《ひ》判的《はんてき》になってしまう。

問五　直前の様子を受けて「やだな」と思っているのだが、段落の後続部で、その様子をまとめ直している。「寄《よ》ってたかって責《せ》める」がそれである。

問六　――線④は段落冒頭《ぼうとう》の一文にふくまれている。その説明は段落の後続部にあるだろう。「いざというとき、優希《ゆき》には勇気がある。いいたいことを、だれに対しても、きちんと言葉にして伝えられる」がそれである。「勇気がある」は「精神力《せいしんりょく》を持っている」に言いかえられ、「いいたいことを……きちんと言葉にして伝えられる」は「自分の考えをはっきりと主張《しゅちょう》できる」と言いかえられている。**ア**の「あとさきを考えてためらってしまう状況《じょうきょう》」とは、「小柄《こがら》だけど迫力《はくりょく》満点の声をだす一伽《いちか》」や女子グループのリーダー格《かく》らしい理奈《りな》を敵《てき》にまわしかねないことを指している。余談だが、「優希」という名前がついているのは「勇気」と関連づけられていると思われる。

問七　各選択肢《かくせんたくし》の前半は、「ため息をついた」理由、後半は「そっと」の理由になっているのだが、直前の「あーあ、大変なことになっちゃったな」から、「ため息をついた」理由が読みとれ、妥当《だとう》なのは、「大きな出来事になってしまい……」の**イ**だけだとわかる。

問八　各選択肢の各部分を一つ一つ本文と照らし合わせていくしかない。登場人物の心情《しんじょう》が表現《ひょうげん》されているところにとくに印象的《いんしょうてき》な比《ひ》喩《ゆ》は出てこないので、**ア**は妥当ではない。**イ**にあるように、物語中の時間が行き来しているのは確《たし》かだが、複雑《ふくざつ》というほどではなく、また、それによって「複雑な心の動きが……説明されている」ともいえない。時間の行き来によって複雑な心の動きを説明しているといえるのは、たとえば、登場人物が過去《かこ》のいろいろな時点のことを回想し、その都度めまぐるしく心情が変わってしまうようなときであろう。**ウ**の「短い文」は確かに本文中でも用いられているが、「積み重ね」られてはいない。また「深刻《しんこく》な物語」というほどでもないし、とくに「さわやかな印象」もない。**エ**では「『わたし』の気持ち」が「出来事の推移《すいい》とともに揺《ゆ》れ動《うご》」いている様子が「きめ細かく描《えが》かれている」とされている。金髪になった栗原さんの登場でまず心が揺れ動いているし、女子グループが栗原さんを「寄ってたかって責め」たときにも、心の中がくわしく語られている。優希が一伽に言い返したときも、心の中でいろいろ思っている。

第2章 入試頻出テーマ―説明・論説文

1 ことばとくらし

チャレンジ問題

1

問一 ①…エ　②…ウ　③…ア　④…カ

問二 ①…ウ　②…イ　③…ウ

問三 ウ

問四 例 品の悪い言葉を、若者や大人が自覚なしに使っている状況。

問五 ウ・カ

問六 イ・ウ

解き方 問一 ウ「したがって」とカ「だから」はいずれも順接《じゅんせつ》の接続詞《せつぞくし》だが、「したがって」は論理的《ろんりてき》・必然的にそうなるという場合によりふさわしく、「だから」はそれほど根拠《こんきょ》が明確《めいかく》でない場合にも使われる。

問三 直前の ② に順接の接続詞が入りそうだという見当がついていれば、前の段落《だんらく》の内容《ないよう》が理由になっているとわかる。「そこ(＝話しことば)をよく矯正《きょうせい》し磨《みが》かないと、必然的に文章もまた磨かれない」の部分である。

問四 直前の段落で述《の》べられている例をまとめればよい。

問五 「見所《けんしょ》」とは、筆者の解説《かいせつ》によれば「観客席」のことであった。そして、この「観客席から見るところの自分の姿《すがた》というものは、自分にとっては『向こうから見る見方＝客観的視線《しせん》』である」と書かれていた。

問六 イに「すぐに文章にする」とあるが、本文では「ひとまず『心のなかで語ってみる』」と書かれていた。また、ウの「能《のう》の演技《えんぎ》のとき自分を一番に考えるべきだ」は、本文では「見物人から見たらどう見えるかという立場に立って見直してみるがよい」となっていた。

2 自然

チャレンジ問題

1

問一 イ

問二 ウ

問三 オ

問四 オ

問五 エ

問六 a…イ　b…オ　c…ウ

問七 例 生態系や生物群集の中で、「食う―食われる」という関係が、その当事者以外の生物の増減にも影響をおよぼすということ。(五十六字)

解き方 問一・二 ――線①に続く具体例の結論《けつろん》部分に「このようにして、オショロコマは藻類《そうるい》の味方、つまり敵《てき》の敵は味方ということが科学的に証明《しょうめい》されました」とある。

問三 「さて、問題の植物への影響《えいきょう》ですが」と続くので、ここからがいわば本題であるとわかる。ただし、「筆者の独自《どくじ》の主張《しゅちょう》」ではなく、事実が述《の》べられているだけなので、イはふさわしくない。

問四　——線④以下の部分に説明があるが、直後の段落《だんらく》は「話が少々横道にそれ」てしまっている。もう一つあとの段落で説明されている。

問五　イもよさそうだが、「最終的には……食べる」がおかしい。食べるのは「タンパク質《しつ》が不足」したときだけである。

問六　アリスイ↓アリ↓イモムシ↓樹木《じゅもく》という関係になっている。

問七　生態系《せいたいけい》および生物群集における「風が吹《ふ》けば桶屋《おけや》がもうかる」現象《げんしょう》のことである。このことわざの説明は冒頭《ぼうとう》の段落にあった。そこを利用するとよい。

3 現代社会《げんだいしゃかい》の諸問題《しょもんだい》

チャレンジ問題

1

問一　私たちは移～大損した。

問二　ア

問三　ウ

問四　例　ムコマジ国立公園の景観保全、自然保護のために牧畜民を追い出した結果、牧畜民の生活水準が低下し地域の経済状況が悪化したように、地域の歴史的な自然とのつきあい方が失われ、自然にとっても人間にとっても良くない結果をもたらすから。

問五　イ

問六　1…エ　2…ア

問七　例　保護すべき湖の姿ではなく、近く大きな川の、人間の生活と深く多様に結びついた姿。

問八　オ

問九　イ

問十　例　地域の人々が川とどのようにかかわって暮らしてきたのか、アンケート調査をしたり実際に地域の人々に話を聞いたりして、その関係性を、遊歩道を設置する側が理解すること、そして、地域の人々同士が、それぞれの立場から、川との関わりや遊歩道を設置することに対する思いを語り合い、耳を傾け合う中で、相互理解と納得にたどりつけるようにすることが大切である。

解き方 問二 ——線②をふくむ一文中に「人間の手が及《およ》ばない自然を守る」とある。これと似《に》た選択肢《せんたくし》**オ**には「せめて今まで人の手が及んだことがない自然だけでも保護《ほご》するべきだ」とある。似たことばが使われているときこそ気をつけたい。本文の続きには、「なるべく人間の手が加わらない、狩猟《しゅりょう》をしない、農耕《のうこう》をしない、居住《きょじゅう》しない、をめざす」と書かれている。これは**オ**と似ているようで異《こと》なる。実際《じっさい》、ムコマジ国立公園にはすでに牧畜民《ぼくちくみん》がいたのだから「今まで人の手が及んだことがない」わけではないことがわかる。

問三 先行する四つの文をまとめて「まさに熱帯の里山、熱帯の半栽《はんさい》培《ばい》」と述《の》べている。森を作り、家畜を飼《か》い、農耕をした↓土壌《どじょう》が肥沃《ひよく》になり木が生えやすくなった……という内容《ないよう》である。話題の移《うつ》りゆきに注意を払《はら》っていれば、この部分は、直前の段落《だんらく》にある「ギニア共和国のキシドゥグ県の自然がいかに人間の活動によって成立したものか」ということを具体的に説明した部分であることがわかる。

問四 〝禁止《きんし》の理由説明〟なので、それをするとどのような悪い結果がもたらされるかを述べれば答えになる。その際、「これらの物語」「何でも蹴散《けち》らして」の各部分と、〝悪い結果〟の具体例を述べる必要がある。「これらの物語」は、ムコマジ国立公園の景観や生物多様性《せいぶつたようせい》を守れといったかけ声を指すだろう。「何でも蹴散らして」は、牧畜民を追い出したことである。その結果起きた悪い結果は、牧畜民の生活水準《せいかつすいじゅん》の低下、経済状況《けいざいじょうきょう》の悪化である。

問七 「見えて」きた自然の姿《すがた》が書かれているのは直前の段落である。そのまま書くのではなく、本文全体の内容をふまえて、人間と結びついたものとしての自然という形でまとめる。本文後半にくり返し出てくるのは、「地域《ちいき》の歴史的《れきしてき》な自然とのつきあい方」「地域の自然と長年つきあってきた住民」「地域の人たちとのかかわり」「住民たちの自然とかかわり」といった表現《ひょうげん》だからである。直前の段落の「近くの大きな川にまつわる話」は、以上の観点からとらえる。

問八 ——線⑧には「その対立にしても、形を変えた協働と見えた」とある。対立が解消《かいしょう》されて協働へといたると言っているのではなく、対立＝協働だと言っていることに注意したい。

問九 「小さな物語」「大きな物語」は、この文章の根幹《こんかん》にかかわる対《たい》比《ひ》であるから、それぞれどのようなことを意味しているのか確実《かくじつ》におさえておきたい。「小さな物語」の具体例は、**問七**で注目した段落に書かれている。こうした話を「お互《たが》いに聞くこと自体が……合意形成……になる」というのが——線⑨である。直後ではこれを「多様な立場、多様な価値観《かちかん》の間での相互《そうご》理解と納得《なっとく》のプロセス」と言いかえている。この「相互理解」は**イ**で「歩《あゆ》み寄《よ》る」と言いかえられている。

問十 「あなたはどのようなことを大切にすべきであると考えますか」という問いだが、独自《どくじ》の考えを答えるのではなく、本文の意見に同意するとすれば、どう考えるべきかということである。問いに「具体的な方法を二つ以上示《しめ》して」とあることから、本文の「同時に浮《う》かび上《あ》がらせたいもう一つのものは、人と人との関係の物語だ」に注目したい。すなわち、人と自然の関係、人と人との関係、の二つに対してどのように配慮《はいりょ》すべきだと本文に示されていたかをふまえて答えればよいということになる。前者については、当然、地域の人々から話を聞きとるということになるだろう。後者については、地域の人々同士で話をしてもらうということになるはずである。

4 日本の文化

チャレンジ問題

1

問一　A…ア　B…エ

問二　自分が加わっている比較的小さな人間関係の環（二十一字）

問三　何らかのは

問四　ア…○　イ…×　ウ…○　エ…×

問五　例 あなたはどちらの学校のご出身ですか。
例 あなたはどちらのご出身ですか。
例 あなたはどちらの会社にお勤めですか。
例 あなたは会社でどのようなお仕事をされていますか。

問六　協調的な行動

問七　イ

解き方　問二　「世間」の定義《ていぎ》を問うている。文章の末尾《まつび》にある題を見ればわかるとおり、この文章は「世間」についての話である。第一段落《だんらく》でまず、「世間」とは何かという定義をはっきりさせてから、論《ろん》を進めている。

問三　――線②をふくむ一文の文末が「のである」になっている。「……のだ」は、直前の文の説明になっていることが多い。

問四　続く段落と、さらにその次の段落（「また」という並列《へいれつ》の接続詞《せつぞくし》で始まっている）で、「必要不可欠《ひつようふかけつ》」の具体的な内容《ないよう》が説明されている。

問五　続く部分で「どういう人なのか」＝「どういう世間に属《ぞく》している人なのか」と言いかえられ、さらにその直後に、「出身校」「出身地」「会社」「地位」という四つのポイントが明記されている。失礼にならない問い方にする。

問六　「没個性的《ぼつこせいてき》」に見えるものである。

問七　アは「あまりにも世間を恐《おそ》れすぎて」がおかしい。「必要不可欠なもの」でもあると述《の》べられていた。ウの「個人個人のつきあいに慣《な》れており」はまったく反対。エの「権威主義的《けんいしゅぎてき》」はよいが、「他人の意見をよく聞く」のが権威主義的なのではなく、「自分の意見をそれ（＝他人の意見）に合わせ」るのが権威主義的なのである。オは「個性の伸《の》ばし方《かた》がわかる」がおかしい。

5 人間のこころ

チャレンジ問題

1

問一 1…ウ　2…オ　3…ア

問二 エ

問三 例 友達に何か愉快な話がしたいという気持ちが強いために、本や辞書で見つけた不思議で面白い話を受け売りしていただけなのに、「いつもウソばかりいっている子」と言われ、ショックを受けたから。

問四 オ

問五 イ

問六 弱い人であるために、必要のないウソをつく

問七 例 イジメには加わらなかったが、イジメられている子が自由になれるよう一緒にがんばることはせず、自分はあの弱くてウソをつく少年がイヤなのだと口実を作っていたという記憶。

問八 例 自分がウソをつきそうになるとき、口をつぐんだままで、神さまや仏さま、あるいは自分がこれまでに会った大切な人がいま自分を見つめていると想像して、ウソをついていいかどうか考えるという方法。

問九 エ

解き方 問一 （ 1 ）のあとで、「オオカミ少年」をくわしく言いかえている。（ 2 ）は、「強い人」「弱い人」の話をふまえて、ウソの話へと話を進めているところ。（ 3 ）は、直前の「強い人」に対して、「弱い人」の話に移《うつ》っていくところ。

問二 最初の段落《だんらく》に、ウソをつかない人の二つのタイプが出てくる。「また」という並列《へいれつ》の接続詞《せつぞくし》の前後に注目すると答えが出るだろう。

問三 「くわしく説明しなさい」とあるので、たくさん書かないといけないが、本文のことばをどんどん使えば自然にくわしくなるので、そんなに難《むずか》しくないはずである。直前の内容《ないよう》を要約すればよいが、「暗い顔をしている」理由を説明する問題なので、必ず「気持ち」にふれるようにする。

問四 友達や結婚《けっこん》相手のことである。

問五 直後に「それが……」という形で述《の》べられており、「能力《のうりょく》」ということばが使われている。

問六 段落冒頭《ぼうとう》の一文についてくわしく述べている部分である。

問七 これも「くわしく説明しなさい」と指定されている。問三同様、本文のことばをできるだけ使ってくわしくするとよい。直前の三つの文をつないで一つにまとめる。

問八 これは直後の二つの段落の内容を要約する。直後の段落から「神さま」「仏《ほとけ》さま」「大切な人」の三つを拾い出せれば、その次の段落はほぼそのまま使える。

問九 問二から、この文章には、ウソをつかないための三つの条件《じょうけん》があることがわかる。その中でもっともくわしく述べられていたのが三つ目の「ウソをつかない力」である。

6 哲学《てつがく》入門

チャレンジ問題

1
問一 イ
問二 ア
問三 ウ
問四 ①…価値　②…理想
問五 エ
問六 (1) 1…ア　2…ウ　3…カ　4…エ
(2) エ

解き方 問一 本文全体をとおして、〝○○らしい○○〟を、「典型《てんけい》(プロトタイプ)」と「範型《はんけい》(理想型)」という二つのタイプに分けて対比《たいひ》していることをおさえておきたい。ここで「鳥らしい鳥」というのは、「典型」であるから、「ふつうの鳥」という意味で「鳥らしい鳥」ということになる。では、典型をどのように考えていくかといえば、**【第2段落《だんらく》】**で「男らしい」について考える際《さい》に「ふつうの男が典型的にもっている性質《せいしつ》」という言い方をしているので、ここでも〝ふつうの鳥が典型的にもっている性質〟を考える。「日本に広く生息している」というのは、ふつうの鳥が典型的にもっている性質とは言えまい。

問二 ――線②は（　）内にあったので、（　）全体に目を通しておきたい。すると「現代《げんだい》のわれわれの社会においてはジェンダー的特徴《とくちょう》をなくそうという傾向《けいこう》がある」と書かれているのが見つかる。

問三 直後の（　）内に、「……男は……女よりも……」とある。すなわち、女性と比《くら》べることで男性の性質をうきぼりにしているのである。

問四 問一の解説《かいせつ》でも述《の》べたように、通読時に二つの「○○らしい○○」という対比をつかんでおくのが望ましい。「男らしい」とはどういうものかを述べた**【第3段落】**をまとめている「つまり」以下を確認《かくにん》すると、「『男らしい』とは……ポジティブな価値《かち》を認《みと》められる性質を拾い出してきたもの」「『男らしい』とは……典型(ふつうのあり方)――に対して、むしろ『範型』……強く言えば『理想型』に関わるもの」とある。②を「男性像《だんせいぞう》」「人物像」としないように気をつけよう。これらの答えは文意が通らないわけではないが、何も言っていないに等しい。

問五 **【第1段落】**は「必ずしもそうとばかりは言えないように思われる」ということばで終わっている。つまり、ちがうようだと述べているだけで、どうちがうかは述べられておらず、**ア**は妥当《だとう》ではない。**イ**だと、この文章は〝男らしい男になるためのハウツー本〟のようになってしまう。**ウ**の内容《ないよう》と似《に》たような表現《ひょうげん》は確《たし》かに**【第3段落】**にある。「……当時の社会においてポジティブな価値を認められていた……」がそれだが、現代においてふさわしいか「ふさわしくない」かは問題にされていない。

問六 **【第2段落】**で「男らしい」について考えるために筆者が採用《さいよう》した手順が参考になる。そこではまず「ふつうの男が典型的にもっている性質」を考えていた。したがって、[1]には「ふつうの子ども」が入る。[2]は「……な価値を認められる」と続くので、典型の話から範型の話に変わっていることがわかる。[4]については、具体例として「子供《こども》っぽい」「幼稚《ようち》すぎる」などのことばがあがっているので、「ネガティブ」が入る。[5]のあとの「受け止め方は異《こと》なる」というのは、そこまでの会話の中に出てきた「親」と「中学生」が、「子どもらしい」ということばに関して、異なるイメージをもっていたことを指している。

7 ヒトという生き物

チャレンジ問題

1

問一 A…口にする形でしか表現
B…本当に音にして外へ表明する前に、省みる

問二 「省察」と～うになった

問三 A…音の配列の指示対象について、お互いに共通理解
B…社会的交渉

問四 イ

問五 例 公共の場で相手と対等な形で交渉にのぞみ、自らで判断を下さねばならない、独立した一個の人格を持つ存在であるという自覚。

問六 公共性の萌芽

問七 ア

解き方 問一 直後の段落《だんらく》に「自らが生成した言語についても反芻《はんすう》することが……できるようになった」とあるが、[B]に入れるには字数も合わないしつながりも悪い。しかし、この部分は答えに近い内容《ないよう》をもっているにちがいない。「反芻」と関連がありそうなのは「自分自身の中で情報《じょうほう》のキャッチボールができる」「省《かえり》みる」といったことばである。内容的にはどちらも可《か》なので、あとは字数とつながりで選べばよい。一方、[A]は「できなかったものを」につながる内容である。「キャッチボール」をふくむ一文の前に「できなかった」ということばがある。

問二 「思考・判断能力《はんだんのうりょく》」に該当《がいとう》する表現《ひょうげん》を探《さが》すという意識《いしき》だけでなく、「……素地《そじ》が、でき上がった」に該当する表現を探すという意識ももっておきたい。検索《けんさく》をかけるためのキーワードは複数《ふくすう》あったほうが、検索の精度《せいど》が上がる。これは、ふだんから意識して練習をすることでうまくなる。また、――線②に続く部分の「といえよう」から、何らかの内容を受けて、それに対して「……といえよう」と言っていることがわかるので、探す際《さい》にはさかのぼってたどっていけばよいと見当をつけることができる。

問三 ――線③は「……のだ」に続いている。文末が「のだ」になっている文は、先行部分の説明になっていることがよくあるので、先行する文を確認《かくにん》すると、「……社会的交渉《こうしょう》を、他者と営《いとな》む」とあるのが見つかる。一方、[A]は「を求める」につながるが、それだけにたよって探すやり方は、うまくいくとは限《かぎ》らない。合わせて、「『リンゴ』という」の「という」にも注目して、[A]には「リンゴ」の言いかえになるような語句《ごく》が入るのではないかと見当をつけたい。

問五 段落冒頭《ぼうとう》の一文にふくまれる指示語《しじご》であるから、前の段落から「自覚」と言えるような内容を洗《あら》い出《だ》す。もっとも短く書くならば、「独立《どくりつ》した一個《いっこ》の人格《じんかく》を持つ」の部分を用いればよいが、くわし

く書くならば、「公共の場へ」以下の部分全体が自覚すべき内容ととることができる。

問六　「社会化」だけでなく「始まり」に該当する語句にもアンテナをはって探したい。

問七　**イ**だとサルが言語を用いていることになる。**ウ**は話し手の気持ちについてふれているが、本文中、気持ちについて書かれているところを確認すると「話し手の感情《かんじょう》の如何《いかん》にかかわらず、メッセージの内容が安定して伝達される」とある。**エ**は、外界からの情報について書かれているが、本文中の該当箇所《かしょ》には「外界から耳を経《へ》て入力されてきた情報にとどまらず」とあった。

漢字編

第1章 漢字の読み書き

1 漢字の読み書き

力だめしの問題

❶ (1) ウ　(2) イ　(3) ア

解き方　選択肢《せんたくし》のウは重箱《じゅうばこ》読《よ》み、エは湯桶《ゆとう》読《よ》み。

❷ (1) 寒　(2) 考　(3) 困　(4) 遠　(5) 置
(6) 寄　(7) 夜　(8) 減　(9) 降　(10) 許
(11) 厳　(12) 挙　(13) 喜　(14) 確　(15) 危
(16) 疑　(17) 垂　(18) 囲　(19) 比　(20) 暴

❸ (1) 現　(2) 染　(3) 絶　(4) 浴　(5) 供
(6) 注　(7) 預　(8) 刻

❹ (1) 議員　(2) 低迷　(3) 安否　(4) 希少
(5) 規格

2 注意すべき漢字の訓読み

力だめしの問題

1
(1) いさむ［いさましい］ (2) もっとも (3) なかば
(4) ふたたび (5) あつい (6) たより
(7) ひとり (8) いきおい (9) いとなむ
(10) みなもと (11) ない (12) み・みのる

2
(1) ことわ (2) つと (3) もう (4) に
(5) み (6) きず (7) ふせ (8) か
(9) しりぞ (10) きよ (11) みちび (12) まね
(13) ひき (14) たがや

3
(1) たば (2) こ (3) た (4) こた
(5) す (6) ふる (7) かま (8) お

4
(1) さば (2) つつ (3) へ (4) こころよ
(5) か (6) まか (7) こと (8) さか
(9) はぶ (10) しる

5
(1) きざむ (2) あむ (3) かまわ (4) おびる
(5) はる (6) はたす (7) そそぐ

6
(1) まず (2) やさ (3) けわ (4) ゆた
(5) まよ (6) ただ (7) おも (8) まさ
(9) あたた (10) あやま (11) この (12) あら

7
(1) なれ (2) てらし (3) のぞい
(4) まかせ (5) ね (6) となえ

3 まちがえやすい漢字の書きとり

力だめしの問題

1
(1) ア…未 イ…末 (2) ア…拾 イ…捨
(3) ア…域 イ…減 (4) ア…官 イ…宮
(5) ア…因 イ…困 (6) ア…卒 イ…率
(7) ア…貨 イ…賃 ウ…貸
(8) ア…輪 イ…輸 ウ…論

2
(1) ア (2) ア (3) イ

3
(1) 堂 (2) 働 (3) 格 (4) 確 (5) 登
(6) 等 (7) 増 (8) 造 (9) 史 (10) 司

❹

(1) ①…警察 ②…届
(2) ③…簡素 ④…構
(3) ⑤…食欲 ⑥…減退
(4) ⑦…穀物 ⑧…野菜
(5) ⑨…混雑 ⑩…予想
(6) ⑪…率直 ⑫…認
(7) ⑬…障害 ⑭…除
(8) ⑮…新緑 ⑯…樹木
(9) ⑰…公平 ⑱…判断
(10) ⑲…招待状 ⑳…印刷

❺

(1) 縦 (2) 任 (3) 商 (4) 闘志 (5) 浴
(6) 耐 (7) 治 (8) 風紀 (9) 動静
(10) 非難［批難］

4 難《なん》読《どく》語《ご》・熟《じゅく》字《じ》訓《くん》

力だめしの問題

❶

(1) まちかど (2) じきひつ (3) まがお
(4) きんもつ (5) おくがい (6) てんけい
(7) ここく (8) いなか (9) まるた
(10) みやげ

❷

(1) イ (2) ウ (3) エ

解き方 (1)は「でんごん」、(2)は「だいく」、(3)は「ぶようじん」と読む。

❸

(1) たなばた (2) かわら (3) やおや
(4) くだもの (5) めがね (6) まいご

❹

(1) ア…きょねん イ…かこ
(2) ア…ぼうえき イ…ようい
(3) ア…きょうみ イ…こうふん
(4) ア…べんり イ…びんじょう

❺

訓読み…(1)(4)(5)(6)(8) 音読み…(2)(3)(7)(9)(10)

❻

(1) ①…かいが ②…ゆらい ③…つごう ④…ぶなん ⑤…とうてん
(2) ①…とんや ②…なのか ③…ねいろ ④…やぬし ⑤…あまみず

5 送りがな

力だめしの問題

❶

(1) ウ (2) イ (3) ア (4) イ (5) ウ
(6) ウ (7) イ (8) イ (9) ウ

解き方 (3)は「聞く」から送りがなを考える。

2
(1) ア…かい　イ…い　(2) ア…い　イ…しい
(3) ア…る　イ…く　(4) ア…る　イ…りる
(5) ア…える　イ…す　(6) ア…う　イ…ける
(7) ア…つ　イ…る

3
(ふりがな／送りがな、の順に)
(1) とな／え　(2) か／ね　(3) そな／え
(4) まか／せ

4
(1) つ・てる　(2) れる・す　(3) く・ける
(4) れる・す

5
(1) びる　(2) いる　(3) す　(4) う
(5) む　(6) う　(7) う　(8) い
(9) む　(10) しい

解き方　訓読みはそれぞれ、(1)「おびる」、(2)「ひきいる」、(3)「おす」、(4)「あきなう」、(5)「いとなむ」、(6)「おぎなう」、(7)「そう」、(8)「こころよい」、(9)「のぞむ」、(10)「けわしい」。

第2章　部首・画数・筆順

1　漢字の成り立ち・部首

力だめしの問題

1
(1) ア　(2) ア　(3) エ　(4) ウ　(5) エ
(6) イ　(7) ウ　(8) オ　(9) エ　(10) ア
(11) カ　(12) カ

2
(1) 忄・りっしんべん　(2) 阝・こざとへん
(3) 歹・かばねへん　(4) 阝・おおざと
(5) 隹・ふるとり　(6) 癶・はつがしら
(7) 疒・やまいだれ　(8) 匚・かくしがまえ
(9) 廴・えんにょう　(10) 門・もんがまえ
(11) 穴・あなかんむり　(12) 力・ちから
(13) 卩・ふしづくり　(14) 衤・ころもへん
(15) 走・そうにょう　(16) 勹・つつみがまえ

3
(1) エ・ケ・シ　(2) イ・オ・コ　(3) ア・ウ・ク
(4) カ・キ・サ

❹
(1) エ・京交など　(2) ケ・写冠など
(3) キ・原厚など　(4) カ・列別など
(5) シ・頭順など　(6) ク・送速など
(7) イ・熱照など

❺
(1) オ　(2) ア　(3) ウ

解き方　できあがる漢字はそれぞれ、(1)「阪」「板」「販」「坂」、(2)「情」「清」「精」「晴」、(3)「則」「創」「刊」「割」。

2 画数

力だめしの問題

❶
(1) 6　(2) 3　(3) 3　(4) 3　(5) 3
(6) 4　(7) 5　(8) 9　(9) 6　(10) 9
(11) 12　(12) 9　(13) 8

❷
(1) 16　(2) 13　(3) 14　(4) 10　(5) 12
(6) 12　(7) 12　(8) 12　(9) 11　(10) 7

解き方　あてはまる漢字はそれぞれ、(1)「興」、(2)「蒸」、(3)「緑」、(4)「胸」、(5)「揮」、(6)「結」、(7)「費」、(8)「貿」、(9)「率」、(10)「災」。

❸
(1) エ・6　(2) イ・7　(3) イ・8
(4) ア・9　(5) ウ・10　(6) ア・11

---

❹
6…危　7…究　8…券　9…飛　10…脈
11…祭　12…極　13…働　14…駅　15…線

❺
(1) りっしんべん・14　(2) やまいだれ・12
(3) こざとへん・14　(4) さら・11
(5) いとへん・10　(6) ごんべん・14
(7) りっとう・15　(8) けものへん・5
(9) さんずい・11　(10) まだれ・11

❻
(1) 3　(2) 2　(3) 3　(4) 3　(5) 5
(6) 3　(7) 5　(8) 8　(9) 3　(10) 3

3 筆順

力だめしの問題

❶
(1) オ　(2) カ　(3) ウ　(4) キ

❷
(1) ア　(2) ア　(3) ア　(4) イ　(5) イ
(6) ア　(7) イ　(8) ア　(9) ア

❸
(1) 、ソ义必必　(2) 一丁可
(3) フタ癶発　(4) 丿氏
(5) 一丂万　(6) 丿兆兆

❹
(1) 1 (2) 2 (3) 1 (4) 1 (5) 9
(6) 5 (7) 3 (8) 3 (9) 3 (10) 1
(11) 2 (12) 4

❺
問一 ア・キ
問二 イ・ク

第3章 二字熟語

1 二《に》字《じ》熟《じゅく》語《ご》の組み立て

力だめしの問題

❶
(1) ウ (2) エ (3) イ (4) ア (5) ウ
(6) エ (7) ウ (8) ウ (9) エ (10) イ

❷
(1) ウ・ケ (2) エ・カ (3) イ・コ
(4) ア・キ (5) オ・ク

解き方 キ「歩道」は、「道を歩く」ではなく「歩く道」。

❸
(1) オ・ケ (2) エ・ク (3) ア・キ
(4) ウ・カ (5) イ・コ

解き方 カ「形成」は、「形が成る」。

❹
(1) イ (2) ウ (3) エ (4) エ

2 二《に》字《じ》熟《じゅく》語《ご》の書きとり

力だめしの問題

❶
(1) 交際 (2) 着想 (3) 容易 (4) 独創
(5) 興奮

❷
(1) 眼中 (2) 放任 (3) 白黒 (4) 座右
(5) 若干 (6) 順延 (7) 勤勉

❸
(1) 門 (2) 編 (3) 展 (4) 複 (5) 構
(6) 蒸 (7) 厳

❹
(1) 能率・のうりつ (2) 資源・しげん
(3) 風習・ふうしゅう (4) 派生・はせい
(5) 対処・たいしょ (6) 発揮・はっき
(7) 対策・たいさく (8) 誤解・ごかい
(9) 明白・めいはく (10) 敬遠・けいえん

第4章 同音異義語・同訓異字

1 同《どう》音《おん》異《い》義《ぎ》語《ご》

力だめしの問題

❶

(1) A…以外 B…意外
(2) A…意義 B…異議
(3) A…以上 B…異常
(4) A…衛星 B…衛生
(5) A…回答 B…解答
(6) A…解放 B…開放
(7) A…関心 B…感心
(8) A…寄港 B…帰港
(9) A…競争 B…競走
(10) A…検討 B…見当
(11) A…再現 B…際限
(12) A…最期 B…最後
(13) A…最新 B…細心
(14) A…指示 B…支持
(15) A…自身 B…自信
(16) A…事態 B…自体
(17) A…習慣 B…週刊
(18) A…収拾 B…収集
(19) A…創造 B…想像
(20) A…対照 B…対象
(21) A…注視 B…中止
(22) A…追及 B…追求

❷

(1) ア…器械 イ…機会
(2) ア…期間 イ…機関
(3) ア…異動 イ…移動
(4) ア…保障 イ…保証
(5) ア…記事 イ…生地

2 同《どう》訓《くん》異《い》字《じ》

力だめしの問題

❶

(1) 合 (2) 解 (3) 鳴 (4) 減 (5) 速

❷

(1) ア…切 イ…着
(2) ア…責 イ…攻
(3) ア…差 イ…指
(4) ア…修 イ…収

❸

(1) ア…冷 イ…覚
(2) ア…破 イ…敗
(3) ア…勧 イ…進
(4) ア…誤 イ…謝

❹

(1) ア…合・ごう イ…会・かい
(2) ア…備・び イ…供・きょう
(3) ア…写・しゃ イ…移・い
(4) ア…面・めん イ…表・ひょう
(5) ア…返・へん イ…帰・き
(6) ア…立・りつ イ…建・けん
(7) ア…納・のう イ…治・じ[ち]

❺

(1) ア…開 イ…空 ウ…明
(2) ア…着 イ…付 ウ…突
(3) ア…図 イ…量 ウ…計 エ…測
(4) ア…治 イ…直
(5) ア…採 イ…取
(6) ア…勤 イ…努
(7) ア…聞 イ…効

第5章 類義語・対義語

1 類《るい》義《ぎ》語《ご》

力だめしの問題

❶ (1) ア・エ (2) イ・オ (3) イ・ウ

❷ (1) ウ (2) オ (3) エ (4) キ (5) イ (6) カ (7) ア

❸ (1) 久 (2) 信 (3) 然 (4) 意 (5) 知 (6) 末 (7) 法 (8) 望 (9) 非 (10) 満

❹ (1) 不安 (2) 著名 (3) 手紙 (4) 好意〔厚意〕 (5) 用意 (6) 不在 (7) 親友 (8) 退職

❺ (1) 向 (2) 重 (3) 善 (4) 節 (5) 差〔分〕 (6) 向・位 (7) 定・約 (8) 故・母 (9) 切・度 (10) 上・良

❻ (1) 名 (2) 安 (3) だし (4) 混雑 (5) 最・限 (6) ろう (7) パ・クト (8) ム・ド (9) いど (10) 礼

2 対《たい》義《ぎ》語《ご》

力だめしの問題

❶ (1) 暑 (2) 降 (3) 散 (4) 横 (5) 仏 (6) 着 (7) 益 (8) 減 (9) 妻 (10) 短 (11) 失 (12) 易 (13) 裏 (14) 害 (15) 若 (16) 使

❷ (1) 悪 (2) 閉 (3) 近 (4) 借 (5) 苦 (6) 因 (7) 否 (8) 収 (9) 私 (10) 静 (11) 他 (12) 復 (13) 断 (14) 進 (15) 名

❸ (1) カ (2) キ (3) ク (4) ケ (5) イ (6) ア (7) ウ (8) コ (9) オ (10) エ

❹ (1) 成功 (2) 危険 (3) 複雑 (4) 戦争 (5) 利益

❺ (1) 内容 (2) 賛成 (3) 客観 (4) 感情

❻ (1) キ (2) セ (3) オ (4) シ (5) カ (6) ケ (7) ソ (8) エ (9) ア (10) イ (11) サ (12) コ

3 類義語《るいぎご》・対義語の応用《おうよう》

力だめしの問題

❶ (1) 善意 (2) 縮小 (3) 危険 (4) 逆境
(5) 損失 (6) 敗北 (7) 下降 (8) 退化
(9) 失敗 (10) 消極 (11) 可決 (12) 戦争
(13) 無名 (14) 現実 (15) 革新

❷ (1) ア・オ (2) ア・エ (3) ウ・エ
(4) ア・エ (5) イ・ウ

❸ (1) 内容 (2) 需要 (3) 必然

解き方 それぞれ、(1)は「形式」、(2)は「供給《きょうきゅう》」、(3)は「偶然《ぐうぜん》」の反対語。

❹ A (1) エ (2) カ (3) ク (4) ウ
B (1) ア (2) イ (3) キ (4) オ

❺ (1) エ (2) イ (3) ウ (4) エ (5) エ

第6章 三字熟語・四字熟語

1 三字熟語《さんじじゅくご》

力だめしの問題

❶ (1) 地方色 (2) 再確認 (3) 自然界
(4) 好成績

❷ (1) 雑木林 (2) 有頂天 (3) 過不足
(4) 北極点 (5) 非常識

❸ (1) 転 (2) エ (3) 任 (4) 合 (5) 産

❹ (1) 非 (2) 無 (3) 未 (4) 不

❺ (1) 未 (2) 不 (3) 未 (4) 無 (5) 非

❻ (1) 決定的 (2) 画期的 (3) 対照的
(4) 具体的 (5) 効果的

2 四《よ》字《じ》熟《じゅく》語《ご》

力だめしの問題

❶
(1) 道・ごんごどうだん
(2) 直・たんとうちょくにゅう
(3) 万・せんさばんべつ
(4) 進・にっしんげっぽ
(5) 鳥・いっせきにちょう

❷ (1) ウ (2) コ (3) カ (4) ケ (5) イ

❸ (1) 来 (2) 句 (3) 動 (4) 奇 (5) 楽

❹ (1) 無 (2) 歩 (3) 小 (4) 転 (5) 後
(6) 乱 (7) 弱 (8) 意 (9) 北 (10) 右

❺ (1) 異・同 (2) 自賛 (3) 田・水 (4) 一・両
(5) 三・四

❻ (1) 読 (2) 馬 (3) 強 (4) 敵

---

3 三《さん》字《じ》熟《じゅく》語《ご》・四字熟語のまとめ

力だめしの問題

❶ (1) 不 (2) 無 (3) 善 (4) 天 (5) 始
(6) 足 (7) 材 (8) 未

❷ (1) 念場 (2) 好・手 (3) 三者 (4) 外視
(5) 絶好

❸ (1) 無 (2) 未 (3) 非 (4) 非 (5) 無

❹ (1) 言語道断 (2) 創意工夫 (3) 一朝一夕
(4) 花鳥風月 (5) 同工異曲

❺ (1) ス (2) ケ (3) コ (4) サ (5) エ

❻ (1) 五里霧中 (2) 右往左往 (3) 自由自在
(4) 電光石火 (5) 二束三文 (6) 多種多様
(7) 異口同音 (8) 急転直下

ことば・文学史編

第1章 かなづかい

1 かなづかい

力だめしの問題

❶ (1) ず (2) づ (3) じ (4) ぢ (5) ず

解き方 (2)は「かた」＋「つける」。(4)は「鼻」＋「血」。

❷ (1) づ (2) お (3) ぢ (4) は (5) づ
(6) お (7) は (8) を (9) ず (10) づ

解き方 (5)は「連れ」、(10)は「詰《つ》め」ということばがにごったものである。

❸ (1) もみぢ→もみじ (2) どうり→どおり
(3) こうり→こおり (4) ○
(5) 元気ずける→元気づける (6) ○
(7) てえねい→ていねい (8) ゆう→いう

❹ (1) × (2) × (3) × (4) ○

❺ オ→エ→ア→ウ→イ

解き方 それぞれ、ア「きづよい」、イ「とおりあめ」、ウ「とうろん」、エ「きずぐち」、オ「きずく」である。

❻ (1) おうじ (2) ぬのじ (3) おおやけ
(4) こうりつ (5) ぢから (6) づくえ
(7) けいれい (8) こおり (9) おお
(10) こうり

第2章 ことわざ・故事成語

1 ことわざ

力だめしの問題

❶ (1) たけのこ (2) なすび (3) くり (4) うど
(5) たで

❷ (1) 冷・イ (2) 都・エ (3) 仏・オ
(4) 百・ア (5) 水・ウ

❸ (1) 二・オ (2) 三・イ (3) 百・ア
(4) 十・ウ

❹ (1) イ (2) エ (3) オ (4) ア

❺ (1) イ・ウ・エ・オ (2) ア・カ・キ・ク

2 ことわざ・故《こ》事《じ》成《せい》語《ご》

力だめしの問題

❶ (1) いしゃ・ばかま (2) おす・おりがみ
(3) にと・あぶはち (4) けむり・まかぬ

❷ (1) とうふ・カ (2) かっぱ・オ (3) 三年・ア
(4) はち・エ (5) 小判・ウ (6) さび・キ
(7) かぶと・イ

❸ イ・キ ウ・ス カ・コ ケ・シ サ・ソ

❹ (1) イ (2) エ (3) ア (4) カ

❺ (1) イ (2) ア (3) ウ (4) エ

第3章 慣用句

1 慣《かん》用《よう》句《く》①

力だめしの問題

❶ (1) 腹・キ (2) 手・カ (3) 歯・ケ
(4) 足・コ (5) 胸・エ (6) 頭・オ
(7) 目・ア (8) 鼻・ク (9) 顔・イ
(10) 耳・ウ

❷ (1) ウ (2) カ (3) キ (4) ア (5) イ

❸ (1) 鼻 (2) 手 (3) 腹 (4) 足

❹ (1) 頭 (2) 口 (3) 目 (4) 手

❺ (1) キ (2) オ (3) イ (4) カ (5) エ
(6) ク

2 慣用句《かんようく》②

力だめしの問題

❶ (2) (3) (7)

解き方 (4)の「気がおけない」は注意が必要。「気づかいがいらない」の意味である。

❷ (1) エ (2) イ (3) ウ (4) オ (5) ア

❸ (1) 水 (2) 板 (3) 草 (4) 耳 (5) 風

❹ (1) うなぎ (2) わし (3) とら (4) おうむ

解き方 (3)の「とらの子」は、とらが子供《こども》を大切にすることから、「大切にしているもの」の意味である。

❺ (1) 風・ウ (2) 身・イ (3) 油・ア
(4) 板・イ

第4章 多義語・和語・外来語

1 いろいろなことば・多義語《たぎご》

力だめしの問題

❶ (1) ケ (2) ク (3) ウ (4) エ (5) オ
(6) ウ

❷ (1) エ (2) ウ (3) オ (4) イ

❸ (1) エ (2) オ (3) ア (4) カ (5) イ

❹ (1) ぬすん (2) えらん (3) きざん
(4) したしん (5) のん (6) はこん
(7) よん (8) かん

2 和語①

力だめしの問題

❶ (1) ウ (2) ア (3) エ (4) オ (5) イ

❷ (1) エ (2) ア (3) イ (4) ウ (5) エ

❸ (1) しん (2) な・ち (3) たく

❹ (1) イ (2) オ (3) ウ (4) ア (5) エ

❺ (1) キ (2) イ (3) ク (4) ウ (5) ア (6) ケ (7) エ (8) カ

3 和語②

力だめしの問題

❶ (1) いつくしん (2) まつわる (3) つぐん (4) あおら (5) いそしめ

❷ (1) カ (2) ア (3) コ (4) シ (5) キ

❸ (1) もらっ (2) あげ (3) いる・ある (4) いる (5) やる (6) いる・くれ

❹ (1) おだてる (2) せめ (3) あなどっ (4) からかう

❺ (1) ク (2) オ (3) シ (4) ソ (5) ウ (6) キ (7) イ (8) ケ

---

4 外来語

力だめしの問題

❶ (1) エ (2) カ (3) ウ (4) オ (5) イ (6) ア (7) キ

❷ (1) ウ (2) カ (3) キ (4) ア (5) エ

❸ (1) エ (2) ア (3) オ (4) ウ (5) イ

❹ (1) キ (2) エ (3) イ (4) ク (5) ア (6) ウ (7) カ

❺ (1) ウ (2) オ (3) イ (4) エ

第5章 辞典の使い方

1 辞典の使い方

力だめしの問題

❶ (1) きせい (2) まじる (3) そうさ (4) いとなむ (5) こづつみ

❷ (1) ア→ウ→エ→イ (2) イ→ウ→ア→エ (3) ア→エ→イ→ウ (4) ウ→エ→イ→ア (5) ウ→ア→エ→イ (6) ウ→エ→ア→オ→イ (7) イ→オ→ア→エ→ウ

❸ A…かきたてる B…すさむ C…たやすい D…七 E…角[つのへん]

解き方 国語辞典を引くときに注意することは、活用する語は言い切りの形(終止形)が見出し語になっているということである。ただし、形容動詞《けいようどうし》はその語幹《ごかん》が見出し語になっている(たとえば、「静かだ」は「静か」で出ている)。

❹ 問一 国語辞典 問二 ウ→オ→ア→イ→エ 問三 五画

第6章 ローマ字

1 ローマ字

力だめしの問題

❶ (1) ie (2) ai (3) ika (4) same (5) tori (6) kaze (7) kaeru (8) kokugo (9) garasu (10) hu[fu]debako

❷ (1) イ (2) エ

❸ (1) byôki (2) kyakuseki (3) tyûsya[chûsha] (4) syôbu[shôbu]

❹ (1) kippu (2) matti[macchi] (3) hyakkaten (4) sukettibukku

❺ (1) kan'yôku (2) konnyaku (3) si[shi]nrin'yoku (4) Kyôto (5) okâsan (6) hon'ya

❻ イ・カ・ケ

解き方 イは「ani」、カは「ike」、ケは「eda」。

❼ (1) Usagi ga hasi[shi]ru. (2) Kame wa zutto aruita. (3) Hu[Fu]zisan wa takai yama desu. (4) Watasi no umare wa Ôsaka desu.

❽ 今日はお父さんといっしょに植物園に行きました。そのとき近くで火事があって、消防車がやってきました。

第7章 文学史

1 文《ぶん》学《がく》史《し》

力だめしの問題

❶ (1) ウ (2) オ (3) イ (4) ア (5) エ

❷ (1) エ・ろ (2) ア・に (3) イ・い (4) ウ・は

❸ (1) エ・へ (2) カ・い (3) オ・ろ (4) ウ・は

❹ 銀河鉄道の夜

❺ (1) A…ウ B…イ C…ウ
(2) D…イ E…ア F…イ

文法編

第1章 ことばの単位

1 文・文節・単語

力だめしの問題

❶ (1) 3 (2) 4 (3) 4 (4) 3 (5) 8
(6) 10

解き方 (5)の「このあたりは」、(6)の「あるとき」「降《ふ》ってきて」は、すべて二文節。

❷ (1) いい｜ものが｜あるよ。
(2) 宿題は｜できる｜ときに｜やろう。
(3) そこに｜いるのは｜だれですか。
(4) こまった｜ことに｜なったと｜ワトソン君は｜言った。
(5) その｜とき｜君は｜いったい｜どこに｜いたんだね。
(6) ぼくらは｜みんな｜生きて｜いる。
(7) 前田君が｜走って｜きて｜ケーキを｜食べて｜いる。
(8) 知って｜いる｜ことを｜すべて｜話して｜みなさい。
(9) あなたは｜まだ｜合格して｜いないと｜言われて｜しまった。

(10) 走り続けて｜つかれきっても｜メロスは｜一休もうと｜しない。

❸ (1) 2 (2) 1 (3) 2 (4) 1 (5) 2
(6) 1 (7) 2 (8) 2 (9) 2 (10) 1

❹ (1) 4 (2) 5 (3) 9 (4) 11 (5) 8
(6) 14 (7) 6 (8) 7

解き方 (4)の「色づく」、(7)の「飛び立つ」は、一単語。

❺ (1) ウ (2) イ (3) ア (4) エ

❻ ア

2 文の構《こう》成《せい》

力だめしの問題

❶ 問一 主語…⑪ 述語…⑱
問二 ①→④ ④→⑤ ⑫→⑱

❷ (1) ウ (2) ア (3) イ

❸ (1) 秋風が (2) 聞こえる (3) 音が (4) 人が
(5) 逃げる

❹ (1) 向こうの・赤い (2) とっぷりと

❺ (1) イ (2) ウ (3) ア

❻ A…グラウンドに B…出て C…一日中
D…練習を E…ながめている F…人が
G…とても H…多い （CとDは順不同）

❼ (1) オ (2) ウ (3) キ (4) ク (5) イ

解き方 (3)「天気が｜いい」、「犬は｜遊びたい」といえるので、どちらも主語。

3 品《ひん》詞《し》分《ぶん》類《るい》

力だめしの問題

❶ (1) ④・ウ (2) ①・イ (3) ②・ア
(4) ②・エ (5) ③・キ (6) ③・ウ
(7) ④・カ (8) ①・カ (9) ④・ウ
(10) ②・ケ

❷ ① オ ② オ ③ エ ④ イ ⑤ ア
⑥ エ ⑦ ア ⑧ ウ ⑨ イ ⑩ ウ

解き方 例文の品詞《ひんし》は、ア「形容詞《けいようし》」、イ「副詞」、ウ「動詞」、エ「接続詞《せつぞくし》」、オ「名詞」。

第2章 名詞

1 名詞《めいし》

力だめしの問題

❶ 秋・京都・美しさ・ここ・千年・都・こと

❷ 問一 普通名詞…父・仕事・はじめ・さびしさ・こと・手紙・話・機会・とき・気・カレンダー・丸・日

固有名詞…イギリス・日本

数詞…三年・十二月

代名詞…そこ

問二 こと・とき

❸ (1) これ・イ／あなた・ア (2) あちら・エ

(3) どこ・ウ／だれ・ア (4) そこ・ウ

❹ (1) つらさ (2) 日本人 (3) 母 (4) 料金

(5) 五時

解き方 (1)「つらさ」は名詞《めいし》、それ以外は形容詞《けいようし》。

(2)「日本人」は普通名詞《ふつうめいし》、それ以外は固有名詞。

(3)「母」は普通名詞、それ以外は代名詞。

(4)「料金」は普通名詞、それ以外は数詞。

(5)「五時」は数詞、それ以外は普通名詞。

❺ (1) 流れ (2) 重さ (3) 豊かさ (4) 書き出し

(5) 下り

❻ (1) ア (2) ウ (3) ウ (4) イ (5) ア

(6) ア

第3章 動詞・形容詞・形容動詞

1 動詞《どうし》・形容詞《けいようし》・形容動詞

力だめしの問題

❶ (1) ①…イ ②…ア

(2) ③…イ ④…× ⑤…ア

(3) ⑥…× ⑦…イ

(4) ⑧…ウ

(5) ⑨…× ⑩…ウ

解き方 ④は名詞《めいし》、⑥は助動詞、⑨は連体詞。

❷ (1) 降れ (2) き・こ (3) すれ・し

(4) 赤けれ (5) すばらしかっ (6) 元気に

(7) 静かだろ

❸ (1) 言わない (2) 名作だ (3) 読める
(4) きれい

解き方 (1)「言わない」は動詞＋助動詞。それ以外は形容詞《けいようし》。
(2)「名作だ」は、名詞＋助動詞。それ以外は形容動詞。
(3)「読める」には読むことができるという可能《かのう》の意味がふくまれている。
(4)「きれい」は、形容動詞「きれいだ」の一部。それ以外は形容詞。

❹ ① ウ ② イ ③ イ ④ ウ ⑤ ア
⑥ ア ⑦ ア ⑧ イ ⑨ ア ⑩ ウ
⑪ ウ ⑫ イ

第4章 副詞・連体詞

1 副詞《ふくし》・連体詞

力だめしの問題

❶ (1) とも・ない (2) ません (3) か・ない
(4) まい (5) だろう (6) ように (7) ない

---

❷ (1) 例 降るだろう (2) 例 賛成でない
(3) 例 もみじのような (4) 例 近づいてはいけない
(5) 例 来てください

❸ (1) A (2) A (3) B

❹ (1) 大の→大人
(2) わが→国
(3) いかなる→困難・あの→中学
(4) この→油絵・さる→画家

❺ (1) オ (2) ア (3) カ (4) イ (5) キ
(6) エ (7) ウ

第5章 接続詞・感動詞

1 接続詞《せつぞくし》・感動詞

力だめしの問題

❶ (1) ウ (2) カ (3) ア (4) キ (5) オ
(6) イ (7) ク (8) エ

❷ A…オ B…イ C…エ D…カ

❸ (1) 例 おこづかいを貯金していた。だから、望遠鏡が買えた。
(2) 例 おなかがすいている。そのうえ、つかれがでてきた。
(3) 例 おしゃべりをしてはいけない。また、ふざけるのもよくない。
(4) 例 昨日は勉強せずに寝てしまった。しかし、今日のテストはうまくいった。

解き方 (1)は順接《じゅんせつ》、(2)は添加《てんか》、(3)は並立《へいりつ》(並列)、(4)は逆接《ぎゃくせつ》の接続詞《せつぞくし》を使う。

❹ 感動…(1)・(3)
よびかけ…(2)・(5)
返事…(4)・(6)
挨拶…(7)

第6章 助動詞・助詞

1 助動詞《じょどうし》・助詞

力だめしの問題

❶ (1) エ (2) ウ (3) コ (4) オ (5) カ
(6) ア (7) ケ (8) イ (9) ク (10) キ

❷ (1) 読み たかっ た
(2) おいしく なかっ た ようだ
(3) わから ない ようだっ た
(4) わから なかっ た ようだ
(5) 行き たかっ た ようだっ た
(6) 見 られ なかっ た らしかっ た

❸ (1) は (2) よ (3) で・に (4) も

❹ (1) ア…ほど[くらい] イ…ため ウ…だけ
(2) ア…まで[すら] イ…すら ウ…だけ

❺ (1) ない (2) た (3) が (4) を (5) か
(6) の (7) A…だら・した B…でも・せん(AとBは順不同)

第7章　まぎらわしいことばの見分け方

1　まぎらわしいことばの見分け方

力だめしの問題

❶ (1) ア　(2) イ　(3) ウ　(4) ア　(5) イ

解き方　それぞれ、(1)主語を示《しめ》す助詞《じょし》「が」、(2)「少し」の意味の副詞、(3)過去の助動詞「だ(た)」、(4)受け身の助動詞「られる」、(5)原因《げんいん》・理由の接続助詞「から」を探《さが》す。(2)のアは「ためしに」、ウは「少々のことでは」の意味。

❷ (1) ウ　(2) ア　(3) ア　(4) イ

解き方　(1)ウは形容詞《けいようし》「ない」、それ以外は助動詞「ない」。
(2)アは接尾語《せつびご》の「らしい」、それ以外は助動詞「らしい」。
(3)アは助動詞「だ」の活用したもの、それ以外は形容動詞の活用語尾「な」。
(4)イは格助詞の「が」、それ以外は接続助詞《せつぞくじょし》の「が」。

❸ (1) エ　(2) イ　(3) イ

解き方　それぞれ、(1)目的を表す助詞「に」、(2)原因・理由を表す助詞「で」、(3)引用を表す助詞「と」を探す。

❹ (1) エ　(2) イ

解き方　それぞれ、(1)伝聞を表す助動詞「そうだ」、(2)主語を示す「の」を探す。

第8章　敬語

1　敬語《けいご》

力だめしの問題

❶ (1) A…ご覧　B…拝見
(2) A…いらっしゃい[行かれ]　B…まいり
(3) A…おっしゃい[言われ]　B…申し
(4) A…めしあがり　B…いただき

❷ (1) ア…中村先生　イ…山田先生
(2) ウ…お客さん
(3) エ…先生
(4) オ…お母さん

❸ イ・ウ・オ

解き方　イ待っていたのは相手なので、尊敬語《そんけいご》を使う。ウ自分の身内の「父」の動作を言う場合には謙譲語《けんじょうご》を使う。オ「先生」の動作には尊敬語を使う。

❹
問一　イ
問二　おっしゃい［言われ］
問三　1　わたしの父は会社におりました。［わたしの父は会社にまいりました。］
2　Bさんいらっしゃいましたら受付までおいでください。

解き方　問三「お父さん」も尊敬語なので「父」とする。

中学入試総仕上げテスト

第1回 中学入試 総仕上げテスト

1
問一　(I)…ウ　(II)…ア
問二　エ
問三　ほとんど喋らない
問四　例 人間に見られるだけでなく、触られたり追いかけられたりしてストレスを感じるから。（三十九字）
問五　イ
問六　例 最近七森さんの元気がないので心配だが、すんなり相談してもらえる雰囲気をどうやって作ればいいか分からず困っている。（五十六字）
問七　ウ

解き方　問二　直後の段落《だんらく》に七森さんが「アイドルとして機能《きのう》」するようになったいきさつがくわしく説明されている。各選択肢《かくせんたくし》の内容《ないよう》について、その段落から確認《かくにん》がとれるかどうか一つ一つ確《たし》かめる。アの「飼育係《しいくがかり》をはずされ」、イの「うっとうしく思っている」、ウの「歌手活動」などは、確認がとれないか、あるいははっきりと本文の内容と矛盾《むじゅん》している。

問三　後続部分で桃本《ももと》についてふれているところをチェックしていく。「僕《ぼく》はそれに合わせて適宜《てきぎ》……」「ほとんど喋《しゃべ》らない僕も……」などである。

問四　直後に説明があるが、何を書いて何を書かないかの取捨選択《しゅしゃせんたく》を慎重《しんちょう》に行おう。「もともと……緊張《きんちょう》している」は、動物園の動物すべてにあてはまることなので、もちろん「ふれあいひろば」の動物にもあてはまるのだが、重要性《じゅうようせい》は低い。「それなのに」以下が、「ふれあいひろば」の動物に特有の過酷《かこく》さを表している。「触《さわ》られ抱《だ》きあげられ、時には追いかけられたりもする」である。が、こうした事実だけではなく、それが動物にとってどういう意味をもつのかも書きたい。「動物たちにストレスを強《し》いなければならない」がこれにあたる。一方、「触られ抱きあげられ、時には追いかけられたりもする」をすべて書くと字数がオーバーしてしまうし、重要性は低いとはいえ、「観察される」ことにより緊張を強いられているのも確かなのでこの部分をまるごと削除《さくじょ》というわけにはいかない。

問六　直前に「……が分からない」とあるので、心情《しんじょう》を表すことばとしては、「困《こま》っている」「悩《なや》んでいる」などでよさそうだ。あとはその内容だが、さかのぼって順に情報《じょうほう》をつけたしていこう。「そういう雰囲気《ふんいき》をどうやって作ったらいいのか分からない」→「すんなりと相談できる雰囲気」→「最近、彼女《かのじょ》は少し元気がないようだ」。

問七　アの「恋心《こいごころ》」はどこからも確認がとれない。イの「奮闘《ふんとう》」はまだ実現《じつげん》していない。ウの「苦悩《くのう》」は少し言《い》い過《す》ぎているような感じもあるが、ラストの「サブロー」の様子などは、選択肢の後半に書かれていることとよく合う。エは「動物園自体の抱《かか》える問題」「淡々《たんたん》と」「お客さん達の……姿《すがた》」など、どれもずれている。

2　(1) カ　(2) ア　(3) オ　(4) イ　(5) ウ

3　(1) 口　(2) 足　(3) 顔　(4) 頭　(5) 指

4　(1) 物心　(2) 色紙　(3) 頭数　(4) 初日
(5) 生物

解き方　それぞれの読み方は、(1)「ものごころ」「ぶっしん」、(2)「しきし」「いろがみ」、(3)「とうすう」「あたまかず」、(4)「しょにち」「はつひ」、(5)「なまもの」「せいぶつ」。

第2回　中学入試　総仕上げテスト

1

問一　a…明後日　b…物資　c…周囲
d…貸　e…過程

問二　A…喜　B…楽

問三　例　人は仲間のためになることをしたり、人に何かを手伝ってもらったらそのお礼をしたりして、だれもが必ず仲間とともに暮らしているということ。

問四　例「それ」とは自分だけの時間を使うときに、お金を使うことで自分のやりたいことをたくさんつめこもうとする考え方のことである。その考え方が、自分だけの時間を作るときの考え方と、時間をお金で買い、少ない時間にできるだけ多くのことをこなそうという点で同じだということ。

問五　例　他の人と共有する時間を他の人に邪魔された時間と

考えるようになると、お金を使ってその時間をできるだけ短く効率的にすませようとしてしまう。その結果、生み出された「自分の時間」にもできるだけぜいたくにたくさんのことをするのがよいと思うようになり、どこまでいってもきりがないので満足できない。しかも、「自分の時間」を充実させようとしたところで、そもそも人間は他人と関わり合い、共感しながら暮らしていくものなので、その部分が節約されてしまっては、いくら「自分の時間」を増やしたくさんのことをしても、かえってひとりぼっちの気持ちが強まってしまい、幸せな時間を過ごすことができないため。

解き方

問三　理由をきかれているのではないことに注意しておこう。「Aではない」とはどういうことか、と問われているのだから、「(Aではなく)Bであるということ。」という形にしたい。そうすると、まずは簡単《かんたん》に〝時間は他者とともに使う〟のような表現《ひょうげん》が出てくるだろう。本文中のこれに該当《がいとう》する表現としては「人間の使う時間が必ず他者とつながっている」「ともに生きている仲間の時間と速度を合わせ、どこかで重ね合わせなければならない」「人間は時間を他者と重ね合わせて生きている」「仲間に自分の時間をさしだし、仲間からも時間をもらいながら」「社会的な時間」「いのちをつなぐ時間」などいろいろあるが、問いに「わかりやすく」とあるので、できるだけ、具体的な表現を盛《も》り込《こ》みたい。直前に「昨日農作業を手伝ってもらったので、そのお礼として明日ヤギをつぶす際《さい》に肉をとり分けて返そう」とあるのが、具体例になっているので利用できる。ただし、「農作業」「ヤギ」はあくまで一つの例に過《す》ぎないので、そのまま使うことは避《さ》けたい。

問四　かなりことばが切りつめられているので、指示内容《しじないよう》を明らかにすると同時にことばを補《おぎな》ってやる必要がある。そうするとたとえば、「それ(＝自分の欲求《よっきゅう》を最大限《さいだいげん》満たすために、効率的《こうりつてき》にすごそうとする自分だけの時間)は(ブッシの流通や情報《じょうほう》技術《ぎじゅつ》の高度化によって(労働時間を短縮《たんしゅく》するという形で))自分が節約した時間と同じ考え方(によって成り立っている)」のようになる。(　)が二重になっている部分は本文にない表現である。そうすると、「自分だけの時間を使うとき、できるだけ経済効率《けいざいこうりつ》を高め自分の欲求を最大限に満たそうとする考え方は、お金をかけたり発達した技術を使ったりすることによって、労働時間など自分だけでは使えない時間をなるべく短くしようと効率化を図《はか》る考え方と発想が同じであるということ。」のような答えができる。解答例《かいとうれい》はこれをひらたく言いかえたものといってよい。

問五　――線③は大きく二つに分かれている。A「いつまでたっても満たされることがない」とB「自分の時間が増《ふ》えれば増えるほど、孤独《こどく》になって時間をもてあますようになる」である。そこで、順に一つずつ、なぜそうなるのか理由を読みとっていくことにする。Aの部分は本文では「でも、それは自分が節約した時間と同じ考え方なので、いつまでたっても満たされることがない。」という一文を構成《こうせい》していた。この文の前半について、それがどういうことかは**問四**ですでに考えている。「それ」＝「自分だけの時間を使うとき、できるだけ経済効率を高め自分の欲求を最大限に満たそうとする考え方」であり、「自分が節約した時間」＝「お金をかけたり発達した技術を使ったりすることによって、労働時間など自分だけでは使えない時間をなるべく短くしようと効率化を図る」ことで得《え》た時間である。これを図式化すると次のようになる。

◇　自分だけの時間を使うとき、できるだけ経済効率を高め自分の欲求を最大限に満たそうとする
↓
＝
↓
□　お金をかけたり発達した技術を使ったりすることによって、労働時間など自分だけでは使えない時間をなるべく短くしようと効率化を図ろうとする考え方
↓
↓
◆　いつまでたっても満たされることがない

◇から◆を導《みちび》き出《だ》すためには、□だけでは足りないが、本文中にはこれ以上の情報《じょうほう》がない。ただ、本文第二段落冒頭《だんらくぼうとう》に「人は時間に追われて生活している」とあるので、「効率」を追求することには終わりがなく、そのためにつねに〝まだ、もっと効率よく〟というように追い立てられる、そのため「満たされることがない」のではないかと考えることができる。

Bは、次のように図式化できる。

◇　自分の時間が増える
↓
？
↓
↓
◆　孤独になって時間をもてあます

◇から◆を導き出すためには、？の部分にどのような内容を補えばよいかを本文から拾い集める。まず◇の部分をくわしくしてみよう。「自分の時間」とは「自分の欲求を最大限満たすため」の「他人に邪魔《じゃま》されずに自分だけで使える時間」のことである。このような時間の使い方と対照的な時間の使い方について本文中には書かれていた。「自分の時間」で満たされないのなら、それと対照的な時間の使い方ならば満たされるのではないかと考えられるからそれを図式に補えばよさそうだ。「仲間に自分の時間をさしだし、仲間からも時間をもらいながら、互酬性《ごしゅうせい》にもとづいた暮《く》らしを営《いとな》んできた」「幸福は仲間とともに感じる」「信頼《しんらい》は……ともに生きた時間によって強められる」と述《の》べられている部分がそれである。

これで書くべき材料はそろった。あとはまとめるだけである。

2

(1) 行→向　(2) 知→地　(3) 未→末
(4) 光→行　(5) 花→化　(6) 調→潮
(7) 極→局　(8) 用→要　(9) 心→神
(10) 有→優

3

(1) 後生大事・エ (2) 意気投合・キ
(3) 品行方正・ア (4) 博学多才・ケ
(5) 音信不通・イ (6) 天変地異・コ
(7) 平身低頭・ク (8) 心機一転・オ
(9) 理路整然・カ (10) 単刀直入・ウ

4

(1) エ (2) イ (3) オ (4) ウ (5) ア

第3回 中学入試 総仕上げテスト

1

問一 a…装 b…娯楽 c…夜更
問二 ウ
問三 エ
問四 A…イ B…オ
問五 生活の場所（五字）
問六 例 自分に対して壁を作っている奏子から逃げ腰でいるのをやめ、きちんと向き合い話し合おうと決意する気持ち。（五十字）
問七 ア・ウ

解き方 問二 問いには「ここまでの」と書かれているので、冒頭《ぼうとう》からこの部分までのまとめと考える。ここまでで要約的に書かれている部分を拾うと、「……を除《のぞ》いたら、仕事は概《おおむ》ね順調だった」「日報《にっぽう》の書き方も分かってきて」「和泉《いずみ》は三田村に付《つ》き添《そ》わなくなった。誤配《ごはい》が減《へ》ったからだ」などが見つかる。

問三 直後に「この感覚を、もう知っている」と書かれており、その「感覚」の説明として「……新顔の三田村が敵《てき》か味方か量っていた」が出てくる。この「量っていた」に、エの「……と久志《ひさし》に思われてしまうと……だろう」という部分が対応《たいおう》している。

問五 直前の「ここ」ということばが手がかりになる。奏子《かなこ》にとって「ここ」＝児童養護施設《じどうようごしせつ》はどういうところなのかということであろう。さらにいえば、奏子にとって「ここが X である」以上、「自分が気まずさに目をつぶれば済《す》む」というものではないという考えにつながっていく部分である。このように状況《じょうきょう》を整理してくれば、久志との会話が想起されるだろう。

問六 「本文中のことばを用いて」とあるが、使える表現《ひょうげん》が一つのところにまとまった形であるわけではなく、分散している。まず直前の「決意」は使えそうだ。何を決意したかは続きを読んでいけば「ちゃんと話そうよ」とあるのでわかる。暫定的《ざんていてき》な答えとして「奏子とちゃんと話そうと決意する気持ち。」ができあがる。これに書き足したいこととしては、当然、なぜ話すことが必要なのかということがある。これは、本文冒頭近くに「壁《かべ》を作られている」とあるのが利用できる。暫定的答えその2「自分に対して壁を作っている奏子とちゃんと話そうと決意する気持ち。」これで三十二字である。あと一つ、何かを書き足さなければならない。「決意」ということばを見つけてきたところには「決意と弱気がせめぎ合う」とあった。この「弱気」は「自分が気まずさに目をつぶれば済む」と考えることを指している。これを利用すれば要求されている字数の記述《きじゅつ》ができあがる。

問七　久志の気持ちとしてふさわしいもの、奏子の気持ちとしてふさわしいものをそれぞれ一つずつ選ぶ。久志については、三田村との会話で「嫌《きら》いな人は一人でも少ないほうが気分良く暮《く》らせる」と言っていたことから、奏子と三田村が打《う》ち解《と》けられればよいと思っていることがわかる。一方、奏子については、やはり久志との会話の中で、「カナちゃんはもう俺《おれ》とあまり話したくないんじゃないかな」「まあ、そうだね」というやりとりがあった。

2　(1) 金魚　(2) 祭　(3) ぞうり　(4) 七夕
(5) どんぐり

解き方　まず空欄《くうらん》に入る音数を考える。季節や情景《じょうけい》に注意して答えを選ぶ。

3　(1) オ　(2) キ　(3) カ　(4) ア　(5) エ

解き方　それぞれ完成する四字熟語《よじじゅくご》は、(1)「一騎当千《いっきとうせん》」、(2)「朝三暮《ちょうさんぼ》四《し》」、(3)「七転八倒《しちてんばっとう》」、(4)「五臓六腑《ごぞうろっぷ》」、(5)「一朝一夕《いっちょういっせき》」。選択肢《せんたくし》は、ア「五里霧中《ごりむちゅう》」、イ「百発百中」、ウ「二束三文」、エ「一触即発《いっしょくそくはつ》」、オ「千客万来《せんきゃくばんらい》」、カ「八方美人」、キ「四面楚歌《しめんそか》」、ク「二人三脚《ににんさんきゃく》」。

4　(1) しょうまっせつ　(2) ゆうめいむじつ
(3) りがいとくしつ　(4) さんせんそうもく

5　(1) エ　(2) イ　(3) ア　(4) ウ　(5) イ

［編著者紹介］

西川　和人（にしかわ　かずと）

講師歴は二十五年以上。関西を中心に活動し，灘中学校・甲陽学院中学校・東大寺学園中学校・洛南高等学校附属中学校・神戸女学院中等部・西大和学園中学校・四天王寺中学校などを志望する子たちの指導に携わってきた。

編著書に『中学入試 最高水準問題集 国語』（文英堂）がある。

□ 編集協力　足達研太　大木富紀子　小島新樹子　加藤陽子　多湖奈央　冨田有香　福岡千穂

□ 本文デザイン　㈱ライラック

□ 図版作成　㈱ウエイド

シグマベスト

完全理解 小学国語

編著者　西川和人

発行者　益井英郎

印刷所　図書印刷株式会社

発行所　株式会社文英堂

〒601-8121　京都市南区上鳥羽大物町28

〒162-0832　東京都新宿区岩戸町17

（代表）03-3269-4231

●落丁・乱丁はおとりかえします。